O Senhor é meu pastor, e nada me faltará.
Sl 23:1

HERMENÊUTICA JURÍDICA CONTEMPORÂNEA E CONCRETIZAÇÃO JUDICIAL

KELLY SUSANE ALFLEN DA SILVA

HERMENÊUTICA JURÍDICA CONTEMPORÂNEA E CONCRETIZAÇÃO JUDICIAL

2ª EDIÇÃO

Niterói, RJ
2019

 © 2019, Editora Impetus Ltda.

Editora Impetus Ltda.
Rua Alexandre Moura, 51 – Gragoatá – Niterói – RJ
CEP: 24210-200 – Telefax: (21) 2621-7007

Conselho Editorial:
Ana Paula Caldeira • Benjamin Cesar de Azevedo Costa
Ed Luiz Ferrari • Eugênio Rosa de Araújo
Fábio Zambitte Ibrahim • Fernanda Pontes Pimentel
Izequias Estevam dos Santos • Marcelo Leonardo Tavares
Renato Monteiro de Aquino • Rogério Greco
Vitor Marcelo Aranha Afonso Rodrigues • William Douglas

Projeto Gráfico: Editora Impetus Ltda.
Editoração Eletrônica: SBNigri Artes e Textos Ltda.
Capa: Claudio Duque
Revisão de Português: Carmem Becker
Impressão e encadernação: Editora e Gráfica Vozes Ltda.

S586h

Silva, Kelly Susane Alflen da.

Hermenêutica jurídica contemporânea e concretização judicial / Kelly Susane Alflen da Silva. – 2. ed. – Niterói, RJ: Editora Impetus, 2019.

316 p. ; 16 x 23 cm.

ISBN: 978-85-299-0019-3

1. Hermenêutica. 2. Direito. I. Título.

CDU 340.132

O autor é seu professor; respeite-o: não faça cópia ilegal.
TODOS OS DIREITOS RESERVADOS – É proibida a reprodução, salvo pequenos trechos, mencionando-se a fonte. A violação dos direitos autorais (Lei nº 9.610/1998) é crime (art. 184 do Código Penal). Depósito legal na Biblioteca Nacional, conforme Decreto nº 1.825, de 20/12/1907.

A **Editora Impetus** informa que quaisquer vícios do produto concernentes aos conceitos doutrinários, às concepções ideológicas, às referências, à originalidade e à atualização da obra são de total responsabilidade do autor/atualizador.

www.impetus.com.br

Ich lese Hermeneutik,
und suche was bisher
nur eine Sammlung von
unzusammenhängenden und
zum Teil sehr unbefriedigenden
Observationen ist zu einer
Wissenschaft zu erheben
welche die ganze Sprache als
Anschauung umfaßt und in die
innersten Tiefen derselben von
außen einzudringen strebt.
(Fr. Schleiermacher)

Das ist Hermeneutik, zu wissen,
Wieviel immer Ungesagtes
bleibt,
Wenn man etwas sagt.
(H.-G. Gadamer)

DEDICATÓRIA

À minha amada mãe, Maria de Fátima.

AGRADECIMENTO

A Deus, pois sem Ele nada é possível. Aos meus pais e ao meu irmão.

A Autora

Doutoranda em Direito pela Universidade Federal do Rio Grande do Sul (UFRGS), Mestre em Direito Público pela Universidade do Vale do Rio dos Sinos (UNISINOS). Professora de Direito, por mais de 14 anos, tendo lecionado na Universidade Luterana do Brasil (ULBRA), na Pontifícia Universidade Católica do Rio Grande do Sul (PUCRS), no Instituto Metodista (IPA), na Escola Superior do Ministério Público (FMP), na Escola Superior da Magistratura Federal (ESMAFE) e na Universidade Federal do Rio Grande do Sul. (UFRGS). Titulada Professora com Habilitação Plena do Magistério. Advogada inscrita na OAB/RS.

SUMÁRIO

PARTE I
HERMENÊUTICA E PRÉ-COMPREENSÃO

Capítulo I – Interpretação ou Hermenêutica...3

§ 1º   Significação da Hermenêutica.. 3

§ 2º   Teoria Hermenêutica e Compreensão Metodológica................................... 4

Capítulo II – A Arte Hermenêutica Romântica 8

Capítulo III – Fundamentação Epistemológica da Hermenêutica 14

**Capítulo IV – Hermenêutica Filosófica Enquanto Hermenêutica
Ontológica** 24

§ 1º   Da Epistemologia à Ontologia: Heidegger 24

    1.   Aportes fundamentais de *Sein und Zeit*.. 24

    2.   A clareira na arte de interpretar 31

    3.   O círculo hermenêutico.. 33

§ 2º   Hermenêutica da Faticidade.. 35

    1.   Fundamento ontológico-existencial do desvelar interpretativo........ 35

    2.   Verdade e universalidade... 39

    3.   Faticidade, finitude e historicidade.. 40

PARTE II
A TEORIA HERMENÊUTICA DE E. BETTI

Capítulo I – Metaciência como Hermenêutica.. 53

§ 1º   Teoria da Interpretação e Formas Representativas enquanto Objeto da
Teoria da Interpretação.. 53

    1.   O problema da Teoria da Interpretação: um problema
epistemológico 53

2. As formas representativas enquanto objeto da Teoria da Interpretação 54

§ 2º Objetivações do Conhecimento *versus* Interpretação 56

    1. Imanência do conhecimento na interpretação 56

        1.1. Objetividade real 57

        1.2. Objetividade ideal 58

        1.3. Crítica ao relativismo relacionado aos valores 59

        1.4. Disjunção 59

        1.5. Objetividade ideal dos valores e subjetividade da consciência 60

        1.6. A questão 61

        1.7. A consciência em função valorativa: uma limitação à orientação do agir? 61

        1.8. A consciência em função valorativa e a mutação da prospectiva individual 62

        1.9. Contraposição ao objeto ideal platônico "belo-fato" 63

        1.10. Antinomia entre a consciência e os valores 64

        1.11. Estrutura mental e significado do termo *mediação* (entre subjetividade da consciência e objetividade ideal dos valores) 64

    2. Significação das Formas Representativas 67

        2.1. Enunciação do significado 67

        2.2. Teleologia das formas representativas 68

        2.3. As formas representativas e o processo interpretativo: o pressuposto do entendimento 69

        2.4. Uma heterogênese 70

        2.5. As formas objetivas enformadoras e o reconhecimento mnemônico pela contraposição no "tempo" 72

        2.6. Zetética do reconhecimento *versus* interpretação: o surgir da outreidade no sentido apreendido pela/na forma representativa 74

        2.7. Antinomia entre atualidade e objetivações do espírito 75

Capítulo II – O Processo Interpretativo e os Cânones Interpretativos 77

§ 1º O Processo Interpretativo e o Processo do Entender 77

    1. Pré-compreensão sobre o Processo do Entender 77

    2. A linguagem e a dialética do/no processo do entender 82

    3. O processo interpretativo e seu caráter estratificado triádico 84

    4. Antinomia geral na dialética do processo interpretativo 88

    5. A antinomina específica do processo interpretativo: entender o discurso melhor que o próprio autor? 89

    6. Características dos critérios psicológico e técnico 90

| 7. | Superação da antinomia específica: aspecto funcional | 90 |

7. Superação da antinomia específica: aspecto funcional 90

8. O processo interpretativo e o "êxito" epistemológico pelo *iter* hermenêutico 91

9. Solução metodológica pela interpretação em função técnica: o controle interpretativo 92

§ 2º Os Cânones Interpretativos 92

1. Excursus 92

2. Cânones interpretativos relacionados ao objeto 93

    2.1. Cânon da autonomia ou imanência 93

    2.2. Cânon da totalidade e coerência 93

    2.3. Cânones relacionados ao sujeito 94

    2.4. Cânon da atualidade 94

    2.5. Interferência entre o cânon da autonomia e o cânon da atualidade 95

    2.6. Cânon da congenialidade 95

    2.7. Fundamentação do cânon da congenialidade 97

§ 3º O Método 98

Capítulo III – Metodologia Jurídica e Elementos Interpretativos 103

§ 1º Interpretação em Função Normativa 103

1. Interpretação em sentido lato e impróprio 103

2. Interpretação em sentido estrito e autêntico 104

3. Interpretação e criação *ex nihilo* 104

4. Tipologia Interpretativa 106

§ 2º Elementos Interpretativos 110

1. A interpretação da lei na hermenêutica clássica de Fr. K. Savigny 110

    1.1. Elemento filológico: sentido 112

2. Os critérios filológicos 113

    2.1. O critério gramatical em sentido lato 114

    2.2. O critério psicológico 114

    2.3. A correlação na aplicação dos critérios gramatical e psicológico 114

3. Elemento histórico 115

    3.1. Sentido 115

    3.2. Critérios 116

    3.3. Situação do problema 116

    3.4. Teleologia do elemento histórico 117

§ 3º O Fenômeno Hermenêutico e Continuidade Histórica 119

1. Horizonte hermenêutico: prospecção histórica 119

2. Dogmas e elaboração conceptual-doutrinária 120

3. Enquadramento e regresso da espiritualidade 121

4.	Fenômeno da continuidade histórica no processo dialético	122
5.	Continuidade histórica no tempo pela (re)criação	123
6.	Significação do fenômeno da continuidade histórica	123

Capítulo IV – A Interpretação Jurídico-Normativa **126**

§ 1º 126

1.	Interpretação jurídica em função normativa	126
2.	A Função normativa como competência da jurisprudência prático-teórica	129
3.	A interpretação em função integradora	131
4.	A autointegração do sistema jurídico pela *analogia legis*	133
	4.1. Uma questão de fundamentação: *voluntas legis* ou *voluntas legislatoris*?	134
5.	O processo de heterointegração do sistema	135
6.	O processo de criação na interpretação integradora	136
7.	Interpretação autêntica	137
	7.1. Definição	137
	7.2. Pressuposto e função	137
	7.3. Estrutura da norma interpretativa	137
	7.4. Em sentido formal e substancial	138

Capítulo V – Tópica e Hermenêutica **140**

§ 1º Orientação Tópico-Hermenêutica 140

PARTE III
HERMENÊUTICA CONTEMPORÂNEA E APLICAÇÃO DO DIREITO

Capítulo I – Hermenêutica Filosófica: Tradição, Histórica e Historicidade **149**

§ 1º	Hermenêutica em Hans-Georg Gadamer	149
1.	Excursus sobre a Hermeneutik de H.-G. Gadamer: a obra	149
2.	Pré-compreensão: conceitos fundamentais em Wahrheit und Methode	150
	2.1. O sentido do termo "prejuízo"	151
3.	Tradição	154
4.	Formação e tradição	155
§ 2º	O Círculo Hermenêutico, História e Historicidade	159
1.	A estrutura circular da compreensão	159
2.	História e historicidade	164

§ 3º   A Produtividade Hermenêutica e a Experiência Hermenêutica.................166
    1.   Excursus sobre a distância temporal 166
    2.   Função hermenêutica da distância temporal 166
    3.   Pré-compreensão e consciência da história efectual 168

§ 4º   Estrutura da Consciência da História Efectual e Experiência Hermenêutica..170
    1.   A estrutura da consciência histórica efectual........................170
        1.1.   A experiência da histórica efectual na experiência hermenêutica 173
        1.2.   A estrutura da experiência hermenêutica no horizonte do perguntar..174
        1.3.   Pré-compreensão na hermenêutica atual ou fusão de horizontes?...176

Capítulo II – Hermenêutica ou Aplicação do Direito.......................**179**

§ 1º   O Problema Hermenêutico da Aplicação...179
    1.   Colocação do problema 179
    2.   A *applicatio* como integrante da *synesis:* Aristóteles............182
    3.   *Phronesis:* virtude hermenêutica fundamental......................184
    4.   Pertinência da hermenêutica ao *ethos* da tradição 187
    5.   Dogmática e hermenêutica jurídica e histórica 187

§ 2º   O Problema da Hermenêutica Jurídica: a Aplicação..........................188
    1.   O sentido do problema da aplicação jurídica..........................188
    2.   Tradição e unidade hermenêutica..189
    3.   Pertinência do intérprete à tradição na aplicação hermenêutico-normativa 190

§ 3º   A Função Aplicativa Como Essência da Compreensão........................192

Capítulo III – O Aceder da Linguagem na Hermenêutica Jurídico-Filosófica **194**

§ 1º   Prospectiva da Linguagem na Hermenêutica.....................................194
    1.   O significado da linguagem...194
    2.   A contribuição do romantismo alemão à linguagem hermenêutico-compreensiva............................195

§ 2º   Tradição, Comprensão e Linguagem...197
    1.   A Linguisticidade da tradição 197
    2.   Linguisticidade da compreensão: uma apropriação do dito.............198
    3.   Sobre a linguagem 200
    4.   O princípio grego da adequação da palavra à coisa e o lógos compreensivo 201
    5.   A doutrina teológica da encarnação e a clareira do pensar (conceptual) 203
    6.   A linguagem como experiência humana de mundo...............206

7. O aceder da linguagem como fundamento da experiência hermenêutica..208

Capítulo IV – Universalidade do Universo Hermenêutico..............................212

§ 1º A Dimensão Universal da Hermenêutica...212

PARTE IV
METODOLOGIA JURÍDICA E CONCRETIZAÇÃO JURÍDICO-CONSTITUCIONAL

Capítulo I – Hermenêutica Constitucional Concretizadora 219

§1º Hermenêutica, Estado e Constituição...219

1. O papel da hermenêutica no Estado Democrático de Direito...........219
2. A realização jurídico-filosófica do conteúdo das normas constitucionais 223
3. Interpretação constitucional e limitação dos métodos clássicos.....226
4. Elementos filosóficos da interpretação constitucional concretizadora 228

§ 2º A Tópica e os Princípios da Interpretação Constitucional Concretizadora 230

1. A tópica e os princípios da interpretação constitucional 230
2. O princípio *verfassungskonforme Auslegung* e o princípio da interpretação constitucional pelos tribunais.............................236
3. A limitação do princípio *verfassungskonforme Auslegung* 237

Capítulo II – Ciência do Direito e Hermenêutica Jurídica............................239

§ 1º Metolodogia Jurídica: Prospectivas e Disjuntivas.............................239

1. Metodologia jurídica e ciência do Direito 239
2. Metodologia e concretização hermenêutica 246

§ 2º Racionalidade Material da Constituição e Insuficiência dos Cânones Interpretativos Clássicos...250

Capítulo III – Metodologia Hermenêutica Estruturante 254

§ 1º A Teoria Jurídica Estruturante 254

1. O modelo dinâmico da teoria estruturante 254
2. O problema da legislação e a normatividade..................................262
3. O caráter linguístico-textual do Estado 263

§ 2º Elementos da Concretização...266

1. Excursus...266
2. Programa da norma (*Normprogramm*)..267
3. Âmbito normativo (*Normbereich*)...267

Capítulo IV – A Produtividade Hermenêutico-Normativa na Teoria Estruturante do Direito **269**

§ 1º A Concretização na Teoria Estruturante do Direito 269

    1.   Os textos normativos e a concretização jurídico-normativa 269

    2.   O processo de concreção da norma jurídica 271

§ 2º Norma Jurídica: uma Produtividade Hermenêutica do Processo de Concretização 271

Reflexão Hermenêutica **275**

Referências Bibliográficas **289**

PARTE

I

HERMENÊUTICA E PRÉ-COMPREENSÃO

Capítulo I
Interpretação ou Hermenêutica

§ 1º
Significação da Hermenêutica

Hermenêutica, do grego ερμηνευιν (= interpretação), significa *desvelar, revelar, expressar*, trazer à luz algo oculto, tendo surgido em caráter complementar à *techne*[1], como uma disciplina auxiliar, um cânon de regras que tinha como finalidade o tratamento com os textos[2]. A ideia de que à hermenêutica como teoria da interpretação cabe a tarefa de fazer compreender o sentido do assunto encontra sustento na sua própria etimologia, a qual permite que se siga três orientações: expressar, interpretar e traduzir[3], para distinguir-se ερμηνευειν. Todavia, a última orientação é abarcada pelo sentido da orientação interpretativa, uma vez que o tradutor esclarece ou faz compreensível o pensamento que está em uma língua distinta, restando, destarte, as duas orientações precedentes, as quais, porém, permitem a formulação de um denominador comum – uma fusão de horizontes no sentido heideggeriano – já que apesar de distintos os fundamentos[4] relacionados aos casos concretos é possível se fazer alusão ao movimento dos espíritos, i.e., em ambas orientações algo torna-se compreensível pela tarefa mediadora do ερμηνευζ na busca de uma ερμηνεια, i.e., do sentido interno do dito (e do próprio não dito). O dito,

---

1 GADAMER, Hans-Georg. *Gesammelte Werke*. Bd. 2, S. 92.

2 GADAMER, Hans-Georg. *Gesammelte Werke*. Bd. 1, S. 386.

3 GRONDIN, Jean. *Einfuhrung in die philosophische Hermeneutik*. S. 24.

4 GRONDIN, Jean. *Einfuhrung*. S. 25.

a expressão (ερμηνεια) é, pois, a constante tradução do pensamento na alma. Como teoria da interpretação correta, a hermenêutica tem sido empregada, por conseguinte, numa fase inicial, em três esferas distintas: primeiro, para auxiliar nas discussões sobre a linguagem do texto (i.e, o vocabulário e a gramática), dando eventualmente origem à filosofia; segundo, para facilitar a exegese da literatura bíblica; e terceiro, para guiar a jurisdição. Sobre as duas primeiras esferas, deve-se remontar à *W. Dilthey*, especialmente ao seu escrito *Die Entstehung der Hermeneutik*[5] e sobre a última esfera subsegue o tratamento do assunto com base em *E. Betti.* A hermenêutica, até aqui, entretanto, tem sido compreendida não mais do que como a tradução das palavras que já se encontravam no grego como encontra-se na *Política*, de *Platão*: ερμηνετικη. Em ambos os casos, o sentido original de um texto era disputado ou então permanecia ocultado, sendo necessária a explicação interpretativa a fim de o tornar compreensível.

§ 2º
Teoria Hermenêutica e Compreensão Metodológica

*H*ermenêutica: esta expressão na verdade tem seu sentido preparado na Idade Antiga pelo problema da interpretação alegórica, a qual já tinha sido praticada na época da sofística. *Hypanoia* foi a palavra originária que designou o sentido alegórico tendo sido conservado o método alegórico universal por *Orígenes* e *Santo Agostinho*[6]. Relacionado à hermenêutica bíblica, nesta época, praticamente todas as religiões que se assentam num texto sagrado desenvolveram sistemas de normas interpretativas. O próprio *W. Dilthey* se refere a *Filon de Alexandria*, para indicar a origem dos cânones e leis para a interpretação de alegorias – *kanones e nomoi tes allegorias* e a distinção entre sentido figurado e literal. Essa, atingiu a sua principal formulação durante e ulteriormente à Reforma, com *Mathias Flacius.* Como luterano, considerava que a Bíblia continha a palavra de Deus – *revelatio sacrio literis comprehensa.* Opondo-se à posição dogmática da Igreja Católica Romana, que reafirmava a tradição da interpretação de partes supostamente obscuras da Escritura sagrada, *Flacius* insistiu na hipótese da interpretação universalmente válida por meio da

---

5 Este escrito encontra-se em *Gesammelte Schriften.* Bd. V, S. 317 ff.

6 GADAMER, H.-G. *W.u. M.* Bd. 2. S. 94.

INTERPRETAÇÃO OU HERMENÊUTICA   CAPÍTULO I

hermenêutica. A interpretação alegórica cingia-se ao caso da parábola, não sendo necessária sequer a compreensão do Antigo Testamento.

Na Idade Média, a expressão era empregada para designar, por uma parte, a metodologia quando relacionada às regras de interpretação (*ars interpretandi*), por outra parte, para se referir à teoria estrutural, i.e., ao ensino da conexão entre signo e significado (*signum* e *res*) e, particularmente, na teologia, com base nesta expressão, foi elaborada uma classificação dos possíveis significados de um texto: sentido literal, moral e anagógico.

No período da hermenêutica pós-romântica, o problema hermenêutico se distinguia em uma *subtilitas intelligendi,* a compreensão, em uma *subtilitas explicandi,* a interpretação e, durante o pietismo se agregou como terceiro componente a *subtilitas applicandi,* a aplicação[7]. Nesse sentido, apesar de sob o aspecto da origem terminológica as expressões *hermenêutica* e *interpretação* serem compreendidas em uma relação de igualdade, a mesma equivalência não vale em relação ao sentido dos termos sob o aspecto histórico-compreensivo da hermenêutica, particularmente, em relação ao problema hermenêutico, do qual, embora significativo que esses três momentos recebam o nome de *subtilitas*[8], são separados em razão do individual aspecto interno de cada um.

Hermenêutica, porém, é algo mais do que um *método* das ciências ou do distintivo de um determinado grupo delas. Designa, sobretudo, a capacidade natural do ser humano de compreender. Segundo os textos escritos por *H.-G. Gadamer,* a expressão hermenêutica tem sido encontrada pela primeira vez em escritos do alemão *Heinrich Seume* e em *Johann Peter Hebel*[9]. Também *Fr. Schleiermacher* assinala expressamente que a arte de compreender não deve ser limitada aos textos, pois alcança igual tratamento em relação as pessoas. Na verdade, a tarefa hermenêutica é sempre a transferência de um mundo ao outro, desde o mundo dos deuses

---

7 GADAMER, Hans-Georg. *Gesammelte Werke*. Bd. 1, S. 312.

8 Encontra-se em Gadamer que: "A influente hermenêutica de J. J. Rambach coloca expressamente junto à *subtilitas intelligendi* e *explicandi* a *subtilitas applicandi*, a qual seguramente corresponde ao sentido do sermão (predicado). A expressão *subtilitas* (finura) bem procedendo da competitiva convicção humanística indica de modo elegante, que a metódica da interpretação – como em realidade toda aplicação de regra – exige discernimento, o qual não pode ser garantido ao mesmo tempo outra vez por regra" (Tradução da autora). No original: "Die einflußreiche Hermeneutik von J. J. Rambach stellte ausdrucklich neben die *subtilitas intelligendi* und *explicandi* die *subtilitas applicandi*, was gewiß dem Sinn der Predigt entsprach. Der wohl aus der humanistischen Wettwerbsgesinnung stammende Ausdruck *subtilitas* (Feinheit) deutet auf elegante Weise an, daß die Methodik der Auslegung – wie alle Anwendung von Regeln uberhaupt – Urteilskraft verlangt, die nicht selber wieder durch Regeln gesichert werden kann" (*W.u.M.*, Bd. 2, S. 97). Isso já no final do século XVIII, a fim de um equilíbrio entre os interesses dogmáticos teológicos.

9 GADAMER, H.-G. *W. u.M.* Bd. 2, S. 301.

ao dos homens, e, por isso a expressão *hermenêutica* parece conservar uma conexão semântica com *Hermes*, o qual dá publicidade à mensagem dos deuses do Olimpo, transmitindo-as aos mortais, quer isto dizer que, não só as anunciava textualmente, como também agia como intérprete, tornando as palavras inteligíveis – e significativas[10]. É a transferência do mundo de uma língua estranha ao mundo de uma língua própria. O *Organon* aristotélico, no escrito intitulado *Perì Hermenéias*, no período da Idade Média, refere-se ao sentido lógico do enunciado quando aborda o *logos apophantikos* (do juízo), em uma frase de princípio e pela qual toma uma postura em relação à teoria do conhecimento: as palavras faladas são símbolos ou signos das afeições ou impressões da alma, a qual tem como significado que a verdade está na equivalência com as coisas e das palavras com as imagens[11]. Ulteriormente, ela adquiriu um novo impulso pelas exigências feitas em razão da necessidade de um critério seguro para a tradução dos textos antigos, tendo sido afastado o método alegórico universal surgindo, assim, uma nova consciência metodológica que aspirava ser objetiva, i.e., relacionada ao objeto, todavia, isenta do arbítrio subjetivo, e a identificação do intérprete com toda mensagem contida nos textos ou sua plena compreensão. De outro modo, a nova consciência metodológica é resumida a uma relação de conhecimento entre sujeito e objeto (S→ O), própria da teoria do conhecimento. A questão central passa a ser de caráter normativo tanto na hermenêutica teológica quanto na hermenêutica humanística da Idade Moderna, a fim de buscar a *correta interpretação* dos textos.

Partindo disso, porém, é que o termo "*interpretação*" (Interpretation= *Auslegung*) pode ser empregado tanto em sentido lato quanto em sentido estrito. Em sentido lato a *interpretação* pode abarcar a interpretação artística, a interpretação musical, a interpretação psicológica, a interpretação sociológica, até a interpretação especulativa do sentido da vida ou do mundo, i.e., a interpretação em sentido amplo é direcionada conforme o objeto a ser interpretado. Em sentido estrito, a *interpretação* refere-se à ação interpretativa diante de um texto fixado graficamente. No âmbito jurídico, particularmente, na Idade Média, no Direito Romano, tratava-se de descobrir e elaborar, pela *interpretação,* novos princípios

---

10 Sobre isso,Gadamer adverte: "Daß die Etymologie des Wortes wirklich etwas mit dem Gott "Hermes" zu tun hat, wie der Wortgebrauch und die antike Etymologie nachlegen, ist in der neueren Forschung (Benveniste) bezweifelt worden" (*Gesammelte Werke*. Bd. 2, S. 92). "Que a verdadeira etimologia da palavra está na verdade relacionada com o deus 'Hermes', como a determinam o uso da palavra e a etimologia antiga, foi colocada (Benveniste) em dúvida na pesquisa mais recente."

11 GADAMER, *Gesammelte Werke*. Bd. 2, S. 93.

jurídicos sobre normas e estruturas preexistentes igualmente como era feito na aplicação desses nos casos práticos. Da *interpretação* resultavam as sistematizações doutrinárias ou *glosas – subtilitas explicandi* – que explicam o funcionamento do ordenamento, quando os princípios e os dogmas já existentes eram insuficientes à solução dos casos práticos. A *interpretação*, portanto, é subsidiária, no direito romano, em relação ao elemento lógico na elaboração mental da jurisprudência imanente aos institutos jurídicos, o qual não faz mais do que tornar explícito o que estava implícito. Nesse sentido, o termo *interpretação* parece oscilar entre um significado teórico pouco causal e um significado prático, porque ligado à própria *techne,* ao *método* encarregado de conduzir a um caminho metódico que pode sempre voltar a ser percorrido quando necessário. Dentro dessa moldura situa-se a problemática orientação objetivo-compreensiva na controvérsia hermenêutica contemporânea entre *E. Betti* e *H.-G. Gadamer*, na segunda parte deste trabalho e que apresenta como resultado, pode-se dizer desde já, de modo geral, que a pergunta hermenêutica não deve mais ser colocada sobre *"die Welt"*, porém, sobre *"die menschliche Rede uber die Welt"*[12].

---

12 "(...) o discurso humano sobre o mundo" (Tradução da autora).

CAPÍTULO II

A ARTE HERMENÊUTICA ROMÂNTICA

O problema da hermenêutica, embora tenha tido sua primeira origem em certas ciências, especialmente na teologia e na jurisprudência, e, por último, nas ciências históricas é, sobretudo, no romantismo alemão que tem sido observado com profundidade que a compreensão e a interpretação não aparecem somente em manifestações vitais fixadas por escritos (*W. Dilthey*), porém afetam a relação geral do ser humano entre si e com o mundo. A hermenêutica romântica alemã tinha sido orientada em suas questões principais pela filosofia da obra de *Fr. Schleiermacher*, que, inspirado na filosofia do diálogo, antecipada por *Fr. Schegel*, parte do significado metafísico da individualidade e de sua tendência ao infinito[1], posto que em ambos o conceito da vida desempenha um papel fundamental, constituindo o fundo metafísico que sustenta o próprio pensamento especulativo alemão[2]. Também tem como base a elaboração da sua hermenêutica a confrontação com os filólogos, que são seus precedentes mais imediatos, particularmente, *F. A Wolf* e *F. Ast*[3], ao seguir a tradição hermenêutico-retórica quando reconhece como um elemento essencial do entender que o sentido do individual só resulta sempre da conexão, portanto ao fim do conjunto[4].

Por intermédio de sua obra trata de superar uma dupla deficiência apresentada de forma originária tanto na atividade do teólogo quanto na do filólogo humanista, – i.e., a hermenêutica teológica e a hermenêutica das ciências tinha sido limitada a um desenvolvimento independente e, além disso, limitada a um conjunto heterogêneo de conhecimentos *ad*

---

1 GADAMER, H.-G. *Gesammelte Werke*. Bd. 2, S. 425.

2 GADAMER, H.-G. *Gesammelte Werke*. Bd. 1, S. 68 und 69.

3 GADAMER, H.-G. *Gesammelte Werke*. Bd. 1, S. 182.

4 GADAMER, H.-G. *Gesammelte Werke*. Bd. 1, S. 193.

hoc que provinham da prática interpretativa, sem nenhuma formulação sistemática – mediante um estudo sistemático das condições do compreender anteriores ou independentes dos contextos concretos nos quais tenha de ser aplicado, ou em outros termos, das condições de possibilidade da interpretação válida e uma nova concepção do processo de compreensão. Por ele, junto do compreender a ideia como um momento vital, é colocada a tarefa de isolar o procedimento do compreender, dando autonomia à hermenêutica como uma metodologia especial[5], porque somente dessa forma pode a hermenêutica aspirar a ser uma *Kunstlehre*, uma doutrina da arte ou preceptiva[6].

Fr. Schleiermacher, contrariamente aos filólogos, não determina a hermenêutica pela unidade de conteúdo da tradição, porém, busca à margem de toda especificação de conteúdo, a unidade da hermenêutica na unidade de um procedimento, que não se distingue do modo pelo qual é feita a transmissão das ideias, se por escrito ou oralmente, ou se em uma língua estranha, própria ou contemporânea, porque o esforço para entender, que é orientado para a recuperação do *ponto de conexão* com o espírito do artista[7] (ou autor), é feito toda vez que se conta com a possibilidade de um mal-entendido, tornando completamente compreensível o significado de uma obra de arte, igualmente a outros tipos de textos, na tentativa de reproduzir a produção original do autor, já que a compreensão não existe de forma imediata.

A universalização da hermenêutica, por *Fr. Schleiermacher*, portanto, é determinada, em princípio, pela ideia de que a experiência do outro e a possibilidade do mal-entendido são universais[8]. Por meio disso, a tarefa da hermenêutica se expande até o ponto do *diálogo significativo* e, dessa forma, *Fr. Schleiermacher* mostra, principalmente, como o sentido da estranheza é universal e indubitavelmente demonstrável com a individualidade do "tu"[9] e, secundariamente, por seu meio o caráter normativo dos textos que em um princípio deu seu sentido ao trabalho hermenêutico, passa em sua hermenêutica para um segundo plano, porque a fundamentação do entender agora está na conversação e no consenso inter-humano, significando isso um aprofundamento nos fundamentos da hermenêutica, todavia, permitindo a criação de um sistema científico

---

5 GADAMER, H.-G. *Gesammelte Werke*. Bd. 1, S. 189.

6 GADAMER, H.-G. *Gesammelte Werke*. Bd. 1, S. 182.

7 GADAMER, H.-G. *Gesammelte Werke*. Bd. 1, S. 172.

8 GADAMER, H.-G. *Gesammelte Werke*. Bd. 1, S. 182 e 183.

9 GADAMER, H.-G. *Gesammelte Werke*. Bd. 1, S. 183.

orientado a uma base hermenêutica. Afinal, se em princípio, compreender significa entender-se uns com os outros, a compreensão, propriamente, é de início, acordo.

Assim, no momento em que é estabelecido um mal-entendido, alguém manifesta uma opinião que produz um desacordo, que, por ser uma opinião incompreensível, a vida natural permanece de forma tão inibida a respeito do assunto em questão, que tal opinião é convertida em um dado fixo como a opinião do outro, do "tu", ou do texto. Somente então é realizado o esforço do entender mediante a atenção do "eu" em relação à individualidade do "tu" a fim de considerar a sua peculiaridade[10]. Estritamente, por tal razão, a tarefa da hermenêutica para ele é realizada pelo *esforço hermenêutico da reconstrução* da determinação original de uma obra em seu entender[11]. Não obstante, de forma tácita, a hermenêutica romântica baseada em *Fr. Schleiermacher* tem como pressuposto a reconstrução histórica, porque:

> Quando a gente percebe e reconhece que a obra de arte não é objeto atemporal da vivência estética, porém, pertence a um "mundo" que antes determina seu significado pleno, parece suceder que o verdadeiro significado das obras de arte só é entendido a partir deste mundo; portanto, só se deve entender a partir da sua origem e da sua gênese. O restabelecimento do "mundo" ao qual ela pertence, o restabelecimento do estado orignário, da "intenção" que tinha o artista criador, a execução no estilo original, todos estes meios de reconstrução histórica poderiam, então, pretender tornar compreensível o verdadeiro significado de uma obra e de protegê-la contra mal-entendidos e falsa atualização[12].

Fr. Schleiermacher retoma no desenvolvimento da sua hermenêutica duas tradições: a filosofia do idealismo transcendental alemão[13] e o romantismo. Por uma parte, a tentativa de sistematização da hermenêutica a respeito de seu campo concreto de aplicação situa o projeto de

---

10 GADAMER, H.-G. *Gesammelte Werke.* Bd. 1, S. 184.

11 GADAMER, H.-G. *Gesammelte Werke.* Bd. 1, S. 171.

12 GADAMER, H.-G. *Gesammelte Werke.* Bd. 1, S. 171-2: "*Wenn man erkennt und anerkennt, daβ das Kunstwerk nicht zeitloser Gegenstand des ästhetischen Erlebens ist, sondern einer 'Welt' zugehört, die seine Bedeutung erst voll bestimmt, scheint zu folgen, daβ die wahre Bedeutung des Kunstwerkes aus dieser 'Welt', also vor allem aus seinem Ursprung und seiner Entstehung allein zu verstehen ist. Wiederherstellung der 'Welt', der es zugehört, Wiederherstellung des ursprunglichen Zustandes, den der schaffende Kunstler 'gemeint' hatte, Auffuhrung im ursprunglichen Stile, alle diese Mittel historischer Rekonstruktion durften dann beanspruchen, die wahre Bedeutung eines Kunstwerks verständlich zu machen und gegen Miβverständnis und falsche Aktualisierung zu schutzen*".

13 Sobre isso, ver WELZEL, H. *Naturrecht und materiale gerechtigkeit.* Göttingen: Vandenhoeck und Ruprecht 4 Aufl. No espanhol: *Introdución a la filosofia del derecho. Derecho natural y justicia material.* Madrid: Aguilar, 1971.

Fr. Schleiermacher próximo do idealismo alemão, particularmente, porque ele continua as determinações fundamentais de *I. Kant* quando este diz que o pensamento artístico somente se distingue pelo maior ou menor prazer, porque, em realidade, é só o ato momentâneo do sujeito, do que decorre como pressuposto para a compreensão do pensamento artístico a sua exteriorização, que segue sendo um pensamento individual, uma livre combinação destacada do ser[14]. Na hermenêutica de *Fr. Schleiermacher* tal combinação é característica, pelo fato de buscar em todas as partes um momento de produção livre, especialmente, no diálogo, pois neste se dá uma recíproca relação de comunicação que, como tal, motiva uma estimulação recíproca da produção de ideias e possui uma forma externa, uma unidade de sentido de forma que é independente de toda relação de falar e de ser interpelado ou persuadido. O falar, portanto, é considerado como uma produtividade plástica[15] que permite ser contemplada.

Por outra parte, a hermenêutica de *Fr. Schleiermacher* é contemporânea do romantismo, do qual recebe sua fundamental convicção, i.e., que o pensamento do autor tem de estar relacionado com o sujeito ativo e pensante, o que não passa do *cogito ergo sum* cartesiano. Destarte, a sistematização de *Fr. Schleiermacher* leva a dupla marca romântica e crítica. Em primeiro lugar, romântica, porque para ele a compreensão é uma repetição da produção mental originária em virtude da congenialidade dos espíritos, i.e., a espontaneidade do *eu penso*, considerado como princípio supremo de toda filosofia, foi transposta por *I. Kant* e *Fr. Schegel* com a generalização romântica de *Fr. Schegel* e *Fr. Schleiermacher*, caracterizando-se como uma capacidade para a amizade, para o diálogo, para a comunicação em geral como uma espécie de metafísica da individualidade, ou uma espécie de talante vital romântico conjugado com o interesse para a compreensão e o mal-entendido, formando nesta experiência humana originária o seu ponto de partida metodológico[16]. Em segundo lugar, crítica, por razão da sua vontade de elaborar regras de compreensão válidas universalmente.

O método do entender para ele tem presente tanto a *Operation des Gleichseins* ou *Vergleichen* que, por isto, o texto é aberto igual como uma manifestação singular da vida do autor [17], quanto *"das Eingentumliche"*[18], por ter de adivinhar na óptica, não obstante, continua a hermenêutica a ser

---

14 GADAMER, H.-G. *Gesammelte Werke*. Bd. 1, S. 191.
15 GADAMER, H.-G. *Gesammelte Werke*. Bd. 1, S. 193.
16 GADAMER, H.-G. *Gesammelte Werke*. Bd. 2, S. 97.
17 GADAMER, H.-G. *Gesammelte Werke*. Bd. 1, S. 195.
18 GADAMER, H.-G. *Gesammelte Werke*. Bd. 1, S. 193.

uma *Kuntslehre*[19](teoria artificiosa) como a arte do discurso da retórica, por não poder ser mecanizada como uma aplicação de regras.

A sua sistemática é composta por duas formas de interpretação: a interpretação gramatical e a interpretação psicológica (ou técnica). Nas primeiras obras de *Fr. Schleiermacher* ambas as formas pertenciam a um mesmo nível, porém, nos seus últimos escritos, a segunda adquire primazia sobre a primeira, porque, pelo caráter fundamental da hermenêutica de *Fr. Schleiermacher*, não se trata de compreender a literalidade das palavras e seu sentido objetivo, porém, a individualidade do falante ou do autor. Assim, o intérprete pode reproduzir conscientemente uma obra quando esta não se tratar de uma produção individual do gênio, criador no sentido mais autêntico, pois nesse caso a reconstrução já não pode ser realizada por meio de regras; é o próprio gênio que forma sua obra, cria formas novas do uso linguístico[20]. Por isso, ele entende que só se compreende adequadamente retrocedendo até a gênese das ideias[21], i.e., o que deve ser entendido não é a autointerpretação reflexiva do autor, porém, sim, sua intenção inconsciente[22], por uma interpretação psicológica, a qual tem por base a formação do pensamento como um momento da vida no nexo total do homem que, por consequência, dá lugar a um movimento circular, pelo qual é obtido o nexo no vai e vem do movimento circular entre o todo e as partes, porque nada pode ser entendido de uma vez[23]. Propriamente, por isso, a compreensão para ele é a realização da reconstrução de uma produção em igualdade com o original.

A interpretação psicológica foi o seu contributo mais genuíno para complementar a interpretação gramatical tradicional, particularmente, foi relevante para a formação das teorias do século XIX, para *Fr. von Savigny*, *Boeckh, Steinthal*, e sobretudo *W. Dilthey*[24], evoluindo, por conseguinte, para uma metodologia. Precisamente pela interpretação psicológica que é estabelecido um ato divinatório da congenialidade, no qual se encontra a possibilidade de uma vinculação prévia de todas as individualidades[25], uma recriação do ato do criador[26], porque ele diz *"(...) daß jede Individualität eine Manifestation des Allebens ist und daher 'jeder von jedem*

---

19 GADAMER, H.-G. *Gesammelte Werke*. Bd. 1, S. 182.

20 GADAMER, H.-G. *Gesammelte Werke*. Bd. 1, S. 193.

21 GADAMER, H.-G. *Gesammelte Werke*. Bd. 1, S. 189.

22 GADAMER, H.-G. *Gesammelte Werke*. Bd. 1, S. 197.

23 GADAMER, H.-G. *Gesammelte Werke*. Bd. 1, S. 194.

24 GADAMER, H.-G. *Gesammelte Werke*. Bd. 1, S. 190.

25 GADAMER, H.-G. *Gesammelte Werke*. Bd. 1, S. 193.

26 GADAMER, H.-G. *Gesammelte Werke*. Bd. 1, S. 191-2.

A ARTE HERMENÊUTICA ROMÂNTICA

ein Minimum in sich trägt und die Divination wird sonach aufgeregt durch Vergleichung mit sich selbt'"[27] Nisto reside a universalidade hermenêutica de *Fr. Schleiermacher* que, embora afirme de tal modo o entender sobre o problema da individualidade, sustenta, justamente, com base nisto a tarefa de uma hermenêutica como uma hermenêutica universal.

A fórmula metodológica no sentido de que pela interpretação se trata de *compreender ao autor melhor do que ele mesmo se compreendeu* encontrada em *Fr. Schleiermacher*, que já se encontrava em *Fichte* e em *I. Kant*, conserva o seu sentido original sob o pressuposto da estética do gênio, o qual não se trata de um postulado básico da filologia, porém de uma antiga crítica filosófica com o propósito de superar as contradições que possam ser encontradas em uma tese por meio de uma maior clareza conceptual. Entretanto, somente *Fr. Schleiermacher* concede autonomia à hermenêutica até esta progredir a um método à margem de qualquer conteúdo, pois no sentido dado por ele a este adágio hermenêutico a expressão que representa um texto é considerada de forma completamente independente de seu conteúdo cognitivo, como uma produção livre.

Posteriormente à *Fr. Schleiermacher*, e fundamentada na teoria romântica da criação inconsciente do gênio, a base teórica da interpretação psicológica passou a ser cada vez mais relevante nas ciências do espírito. Apesar disso, *Fr. Schleiermacher* não pensa na fundamentação filosófica das ciências históricas, por estar mais próximo da órbita do idealismo transcendental fundado por *I. Kant* e *Fichte* (já que as próprias raízes da problemática filosófica da hermenêutica estão no idealismo alemão e não só na dialética de *Fr. Schleiermacher* sobre o entender como ação recíproca de subjetividade e objetividade, de individualidade e identidade), mas, sobretudo, por estar mais próximo da crítica de *Fichte* ao conceito dogmático de substância e nas possibilidades que vislumbrou para pensar o conceito de força histórica, como também no trânsito hegeliano do espírito subjetivo ao espírito objetivo.

---

27 GADAMER, H.-G. *Gesammelte Werke*. Bd. 1, S. 193: "(...) que toda individualidade é uma manifestação da vida toda e, por isso, cada um leva consigo um mínimo de cada um e a adivinhação é estimulada pela comparação consigo mesmo" (Tradução da autora).

Capítulo III

Fundamentação Epistemológica da Hermenêutica

A tensão entre a hermenêutica e o posicionamento da filosofia especulativa da história na escola histórica alcança seu ponto culminante em *W. Dilthey*, o qual reconhece o problema epistemológico que implica na concepção histórica do mundo tanto perante o idealismo alemão quanto perante o pensamento de *Rancke* e *Droysen*[1], os quais, ao invés de retornarem aos pressupostos epistemológicos da Escola Histórica e aos pressupostos do idealismo de *I. Kant* a *Hegel* e, a partir disso, reconhecerem a incompatibilidade de tais pressupostos, somente uniram de modo (a)crítico ambos os pontos de vista[2]. A partir disso, *W. Dilthey* se encarregou de formular um fundamento epistemológico firme entre a experiência histórica e o legado idealista da Escola Histórica.

Trata-se do propósito de completar a crítica kantiana da razão pura com uma crítica da razão histórica, i.e., a razão histórica precisa de uma fundamentação similar à da razão pura da mesma forma que tinha sido realizado por *I. Kant*, pois o conhecimento histórico também forma parte das *Geisteswissenschaften*(ciências do espírito), porém, isso não pode ser feito com um simples retorno à *I. Kant*, uma vez que oferece só uma fundamentação à filosofia da natureza[3]. Ademais, da mesma forma que a natureza, a história não pode ser pensada como uma forma de ser manifestado o espírito, e, por tal razão, o conhecimento da história, assim como o conhecimento da natureza, em virtude das construções do método matemático, é um problema para o espírito humano.

Portanto, assim como a pergunta kantiana de como é possível uma ciência pura da natureza ser colocada, *W. Dilthey* formula para a sua

---

1 GADAMER, *Gesammelte Werke*. Bd. 1, S. 222.

2 GADAMER, *Gesammelte Werke*. Bd. 1, S. 223.

3 GADAMER, *Gesammelte Werke*. Bd. 1, S. 224.

FUNDAMENTAÇÃO EPISTEMOLÓGICA DA HERMENÊUTICA

CAPÍTULO III

resposta, de como é possível ser convertida em ciência a experiência histórica, a pergunta pelas categorias do mundo histórico que podem sustentar a construção do mundo histórico nas *Geisteswissenschaften*[4], que têm por base a insatisfação de *W. Dilthey* com a mera remodelação da construção do conhecimento da natureza e a sua mera aplicação ao campo do conhecimento histórico realizada pelo neokantismo como, por exemplo, na forma da filosofia dos valores, porque para ele o que sustenta a construção do mundo histórico não são os fatos dados por uma experiência e incluídos em uma referência valorativa, todavia, a sua base é, propriamente, a historicidade interna da experiência, i.e., o mundo histórico é já sempre um mundo formado e conformado pelo espírito humano, que a ciência histórica trata de continuar[5]. O problema epistemológico específico da história, dessa forma, porém, remanesce oculto à medida que a possibilidade do conhecimento histórico é reduzida à fórmula S→O, porque a pergunta a ser colocada deve ser, pelo contrário, pelo meio para ser elevada a experiência do indivíduo e seu conhecimento à experiência histórica[6]. A respeito disso, deve ser ressaltado que o problema da história não é como pode ser vivido e conhecido o nexo geral, porém *como* podem ser conhecidos também aqueles nexos que nenhum indivíduo como tal tem podido viver[7].

Em face disso, a fundamentação epistemológica das *Geisteswissenschaften* é empreendida por *W. Dilthey* a partir da construção de um nexo próprio da experiência vital de um indivíduo, na transposição a um nexo histórico que já não é vivido nem experimentado por indivíduo algum, pois não existe um sujeito geral, porém, só indivíduos históricos. Na verdade, o conceito de nexo da história[8] significa, objetivamente, a aplicação do adágio hermenêutico de *Fr. Schleiermacher*, um reflexo da hermenêutica romântica de que o nexo entre as partes é determinado por uma relação com o todo, que, aqui, experimenta uma expansão universal, i.e., o nexo estrutural da vida, igualmente o de um texto, está determinado por uma relação similar, pela qual a pertinência dos indivíduos a um todo representa uma realidade psíquica, que tem de ser reconhecida como tal, precisamente, porque uma experiência histórica não pode ser transcendida por meio de explicações em relação a outro indivíduo distinto do que viveu a experiência[9].

---

4 GADAMER, *Gesammelte Werke*. Bd. 1, S. 225.

5 GADAMER, *Gesammelte Werke*. Bd. 1, S. 226.

6 GADAMER, *Gesammelte Werke*. Bd. 1, S. 226.

7 GADAMER, *Gesammelte Werke*. Bd. 1, S. 228.

8 GADAMER, *Gesammelte Werke*. Bd. 1, S. 202 und 228.

9 GADAMER, *Gesammelte Werke*. Bd. 1, S. 228.

A partir disso, é desenvolvido o como é adquirido por um indivíduo um contexto vital bem como os conceitos constitutivos capazes de sustentar, simultaneamente, o contexto histórico e seu conhecimento, dentre os quais, permanece no postulado especulativo alemão, o conceito de *Erlebnis*[10]. Além desse conceito, o conceito de estrutura já tinha sido empregado por *W. Dilthey* nas suas ideias sobre uma psicologia descritiva e analítica com o propósito de distinguir, em primeiro lugar, a aquisição do nexo da vida por dedução da alma das formas de explicação próprias do conhecimento da natureza e, em segundo lugar, o caráter vivido dos nexos psicológicos dos nexos causais do acontecer material. Esse conceito é, basicamente, uma referência a um todo de relações não dado por uma sucessão temporal do ter-se produzido, porém, por meio de relações internas, pois é a própria vida que se desenvolve e se conforma em unidades compreensíveis, as quais devem ser entendidas por um indivíduo concreto.

O nexo estrutural empregado por *W. Dilthey* é baseado, ulteriormente (1900), no resultado das *Investigações Lógicas* de *E. Husserl*[11], i.e., sobre o conceito de significado por este elaborado como objetivação da intencionalidade – que para ele tem um significado puramente lógico capaz de ser elevado acima dos nexos efectuais, permitindo a *W. Dilthey* dizer até que ponto o nexo estrutural está dado, porque não está dado na imediatez de uma vivência, porém, tão pouco sobre a base do *mecanismo da vida psíquica* – porém, contrariamente ao significado lógico que adota esse conceito para *E. Husserl*, todavia, ele é entendido, por *W. Dilthey*, como expressão de vida, pois a vida mesma é temporalidade constante, uma unidade de significado duradouro, que tem uma estrutura hermenêutica[12]. Dessa forma, que a hermenêutica em *W. Dilthey* tem sua fundamentação a partir da filosofia da vida, embora não seja totalmente congruente, porque requer seja abarcado pela fundamentação filosófica da vida todo campo no qual a consciência tenta alcançar autoridade e tenta chegar a um saber válido sob o ponto de vista da reflexão e da dúvida, i.e., a vida leva à reflexão sobre ela, e a reflexão a dúvida; por consequência, somente com o afirmar da vida frente a dúvida o pensamento torna-se saber válido[13].

Na verdade, quando ele fala de saber e reflexão como uma imanência geral do saber à vida, refere-se a um movimento orientado diante da vida[14]. Neste ponto, particularmente, está não só uma distinção como

---

10 GADAMER, *Gesammelte Werke*. Bd. 1, S. 227.

11 GADAMER, *Gesammelte Werke*. Bd. 1, S. 229.

12 GADAMER, *Gesammelte Werke*. Bd. 1, S. 230.

13 GADAMER, *Gesammelte Werke*. Bd. 1, S. 242.

14 GADAMER, *Gesammelte Werke*. Bd. 1, S. 242.

FUNDAMENTAÇÃO EPISTEMOLÓGICA DA HERMENÊUTICA

CAPÍTULO III

uma estreita comunidade entre *E. Husserl* e *W. Dilthey*, quando empregam o conceito *vida*, pois em *E. Husserl* este conceito é desenvolvido a partir da peculiaridade das vivências intencionais e as distingue da consciência, i.e., a partir do mundo-da-vida tal como se apresenta na percepção anterior a toda consideração científica, ou de outro modo, converte esta em uma unidade real da consciência das vivências e de sua percepção interna, porque o mundo-da-vida é pressuposto pela ciência mesma, tanto enquanto meta de sua explicação como enquanto instrumento trabalho de científico. Contrariamente, *W. Dilthey* situa o mundo da vida na consciência e a unidade da vida é sintetizada, dessa forma, por uma unidade mental psicológica. Como ponto comum em relação ao conceito da vida, entre ambos, coloca-se o ponto de partida da vivência, em *W. Dilthey*, para obter o conceito de nexo psíquico do nexo vivencial. E, igualmente ao que sucede em *W. Dilthey*, a investigação temática da vida da consciência de *E. Husserl*, está obrigada a superar a vivência individual como ponto de partida. Dessa forma, ambos se direcionam à concreção da vida.

A fundamentação das ciências, particularmente da hermenêutica é, portanto, mais do que um instrumento para *W. Dilthey*, é um meio universal da consciência histórica, pois, que nas ciências do espírito – *Geisteswissenschaften* – a verdade reflete somente em uma consciência, i.e., por um reflexo do nexo, pela qual não tem outra forma de conhecimento da verdade que compreender a expressão, i.e., a expressão da vida; porque:

> A possibilidade da interpretação universal pode ser deduzida a partir da natureza da compreensão. Nesta, a individualidade do intérprete e a do seu autor não se enfrentam como duas realidades incompatíveis: ambas tem se constituído sobre o fundamento universal da natureza do homem e com isto se possibilita a comunicabilidade dos homens entre si pelo discurso e pela compreensão. Ademais, aqui pode ser esclarecida a expressão psicológica convencional de Schleiermacher. Todas as diferenças individuais na verdade não estão condicionadas pelas desigualdades qualitativas das pessoas umas das outras, senão somente pela diferença de grau dos fenômenos de suas almas[15].

---

15 DILTHEY. *Die Entstehung der Hermeneutik, S. 329 und 330: "Die Möglichkeit der allgemeingultigen Interpretation kann aus der Natur des Verstehens abgeleitet werden. In diesem stehen sich die Individualität des Auslegers und die seines Autors nicht als zwei unvergleichbare Tatsachen gegenuber: auf der Grundlage der allgemeinen Menschennatur haben sich beide gebildet, und hierdurch wird die Gemeinschaftlichkeit der Menschen untereinander fur Rede und Verständnis ermöglicht. Hier können die formelhaften Ausdrucke Schleiermachers psychologisch weiter aufgeklärt werden. Alle individuellen Unterschiede sind letzlich nicht durch qualitative Verschiedenheiten der Personen voneinander, sondern nur durch Gradunterschiede ihrer Seelenvorgänge bedingt."*

O ponto de partida para uma análise de *W. Dilthey* consiste, portanto, na transposição da fundamentação psicológica à fundamentação das ciências do espírito, especificamente, para o âmbito da hermenêutica, na qual os conceitos da Escola Histórica de expressão e compreensão – conceitos de *Droysen*, que se move no solo cartesiano e segue a *I. Kant* e a *W. Humboldt*[16], porém não dizem o diverso ao que *Rancke* já tinha dado ênfase no conceito de força, que não é expressão pura nem completa da personalidade que chegou a ser pela força de sua vontade[17] – ocupam uma posição de destaque de acordo com o pensamento de *W. Dilthey*, segundo o qual compreender trata de compreender o expressado, porque na expressão, *mutatis mutandis*, o expressado surge de modo distinto em relação à causa no efeito, i.e., o expressado mesmo está presente na expressão e é compreendido quando esta é compreendida, principalmente, porque a interpretação psicológica não é mais do que um momento subordinado na compreensão histórica[18].

É característico da problemática diltheyana da fundamentação das ciências do espírito, além disso, não distinguir entre a dúvida metódica e a dúvida que surge só, porém, é preciso distinguir a certeza alcançada na vida mesma daquela certeza científica, que resulta de uma metodologia crítica que tenta reter somente o certo[19]. Essa certeza, na verdade, não procede da dúvida e de sua superação, porém é precedente à possibilidade de sucumbir à dúvida. Sob o ponto de vista metodológico, ele confunde a investigação do passado como decifração, porque não concebe, na verdade, a compreensão do espírito passado no presente, como experiência histórica. A respeito disso, é justamente com o auxílio da hermenêutica romântica que *W. Dilthey* consegue velar a diferença entre a essência histórica da experiência e a forma de conhecimento da ciência, i.e., colocar em consonância a forma de conhecimento das ciências do espírito com os padrões metodológicos da natureza. Baseado nisso, emprega o termo *resultado*[20] para demonstrar com sua descrição a respeito dos métodos espirituais-científicos a igualdade das ciências do espírito com as ciências da natureza, pois ao pressupor que o objeto da compreensão é o texto (para *Droysen* o pleno cumprimento da compreensão da história é, como a compreensão de um texto, atualidade espiritual) a ser decifrado[21] (*Rancke*) e compreendido em seu próprio sentido, o encontro com o texto é para ele

---

16 GADAMER, *Gesammelte Werke*. Bd. 1, S. 216.

17 GADAMER, *Gesammelte Werke*. Bd. 1, S. 217.

18 GADAMER, *Gesammelte Werke*. Bd. 1, S. 217.

19 GADAMER, *Gesammelte Werke*. Bd. 1, S. 243.

20 GADAMER, *Gesammelte Werke*. Bd. 1, S. 244.

21 GADAMER, *Gesammelte Werke*. Bd. 1, S. 245.

FUNDAMENTAÇÃO EPISTEMOLÓGICA DA HERMENÊUTICA

CAPÍTULO III

um autoencontro, especialmente, porque para ele a certeza das ciências significa a perfeição da certeza vital. Nesse sentido, a forma cartesiana de alcançar a certeza pela dúvida é, para *W. Dilthey*, de evidência imediata, pois procede da Ilustração[22]. Não obstante o legado da hermenêutica romântica mantém-se nos limites da concepção histórica do mundo, sobrevinda por meio da influência de *Fichte* e *Rancke*. Por meio disso, pois, esclarece a distinção das ciências do espírito diante das ciências da natureza, porque nelas todo dado é produzido.

A respeito do seu pensamento, porém, a questão colocada está relacionada com a base da transposição da posição psicológica à hermenêutica, i.e., se esta é obtida sobre o posicionamento da universalidade com que a compreensão se apropria do mundo histórico, ou se aproxima do idealismo especulativo. A isso é respondido que trata o pensar de imanência à vida realizável por meio das objetivações do espírito, as quais, sob a forma dos costumes, do direito e da religião, sustentam o indivíduo na medida em que este se entrega à objetividade da sociedade. Dessa forma, as ciências do espírito são elevadas metodicamente acima da contingência subjetiva do próprio ponto de partida e da tradição acessível, assim, à objetividade do conhecimento histórico[23].

O nexo entre vida e saber não significa o alcance de um conhecimento puro a partir de conceitos, pois para *W. Dilthey* a própria fundamentação da filosofia, i.e., a autorreflexão filosófica pensa até o final a própria vida, compreendendo a própria filosofia como uma objetivação da vida, porque não tenta fundamentar a filosofia a partir de um princípio especulativo, porém, como uma continuação do caminho da autorreflexão histórica. *W. Dilthey* destaca que antes de toda objetivação científica o que se forma é uma concepção natural da vida sobre si mesma, pois todas as formas de expressão que dominam a vida humana são em seu conjunto conformações do espírito objetivo. A fórmula literal de *W. Dilthey* era "*mit Bewußtsein ein Bedingtes zu sein*"[24], i.e.:

> A compreensão apresenta graus distintos. Esses estão condicionados, antes de tudo, pelo interesse. Se o interesse é limitado, então, a compreensão também o é. Mas também a atenção mais concentrada só pode ser obtida por um processo, no qual se alcança um grau de objetividade possível

---

22 GADAMER, *Gesammelte Werke*. Bd. 1, S. 243.

23 GADAMER, *Gesammelte Werke*. Bd. 1, S. 240.

24 GADAMER, *Gesammelte Werke*. Bd. 1, S. 241: "ser conscientemente um ser condicionado" (Tradução da autora).

de ser controlado, quando é fixada a exteriorização da vida e pudermos portanto retornar outra vez a ela[25].

Esta fórmula é orientada firmemente contra a pretensão da filosofia da reflexão de deixar para trás todas as barreiras da finitude na ascensão ao absoluto e infinito do espírito e na realização e verdade da autoconsciência[26]. Com base nisso,*"Solches Kunstmäβige Verstehen von dauernd fixierten Lebensäuβerungen nennen wir Auslegung oder Interpretation"*[27]. Ademais, ao conceber a filosofia como uma continuação do caminho da autorreflexão histórica, afasta qualquer problema em relação à argumentação de caráter relativista sobre a possibilidade de a filosofia ser concebida a partir de um princípio especulativo. Não se trata, porém, de uma autorreflexão histórica no sentido de uma consciência histórica no sentido do idealismo hegeliano, i.e., no sentido de que seja reunido em uma autoconsciência presente o todo do espírito na sucessão temporal. A razão pela qual *W. Dilthey* confunde a consciência histórica com a experiência histórica, pois, está nisto: que a consciência humana não é um intelecto infinito para tudo o que seja simultâneo e igualmente presente, pois a consciência histórica não é um constante apagar-se até a posse de si mesmo; é justamente isto o que distingue a consciência histórica de todas as formas do espírito.

W. Dilthey, por uma parte, subtrai a hermenêutica do contexto limitado da interpretação dos textos escritos, situando-a no âmbito completo da compreensão histórica, porque para ele a conexão interna (*Zusammenhang*) de um texto é um caso particular do problema geral da conexão da história, conseguindo isso a partir do desenvolvimento da Escola Histórica, particularmente, a partir das obras históricas de *Rancke* e *Droysen*. Por tal razão, o primeiro problema da compreensão é o da compreensão da história. Por outra parte, tenta buscar para a compreensão histórica uma base científica comparável a das ciências naturais. Ambas as situações o levam a estabelecer que a questão fundamental é a de *como é*

---

25 DILTHEY, *Die Entstehung der Hermeneutik*, S. 319: *"Das Verstehen zeigt verschiedene Grade. Diese sind zunächst vom Interesse bedingt. Ist das Interesse eingeschränckt, so ist es auch das Verständnis. (...) Aber auch angestrengteste Aufmerksamkeit kann nur dann zu einem Kunstmäßigen Vorgang werden, in welchem ein kontrollierbarer Grad von Objektivität erreicht wird, wenn die Lebensäußerung fixiert ist und wir so immer wieder zu ihr zuruckkehren können"*.

26 GADAMER, *Gesammelte Werke*. Bd. 1, S. 241.

27 DILTHEY, *Die Entstehung der Hermeneutik*, S. 319: "Tal compreensão conforme a contínua exteriorização da vida nós chamamos *Auslegung* ou *Interpretation*" (Tradução da autora). Na tradução desta frase os termos *Auslegung* e *Interpretation* possuem o mesmo significado na língua portuguesa e, por isso, não se encontram traduzidos, a fim de poder permitir melhor compreensão ao leitor em relação ao emprego de ambos (Nota da Autora).

Fundamentação Epistemológica da Hermenêutica

Capítulo III

possível o conhecimento histórico, a partir da qual estabelece a oposição entre a explicação da natureza e a compreensão do espírito. Dessa forma, o que as ciências do espírito tratam de compreender é o espírito humano, i.e., o indivíduo considerado em suas relações sociais, porém, fundamentalmente, singular. Por isso, as ciências do espírito requerem como ciência fundamental a psicologia, ciência do indivíduo atuante na sociedade e na história.

A vida individual é possível de ser conhecida por meio das objetivações, i.e., das formas que se produzem e se configuram em configurações estáveis, porque têm uma estrutura ou *conexão interna*. Como resultado do trabalho de *W. Dilthey* tem-se, por um lado, o reconhecimento de que não é possível captar a vida psíquica de um modo imediato, porém esta tem de ser assimilada (*nachbilden*) mediante a interpretação das objetivações, porém, por outro lado, a psicologia segue sendo a justificação última da hermenêutica e isto faz com que a questão da objetividade seja, para *W. Dilthey*, um problema inevitável e insolúvel, pois a subordinação da hermenêutica à psicologia lhe conduz a buscar a fonte de toda objetivação fora do campo próprio da interpretação: o texto. Pois, que:

> Toda interpretação de obras escritas é só uma elaboração artesanal do fenômeno da compreensão, a qual se estende sobre toda a vida e se refere a todo tipo de discurso e escrito. A análise da compreensão é, excepcionalmente, a base para a regulamentação da interpretação. Mas esta só pode ser efetuada em função da análise da produção das obras literárias. Na relação entre a compreensão e a produção só se pode estabelecer a composição das regras que determinam os meios e os limites da interpretação[28].

Além disso,

> A interpretação, e o tratamento crítico destes vestígios inseparavelmente vinculados à ela, foi, no entanto, o ponto de partida da filologia. Esta é, em sua essência, a arte e virtuosidade pessoal no tratamento do escrito, e só em conexão com esta arte e com os seus resultados qualquer outra interpretação de monumentos ou ações historicamente

---

28 DILTHEY, *Die Entstehung der Hermeneutik*, S. 329: "*Alle Auslegung von Schriftwerken ist nur die kunstmäßige Ausbildung des Vorgangs von Verstehen, welcher sich uber das ganze Leben erstreckt und auf jede Art von Rede und Schrift bezieht. Die Analyse des Verstehens ist sonach die Grundlage fur die Regelgebung der Auslegung. Dieselbe kann aber nur in Verbindung mit der Analyse der Produktion schriftstellerischer Werke vollzogen werden. Auf das Verhältnis zwischen Verstehen und Produktion kann erst die Verbindung der Regeln gegrundet werden, welche Mittel und Grenzen der Auslegung bestimmt*".

tradicionais pode prosperar[29]. Porém a obra de um grande poeta ou descobridor, de um gênio religioso ou autêntico filósofo, só pode ser sempre expressão verdadeira da sua vida interior [...]. Por causa disso, forma-se, antes da arte da interpretação, a exposição de suas regras. E pelo antagonismo destas regras, pelo conflito de diversas orientações sobre a interpretação das obras mais importantes da vida e esta necessidade tão condicionada de constituir a regra, que se originou a ciência hermenêutica. Ela é a teoria da arte da interpretação de monumentos escritos[30].

Isso porque para ele o livro sempre ensina novamente, que não se pode inventar segundo pontos de vista arquitetônicos de novas ciências. Dessa forma, só surgem janelas falsas e, por tal razão, ninguém pode ver.

Uma hermenêutica pode ser eficaz somente em uma mente, na qual se une a virtuosidade da interpretação psicológica com uma verdadeira capacidade psicológica. Para ele, uma mente similar a isto, era a de *Fr. Schleiermacher*[31]. Porém, baseado nisto de que para tal genialidade necessária a interpretação, mister a arte dos intérpretes geniais estar apoiada nas regras abarcadas pelos métodos, ou como tem sido produzido pela consciência. Além disso, toda arte humana é lapidada e se eleva pelo manejo reiterado, ao êxito, que resulta de alguma forma transmitindo o sucedido pelo ensino da arte da vida. Como meio para a formação desta arte do entender, se originou onde a linguagem descobre uma base firme e completa, ocasiona-se uma interpretação controvertida, para o que tem de ser buscada uma solução no antagonismo no ensino da arte dos gênios da interpretação pela regra da universalidade[32].

Nesse sentido, para *W. Dilthey* a tarefa hermenêutica para uma compreensão consiste em recriar à epistemologia geral a possibilidade de colocar em evidência o nexo histórico do mundo dos entes, para a

---

29 DILTHEY, *Die Entstehung der Hermeneutik*, S. 319: *"Die Auslegung und die mit ihr untrennbar verbundene kritische Behandlung dieser Reste war demnach der Ausgangspunkt der Philologie. Diese ist nach ihrem Kern die persönliche Kunst und Virtuosität in solcher Behandlung des schriftlich Erhaltenen, und nur im Zusammenhang mit dieser Kunst und ihren Ergebnissen kann jede andere Interpretation von Denkmalen oder geschichtlich uberlieferten Handlungen gedeihen".*

30 DILTHEY, *Die Entstehung der Hermeneutik*, S. 320: *"Aber das Werk eines großen Dichters oder Entdeckers, eines religiösen Genius oder eines echten Philosophen kann immer nur der wahre Ausdruck seines Seelenlebens sein; (...) Daher bildete sich fruh aus der Kunst der Auslegung die Darstellung ihrer Regeln. Und aus dem Widerstreit dieser Regeln, aus dem Kampf verschiedener Richtungen uber die Auslegung lebenswichtiger Werke und dem so bedingten Bedurfnis, die Regeln zu begrunden, entstand die hermeneutische Wissenschaft. Sie ist die Kunstlehre der Auslegung von Schriftdenkmalen".*

31 DILTHEY, *Die Entstehung der Hermeneutik*, S. 326.

32 DILTHEY, *Die Entstehung der Hermeneutik*, S. 332.

FUNDAMENTAÇÃO EPISTEMOLÓGICA DA HERMENÊUTICA

CAPÍTULO III

qual deve ser encontrado o meio de sua realização. Por isso, considera fundamental para as ciências do espírito que a epistemologia seja lógica e metódica. Pois, dessa forma, *W. Dilthey*, ao considerar as objetivações históricas como aquisições que podem ser decifradas com o auxílio de técnicas hermenêuticas, não consegue ultrapassar o binômio relacional sujeito-objeto, e o conhecimento histórico não evolui para o conhecimento hermenêutico, i.e., para uma experiência hermenêutica (*H.-G.Gadamer*), podendo o intérprete, então, subtrair-se à autorreflexão e, por consequência, de se sentir interpelado pela tradição e, pela linguagem, esta como base e fio condutor do seu pensamento. Pois, a fundamentação ontológica da hermenêutica que possibilita ultrapassar essa relação S→O nas ciências do espírito, pressuposto para a universalidade hermenêutica, é conseguida somente por *M. Heidegger*, para o qual:

> O ser-no-mundo – apesar de experimentado e conhecido pré-fenomenologicamente – torna-se invisível por via de uma interpretação ontológica inadequada. Só agora a gente conhece a constituição do *Dasein* – e, na verdade, como algo evidente por si mesmo – todavia, por pregnância da interpretação inadequada. De tal modo ela se torna o ponto de partida "evidente" para os problemas da epistemologia ou "metafísica do conhecimento". O que é mais evidente por si mesmo, como que um "sujeito" se refere sobre um "objeto" e vice-versa? Esta relação sujeito-objeto necessita ser pressuposta. Porém isto permanece – embora em uma inviolável faticidade – pois, justamente, por isso, é uma verdadeira condição fatal, quando é deixada no obscuro sua necessidade ontológica e, sobretudo, seu sentido ontológico[33].

---

[33] HEIDEGGER, *Sein und Zeit*, S. 59: "*Das In-der-Welt-sein wird – obzwar vorphänomenologisch erfahren und gekannt – auf dem Wege einer ontologisch unangemessenen Auslegung unsichtbar. Man kennt die Daseinsverfassung jetzt nur noch – und zwar als etwas Selbstverständliches – in der Prägung durch die unangemessene Auslegung. Dergestalt wird sie dann zum 'evidenten' Ausgangspunkt fur die Probleme der Erkenntnistheorie oder 'Metaphysik der Erkenntnis'. Denn was ist selbstverständlicher, als daß sich ein 'Subjekt' auf ein 'Objekt' bezieht und umgekehrt? Diese 'Subjekt-Objekt-Beziehung' muß vorausgesetzt werden. Das bleibt aber eine – obzwar in ihrer Faktizität unantastbare – doch gerade deshalb recht verhängnisvolle Voraussetzung, wenn ihre ontologische Notwendigkeit und vor allem ihr ontologischer Sinn im Dunkel gelassen werden*".

Capítulo IV

Hermenêutica Filosófica Enquanto Hermenêutica Ontológica

§ 1º
Da Epistemologia à Ontologia: *Heidegger*

1. APORTES FUNDAMENTAIS DE *SEIN UND ZEIT*

O pensamento hermenêutico de *M. Heidegger* (1889-1976) move o sentido da hermenêutica filosófica com um giro ontológico, especialmente por meio da sua obra *Sein und Zeit*, que permanece oculta durante muito tempo e desafia a hermenêutica tradicional em sua base relacional mantida pelo binômio S→O da teoria do conhecimento. Especialmente nessa obra ele coloca questões que, para o horizonte hermenêutico, não poderiam, até então, ser percebidas. Trata nos seus cursos do semestre de verão de 1927, sobre os problemas fundamentais da fenomenologia, os quais, de certa forma, podem valer como uma continuação silenciosa de *S.u.Z.* Por isso, deve-se considerar que a maior parte das referências retrospectivas sobre a hermenêutica a respeito da sua obra tardia tem de ser buscada nestes cursos precedentes. Não obstante, a respeito disso, esse trabalho é mantido dentro dos seus limites. Posteriormente, a hermenêutica de *M. Heidegger* evolui, em especial, com a hermenêutica de *H.-G. Gadamer*.

O conteúdo de *S.u.Z.* pode ser resumido em forma de teses principais, dentre as quais se encontram em primeiro lugar, a questão do ser;

em segundo lugar, o *Dasein*, i.e., o único ente que compreende ser; em terceiro lugar, o *Dasein* como *In-der-Welt-sein* (ser-no-mundo); em quarto lugar, *In-der-Welt-sein* (ser-no-mundo) como *Sorge* (cura), i.e., a totalidade do *In-der-Welt-sein* (ser-no-mundo) pode ser chamada de *Sorge* (cura); em quinto lugar, a *Sorge* (cura) "é" temporal; e, por fim, a temporalidade da *Sorge* (cura) como temporalidade para a *Sorge* (cura), como *ekstática*.

Na elaboração dessa tese ele retoma, em geral, as influências de *W. Dilthey* (e do próprio *Conde York*), *E. Husserl* (como também de *Kiekgaard*, *Brentano*) toda a tradição metafísica (*Descartes, I. Kant e Hegel*), pelo seu princípio da hermenêutica da faticidade – "*Die Tatsächlichkeit des Faktums Dasein, als welches jeweilig jedes Dasein ist, nennen wir seine Faktizität*"[1] – o seu conceito de tempo. Baseado nesse princípio, é a ideia mesma da fundamentação do pensamento mesmo que conduz uma inversão completa quando *M. Heidegger* empreende interpretar sobre a temporalidade absoluta do ser, verdade e história[2]. Todavia, nele a temporalidade não se trata da ideia da consciência ou do racioncínio transcendental como em *E. Husserl*, pois revela o tempo como o horizonte do ser e o que o ser significa deve ser determinado a partir do horizonte do tempo. Destarte, a estrutura da temporalidade surge nesta moldura como uma determinação ontológica da subjetividade, embora a tese para ele fosse a de que o ser mesmo é tempo[3].

A hermenêutica para ele constitui, portanto, a elaboração das condições de possibilidade de toda investigação ontológica, pela qual é elaborada ontologicamente a historicidade do *Dasein* como condição ôntica de possibilidade da história fatual, i.e., a fenomenologia do *Dasein* é hermenêutica no sentido originário da palavra na forma em que se designa o interpretar, é interpretação ontológica mesma no sentido de uma analítica da existencialidade da existência, porque em princípio e em geral os fenômenos não se dão, eles podem permanecer encobertos por nunca terem sido descobertos, desvelados[4], pois "*Die Faktizität ist nich die Tatsächlikeit des factum brutum eines Vorhandenen, sondern ein in die Existenz aufgenommener, wenngleich zunächst abgedrängter Seinscharackter des Daseins*"[5]. Dessa forma, ele submete a estrutura da

---

1 HEIDEGGER, *Sein und Zeit*, S. 56: "A fatualidade do *Dasein* de fato, que como tal é correspondente a todo *Dasein*, nós chamamos sua faticidade" (Tradução da autora).

2 GADAMER, *Gesammelte Werke*. Bd. 1, S. 261.

3 GADAMER, *Gesammelte Werke*. Bd. 1, S. 261.

4 HEIDEGGER, *Sein und Zeit*, S. 37.

5 HEIDEGGER, *Sein und Zeit*, S. 135: "A faticidade não é a fatualidade do *factum brutum* de uma presença, porém, um caráter ontológico do *Dasein* assumido na existência, ainda quando, desde o início, reprimida" (Tradução da autora).

hermenêutica tradicional a uma revisão à medida que a compreensão passa a ser o próprio modo de ser do *Dasein*, de tal forma que um problema só pode ser colocado pela coisa mesma; o conhecimento não está no interior do sujeito, na *mens* que se correlaciona com um objeto sem mundo. Por isso, nisto está a base da revisão dessa estrutura, *Dasein* é já sempre *In-der-Welt- sein* (ser-no-mundo). Por meio dessas teses, na verdade, ele não só desenvolve a sua hermenêutica da faticidade como também busca a superação do fundamento da subjetividade, fundindo, por consequência, a historicidade com a transcendentalidade. Nesse sentido, a questão da universalidade nas ciências do espírito não deve ser buscada somente no *Sein* (ser) como gênero, porque:

> Sua "universalidade" é de se procurar mais acima. O ser e a estrutura do ser estão mais além de todo ente e de toda possível determinação ôntica de um ente. *Ser é o transcendens sensivelmente*. A transcendência do ser do *Dasein* é uma perfeição, tanto que em sua transcendência está a possibilidade e a necessidade da individuação mais radical. Todo desenvolvimento do ser como o *transcendens* é conhecimento transcendental. *A verdade fenomenológica (abertura do ser) é veritas transcendentalis*[6].

Em específico, ele aprofunda as análises epistemológicas de *W. Dilthey* e de *E. Husserl*, especialmente, a partir do conceito do *mundo da vida*, de *E. Husserl*, e em relação à *W. Dilthey*, "*Das philosophisch Relevante seiner 'geisteswissenschaftlichen Psychologie' ist nicht darin zu suchen, daβ sie sich nicht mehr an psychischen Elementen und Atomen orientieren und das Seelenleben nicht mehr zusammenstukken will, vielmehr auf das 'Ganze des Lebens' und die 'Gestalten' zielt – sondern daβ er bei all dem vor allem unterwegs war zur Frage nach dem 'Leben'"*[7], apesar de perguntar pelas condições de possibilidade da compreensão (*Verstehen*), por meio da extensão das bases lógicas do conhecimento, i.e., da formulação de categorias adequadas às ciências do espírito (*Geisteswissenschaften*),

---

6 HEIDEGGER, *Sein und Zeit*, S. 38: "*Seine 'Universalität' ist höher zu suchen. Sein und Seinsstruktur liegen uber jedes Seiende und jede mögliche seiende Bestimmtheit eines Seienden hinaus. Sein ist das transcendendens schlechthin. Die Transzendenz des Seins des Daseins ist eine ausgezeichnete, sofern in ihr die Möglichkeit und Notwendigkeit der radikalsten Individuation liegt. Jede Erschlieβung von Sein als des transcendens ist transzendentale Erkenntnis. Phänomenologische Wahrheit (Erschlossenheit von Sein) ist veritas transendentalis*".

7 HEIDEGGER, *Sein und Zeit*, S. 46: "A sua 'psicologia das ciências do espírito' não é relevante filosoficamente por tratar disto, que ela não se orienta mais em elementos e átomos psíquicos e não pretende mais juntar os fragmentos da vida interior, mas sim, alude sobre 'o conjunto da vida' e os 'resultados' – porém, em que junto disso tudo, ela está, sobretudo, sempre a caminho da questão da 'vida'"(Tradução da autora).

porque, para *M. Heidegger*, *"Leben ist weder pures Vorhandensein, noch aber auch Dasein"*[8]. Além disso, o princípio da fenomenalidade (*Satz von der Phänomenalität*) não permitiu à *W. Dilthey* chegar a uma interpretação ontológica do ser da consciência, por ter considerado a interpretação ontológica do *Dasein* como um retornar em sentido ôntico a um outro ente[9]. O *Dasein*, em *W. Dilthey*, em realidade, é entendido em sentido kantiano, i.e., de ser simplesmente dado, pois nele a análise ontológica dos fundamentos da *Leben* (vida) é tida como uma estrutura que se soma à consciência por um nexo, enquanto, pelo contrário, *M. Heidegger* considera que a *"Realitätsbewußtsein" ist selbst eine Weise des In-der-Welt-seins"*[10]. Isso, porque somente enquanto o *Dasein* é, i.e., com a possibilidade ôntica do ser, *dá-se* ser, se ao contrário, não se poderia dizer se o ente é ou não é, pois só quando há compreensão do ser e, por consequência do ente, prossegue a ser. Dito de outro modo: a realidade se funda ontologicamente no ser do *Dasein,* e o acesso aos entes intramundanos se funda também, ontologicamente, na constituição do *Dasein*; no ser-no-mundo, porém, isso não deve significar que o real somente é em si mesmo enquanto existir o *Dasein* humano, porque, dessa forma, teria de ser pressuposto do *mundo exterior*, um sujeito desmundanizado, significando, portanto, que o real independe da transcendência da consciência para sua esfera.

Nesse sentido, o modo de *ser-no-mundo-consciente-da-realidade* quer dizer o deslocamento da compreensão do ser para algo simplesmente dado, que, então, passa a ser realidade para o ser que se compreende. O fato de o ser e a realidade somente serem dados na consciência conforme *W. Dilthey*, não dispensa um questionamento do ser da consciência, da própria *res cogitans* e, por consequência, embora tenha acentuado a tendência contemplativa da vida e o impulso à estabilidade que lhe é inerente, a objetividade da ciência tal como ele a entendia, como uma objetividade de resultados, não conseguiu superar o cartesianismo nem justificar epistemologicamente a metodologia das ciências dos espíritos e as equiparar com as ciências da natureza, por ter origem distinta o seu entendimento.

Desse modo, o *cogito sum*, adágio cartesiano, pode servir como ponto de partida da analítica existencial do *Dasein*, porém, é preciso ser revertido o seu conteúdo, no modo ontológico fundamental, ou como é dito por *H.-G. Gadamer*, *"Die unbegrundbare und unableitbare Faktizität des*

---

8 HEIDEGGER, *Sein und Zeit*, S. 50: "A vida não é só pura presença, porém também *Dasein*" (Tradução da autora).

9 HEIDEGGER, *Sein und Zeit*, S. 209.

10 HEIDEGGER, *Sein und Zeit*, S. 211: "Ser consciente da realidade é uma maneira própria de ser-no--mundo" (Tradução da autora).

Daseins, die Existenz, und nicht das reine cogito als Wesensverfassung von typischer Allgemeinheit, sollte die ontologische Basis der phänomenologischen Fragestellung darstellen – ein ebenso kuhner wie schwer einzulösender Gedanke"[11]. O *sum* no sentido de eu-sou-em-um mundo, quer dizer *eu sou* na possibilidade de ser para distintas *cogitationes* enquanto modos de ser junto ao ente intramundano, pois o mundo está correlacionado com o *sum*, i.e., *In-der-Welt-sein* (ser-no-mundo), enquanto para Descartes as *cogitationes* são simplesmente dadas e, nelas, também um *ego* como *res cogitans* desmundanizada é simplesmente dado. Somente porque o ser é compreensível no ser-aí (*Dasein*)é que o ser-aí (*Dasein*) pode compreender caracteres ontológicos como independentes, *mesmos*, o ente independente pode ser acessível como algo intramundano, que vem ao encontro na circunvisão. Afinal, antes de qualquer subjetividade fundadora existe uma situação no *In-der-Welt-sein* (ser-no-mundo), i.e., a faticidade do *Dasein* que deve ser erigida como base ontológica do posicionamento fenomenológico e não o puro "*cogito*" como constituição esencial de uma generalidade típica[12]. É a ampliação que *M. Heidegger* empreende além de *W. Dilthey* que é, especialmente, fecunda para o problema da hermenêutica, pois por seu intermédio é tornado possível e visível a estrutura da compreensão histórica em toda a sua fundamentação ontológica, i.e., a fundamentação última hermenêutica. Apesar de a sua obra *temporal S.u.Z.* não ser direcionada propriamente ao problema hermenêutico e, sim, a de *H.-G. Gadamer*, porém, antes de tudo à questão do ser, é por seu meio dada tal fundamentação pela forma originária de realização do *Dasein*, porque a compreensão nele é o modo de ser do *Dasein* enquanto é poder-ser e possibilidade.

M. Heidegger coloca, a análise do *In- Sein* (ser-em) do *In-der-Welt-Seins* (ser-no-mundo), em suma, na constituição existencial do *Da,* do *Da-sein,* em primeiro lugar, como *Befindlichkeit* (disposição), – a qual é uma das estruturas existenciais na qual se tem o ser do *Da,* que na forma ôntica se designa como disposição, estado de ânimo –, porque *Welt* (mundo) é *Da*; do qual o *Da-sein* é o *In-Sein* (ser-em), i.e., o *Da-sein* é em função do *Welt* (mundo), e em função deste se abre como tal. Justamente esta abertura é chamada por *M. Heidegger* de compreensão (*Verstehen*)[13], que

---

11 GADAMER, *Gesammelte Werke*. Bd. 1, S. 259: "A faticidade do *Dasein*, a existência, que não é suscetível nem de fundamentação nem de dedução, é o que deve ser erigido na base ontológica do posicionamento fenomenológico, e não o puro *cogito* como constituição essencial de uma generalidade típica: uma ideia tão audaz como comprometida" (Tradução da autora).

12 GADAMER, *Gesammelte Werke*. Bd. 1, S. 259

13 Anota-se aqui, que, a nota de rodapé no original, sobre isto, encontra-se assim: Vgl. § 18, S. 85 ff. e, não, na S. 127 ff.

HERMENÊUTICA FILOSÓFICA ENQUANTO
HERMENÊUTICA ONTOLÓGICA

CAPÍTULO IV

constitui, em segundo lugar, forma originária do *Da-sein*. Ambas as formas são determinadas pela *Rede* (=discurso), pela linguagem. A *Befindlichkeit* (disposição) do ser-aí (*Da-sein*), *"In der Gestimmtheit ist immer schon stimmungsmäßig das Dasein als das Seiende erschlossen, dem das Dasein in seinem Sein uberantwortet wurde als dem Sein, das es existierend zu sein hat"*[14]. Por tal razão, a *Befindlichkeit* (disposição) é muito mais do que um conhecer, já que *"(...) Die Befindlichkeit ist eine existenziale Grundart, in der das Dasein sein Da ist. Sie charakterisiert nicht nur ontologisch das Dasein, sondern ist zugleich auf Grund ihres Erschließens fur die existenziale Analytik von grundsätzlicher methodischer Bedeutung"*[15], até o ponto em que se deve confiar, sob a forma ontológica, o descobrimento do mundo ao estado de ânimo, segundo caráter da *Befindlichkeit*. *"Sie ist eine existenziale Grundart der gleichursprunglichen Erschlossenheit von Welt, Mitdasein und Existenz, weil diese selbst wesenhaft In-der-Welt-sein ist."*[16]

O estado de ânimo da existencialidade constitui a abertura do mundo do *Dasein*, o *In-sein* (ser-em)como semelhante existencial é assim determinado previamente, de modo a poder ser tocado pelo que vem ao encontro no interior do mundo[17], i.e, só *"Ein reines Anschauen, und dränge es in die innersten Adern des Seins eines Vorhandenen, vermöchte nie so etwas zu entdecken wie Bedrohliches"*[18]. Aplicar isso na esfera científica não significa, todavia, abandonar, de forma ôntica, a ciência ao *sentimento* (= *Gefuhl*), mas demonstrar por meio da constituição ontológico-existencial de toda determinação e do conhecimento na disposição do *In-der-Welt-sein* (ser-no-mundo), que esta não pode ser reduzida ao mundo da uniformidade do que é simplesmente dado, porque no interior dessa uniformidade subsistem encobertas determinações a serem descobertas[19].

---

14 HEIDEGGER, *Sein und Zeit*, S. 134: "Na espiritualidade o *Dasein* já é sempre espírito equilibrado como abertura do ente, o qual foi entregue ao *Dasein* em seu ser enquanto ser, que existindo ele tem de ser" (Tradução da autora).

15 HEIDEGGER, *Sein und Zeit*, S. 139: "A disposição é um modo existencial básico, em que o *Dasein* é seu *Da*. Ela não só caracteriza o *Dasein* ontologicamente, porém é, simultaneamente, de significado metódico fundamental para a analítica existencial, base de sua abertura" (Tradução da autora). A tradução, aqui, de *Befindlichkeit* é feita por disposição a medida que no original vem a signifcar o estado de ânimo da existencialidade (Nota da autora).

16 HEIDEGGER, *Sein und Zeit*, S. 137: "Ela é um modo existencial básico da abertura igualmente original do mundo, ser-aí-com e existência, pois, porque isto é em si mesmo como um modo de ser-no-mundo" (Tradução da autora).

17 HEIDEGGER, *Sein und Zeit*, S. 137.

18 HEIDEGGER, *Sein und Zeit*, S. 138: "Um puro contemplar e, penetrá-lo na artéria mais íntima, jamais poderá ser capaz de descobrir algo como ameaça" (Tradução da autora).

19 HEIDEGGER, *Sein und Zeit*, S. 137.

A compreensão, segunda forma de constituição existencial do *Dasein*, é expressada pelas seguintes fórmulas: *"Befindlichkeit hat je ihr Verständnis"* e a *"Verstehen ist immer gestimmtes"*[20]. Como o *Dasein* é em função do *Welt ist da*, e o *Dasein ist das In- Sein*[21], a *"Verstehen ist das Sein solchen Seinkönnens(...)"*[22]. Dessa forma, *"Als solches Verstehen 'weiß' es, woran es mit ihm selbst, das heißt seinem Seinkönnen ist. Dieses 'Wissen' ist nicht erst einer immanenten Selbstwahrnehmung erwachsen, sondern gehört zum Sein des Da, das wesenhaft Verstehen ist"*[23]. Isso significa, em síntese, que *"Verstehen ist das existenziale Sein des eigenen Seinkönnens des Daseins selbst, so zwar, daß dieses Sein an ihm selbst das Woran des mit ihm selbst Seins erschießt"*[24]. Esse compreender, em última instância, *"Als Seinkönnen ist das In-Sein je Seinkönnen-in-der-Welt"*[25]. Portanto, *"Diese ist nicht nur qua Welt als mögliche Bedeutsamkeit erschlossen, sondern die Freigabe des Innerweltlichen selbst gibt dieses Seiende frei auf seine Möglichkeiten"*[26]: compreender e projetar. Na verdade, *"das Verstehen an ihm selbst die existenziale Struktur hat, die wir den Entwurf nennen. Es entwirft das Sein des Daseins auf sein Worumwillen ebenso ursprunglich wie auf die Bedeutsamkeit als die Weltlichkeit seiner jeweiligen Welt"*[27]. Porém, o ser-aí (*Dasein*), *"Es ist aber nie mehr, als es faktisch ist, weil zu seiner Faktizität das Seinkönnen wesenhaft gehört"*[28]; o *Dasein* é o que já se compreendeu e sempre se compreenderá a partir de possibilidades, ele é existencialmente. Dessa forma, *"Das Dasein entwirft als Verstehen sein Sein auf Möglichkeiten. Dieses verstehende Sein zu Möglichkeiten ist selbst durch den Ruckschlag dieser als erschlossener in das Dasein ein Seinkönnen. Das Entwerfen des*

---

20 HEIDEGGER, *Sein und Zeit*, S. 142: "Disposição tem sim sua compreensão(...)" e "Compreensão é sempre estado de humor" (Tradução da autora).

21 HEIDEGGER, *Sein und Zeit*, S. 143: "mundo é *Da*, e o *Dasein* é como ser-em" (Tradução da autora).

22 HEIDEGGER, *Sein und Zeit*, S. 144: "Compreender é o ser poder-ser tal" (Tradução da autora).

23 HEIDEGGER, *Sein und Zeit*, S. 144: "Como uma tal compreensão ele »sabe«, o que há com ele mesmo, i.e., é o seu poder-ser. Este »saber« não é resultante de uma imanente percepção de si mesmo, porém, pertence ao ser do *Da*, que é, essencialmente, compreensão" (Tradução da autora).

24 HEIDEGGER, *Sein und Zeit*, S. 144: "Compreensão é o ser existencial do poder-ser próprio do *Dasein* mesmo, assim, em verdade, que este ser em si mesmo abre e mostra o que há com seu próprio ser" (Tradução da autora).

25 HEIDEGGER, *Sein und Zeit*, S. 144: "Como poder-ser o ser-em já sempre é poder-ser-no-mundo" (Tradução da autora).

26 HEIDEGGER, *Sein und Zeit*, S. 144. "Este não só se descobre em meio ao mundo como possível significância, porém, a liberação do intramundano mesmo toma este ente livre para suas possibilidades" (Tradução da autora).

27 HEIDEGGER, *Sein und Zeit*, S. 145. "(...)a compreensão em si mesma tem a estrutura existencial, que nós chamamos de projeto. Ela projeta o ser do *Dasein* para sua destinação do mesmo modo original como sobre a significância, como a mudanidade do seu respectivo mundo" (Tradução da autora).

28 HEIDEGGER, *Sein und Zeit*, S. 145. "Ele, porém, nunca é mais do que ele é de fato, porque o poder-ser pertence como essência de sua faticidade" (Tradução da autora).

HERMENÊUTICA FILOSÓFICA ENQUANTO
HERMENÊUTICA ONTOLÓGICA

CAPÍTULO IV

Verstehens hat die eigene Möglichkeit, sich auszubilden. Die Ausbildung des Verstehens nennen wir Auslegung"[29]. Nesse sentido, *"In ihr eignet sich das Verstehen sein Verstandenes verstehend zu. In der Auslegung wird das Verstehen nicht etwas anderes, sondern es selbst"*[30]. Na interpretação, em suma, a compreensão chega a seu próprio ser.

2. A CLAREIRA NA ARTE DE INTERPRETAR

A compreensão é um poder-ser por meio do projeto de possibilidades do *Dasein* em função do mundo, e como ela diz respeito a toda abertura do *Dasein* como *In-der-Welt-Sein*[31](ser-no-mundo) – i.e. a projeção do *Sein* (ser) do *Dasein* para a função e para a significância (*Welt*)[32], ou significância aberta na compreensão do mundo[33] – poderá ser própria ou imprópria em razão da modificação existencial do projeto, para compreender. Por consequência, como *"Alle Auslegung grundet im Verstehen"*[34], existencialmente, não sucede o modo contrário, a *Durchsichtigkeit* (transparência) da interpretação está estritamente relacionada com a *Vorverständnis* (pré-compreensão) do *Dasein* como *In-der-Welt-Sein* (ser-no-mundo), pois para *M. Heidegger*, a interpretação metódica, que considera a compreensão como um produto da interpretação (objetiva), i.e., como apropriação de um sentido dado pelo *outro* trata-se de uma compreensão inautêntica. Em face disso, o propósito hermenêutico de *M. Heidegger* tem sofrido mal-entendido, por ter, de certo modo, exaurido, com este *Als* (*como*), algo da interpretação de textos, já que a interpretação é desdobrada a partir da *Vor-Struktur* (pré-estrutura) da *Vorverständnis* (pré-compreensão) do intérprete. Porém, isso significa, que, antes de tudo, a situação hermenêutica pessoal deve ser *durchsichtig* (transparente), *wozu para que* possa fazer valer os textos estranhos ou artigos alheios, sem que o domínio inadvertido das *Vorurteile* (prejuízos) ocultem a singularidade dos textos.

---

29 HEIDEGGER, *Sein und Zeit*, S. 148. "O *Dasein* como compreensão projeta seu ser sobre possibilidades. Este ser para possibilidades é compreendido mesmo pela repercussão destas como abertura no *Dasein* de um poder-ser. O projetar da compreensão tem uma possibilidade própria, deve se formar. A formação da compreensão nós chamamos interpretação" (Tradução da autora).

30 HEIDEGGER, *Sein und Zeit*, S. 148. "Nela o compreender do seu compreendido apropria-se da compreensão. Na interpretação a compreensão não é outro algo, porém, ela mesma" (Tradução da autora).

31 HEIDEGGER, *Sein und Zeit*, S. 146.

32 HEIDEGGER, *Sein und Zeit*, S. 147.

33 HEIDEGGER, *Sein und Zeit*, S. 148.

34 HEIDEGGER, *Sein und Zeit*, S. 153: "Toda interpretação é fundada na compreensão" (Tradução da autora).

31

A *Vor-Struktur* (pré-estrutura) ou a *Vorvertändnis* (pré-compreensão) é o próprio *Als* (*como*) que constitui a estrutura da explicitação do compreendido; ele constitui o compreendido na interpretação, uma vez que *"Alle Auslegung, die Verständnis beistellen soll, muß schon das Auszulegende verstanden haben"*[35]. O mundo já sempre compreendido se interpreta, i.e., o que está a mão se explicita na visão da compreensão em seu *sein Um-zu* (ser para, no sentido do conjunto utilitário), que vem a ser ocupado conforme essa interpretação, pois o que se interpreta na circunvisão de seu *sein Um-zu als solches* (ser-para como tal) tem a estrutura de *Etwas als Etwas* (algo como algo)[36]. Nesta chave algo como algo (*Etwas als Etwas*), precede toda e qualquer proposição temática da interpretação dos entes, i.e., a explicitação é antepredicativa, anterior a todo *Aussage* (enunciado), porque o *Als* (*como*) não é desde sempre enunciado, porque o modo de lidar da circunvisão com o manual intramundano, que o vê (*sieht*), não está obrigado a ser explicitado por um enunciado, porém nele é expressado por escrito (*ausgesprochen*) o que já está presente como possível de ser expressado.

A enunciação somente faz aparecer o *Als* (*como*) pela expressão. O *Als* (*como*) não constitui um manto de sentido ou de valor[37] que se agrega ao ser-à-vista, i.e., *Nur-noch-vor-sich-Haben*[38], *"sondern mit dem innerweltlichen Begegnenden als solchem hat es je schon eine im Weltverstehen erschlossene Bewandtnis, die durch die Auslegung herausgelegt wird"*[39], i.e., as coisas surgem já a partir de uma totalidade de funcionalidade, que é fundamento essencial da interpretação cotidiana, praxista. Esta é baseada em uma *Vorhabe* (ter-prévio) desta totalidade de funcionalidades, no ter-prévio contexto e antecipação do sentido, no ter algo previamente. Além disso, a interpretação descobre o compreendido guiada por uma orientação, i.e., a interpretação é determinada a partir de uma *Vorsicht* (pré-visão). Por fim, a interpretação se apropria do compreendido por um *Vorgriff* [40] (preconceito) do qual os conceitos são derivados.

---

35 HEIDEGGER, *Sein und Zeit*, S. 152: "Toda interpretação, que se coloca junto à compreensão, necessita já ter compreendido o que deve ser interpretado" (Tradução da autora).

36 HEIDEGGER, *Sein und Zeit*, S. 149.

37 HEIDEGGER, *Sein und Zeit*, S. 150.

38 HEIDEGGER, *Sein und Zeit*, S. 149: "só-ter-se-por-uma coisa-simplesmente dada" (Tradução da autora).

39 HEIDEGGER, *Sein und Zeit*, S. 150: "(...) porém com o encontro do intramundano como tal ele já sempre tem descoberto uma conjuntura em torno da compreensão do mundo, que é exposto pela interpretação" (Tradução da autora).

40 HEIDEGGER, *Sein und Zeit*, S. 150.

HERMENÊUTICA FILOSÓFICA ENQUANTO
HERMENÊUTICA ONTOLÓGICA

CAPÍTULO **IV**

A interpretação de *Etwas als Etwas* (algo como algo), portanto, é fundamentada por uma *Vor-Struktur* (pré-estrutura) tríplice: *Vorhabe* (ter-prévio), *Vorsicht* (pré-visão) e *Vorgriff* (preconceito), porque não pode existir nenhum objeto em si mesmo, nem qualquer *factum brutum* sem antecipações. Não obstante, tanto a *Vor-Struktur* (pré-estrutura)da compreensão quanto a *Als-Struktur* (estrutura-como) da interpretação são abarcadas pela noção do *Sinn* (sentido)[41], que é o *Woraufhin* (para-onde) da projeção estruturada pela *Vorhabe, Vorsicht* e a *Vorgriff*, sobre a qual é compreendido *Etwas als Etwas*. Isso, porque *"Sinn 'hat' nur das Dasein (...)"* e *"Nur Dasein kann daher sinnvoll oder sinnlos sein"*[42].

3. O CÍRCULO HERMENÊUTICO

A constituição do *Dasein*, na verdade, permite dar um sentido que no plano epistemológico pode parecer um fracasso: o círculo hermenêutico. Este propósito de *M. Heidegger* tem sido mal-entendido, particularmente, porque tem sido argumentado sobre este seu propósito, que, a interpretação histórica estaria banida de todo conhecimento rigoroso. Desde esta explicação da filosofia com sua história

> Todas as interpretações no terreno da história da filosofia e, da mesma forma, em outros, que se atêm a nada introduzir nos textos em face de construções histórico-problemáticas, devem deixar-se surpreender, nessa questão, pela ideia de que, elas, contudo, introduzir interpretações, só o fazem sem orientação e com recursos conceituais de proveniência totalmente disparatada e incontrolável (Tradução da autora)[43].

M. Heidegger sustenta o círculo hermenêutico entre a interpretação e a compreensão, ou entre uma interpretação e as suas antecipações, pois círculo não é nada mais do que a consequência no plano metodológico da estrutura de antecipação do compreender; *"Dieser Zirkel des Verstehens ist nicht ein Kreis, in dem sich eine beliebige Erkenntnisart bewegt, sondern er ist der*

---

41 HEIDEGGER, *Sein und Zeit*, S. 151.

42 HEIDEGGER, *Sein und Zeit*, S. 151: "Sentido só 'tem' o *Dasein*" e "Só o *Dasein* pode ser com sentido ou sem sentido" (Tradução da autora).

43 GRONDIN, *Einfuhrung*, S. 126: *"Alle Auslegungen im Felde der Geschichte der Philosophie und gleicherweise in andern, die darauf halten, gegenuber problemgeschichtlichen Konstruktionen nichts in die Texte hineinzudeuten, mussen sich dabei ertappen lassen, daβ sie ebenso hineindeuten, nur ohne Orientirung und mit begrifflichen Mitteln disparatester und unkontrollierbarer Herkunft".*

Ausdruck der existenzialen Vor-Struktur des Daseins selbst"[44]. Por tal razão, buscar caminhos para evitar o círculo, sim, é um mal-entendido a respeito do que é compreensão; o decisivo não é sair do círculo ou negar o círculo, porque isto significa desconhecer, em primeiro lugar, que a compreensão constitui um modo fundamental do ser do *Dasein* e, em segundo lugar, consolidar este desconhecimento[45], especialmente, por toda interpretação possuir uma *Vorsicht* (pré-visão), um *Vorhabe* (ter-prévio) e *Vorgriff* (preconceito), que, em seu conjunto essas pressuposições são designadas como *situação hermenêutica*[46], que deve ser ajustada aos fenômenos e, além disso, deve de levar *todo o ente tematizado* ao seu *Vorhabe* (ter-prévio). Destarte, na verdade, é preciso entrar nele corretamente[47], i.e., a fim de ser assegurado ao ponto de partida da análise do *Dasein*, uma visão plena do ser em círculo do *Dasein*. Além disso, adverte *M. Heidegger*, que:

> Nele reúne-se uma possibilidade positiva de conhecimentos originários, que por certo só depois é apreendida no modo autêntico, quando a interpretação tiver entendido que, sua primeira, única e última tarefa continua, não permitindo dar um giro por ideias e senso comuns, respectivamente, ter-prévio, visão-prévia e concepção prévia, porém nesta elaboração deve de assegurar o tema científico desde as coisas mesmas (Tradução da autora)[48].

A interpretação não se resume a uma sentença teórico-enunciativa[49], i.e., à análise da posição do sujeito e do objeto em sua composição[50], de modo contrário, o *Als* (*como*) originário da interpretação, que compreende numa circunvisão, ele chama de hermenêutico-existencial, em contraposição ao *Als apofântico* do enunciado[51]. A interpretação de *Etwas als Etwas* (algo como algo) abarca o conhecimento universalmente, pois é um modo de ser do *Dasein* como *In-der-Welt-Sein* (ser-no-mundo). Dessa forma, a

---

44 HEIDEGGER, *Sein und Zeit*, S. 153: "Este círculo da compreensão não é um arco, em que move-se uma arte do conhecimento qualquer, porém ele é a expressão da pré-estrutura existencial do próprio *Dasein*" (Tradução da autora).

45 HEIDEGGER, *Sein und Zeit*, S. 315.

46 HEIDEGGER, *Sein und Zeit*, S. 232.

47 HEIDEGGER, *Sein und Zeit*, S. 153.

48 HEIDEGGER, *Sein und Zeit*, S. 153: "*In ihm verbirgt sich eine positive Möglichkeit ursprunglichsten Erkennens, die freilich in echter Weise nur dann ergriffen ist, wenn die Auslegung verstanden hat, daß ihre erste, ständige und letzte Aufgabe bleibt, sich jeweils Vorhabe, Vorsicht und Vorgriff nicht durch Einfälle und Volksbegriffe vorgeben zu lassen, sondern in deren Ausarbeitung aus den Sachen selbst her das wissenschaftliche Thema zu sichern*".

49 HEIDEGGER, *Sein und Zeit*, S. 157.

50 HEIDEGGER, *Sein und Zeit*, S. 155.

51 HEIDEGGER, *Sein und Zeit*, S. 158.

coexistência no mundo de sujeito e objeto obsta a possibilidade da sua estrita separação destes entre si a expensas do objetivismo e impede seja negada a base do conhecimento como um modo do *Dasein*. O próprio apofântico *Als (como)* do enunciado, em seus três significados *Aufzeigung, Prädikation, Mitteilung*[52], os quais constituem um juízo, é um modo derivado da interpretação, da mesma forma que o originário *Als (como)* da interpretação é o que compreende em uma circunvisão: o *Als* hermenêutico-existencial. Quer dizer: *"Das 'ist' und seine Interpretation, mag es sprachlich eigens ausgedruckt oder in der Verbalendung angezeigt sein, ruckt aber dann, wenn Aussagen und Seinsverständnis existenziale Seinsmöglichkeiten des Daseins selbst sind, in den Problemzusammenhang der existenzialen Analytik"*[53].

§ 2º
Hermenêutica da Faticidade

1. FUNDAMENTO ONTOLÓGICO-EXISTENCIAL DO DESVELAR INTERPRETATIVO

Posteriormente a isso, tem de se colocar sobre a distinção entre o *Als (como)* apofântico, que é baseado no enunciado e em sua estrutura e o *Als (como)* hermenêutico, que se fundamenta na interpretação e em sua estrutura, como também, sobre a compreensão, que é fundada na abertura do *Dasein*[54] a fim de se esclarecer quais são as modificações ontológico-existenciais que fazem com que a interpretação da circunvisão dê origem ao enunciado[55]. Em princípio, resumidamente, realiza-se uma modificação da primária referência do mundo hermenêutico, porque *"Der ursprungliche Vollzug der Auslegung liegt nicht in einem theoretischen Aussagesatz, sondern im umsichtig-besorgenden Weglegen bzw. Wechseln des ungeeigneten Werkzeuges, 'ohne dabei ein Wort zu verlieren'"*[56].

---

52 HEIDEGGER, *Sein und Zeit*, S. 154 und 155.

53 HEIDEGGER, *Sein und Zeit*, S. 160: "O 'é' e sua interpretação, pode ser expressado em linguagem própria ou ser indicado na verbalização, porém, entra logo depois, quando enunciados e compreensão do ser são em si mesmas possibilidades existenciais do *Dasein* mesmo no contexto do problema da analítica existencial" (Tradução da autora).

54 HEIDEGGER, *Sein und Zeit*, S. 223.

55 HEIDEGGER, *Sein und Zeit*, S. 157.

56 HEIDEGGER, *Sein und Zeit*, S. 157: "O exercício da interpretação não se encontra em uma proposição teórica, porém, no colocar a partir da circunvisão, proporciona, respectivamente, a troca do instrumento inadequado sem perder de junto uma palavra" (Tradução livre da autora).

Entretanto, isso não significa aceitar junto ao texto de *M. Heidegger* a circularidade entre o todo e as partes, segundo *Fr. Schleiermacher*. Quando ele fala em *Aussage*, no sentido de declaração, significa a necessidade de ser transmitida e preservada a comunhão existencial do ser como *In-der-Welt-Sein*[57](ser-no-mundo), i.e., a articulação da compreensão na medida em que *Befindlichkeit* (disposição/existencialidade) e *Verstehen* (compreensão) são, igualmente, originários existenciais fundamentais que constituem o ser do *Da* e precisam ser mantidas por uma possibilidade de interpretação[58], já que o *Dasein* projeta seu ser para possibilidades constitutivas da compreensão[59].

A linguagem, por sua vez, fundamenta-se na constituição existencial da abertura do *Dasein*, e o discurso é igualmente originário sob o ponto de vista existencial como a *Befindlichkeit* (disposição/existencialidade) e o *Verstehen* (compreensão). Ele é a articulação da totalidade significativa da compreensibilidade do *In-der-Welt-Sein* (ser-no-mundo), a que pertence o *Mitsein* (ser-com) que já sempre é mantido em um determinado mundo ocupacional[60] e na medida em que também constitui a abertura do *In-der-Welt-Sein* (ser-no-mundo), a sua própria estrutura é pré-moldada pela constituição fundamental do *Dasein*. Por tal razão, o decisivo não é exprimir o discurso em palavras, compreendendo-se a linguagem com base na ideia de *expressão, enunciado, discurso*[61] e, além disso, porque o ser é pensar e dizer, mister distinguir o que seja a linguagem mesma, i.e., a linguagem como morada do ser, que é dizer original do ser e que alcança as coisas pensadas da linguagem empregada para falar de *objetos eruditos*, da linguagem que conceitualiza. Somente uma linguagem que se torna insuficiente para expressar conduz à coisa mesma, tornando possível distinguir a presença, dos presentes, e assim por diante.

Do grego, discurso= λόγος, porque não se dispunha de um termo para designar linguagem, tendo sido este fenômeno assim entendido[62]. λόγος, em geral, continua sendo traduzido como discurso, porém também pode ser traduzido por razão, juízo, conceito, fundamento, relação, proporção. Em relação a essa mudança, do λόγος no uso da linguagem, ela tem ocorrido ainda quando o termo é empregado como enunciado[63], em razão

---

57 HEIDEGGER, *Sein und Zeit*, S. 155.
58 HEIDEGGER, *Sein und Zeit*, S. 160.
59 HEIDEGGER, *Sein und Zeit*, S. 148.
60 HEIDEGGER, *Sein und Zeit*, S. 161.
61 HEIDEGGER, *Sein und Zeit*, S. 32.
62 HEIDEGGER, *Sein und Zeit*, S. 165.
63 HEIDEGGER, *Sein und Zeit*, S. 32.

de uma reflexão filosófica, tendo a gramática baseado seus fundamentos na lógica deste λόγος, que é baseada na ontologia do simplesmente dado[64]. *Aristóteles*, porém, deixou isto mais claro ao tratar a respeito da função do λόγος = discurso, como deixar e fazer ver aquilo sobre o que se discursa. Dessa forma, o ser verdadeiro do λόγος enquanto diz retirar de seu velamento o ente sobre que se discursa é deixar e fazer ver o ente como algo desvelado, em síntese, descoberto, retirado de seu velamento[65]. O ser falso, pelo contrário, diz enganar no sentido de encobrir e, desse modo, propor como *algo* que não é[66]. Na verdade, só por causa desta função do λόγος que ele pode significar razão, i.e., por ser empregado não só no sentido de discurso, porém também, no sentido de fenômeno, que se mostra como tal, que está sempre como base e fundamento em uma discussão, pode significar o que pode ser interpelado como algo que se tornou visível em sua relação com outra coisa, em seu relacionamento. Por tal razão, o λόγος pode assumir a significação de relação e proporção, que constitui a interpretação do discurso apofântico. O λόγος, diz como o ente se comporta, todavia, para aqueles que não compreendem, o ente permanece velado, porque ao λόγος pertence o desvelamento.

O λόγος, segundo *Aristóteles*, *"(...) ist die Seinsweise des Daseins, die entdeckend oder verdeckend sein kann. Diese doppelte Möglichkeit ist das Auszeichnende am Wahrsein des* λόγος, *er ist die Verhaltung, die auch verdecken kann"*[67]. Como o discurso = λόγος pertence essencialmente ao seu modo de ser, à abertura do *Dasein*, e este se exprime, como tal, no enunciado sobre o ente descoberto, i.e., o enunciado comunica o ente no modo de sua descoberta, porque *"Wahrsein als entdeckend-sein ist eine Seinsweise des Daseins. Was dieses Entdecken selbst möglich macht, muß notwendig in einem noch ursprunglicheren Sinne 'wahr' genannt werden. Die existenzial-ontologischen Fundamente des Entdeckens selbst zeigen erst das ursprunglichste Phänomen der Wahrheit"*[68], e que fazem com que a interpretação da circunvisão dê origem ao enunciado. Esse, portanto, *"Nicht die Aussage ist der primärie 'Ort' der Wahrheit, sondern umgekehrt,*

---

64 HEIDEGGER, *Sein und Zeit*, S. 165.

65 HEIDEGGER, *Sein und Zeit*, S. 219.

66 HEIDEGGER, *Sein und Zeit*, S. 33.

67 HEIDEGGER, *Sein und Zeit*, S. 226: "(...) é o modo de ser do *Dasein*, que pode ser descobridor *ou* encobridor. Esta *dupla possibilidade* é o distintivo acerca do ser verdadeiro do λόγος, ele é a conduta, que *também* pode encobrir" (Tradução da autora).

68 HEIDEGGER, *Sein und Zeit*, S. 220: "Ser verdadeiro como ser descobridor é uma maneira de ser do *Dasein*. O que faz possível este descobrir mesmo, tem de ser considerado, necessariamente, 'verdadeiro' em um sentido ainda mais originário. *Os fundamentos ontológico-existenciais do próprio descobrir indicam primeiro o fenômeno originário da verdade*" (Tradução da autora).

die Aussage als Aneignungsmodus der Entdecktheit und als Weise des In-der-Welt-seins grundet im Entdecken, bzw. der Erschlossenheit des Daseins. Die ursprunglischste 'Wahrheit' ist der 'Ort' der Aussage und die ontologische Bedingung der Möglichkeit dafur, daß Aussagen wahr oder falsch (entdeckend oder verdeckend) sein können"[69]. Além disso, o ser junto ao ente intramundano, a ocupação, é descobridor e, naquilo sobre o que o enunciado se pronuncia está contida a descoberta dos entes. No pronunciamento a descoberta dos entes é conservada, i.e., torna-se um material intramundano que pode ser retomado e propagado. Embora isso, tem-se de dizer que mesmo na repetição o *Dasein* chega em um ser para o próprio ente discutido, porque ele não tem de se colocar, necessariamente, frente aos próprios entes em uma experiência originária, na verdade, a descoberta não é feita por meio de cada descobrimento próprio, porém, pela apropriação do dito por o ter escutado.

Em suma, "(...) *fur das Sein des Da, das heißt Befindlichkeit und Verstehen, die Rede konstitutiv ist, Dasein aber besagt: In-der-Welt-Sein, hat das Dasein als redendes In-Sein sich schon ausgesprochen. Das Dasein hat Sprache"*[70]. Por isso, *"Das Entscheidende bleibt, zuvor das ontologisch-existenziale Ganze der Struktur der Rede auf dem Grunde der Analytik des Daseins herauszuarbeiten"*[71]. O que significa dizer que, na esfera hermenêutica, a questão do método se situa justamente em *Etwas als Etwas* (algo como algo) do *In-der-Welt-sein* (ser-no-mundo) e não no *Als* (*como*) apofântico, do discurso, o *Etwas als Etwas* (algo como algo) do discurso enunciativo, pelo qual é requerido um método, pois neste é a análise lógica da linguagem que permite a compreensão, ao passo que o *Als* (*como*) hermenêutico requer uma análise hermenêutica-fenomenológica.

---

[69] HEIDEGGER, *Sein und Zeit*, S. 226: "O enunciado não é o 'lugar' primário da verdade, porém, ao *contrário*, o enunciado como modo de apropriação da descoberta e como modo de ser-no-mundo funda-se no descobrir, respectivamente, da *abertura* do *Dasein*. A 'verdade' é originária por isso do 'lugar' do enunciado e da condição de possibilidade ontológica, por isto, que o enunciado pode ser verdadeiro ou falso (descobridor ou encobridor)" (Tradução da autora).

[70] HEIDEGGER, *Sein und Zeit*, S. 165: "(...) para o ser do *Da*, i.e., estado de espírito e compreensão, o discurso é constitutivo, *Dasein* portanto significa: ser-no-mundo, o *Dasein* já tem se pronunciado como ser-em discursivo. O *Dasein* tem linguagem" (Tradução da autora).

[71] HEIDEGGER, *Sein und Zeit*, S. 163: "Este continua decidindo, primeiro deve ser elaborado o conjunto da estrutura ontológico-existencial do discurso sobre os fundamentos da analítica do *Dasein*" (Tradução da autora).

2. VERDADE E UNIVERSALIDADE

E m realidade, estar o *Dasein* já sempre diante de dois caminhos, encobrir e descobrir, velar e desvelar, quer dizer tão só que ele já se encontra sempre na verdade e na não verdade, isto faz parte da constituição ontológica do *Dasein*, caracterizada como projeto que está lançado, porque a verdade da existência é a abertura mais originária e mais própria que o poder-ser do *Dasein* pode alcançar. *"Wahrheit 'gibt es' nur, sofern solange Dasein ist. Seiendes ist nur dann entdeckt und nur solange erschlossen, als uberhaupt Dasein ist"*[72], i.e, toda verdade, em síntese, está relacionada ao ser do *Dasein* na proporção em que o seu modo de ser possui o caráter de *Dasein*.

Entretanto, isso não significa uma verdade subjetiva constituída pelo arbítrio do sujeito, pois, justamente por ser um modo de ser do *Dasein* está subtraída do *Dasein*. Ou, de outra forma, precisamente por isso o *Dasein* pode desvelar e tornar livre o ente mesmo[73]. É por essa possibilidade ontológica do *Dasein* que *"se dá"* mundo[74] da mesma forma que a verdade *"se dá"*enquanto e na medida em que o *Dasein* é. Ele é, em outros termos, algo em que o *Dasein* já sempre esteve, para o qual o *Dasein* pode apenas retornar em qualquer advento de algum modo explícito, ocorrendo, desse modo, uma desmundanização, porque retorna ao mundo por um *Wozu* (para-quê), por uma *Verweisung* (referência), i.e., o ente tem *mit* ihm *bei* etwas sein, *mit ... bei ...*, que é sua própria condição ontológica de possibilidade para... Como ele *"ist" um-willen* ("é" em função), tem uma *Bewandtnis mit... bei...* (conjuntura com... junto...), pois *é* em função da situação do *Dasein*, em função de uma possibilidade do seu ser. Na própria expressão heideggeriana *"Das primärie 'Wozu' ist ein Worum-willen. Das 'Um-willen' betrifft aber immer das Sein des Daseins, dem es in seinem Sein wesenhaft um dieses Sein selbst geht"*[75]. Dessa forma, o *Bewendenlassen*, i.e.:

> (...) esse sempre-já-ter-de-deixar e fazer liberado aqui numa conjuntura é um *perfeito a priori* que caracteriza o modo de ser do próprio *Dasein*. Esse deixar e fazer compreendido ontologicamente é liberação prévia do ente sobre sua manualidade intramundana. Por isso, junto do deixar e fazer

---

72 HEIDEGGER, *Sein und Zeit*, S. 226: "Verdade só 'se dá', enquanto e na medida em que o *Dasein* é. Só então o ente é descoberto e só enquanto se abre, como o *Dasein* é, em realidade" (Tradução da autora).

73 HEIDEGGER, *Sein und Zeit*, S. 227.

74 HEIDEGGER, *Sein und Zeit*, Ver sobre isso, § 16.

75 HEIDEGGER, *Sein und Zeit*, S. 84: "O 'para-quê' é um estar em função de. Este 'em funçaõ de', porém, sempre diz respeito ao ser do *Dasein*, que, sendo, está, essencialmente, em jogo seu próprio ser" (Tradução da autora).

aqui está liberado o com que da conjuntura. A ocupação ele encontra como este estar à mão. Na medida em que ele é descoberto em sem ser, ele já está cada vez à mão no mundo e não existe só agora "em primeiro lugar" e somente como "matéria do mundo"[76].

Ocorre isso de tal modo, porque é pela significância – caráter da referência como ação de significar – constitutiva da estrutura do mundo que o *Dasein* já sempre é como é. Por seu intermédio o *Dasein* é a condição ôntica de possibilidade para se descobrir os entes que em um mundo vêm ao encontro no modo de ser da *Bewandtnis* (conjuntura). O *Dasein* como tal é sempre o *Dasein* que já se referiu ao *Welt* (mundo) e se descobriu em um contexto de manuais, pois pertence ao seu ser a *Angewiesenheit*, podendo, por isso, anunciar o seu *An-sich*[77](em-si). Pois, de tal modo, ao *Dasein* em seus movimentos de compreensão e interpretação é possível abrir *significados*, que, por sua vez, fundam a possibilidade da palavra e da linguagem. A universalidade da verdade, portanto, em suma, reside no fato de o *Dasein* poder descobrir e libertar o ente mesmo e, assim, poder ligar cada enunciado possível à sua demonstração[78].

3. FATICIDADE, FINITUDE E HISTORICIDADE

A faticidade é um modo de ser do *Dasein,* que tem o seu sentido na *Zeitlichkeit* (temporalidade), que, também é condição de possibilidade da historicidade enquanto um modo de ser temporal do próprio *Dasein*[79], pois, em verdade, o tempo é o próprio ponto de partida do qual o *Dasein* compreende e interpreta o ser, i.e., é o horizonte da compreensão do ser a partir da temporalidade o *Dasein*[80], por ser o tempo que decide a *Sorge* (cura) (§ 41). Isso significa que se tem de compreender o ser a partir do tempo e da temporalidade do *Dasein*. Esta relação entre o ser e o tempo deveria ter sido tratada na terceira seção de *S.u.Z.*, que embora inconcluso, oferece

---

76 HEIDEGGER, *Sein und Zeit*, S. 85: "(...)Bewandtnis hin freigebende Je-schon-haben-bewendenlassen ist ein *apriorisches Perfekt*, das die Seinsart des Daseins selbst charakterisiert. Das ontologisch verstandene Bewendenlassen ist vorgängige Freigabe des Seienden auf seine innerumweltliche Zuhandenheit. Aus dem Wobei des Bewendenlassens her ist das Womit der Bewandtnis freigegeben. Dem Besorgen begegnet es als dieses Zuhandene. Sofern sich ihm überhaupt ein *Seiendes* zeigt, das heißt, sofern es in seinem Sein entdeckt ist, ist es je schon umweltlich Zuhandenes und gerade nicht 'zunächst' nur erst vorhandener 'Weltstoff'".

77 HEIDEGGER, *Sein und Zeit*, S. 87.

78 HEIDEGGER, *Sein und Zeit*, S. 227.

79 HEIDEGGER, *Sein und Zeit*, S. 19.

80 HEIDEGGER, *Sein und Zeit*, S. 17.

subsídios suficientes para esta questão, por ter dedicado a segunda seção desta ao desenvolvimento da temporalidade do *Dasein* como horizonte (espacialidade) do ser. No seu corpo textual é sugerido um processo de derivação – que, em suma, é manifesto na lei de formação que conduziu, impondo como coordenadas a distinção originário/derivado, fundindo-se com a subdivisão de autêntico/inautêntico [81] – em três níveis (senão quatro) sucessivos.

Em primeiro lugar, tem-se a temporalidade originária, a qual corresponde o § 61 de *S.u.Z.*, em principal, quando é dito que *"Wenn daher die der Verständgkeit des Daseins zugängliche 'Zeit' als nicht ursprunglich und vielmehr entspringend aus der eigentlichen Zeitlichkeit nachgewiesen wird, dann rechtfertigt sich gemäß dem Satze, a potiori fit denominatio, die Benenung der jetzt freigelegten Zeitlichkeit als ursprungliche Zeit"*[82], que surge quando se estuda o que faz possível a forma completa e autêntica da preocupação, a *vorlaufende Entschlossenheit*: *"Phänomenal ursprunglich wird die Zeitlichkeit erfahren am eigentlichen Ganzsein des Daseins, am Phänomen der vorlaufenden Entschlossenheit"*[83].

A partir disso, em segundo lugar, da estrutura da temporalização da temporalidade, por um lado, é desentranhada a historicidade do *Dasein* ou temporalidade autêntica, porque esta é fundada na visão do tempo originário, por outro lado, a intratemporalidade, ou temporalidade inautêntica, i.e., *"Das innerweltliche Seiende wird so als 'in der Zeit seiend' zugänglich. Wir nennen die Zeitbestimmtheit des innerweltlichen Seienden die Innerzeitigkeit. Die an ihr zunächst ontisch gefundene 'Zeit' wird die Basis der Ausformung des vulgären und traditionellen Zeitbegriffes. Die Zeit als Innerzeitigkeit aber entspringt einer wesenhaften Zeitigungsart der ursprunglichen Zeitlichkeit"*[84]. Em terceiro lugar, tem-se como derivado da temporalidade e intratemporalidade o tempo vulgar, que é tratado no capítulo sexto da segunda seção, e, de forma estrita, no § 81 desta seção.

---

[81] A respeito disso, como exemplo, pode-se indicar, em princípio, a leitura das páginas 256, 330 do texto alemão de S.u.Z., que, de modo claro coloca tal fio condutor da obra.

[82] HEIDEGGER, *Sein und Zeit*, S. 329: "Se, por isso, o 'tempo' está sendo mostrado acessível à inteligibilidade do *Dasein* como *não* originário e, quanto mais, nascendo sobre a temporalidade própria, então, justifica-se conforme a máxima *a potiori fit denominatio*, a designação da *temporalidade* agora irrompida como *tempo originário*" (Tradução da autora).

[83] HEIDEGGER, *Sein und Zeit*, S. 304: "A temporalidade é, fenomenalmente, experimentada de modo originário no ser todo próprio do *Dasein*, no fenômeno da decisão antecipada" (Tradução da autora).

[84] HEIDEGGER, *Sein und Zeit*, S. 333: "O ente intramundano é acessível assim como 'ente no tempo'. Chamamos a determinação do tempo dos entes intramundanos de *intratemporalidade*. O 'tempo' ôntico encontrado em primeiro lugar é a base da formação dos conceitos vulgares e tradicionais do tempo. Desse tempo como intratemporalidade surge, porém, um modo essencial do tempo da temporalidade originária" (Tradução da autora).

Porém, embora no princípio da exposição heideggeriana da temporalidade decorram esses níveis sucessivos, em uma análise mais profunda do seu conteúdo a temporalidade alcança tão somente dois níveis fundamentais: o da temporalidade autêntica e o da temporalidade inautêntica. Isso, afirma-se com base em que *M. Heidegger* ao dizer que *"Die Analyse der Geschichtlichkeit des Daseins versucht zu zeigen, daß dieses Seiende nicht 'zeitlich' ist, weil es 'in der Geschichte steht', sondern daß es umgekehrt geschichtlich nur existiert und existieren kann, weil es im Grunde seines Seins zeitlich ist"*[85], ou em outros termos, que a historicidade é deduzida a partir da temporalidade, *in verbis*, *"zuvor die Geschichtlichkeit rein aus der ursprunglichen Zeitlichkeit des Daseins 'deduziert' werden"*[86], parece ser melhor exposto por *M. Heidegger* o conteúdo sobre o nexo entre historicidade e temporalidade quando diz que *"Im Umkreis dieser mussen wir sonach ein Geschehen aufsuchen, das die Existenz als geschichtliche bestimmt. So erweist sich im Grunde die Interpretation der Geschichtlichkeit des Daseins nur als eine konkretere Ausarbeitung der Zeitlichkeit"*[87], já que *"Sofern aber die Zeit als Innerzeitgkeit auch aus der Zeitlichkeit des Daseins 'stammt', erweisen sich Geschichtlichkeit und Innerzeitigkeit als gleichursprunglich. Die vulgäre Auslegung des zeitlichen Charakters der Geschichte behält daher in ihren Grenzen ihr Recht"*[88]. Por tal razão, encontram-se na historicidade duas formas, tanto a historicidade autêntica quanto a historicidade inautêntica.

Entretanto, ele identifica a historicidade inautêntica como a cotidianidade, ao ter anunciado e enunciado que a *"(...) Geschichtlichkeit als Seinsverfassung der Existenz ist 'im Grunde' Zeitlichkeit. Die Interpretation des zeitlichen Charakters der Geschichte vollzog sich ohne Rucksicht auf die 'Tatsache', daß alles Geschehen 'in der Zeit' verlauft. Dem alltäglichen Daseinsverständnis, das faktisch alle Geschichte nur als 'innerzeitiges' Geschehen kennt, blieb im Verlauf der existenzial-zeitlichen Analyse der*

---

85 HEIDEGGER, *Sein und Zeit*, S. 376: "A análise da historicidade do *Dasein* tenta mostrar, que este ente não é 'temporal', porque ele se 'situa na história', porém que, ao contrário, só pode existir historicamente e existe, porque no fundo seu ser é temporal" (Tradução da autora).

86 HEIDEGGER, *Sein und Zeit*, S. 377: "(...) antes primeiro deve ser 'deduzida' a historicidade, puramente, a partir da temporalidade originária do *Dasein*" (Tradução da autora).

87 HEIDEGGER, *Sein und Zeit*, S. 382: "No círculo desta (refere-se à temporalidade anteriormente, N.T.) devemos tratar de um acontecer extraordinário, que determina a existência como histórica. Assim mostra-se a interpretação da historicidade no fundo só como uma elaboração concreta da temporalidade" (Tradução da autora).

88 HEIDEGGER, *Sein und Zeit*, S. 377: "Porém, na proporção em que o tempo como intratemporalidade também 'provém' sobre a temporalidade do *Dasein*, historicidade e intratemporalidade mostram-se, igualmente, como originárias. A interpretação vulgar dos caracteres temporais da história contém, por isso, seu direito em seus limites" (Tradução da autora).

Geschichtlichkeit das Wort entzogen"[89]. Por isso, faz entender que também a derivação da noção vulgar do tempo a partir da intratemporalidade é uma elaboração mais concreta da intratemporalidade. Acerca disso, *M. Heidegger* também expõe sobre um conceito vulgar de tempo tendo como ponto de partida a intratemporalidade, no § 81, porém, o específico deste conceito, i.e., a sua compreensão como uma sucessão de agoras[90], já tinha sido evidenciado no fenômeno da intratemporalidade, quando ele diz que *"Diese 'allgemein' an den Uhren zugängliche Zeit wird so gleichsam wie eine vorhandene Jetztmannigfaltigkeit vorgefunden, ohne daß die Zeitmessung thematisch auf die Zeit als solche gerichtet ist*"[91]. Isso tem por base o fato de *M. Heidegger* falar somente em duas formas de temporalidade, i.e., em temporalização da temporalidade, que surge desde o § 65 de *S.u.Z.* ao tratar sobre os modos de temporalização[92], especificamente, quando expressa *"Dies dergestalt als gewesend-gegenwärtigende Zukunft einheitliche Phänomen nennen wir die Zeitlichkeit*"[93]. Ademais, sobre o emprego terminológico dessa expressão adverte que devem ser afastados os significados de *futuro*, *passado* e *presente*, que lhe são impostos a partir do conceito vulgar de tempo, pois embora isso

> A temporalidade possibilita a unidade da existência, faticidade e (de)cadência e, constitui, assim, a totalidade originária, da estrutura da cura. Os momentos da cura não podem ser reunidos, assim como, a temporalidade mesma não se conjuga "com o tempo" reunido sobre futuro, passado e presente. A temporalidade não é, em realidade, ente. Ela nem é, porém, se temporaliza. Porque, não obstante, nós não podemos deixar de dizer: "temporalidade é" – o sentido da cura, "temporalidade é – e assim determina", que poderá ser compreensível depois do esclarecimento das ideias do ser e do "é" em geral. Temporalidade se temporaliza e, na verdade, nos seus próprios modos possíveis. Esses possibilitam a diversidade dos modos de ser do *Dasein*, sobretudo, a

---

89 HEIDEGGER, *Sein und Zeit*, S. 404: "(...) historicidade como constituição da existência do ser é 'no fundo' temporalidade. A interpretação do caráter temporal da história se efetua sem consideração sobre o 'fato', que todo acontecer transcorre 'no tempo'. A compreensão cotidiana do *Dasein*, que só conhece toda história fática como acontecer intratemporal, permanece privada da palavra no transcurso da análise existencial-temporal da historicidade" (Tradução da autora).

90 Sobre isso, ver páginas 422 e 423 de S.u.Z.

91 HEIDEGGER, *Sein und Zeit*, S. 417: "Este tempo 'universal' acessível nos relógios está sendo encontrado, então, como uma *variedade de agoras simplesmente dados*, sem que a mediação do tempo seja julgada tematicamente sobre o tempo como tal" (Tradução da autora).

92 HEIDEGGER, *Sein und Zeit*, S. 329.

93 HEIDEGGER, *Sein und Zeit*, S. 326: "Esta uniformidade do fenômeno como futuro passado atualizador nós chamamos de temporalidade". (Tradução da autora).

possibilidade fundamental da existência própria e imprópria (Tradução da autora)[94].

Na verdade, a essência da temporalidade é sua temporalização na unidade das *ekstases*. E, além disso, a afirmação de que "*Sofern sich das Dasein selbst zunächst und zumeist uneigentlich versteht, darf vermutet werden, daß die 'Zeit' des vulgären Zeitverstehens zwar ein echtes Phänomen darstellt, aber ein abkunftiges*"[95], permite dizer que o tempo da concepção vulgar do tempo representa, pois, um fenômeno genuíno, embora, derivado. Destarte, tem-se como lei de formação desde o princípio da obra um fenômeno originário, a temporalidade autêntica e um fenômeno derivado; a concepção vulgar do tempo e a relação entre ambos os fenômenos se encontram em que a orientação habitual para a forma derivada impede a visão da forma originária.

Como consequência destas duas teses a respeito da temporalização para o âmbito da interpretação do *Dasein* se tem o descobrimento de uma temporalidade originária que desde *Aristóteles* e, inclusive *E. Husserl*, tem permanecido encoberta, que para *M. Heidegger*, "*Die ursprungliche und eigentliche Zeitlichkeit zeitig sich aus der eigentlichen Zukunft, so zwar, daß sie zukunftig gewesen allerst die Ggenwart weckt. Das primäre Phänomen der ursprunglichen und eigentlichen Zeitlichkeit ist die Zukunft*"[96]. Com relação a isso, nisto está a questão, de como se determina originariamente o autêntico deixar-vir-a-si como tal e, por intermédio disso, tem-se que a finitude não é primordialmente término, porém um caráter da autêntica temporalização, i.e., que o tempo prossegue, porém, deve ser mantido o projetado pelo projeto existencial e originário do *Dasein*; deve ser mantido incluído no caráter *ekstático* do futuro originário o poder-ser. Acerca disso, apesar do tema *temporalidade originária* não ser de fácil abordagem como elemento fundamental de distinção entre as formas

---

94 HEIDEGGER, *Sein und Zeit*, S. 328: "*Die Zeitlichkeit ermöglicht die Einheit von Existenz, Faktizität und Verfallen und konstitutiert so ursprunglich die Ganzheit der Sorgestruktur. Die Momente der Sorge sind durch keine Anhäufung zusammengestuckt, so wenig wie die Zeitlichkeit selbst sich erst aus Zukunft, Gewesenheit und Gegenwart 'mit der Zeit' zusammensetzt. Die Zeitlichkeit 'ist' uberhaupt kein Seiendes. Sie ist nicht, sondern zeitigt sich. Warum wir gleichwohl nicht umhinkönnen zu sagen: 'Zeitlichkeit, ist – der Sinn der Sorge', 'Zeitlichkeit ist – so und so bestimmt', das kann erst verständlich gemacht werden aus der geklärten Idee des Seins und des 'ist' uberhaupt. Zeitlichkeit zeitigt und zwar mögliche Weisen ihrer selbst. Diese ermöglichen die Manigfaltigkeit der Seinsmodi des Daseins, vor alem die Grundmöglichkeit der eigentlichen und uneigentlichen Existenz*".

95 HEIDEGGER, *Sein und Zeit*, S. 326: "Enquanto o *Dasein*, em princípio e em geral, compreende-se impropriamente, pode ser presumido, que o 'tempo' da compreensão vulgar do tempo por certo representa um fenômeno inautêntico, porém um fenômeno derivado" (Tradução da autora).

96 HEIDEGGER, *Sein und Zeit*, S. 42: "A temporalidade originária e própria se temporaliza sobre o futuro próprio, assim por certo, que ela desperta atualidade do futuro ter sido. O fenômeno primário da temporalidade originária e própria é o futuro" (Tradução da autora).

autêntica e inautêntica de existência, pois parece enfrentar dificuldades, como por exemplo, demonstra-se no § 9 quando diz que *"Die beiden Seinsmodi der Eigentlichkeit und Uneigentlichkeit – diese Ausdrucke sind im strengen Wortsinne terminologisch gewählt – grunden darin, daß Dasein uberhaupt durch Jemeinigkeit bestimmt ist"*[97] e, simultaneamente, fala que o *Dasein* é, em princípio e em geral, a partir de seu mundo, sendo que esta compreensão é chamada de inautêntica, ele agrega, particularmente, neste momento, à distinção autêntico/inautêntico a distinção de *echt/unecht*, exemplificativamente: *"Das 'Un' besagt nicht, daß sich das Dasein von seinem Selbst abschnurt und 'nur' die Welt versteht. Welt gehört zu seinem Selbstsein als In-der-Welt-sein. Das eigentliche ebensowohl wie das uneigentliche Verstehen können wiederum echt oder unecht sein"*[98], a qual tem determinado o papel preciso que desempenha a distinção autêntico/inautêntico nessa obra.

Na primeira parte da obra, a partir da existência autêntica não menos que da inautêntica, isso pode ser compreendido, porque o *Dasein* tem tido de fundar sua existência *em função de*, isto é, dos entes intramundanos, dos fenômenos do mundo e a análise disso é entregue à compreensão, porém, na segunda parte da obra, a existência autêntica se refere sempre à situação (situação hermenêutica) e não as coisas que lhe integram. Além disso, por estar a existência inautêntica representada na *Sorge* (cura), não se deve entender que ele estude à margem dela os modos inautênticos do compreender, pois a ideia de totalidade[99] é constituída a partir da elucidação do sentido da *Sorge* (cura)e realiza-se no círculo hermenêutico, que, por sua vez, por meio do *Vorhabe* (ter-prévio), mediante o esclarecimento do poder-ser autêntico, tem determinado a *Vorsich* (pré-visão) orientadora, i.e., a ideia de existência e adquirindo, assim, a *Vorgriff* (pré-conceito) da existencialidade do *Dasein* articulação o bastante para orientar a elaboração conceptual dos existenciais.

Esses elementos da interpretação, i.e., em seu conjunto estas *pressuposições* têm sido conduzidas por meio do círculo hermenêutico e da ideia de totalidade à situação hermenêutica, que constitui a posição metódica sobre a exposição de uma analítica originária do *Dasein*.

---

97 HEIDEGGER, *Sein und Zeit*, S. 42, 43: "Ambos os modos de ser da propriedade e impropriedade – estas expressões são autorizadas acerca do sentido verbal terminológico rigoroso – baseadas nisto, que o *Dasein* é, em realidade, determinado pelo ser sempre meu" (Tradução da autora).

98 HEIDEGGER, *Sein und Zeit*, S. 146: "O 'in' não se refere que o *Dasein* dilacera a si mesmo e 'só' compreenda o mundo. O mundo pertence ao seu próprio ser como ser-no-mundo. A compreensão pode ser, igualmente, própria como imprópria, por outra parte, ser autêntica ou inautêntica" (Tradução da autora).

99 Sobre isso, ver § 32 de S.u.Z.

Precisamente neste ponto, então, coincide o que se pode enunciar sobre o objeto da analítica existencial com a própria posição metódica e sobre isso ele se pronuncia:

> E se a existência determina o ser do *Dasein* e pelo poder ser é constituída sua essência, então necessita o *Dasein*, enquanto ele existe, podendo ser algo, todavia, ainda não ser. Ente, acede a essência da existência, opõe-se, essencialmente, à sua possível apreensão como ente total. A situação hermenêutica até agora não só não assegurou o "ter" o ente total, isto é, inclusive, duvidoso, se isso é, em realidade, alcançável e, se uma interpretação ontológica originária do ser-aí não deve fracassar, considerando-se o modo de ser do próprio ente temático (Tradução da autora)[100].

Afinal, se a elaboração da questão ontológica fundamental tratada em *S.u.Z.* deve ser originária, i.e., o *Dasein* deve ser possível em sua totalidade e autenticidade, tem de se dizer que no *Vorhabe* (ter-prévio) se encontrou o *Dasein* em sua inautenticidade.

Do exposto neste item, a suma prévia é: a comprovação da possibilidade da constituição ontológica do *Dasein* é baseada na temporalidade e a estrutura desta é desdobrada como a historicidade do *Dasein*, pois o *Dasein* é histórico. A temporalidade do *Dasein* é o fundamento de uma possível compreensão historiográfica, inclusive, como ciência. Ela é a condição de possibilidade para a interpretação do *Dasein*, pois só a partir da sua elaboração da temporalidade do *Dasein* enquanto cotidianidade, historicidade e intratemporalidade[101] é possível uma visão plena das implicações de uma ontologia originária do *Dasein*[102]. Enquanto cotidianidade é possível uma interpretação a partir das suas estruturas: compreensão, caída e discurso, também é fundamento da espacialidade do *Dasein* e mostra a constituição temporal do distanciamento e direcionamento.

Sobre isso, tem-se, portanto que, a compreensão tem por base o futuro, para o qual são empregadas as expressões *Vorlaufen* (antecipação),

---

100 HEIDEGGER, *Sein und Zeit*, S. 233: "(...) *wenn die Existenz das Sein des Daseins bestimmt und ihr Wesen mitkonstituiert wird durch das Seinkönnen, dann muß das Dasein, solange es existiert, seinkönnend je etwas noch nicht sein. Seiendes, dessen Essenz die Existenz ausmacht, widersetzt sich wesenhaft der möglichen Erfassung seiner als ganzes Seiendes. Die hermeneutische Situation hat sich bislang nicht nur nicht der 'Habe' des ganzen Seienden versichert, es wird sogar fraglich, ob sie uberhaupt erreichbar ist und ob nicht eine ursprungliche ontologische Interpretation des Daseins scheitern muß – an der Seinsart des thematischen Seienden selbs".*

101 HEIDEGGER, *Sein und Zeit*, S. 333.

102 HEIDEGGER, *Sein und Zeit*, S. 335.

Augenblick (instante) e *Gegenwärtigen* (atualização); a primeira, a fim de designar o futuro em sentido autêntico; a segunda, refere-se à *eigentliche Gegenwar* (atualidade própria), i.e., à *eigentlichen Zeitlichkeit* (temporalidade própria) e, a terceira, em oposição a anterior, diz respeito à *uneigentliche das Gegenwärtigen*[103] (atualização imprópria). Também o estado de espírito, temporaliza-se na *Wiederholung* (repetição), porque na *Vorlaufen* (antecipação) o *Dasein* se repete em seu poder ser verdadeiro[104]. Em relação ao *Verfallen* (decair), a temporalidade está fundada no presente (como, por exemplo, na atualidade do instante). Embora isso, a compreensão tem como firmamento o passado, porque é *"gehalten von einer gewesenden Zukunft"*[105]. Destarte, fica claro que a temporalidade se temporaliza em cada *ekstase*, embora não possa isto significar a sucessão de *ekstases*, porém, significa que "(...) *in der ekstatischen Einheit der jewiligen vollen Zeitigung der Zeitlichkeit grundet die Ganzheit des Strukturganzen von Existenz, Faktizität und Verfallen, das ist die Einheit der Sorgestruktur"*[106]. E, como a plena abertura do *Da* é constituída pela *Verstehen* (compreensão), *Befindlichkeit* (disposição/existencialidade) e *Verfallen* (decadência), que são articuladas pelo discurso, este também é temporal.

Diante disso, remonta-se aqui, em primeiro lugar, ao adágio *"Etwas als etwas"* (algo como algo) prelineado na estrutura da compreensão enunciativa, com a finalidade de dizer que este adágio hermenêutico heideggeriano pertence ontologicamente à temporalidade da compreensão[107], pois *"Das 'Als' grundet wie Verstehen und Auslegen uberhaupt in der ekstatisch-horizontalen Einheit der Zeitlichkeit"*[108]. Em segundo lugar, a questão: como é possível, ontologicamente, a unidade de mundo e *Dasein* e de que forma o *Dasein* pode existir enquanto *In-der-Welt-Sein*(ser-no-mumdo)?[109] Porque, justamente, em ambos, tanto em relação ao adágio quanto à questão colocada, a condição de possibilidade está no possuir um horizonte *ekstático*, particularmente em relação a essa questão, *"Die existenzial-zeitliche Bedingung der Möglichkeit der Welt liegt darin, daβ die Zeitlichkeit als ekstatische Einheit so etwas wie*

---

103 HEIDEGGER, *Sein und Zeit*, S. 338.

104 HEIDEGGER, *Sein und Zeit*, S. 339.

105 HEIDEGGER, *Sein und Zeit*, S. 350: "contida por um vigor de ter sido" (Tradução da autora).

106 HEIDEGGER, *Sein und Zeit*, S. 350: "(...) nesta unidade ekstática da correspondente temporalização plena da temporalidade, funda-se a totalidade de toda estrutura da existência, faticidade e decadência, que é a unidade da estrutura da cura" (Tradução da autora).

107 HEIDEGGER, *Sein und Zeit*, S. 359.

108 HEIDEGGER, *Sein und Zeit*, S. 360: *"O 'como' enquanto compreensão e interpretação funda-se, em geral, na unidade ekstático-horizontal da temporalidade"* (Tradução da autora).

109 HEIDEGGER, *Sein und Zeit*, S. 364.

einen Horizont hat"[110]. Ele chama a isso de esquema horizontal, o qual é distinto em cada *ekstase*, pois, exemplificativamente, no futuro o *Dasein* é em sua indignação, i.e., em função de si mesmo, porém, a atualidade deste é determinada pela *Um-zu* (ser-para). A unidade horizontal destas *ekstases* possibilita o nexo originário do *Um-zu-Bezuge* com o *Um-willen*, que, consequentemente, sobre os fundamentos da constituição horizontal da temporalidade pertence ao ente, isto sim é o seu *Da*, algo assim como mundo aberto. Em outras palavras, à medida que o *Dasein* se temporaliza, é também um mundo, i.e., *"Hinsichtlich seines Seins als Zeitlichkeit sich zeitigend, ist das Dasein auf dem Grunde der ekstatisch-horizontalen Verfassung jener wesenhaft 'in einer Welt'. Die Welt ist weder vorhanden noch zuhanden, sondern zeitigt sich in der Zeitlichkeit. Sie 'ist' mit dem Außer-sich der Ekstasen 'da'. Wenn kein Dasein existiert, ist auch keine Welt 'da'* [111].

Dessa forma, o descobrir o ente, por pressupor mundo, já estabeleceu uma situação hermenêutica. Pela unidade horizontal da temporalidade ekstática o mundo transcende, deve ter-se aberto, e pela existência do *Dasein* de fato, i.e., pela sua faticidade, os entes intramundanos podem vir ao encontro, já que o *Dasein* é em função *de, In-der-Welt-Sein* (ser-no-mundo). Isso não significa, todavia, que o só fato do estar junto destes entes seja o mesmo que o alcance deles por um sujeito destituído de mundo, pois podem permanecer encobertos, já que o estar lançado "é" dentro dos seus limites, i.e., a compreensão é horizontal à medida que o *Dasein* se temporaliza e, com isso, *deixa* vir ao encontro atualizador dos entes. Pois, em realidade, o mundo está fora, e, sob o ponto de vista ontológico, o encontro do sujeito com os objetos é possibilitado pelo retorno da transcendência do mundo com base no modo ekstático e horizontal, em suma, por uma fusão de horizontes. Por meio disso, porém, não está sendo dito que o mundo é *subjetivo*, ele é objetivo, mas ele tem como ponto de partida para sua compreensão a constituição fundamental do *Dasein*[112].

A estrutura da constituição ontológica fundamental do *Dasein*, fundada na temporalidade, é desdobrada como a historicidade do *Dasein*. O próprio *Dasein* é historicidade. Por isso, anteriormente se tinha mencionado o

---

110 HEIDEGGER, *Sein und Zeit*, S. 365: "*A condição temporal-existencial da possibilidade do mundo está nisto, que a temporalidade como unidade ekstática, tem algo assim como um horizonte*" (Tradução da autora).

111 HEIDEGGER, *Sein und Zeit*, S. 365: "Com relação a seu ser se temporalizando como temporalidade, o *Dasein* é aquilo, essencialmente, sobre os fundamentos da constituição ekstático-horizontal 'em um mundo'. O mundo não está disponível nem à mão, porém temporaliza-se na temporalidade. Ele 'é' com o 'Da' fora de si das ekstases. Quando nenhum *Dasein* existe, também nenhum mundo está 'aí'" (Tradução da autora).

112 HEIDEGGER, *Sein und Zeit*, S. 366.

que *M. Heidegger* dissera, que a interpretação da historicidade do *Dasein* se comprova, pois, somente com uma elaboração mais concreta da temporalidade, baseada no modo autêntico de existir, i.e., como decisão antecipadora, pois é sempre assumindo a decisão do ser mais autêntico, fato do *Da*, que se decide pela situação. E, quanto mais o *Dasein* de fato se decide, mais se compreende sem ambiguidades a partir da sua possibilidade mais autêntica na antecipação. Dessa forma, em primeiro lugar, ele pode eliminar toda possibilidade casual e provisória e, em segundo lugar, apreender a finitude da existência. O *Dasein* é sempre o que é e já foi. Na verdade, ele é o passado, por acontecer a partir de seu futuro. Em síntese: *"Die Analyse der Geschichtlichkeit des Daseins versucht zu zeigen, daß dieses Seiende nicht 'zeitlicht' ist, weil es in der Geschichte stehl, daß es umgekehrt geschichtlich nur existiert und existieren kann, weil es im Grunde seines Seins zeitlich ist"*[113].

Anota-se, aqui, que a hermenêutica heideggeriana será empregada junto no desenvolvimento da hermenêutica gadameriana, pois se *M. Heidegger* adentra a problemática hermenêutica com a finalidade de desenvolver a partir dela o ponto de vista ontológico da *Vor-Struktur* (pré-estrutura) da compreensão, *H.-G. Gadamer* persegue a questão de como pode ser possibilitada a hermenêutica da historicidade da compreensão, uma vez liberada do problema das inibições ontológicas do conceito da objetividade da ciência[114], justamente por ser a estrutura geral da compreensão alcançada em sua concreção pela compreensão histórica à medida que na compreensão mesma são operantes não só as vinculações concretas dos costumes e da tradição como também as correspondentes possibilidades do próprio futuro, pois o *Dasein* no seu projeto de *Seinkönnen* (poder-ser) sempre já "é" e a conduta livre a respeito do ser não tem a possibilidade de retroceder na faticidade deste ser, que é o *quid* da hermenêutica da faticidade[115].

---

113 HEIDEGGER, *Sein und Zeit*, S. 376: "A análise da historicidade do *Dasein* tenta mostrar que este não é 'temporal' porque se situa na história, porém que, ao invés, ele só existe e pode existir, porque no fundo seu ser é temporal" (Tradução da autora).

114 GADAMER, *Gesammelte Werke*. Bd. 1, S. 270.

115 GADAMER, *Gesammelte Werke*. Bd. 1, S. 268.

50

PARTE II
A TEORIA HERMENÊUTICA DE E. BETTI

52

Capítulo I
Metaciência como Hermenêutica

§ 1º
Teoria da Interpretação e Formas Representativas *enquanto* Objeto da Teoria da Interpretação

1. O PROBLEMA DA TEORIA DA INTERPRETAÇÃO: UM PROBLEMA EPISTEMOLÓGICO

O problema geral colocado pela *Teoria Generale della Interpretazione*, diz respeito à posição do objeto da interpretação, ou à posição do espírito em relação à objetividade; máxima concernente à objetividade ideal dos valores, a qual a interpretação tem por finalidade atingir na forma representativa constituindo o seu objeto de modo a colocar e resolver a questão mais geral do problema relativa ao modo de conhecer na interpretação e de colocar uma questão referente ao problema central desta, junto, todos os seus problemas específicos. *A Teoria Generale della Interpretazione* tem como ponto de partida o pensamento de *N. Hartmann* – além do pensamento de *W. Dilthey* – pois tenta superar os seus resíduos psicológicos – e *E. Husserl*, pois o esforço de repensar os problemas filosóficos fundamentais sem construções metafísicas prévias feito por *N. Hartmann* sobre influência da fenomenologia de *E. Husserl* e de *W. Humboldt*, particularmente, em relação ao caráter triádico do processo interpretativo –, o qual procura superar o conflito entre o relativismo historicista e o absolutismo axiológico dos valores por meio do estabelecimento do vínculo entre a individualidade humana e a objetividade dos valores. Partindo disso, *E. Betti,* coloca o problema do entender junto dos acontecimentos dos espíritos e reconhece o entender em torno de um espírito que fala a outro por meio de formas representativas e das objetivações. A interpretação das objetivações são representativas, dentro dos limites da *Teoria Generale della Interpretazione,* para o espírito interior que a elas aspira entender. Por meio disso, é desenvolvido o problema geral da interpretação na totalidade e coerência da obra de *E. Betti,* o qual diz respeito à antinomia que surge na dialética do processo interpretativo entre subjetividade do intérprete e objetividade do espírito[1].

Desde já se deixa claro, porém, que o emprego da obra *Interpretazione della legge e degli atti giuridici,* neste trabalho, tem caráter complementar relativo à transposição do problema geral da interpretação para o âmbito estritamente jurídico, já que essa obra de *E. Betti* trata, particularmente, sobre a interpretação no âmbito do direito privado, a respeito do qual, apesar de não ser descurado neste trabalho, é restringida a sua menção pela finalidade de circunscrever e delimitar a aplicação do ponto de vista bettiano unicamente ao âmbito jurídico privado (ver, a esse respeito, especialmente, as notas 19 e 39 dessa obra). Ademais, o próprio *Fr. von Savigny* já advertira que o direito privado e o direito público são distintos, pois eles não permitem ser enquadrados no mesmo conceito – jurisprudência –, pois o direito público tem o Estado como só existente – ciência legislativa. Ambos são distintos, embora, entrelaçados[2].

2. AS FORMAS REPRESENTATIVAS *ENQUANTO* OBJETO DA TEORIA DA INTERPRETAÇÃO

Ao tratar-se sobre esta questão geral não se pode evitar uma certa abstração, pois o seu desenvolvimento tem de mover-se antes sobre o plano do mais geral, porque todo o concreto que pudesse introduzir-se já seria uma especificação. Trata-se de esclarecer, preliminarmente, a aporia da generalidade e da indeterminação do *ente enquanto ente.* *Aristóteles* atribuiu maior relevância à questão do *ens* que do *esse,* todavia, não os distinguiu precisamente, originando, com base nisto, uma confusão ontológica. Cabe entender fundamentalmente, pois, a questão do *ens* como questão do *esse,* pois este é particularmente idêntico na multiplicidade do *ens.* Nesse sentido, a pergunta tem que ser colocada, em princípio,

---

1 A essse respeito, ver F. Bianco. Oggetività dell'interpretazione e dimensioni del comprendere. Un'analisi critica dell'ermeneutica do Emilio BETTI, E. In: *Quaderni Fiorentini per la storia del pensiero giuridico moderno,* 7 (1978), p. 75.

2 SAVIGNY, Fr. *Metodología Jurídica.* p. 5-6.

relativa ao sentido ôntico do *ens,* o qual é o próprio *esse.* A formulação da pergunta deve ser direcionada, portanto, ao aspecto ontológico do *ens,* quer dizer, sobre o *esse* do *ens.* Na fórmula clássica do *ente enquanto ente,* ou *ente enquanto tal,* segundo *N. Hartmann,* concentra-se o ponto de partida do problema geral sobre o entender. O *ente enquanto ente* não é, simplesmente, o ente enquanto posto, representado, não é, também, ente enquanto relacionado a um sujeito, nem enquanto objeto. Da mesma forma, o *esse* não é enquanto posto, representado, em relação a um sujeito, nem esgota-se no objeto[3].

Contrariamente, *M. Heidegger* não coloca o ponto de partida deste problema nesta fórmula, porém, no sentido do ser, transpondo, assim, o peso específico do problema, para o *Dasein,* o qual se restringe ao *Dasein* do homem. Por consequência, em primeiro lugar, a compreensão do *ens* é relativizada tanto em seu ponto de partida quanto em seu resultado. Esta relatividade é, justamente, a maneira de dar-se do *ens.* Em segundo lugar, a aproximação entre si do *esse* e a sua compreensão ocorre de tal forma a ocasionar a confusão entre o *esse* e a sua maneira de dar-se. Assim que todas as determinações resultantes da análise "existenciária" podem ser entendidas como aspectos da maneira de dar-se o *ens*[4]. Especificamente, o peculiar do argumento relativista tem por base o prejuízo do conceito tradicional de objeto. *Objectum* só pode ser algo, materialmente, *para* alguém, frente a *quem* está relacionado. Exemplarmente, o termo alemão *Gegenstand,* ou *Gegenstehendes* – o que está em frente – apresenta a mesma referência; são termos compostos agregados sobre a base de correlação ao sujeito e permanecer no limite deles somente corrobora o prejuízo relativista.

O problema do conhecimento – como o problema do interpretar –, todavia, não é limitado a uma análise de termos e conceitos, porém, trata-se de uma análise dos fenômenos. O fenômeno do conhecimento tem um aspecto distinto, o qual, resumidamente, é diferente do representar, do pensar, pois seu objeto não se esgota no ser objeto para a consciência. O efetivo direcionamento do conhecimento, i.e., o apreender e o assimilar têm um *ser* supraobjetivo, pois o conhecimento é, independentemente de que uma consciência o tenha ou não como seu objeto. O ser objeto de uma consciência, em geral, é algo secundário. Nenhum ente é objeto por si, torna-se objeto de uma consciência subsequentemente[5]. O ser em si

---

3 HARTMANN, N. *Ontologia. Fundamentos.* I, p. 48.

4 HARTMANN, *Ontologia. Fundamentos.* I, p. 49-51.

5 HARTMANN, *Ontologia. Fundamentos.* I, p. 18.

gnoseológico é estritamente relacional, assim, posicionado o sujeito no mundo passa o ente à relação do estar diante de, e adentra nesta relação na mesma proporção em que o sujeito encontra-se em condição de objetivá-lo. A objetivação, portanto, é o próprio conhecimento. Não obstante a (co) relatividade sujeito-objeto estar presente nesta questão, a relação de conhecimento não se esgota nela; é indiferente a sua objetivação pelo sujeito, o tornar-se objeto enquanto ente extrínseco. O sujeito, sim, altera-se pela objetividade. Surge nele uma imagem do ente, uma representação, um conceito, um saber deste. Como toda alteração e todo desenvolvimento tem lugar meramente na consciência, o ente objetivado no decorrer do processo de conhecimento, permanece intacto. Conhecido é só o ente em si. O tornar-se fenômeno, pelo contrário, é conhecimento, porém, do ângulo do objeto. Portanto, apenas a representação é vinculada ao ato de conhecimento. O ente não é cognoscível, por isso, trata-se de uma relatividade negativa no fenômeno do conhecimento. É o próprio ente que transforma-se em fenômeno. Todo ente pode, pois, em princípio, converter-se em objeto, ele não se opõe à objetivação. Em suma, o conhecimento é a conversão do ente em objeto – ou a *objetivação do ente pelo sujeito*. Trata a questão de *como* é possível a apreensão pelo sujeito de um ente que lhe é transcendente, ou a condição de possibilidade – o problema é resumido ao *como* está dado o *esse*, i.e., não a própria possibilidade dos juízos sintéticos *a priori*, porém, *como* são possíveis os juízos sintéticos[6] –, no sentido kantiano. O *ente enquanto ente* desdobra-se, com isso, a partir da sua aparente distância, por assim dizer, até a mais imediata proximidade e tangibilidade[7].

§ 2º

Objetivações do Conhecimento *versus* Interpretação

1. IMANÊNCIA DO CONHECIMENTO NA INTERPRETAÇÃO

A relação de conhecimento é imanente à interpretação, i.e, a consciência do sujeito tem somente as suas representações ou objetivações, não os objetos representados, pois não é o próprio ente que transcende; a análise ocorre sobre a maneira de dar-se do ente, tanto real quanto ideal, já que ambas são extensivas ao fenômeno da experiência. Em outros

---

6 HARTMANN, *Ontologia. Fundamentos.* I, p.183.

7 HARTMANN, *Ontologia. Fundamentos.* I, p. 20.

Metaciência como Hermenêutica — Capítulo I

termos, a consciência é limitada pela imanência de seus conteúdos, os quais são objetivados pelo sujeito a partir da maneira de dar-se o ente. Em matéria de interpretação, portanto, o ponto de partida é dado pela posição que o espírito intérprete – sujeito vivente e operante, dotado de consciência e autoconsciência – assume a respeito das objetivações[8]. Este posicionamento é determinado pela distinção entre objetividade (ente) real e objetividade (ente) ideal.

1.1. Objetividade real

Constitui a objetividade ideal a condição de possibilidade no sentido kantiano e a objetividade real, o dado da experiência perante o qual o espírito posiciona-se mediante uma dicotomia de situação-resposta. Esta é realizada por meio de um processo sintético de assimilação, quando se trata de uma atividade teorética ou contemplativa, a qual é uma tradução pelo pensamento (intuição ou conceito), ou por um processo contemplativo relativo a uma realidade historicamente condicionada[9], por intermédio dos quais o dado fenomênico é comum – o problema é comum –, ou é (re) encontrado em uma concatenação (*W. Dilthey*), porém não como objeto de experiência, mas como objeto transcendental (*I. Kant*). Mediante o caráter contemplativo da resposta à situação, o espírito assume uma posição inspiradora – que torna e *pode* tornar –, a qual lhe requer ser transposto e configurado em uma forma expressiva. O que coloca ao espírito a exigência do *esforço* para atingir por meio de uma perene revisão, verificação e confirmação de um juízo preexistente à genuína objetividade.

Entretanto, quando a resposta à situação é dada mediante o caráter da atividade prática desempenhada no próprio mundo real, a qual consiste em um processo teleológico da ação, o espírito posiciona-se inclinado à modificar e a fazer progredir os meios, onde a própria conduta prática realiza a objetividade real[10]. Por meio do processo teleológico, o real (*N. Hartmann*) é modificado conforme a finalidade e isto pode ser verificado em cada gênero da atividade prática (ou função da atividade jurídica). Em relação a isso, apesar de existir abstratamente diferença entre os diversos tipos de atividade espiritual – *E. Betti* trata sobre a interpretação relacionada aos diversos tipos de atividade espiritual –, concretamente eles estão interrelacionados e correlacionados de modo

---

8 BETTI, E. *Teoria Generale della Interpretazione*. v. I, p. 1.

9 BETTI, E. *Teoria Generale della Interpretazione*. v. I, p. 2.

10 BETTI, E. *Teoria Generale della Interpretazione*. v. I, p. 3.

contínuo, os quais são apresentados por meio de um processo sintético e construtivo direcionado a enformar não um material incógnito ao pensamento, porém um sentimento a respeito da forma de exigência mais alta que a isto se destina e se pensa no processo criativo, o estado de ânimo e a percepção que, entonadas, transpõem-se e unificam-se em objetivações elaboradas em conceitos e princípios, ou na teleologia da ação pelos afetos e as paixões elevadas à firmeza do caráter e sublimadas pela virtude.

1.2. Objetividade ideal

Perante a objetividade ideal – pressuposto da experiência, i.e., a sua condição de possibilidade – é mais difícil ser determinada a posição do espírito pensante, pois os valores do espírito obedecem infalivelmente a uma lei própria, assim, distintamente do pressuposto *a priori* kantiano sobre a experiência estética e a experiência prática reunidas na forma dos valores estéticos e do valores éticos[11], ele não segue uma dimensão fenomênica da espiritualidade e, por isto, é ideal. O que, porém, não significa que o espírito pensante realiza uma criação arbitrária[12]. Esta lei está relacionada a um cosmo de valores, cosmo ou esfera ideal inteligível, o qual, elevado às concatenações ontológicas, deve advertir o fenômeno do gosto ético. Trata-se da inteligência dos valores conceituais, que não tem caráter reflexivo[13] (*intenta obliqua*), porém, caráter intuitivo por assumir uma posição de orientar, em relação ao valor, o modo individual de pensar e agir, o estilo de vida proporcionalmente à exigência dada e compreendida no gosto ético. Como o valor deve ser compreendido e igualmente obedecida a sua exigência feita, i.e., ele constitui a lei que ilumina a escolha do espírito no juízo de valor moral, pois segundo a concepção dos cosmos de valor, o valor é pressuposto *a priori* da consciência moral, de modo contrário a *I. Kant.* Uma consciência *a priori* dos valores só pode ser entendida, portanto, por um tipo de *iluminação*[14], i.e., a objetividade ideal só pode ser entendida dentro do limite relacional com a subjetividade da consciência[15], pois, juntamente tem-se uma capacidade de descobrir e de compreender, a qual não é realizada por meio da reflexão de categoria lógica do intelecto (*intenta recta*).

---

11 BETTI, E. *Teoria Generale della Interpretazione*. v. I, p. 5.

12 BETTI, E. *Teoria Generale della Interpretazione*. v. I, p. 11.

13 Acerca disso, ver N. Hartmann. *Ontologia*, especialmente no primeiro capítulo.

14 BETTI, E. *Teoria Generale della Interpretazione*. v. I, p. 12.

15 BETTI, E. *Teoria Generale della Interpretazione*. v. I, p. 15.

1.3. Crítica ao relativismo relacionado aos valores

Partir do prejuízo relativista em relação aos valores significa dizer que a existência dos valores éticos (experiência prática) depende da correlação deles com o mundo real como indispensável pressuposto axiológico, o que pode ser considerado como uma relatividade dos valores em si axiológicos; porém, eles devem, em primeiro lugar, estar relacionados com o sujeito, podendo ser predicativos somente os atos e o comportamento do sujeito, em segundo lugar, devem referir-se a outra pessoa, da qual os atos e o comportamento comparados ao predicativo do sujeito são uniformes; e, afinal, devem ser referidos às situações dadas e ao complexo historicamente determinado, nos quais o comportamento é enquadrado. Estes termos de referência, porém, são elementos de um processo, i.e., elementos correlacionados que fazem parte do problema geral, os quais não podem significar, portanto, uma relatividade dos valores considerados em si mesmos.

O fundamento destes elementos não se encontra na natureza isolada de cada um deles, porque as funções do julgar devem tornar-se uma *junção* – único objeto – possível de ser controlado por meio da síntese da percepção, a qual é reunida em uma só consciência, i.e., na verdade, a objetividade ideal dos valores espirituais só pode ser entendida por meio da objetividade real dos objetos sensíveis. *E. Betti* desenvolve por meio disto um argumento que rejeita fortemente a teoria psicológica de *W. Dilthey* – da mesma forma que a percepção deriva da síntese empírica e a unidade analítica procede de uma síntese transcendental (unidade sintética) as percepções sensíveis por meio da experiência constituem a consciência empírica. Nisto, porém, é proposta uma ambiguidade que biparte a *junção* destas funções entre um valor deduzido ou abstraído do objeto e um valor colocado pelo sujeito pensante e agente, que pode exaurir uma possibilidade lógica. O que, entretanto, não quer dizer que o sujeito estabeleça uma autoavaliação, ou uma autoideia pela qual qualifica o dado da experiência, pois a categoria lógica bem como os valores éticos não são propriamente existentes e comuns por si, apesar de existir um critério do juízo ou das valorações da conduta, o que implicaria na negação tanto de uma objetividade fenomenológica quanto de uma objetividade ideal, característica de uma orientação subjetivista.

1.4. Disjunção

Desta bipartição procede uma unilateralidade de perspectiva relativo à função do intelecto e à função da vontade que comina em uma aporia disjuntiva na atividade espiritual frequentemente repetida pela consciência intelectual (injustiça identificada com a atividade teorética) e pela consciência volitiva (identificada com a atividade prática), a qual não exaure. Isto já tinha sido advertido por *I. Kant* nas suas duas críticas, porém, não chega a advertir na terceira: a crítica do juízo definida como a faculdade de pensar o individual pela compreensão do universal[16]. *I. Kant*, porém, concebe o universal sob uma perspectiva intelectualística e abstrata como a *regra*, o *princípio*, a *lei* pelos quais se trata de compreender o individual (dedução), ainda que a função do juízo seja chamada a determinar *a priori* as condições das quais deve-se conformar ou subsumir e identifica, assim, o universal com uma categoria lógica (dedução). Com a inclusão do valor no universal, entretanto, a função valorativa ou axiológica passa a ter um caráter seletivo direcionado ao reconhecimento do valor no dado fenomênico por meio de um *juízo de valor*[17], ou mediante uma inconsciente oportunidade de posição. Esta função do juízo realizada pelo critério seletivo de uma sensibilidade pelo valor significa uma abertura e uma predisposição que pressupõe um grau de maturidade desenvolvida e adquirida no indivíduo pela sua formação. Uma perspectiva intelectualística unilateral disjuntiva conduz, pois, à negação de toda possibilidade de unificação dialética e a considerar tal disjunção como um mero produto da atividade prática, a qual tende a excluir o sentimento da esfera superior do espírito reservando isto à atividade teorética[18].

1.5. Objetividade ideal dos valores e subjetividade da consciência

Em face disso, tem-se de esclarecer que a relação estabelecida pela palavra *iluminação* entre a objetividade ideal dos valores éticos e a subjetividade da consciência bem como a discrepância entre a objetividade ideal dos valores e as revelações desempenhadas pela atividade prática, faz com que a subjetividade da consciência torne-se a razão de um fenômeno desconhecido, o qual é propriamente a caducidade da moral positiva dos indivíduos populares, como também o seu desenvolvimento e a transmissão no curso da histórica, ou só uma mutação de prospectiva dependente da mudança de orientação da vida (individual ou coletiva) do sujeito pensante[19].

---

16 BETTI, E. *Teoria Generale della Interpretazione*. v. I, p. 13.

17 BETTI, E. *Teoria Generale della Interpretazione*. v. I, p. 14.

18 BETTI, E. *Teoria Generale della Interpretazione*. v. I, p. 15.

19 BETTI, E. *Teoria Generale della Interpretazione*. v. I, p. 16.

METACIÊNCIA COMO HERMENÊUTICA

CAPÍTULO I

1.6. A questão

Com isto, coloca-se uma questão: a iluminação do espírito em um certo momento (época) e espaço depende, diretamente e, sobretudo, da concreta correspondência com a prospectiva individual e não do grau de abrangência equivalente possível ao conteúdo da experiência, a qual possibilita uma orientação a respeito da vida e do mundo decorrente da observação. Esta orientação conexa com o sentir tem por objetivo e possibilita a resolução de problemas de configuração em vista de uma experiência emotiva, embora esta orientação seja diversa da orientação dos problemas das ciências da cultura.

1.7. A consciência em *função* valorativa: uma limitação à orientação do agir?

Uma orientação do intuir sobre a escolha e o esclarecimento de um problema é limitada pelo âmbito da consciência em função valorativa[20], o qual pode obstruir no sujeito a sensibilidade e a predisposição para receber o conteúdo de um discurso realizado por outrem. Igualmente, o interesse é uma limitação que orienta propriamente a vida da comunidade espiritual, cultural e política produzindo determinada ideia, problema ou finalidade[21]. Assim, a esfera espiritual do sujeito pensante somente tem consciência e domínio sobre algo se apanhado em sua continuidade, ao passo que permanece inobservado se imerso e privado na profundidade do subconsciente. Além disso, a pergunta colocada sobre o modo do sujeito pensante pensar demonstra que não existe uma *vontade de pensar* genérica pura e simples, porém, o impulso do pensamento é sempre orientado e direcionado determinadamente[22]. O problema que o pensamento coloca a si não se relaciona, portanto, em um dado objetivo, porém com a reação subjetiva, com o ocupar uma posição perante os valores, conforme a qual o pensamento é colocado em movimento e educado para entender determinado problema, o qual antes tinha sido colocado como uma condição de possibilidade.

A orientação individual na personalidade tanto em relação ao impulso germinal do problema que surge dos interiores estados de ânimo quanto em relação às causas derivadas de ocasiões exteriores. Também na sua forma mais elevada a atividade cognoscitiva surge dos impulsos metateoréticos dentre os quais faz parte o interesse, razão pela qual a consciência não toma

---

20 BETTI, E. *Teoria Generale della Interpretazione.* v. I, p. 17.

21 BETTI, E. *Teoria Generale della Interpretazione.* v. I, p. 18.

22 BETTI, E. *Teoria Generale della Interpretazione.* v. I, p. 19.

a propriedade de uma condição isolada e a consciência histórica científica e especulativa são orientadas, particularmente, pelo interesse relacionado à posição de determinados problemas[23]. Por isso, aquele que tem como função o entender sente de modo mais intenso a exigência de uma vinculação entre o problema e a gênese da obra do pensamento relativo ao problema. Tanto o problema da consciência quanto o horizonte espiritual do sujeito pensante são direcionados, portanto, por uma perspectiva circunscrita, a qual influi nas noções e valorações historicamente condicionadas. O caráter prospectivo e historicamente condicionado possibilita, por um lado, esclarecer, igualmente, o problema situado na vida da comunidade espiritual e, por outro lado, no curso histórico do pensamento observar a preferência da orientação da unidade e da continuidade que vincula sujeito a sujeito e prospectiva à prospectiva[24], de momento a momento, relativo a um ou outro objetivo e problema[25]. Isto coloca o sujeito perante a continuidade da consciência valorativa, que, apesar de remanescer aberta, é transformada pelo sentido da atualidade e pelo sentido dado pela objetivação.

1.8. A consciência em *função* valorativa e a mutação da prospectiva individual

É na possibilidade de transformação da prospectiva individual diante de um aspecto singular do cosmo de valores ideal que reside a importância dessa limitação pelo âmbito da consciência em função valorativa. O mesmo vale relativamente para a orientação dos espíritos viventes e pensantes diante das exigências da vida e a posição perante os problemas. Entretanto, o cosmo de valores na sua objetividade ideal não deve ser concebido como um sistema transcendente destinado a remanescer intangível na consciência, e alheio de toda relação com a história no modo de uma ideia platônica, pois ele prescinde do sujeito que valora e estabelece uma classe de *correspondência* entre os valores com a exigência sempre nova da vida emergente[26]. Não é de outra forma que o processo da consciência encontra-se em um desenvolvimento perene, correspondente aos problemas que a vida, no seu incessante renovar, propõe[27].

---

23 BETTI, E. *Teoria Generale della Interpretazione*. v. I, p. 20.

24 BETTI, E. *Teoria Generale della Interpretazione*. v. I, p. 21.

25 BETTI, E. *Teoria Generale della Interpretazione*. v. I, p. 22.

26 BETTI, E. *Teoria Generale della Interpretazione*. v. I, p. 22.

27 BETTI, E. *Teoria Generale della Interpretazione*. v. I, p. 23.

1.9. Contraposição ao objeto ideal platônico "belo-fato"

Esta concepção é enformada pela consciência da natureza e das suas imutáveis leis, segundo a qual o sujeito e o objeto do juízo axiológico situam-se em uma posição abstrata, na qual o objeto (valor) encontra-se restritamente contraposto ao sujeito pensante e sem nenhuma intrínseca relação e mediação (com a história), sendo reconhecido somente por uma contingência acidental. Assim, o conhecimento a ser realizado pelo sujeito é limitado pelo só fato que ele "é"[28], o qual pode, portanto, existir como não existir, pois nesta posição abstrata a validade objetiva da valoração (julgamento) bem como da consciência deve ser adquirida da validade do objeto (valor) sobre o qual a consciência tem controle.

Contrariamente, o problema do concreto reconhecimento ou experimentação dos valores do espírito não pode ser confundido com o problema do seu modo de ser objetivo (modo de dar-se), nem a objetividade real dos valores pode ser confundida com a objetividade real ou existencial, que não existe para os valores. O reconhecimento dos valores, na verdade, pressupõe e postula no sujeito *a priori* a condição de possibilidade, uma abertura e uma sensibilidade a estes adequada, i.e., uma estrutura vibrátil a eles conforme, a qual transcende o empírico e o acidental que pode ser sentido[29]. Dessa forma, os valores podem ser reconhecidos sob o aspecto gnoseológico (transcendental), como autoconsciência e unidade sintética originária da percepção que torna possível a unidade analítica do empírico, seja sob o aspecto histórico evolutivo, como gênio da humanidade que se desenvolve no processo perene da história. Além disso, o espírito humano, quando se reconhece idêntico em uma pluralidade de sujeitos participantes de uma mesma *estrutura mental,*[30] i.e., de uma comum sensibilidade espiritual reciprocamente comunicável por meio de uma forma, consegue *sensibilizar* o espírito e fazer existir o *inexistente* (o valor) na realidade fenomênica, pois uma criação não acontece *ex nihilo*[31]. Nesse sentido, a gênese da obra fica reservada ao indivíduo singular enquanto tal, porém que, de uma forma comum, vive no gênio da humanidade em todos presentes e operantes.

---

28 BETTI, E. *Teoria Generale della Interpretazione.* v. I, p. 24.

29 BETTI, E. *Teoria Generale della Interpretazione.* v. I, p. 26, 32.

30 BETTI, E. *Teoria Generale della Interpretazione.* v. I, p. 27.

31 BETTI, E. *Teoria Generale della Interpretazione.* v. I, p. 28.

1.10. Antinomia entre a consciência e os valores

Prejuízo naturalístico consequente desta *correspondência* entre os valores e a consciência é estabelecido na forma antinômica entre os valores e a consciência. Porém, quando o objeto da consciência é o espírito, ela é superada pelo nexo[32] dialético desenvolvido entre a consciência e os valores por meio de um processo dialético[33], que consiste no vivente compenetrar e *identificar* o individual – a consciência – e o *universal* – os valores – e possibilitar o reconhecimento dos valores[34], a fim de que estes não permaneçam somente dentro dos limites de uma objetividade ideal sem que possam ser obtidos. Por intermédio deste processo é elaborada uma capacidade de entendimento e de juízo axiológico resultando na formação da sensibilidade do espírito pensante. Assim, a consciência também torna-se correlativa à subjetividade real das situações historicamente determinadas, às quais o sujeito pensante deve responder, e permite serem descobertos quais os valores que enformam a objetividade ideal e desenvolvem o critério axiológico que corresponde a esta dupla correlação.

1.11. Estrutura mental e significado do termo *mediação* (entre subjetividade da consciência e objetividade ideal dos valores)

Especificamente a estrutura mental comum, i.e., uma sensibilidade essencialmente participativa, constitui a condição de possibilidade da experiência, qualificada por *I. Kant* de *transcendental*. Por meio desta estrutura, o "eu" histórico – comum *forma mentis* – descobre-se como gênio da humanidade, para o qual fica reservado o caráter de *mediador entre a subjetividade da consciência valorativa e a objetividade ideal dos valores*. Ela torna possível, justamente, pensar, no processo dialético, a *unidade* destes dois termos antinômicos: *consciência* e *valores*. Por tal razão, não se pode ter a objetividade dos valores como qualquer coisa de conhecido, de estático e de belo-fato e nem ao menos como um dado inatingível com sede na consciência do início ao fim.

A objetividade, portanto, da qual se fala neste capítulo é tão somente o resultado de um *processo dialético* que não pode ser confundido com um processo de criação pessoal. A objetividade dos valores não pode ser pensada

---

32 BETTI, E. *Teoria Generale della Interpretazione*. v. I, p. 24.

33 Neste subtítulo, a referência que se faz ao processo dialético corresponde de forma imediata ao conteúdo tratado no Cap. III deste trabalho.

34 BETTI, E. *Teoria Generale della Interpretazione*. v. I, p. 29.

distante do tempo e da história, porém, deve ser vinculada ao espírito vivente e pensante por uma *unidade* por razão de que a consciência guia a conduta deste por uma própria lei de autonomia conforme a experiência do mundo objetivo que se encontra diante dele. Com isso, quer-se dizer que os valores do espírito assim como a consciência lógica não podem ser considerados meros produtos da espontaneidade da consciência no seu ponto de vista transcendental, nem pura motivação da autonomia do intelecto enquanto capacidade de síntese *a priori*; por isso, tem-se de reconhecer nela uma objetividade ideal pela qual a espontaneidade e a autonomia são orientadas por uma intrínseca necessidade na busca de uma unidade que supera a *antinomia geral entre a objetividade e a subjetividade.* Assim, que pela unidade dialética, a consciência é colocada em função axiológica e seletiva, à qual a situação historicamente determinada propõe cada vez os problemas para resolver. Particularmente, isto confirma que o resultado deste processo dialético não é uma *criação ex nihilo.* Diante disso, a prospectiva dinâmica proposta pela valoração da consciência é, propriamente, um momento essencial do processo histórico, pelo qual os valores do espírito são (re)tornados.

Junto ao exercício desta função valorativa da consciência no processo de descoberta dos valores deve ser considerada a existência de uma estrutura flexível não só pelo aspecto gnoseológico (transcendental) como também sob o aspecto evolutivo, a qual é desenvolvida pela história por intermédio de um processo continuado de autoeducação e de autocrescimento[35]. Isto não significa, entretanto, que o espírito do sujeito pensante seja um espírito objetivo distinto do espírito da comunidade dos indivíduos conjuntos de maneira que o espírito do sujeito individual não possa ser pensado com uma consciência própria, porém, como uma estrutura ou forma interior reflexa e adequada na personalidade deste sujeito e na de quantos sejam os participantes da comunidade, da qual o complexo unitário é incindível e à qual os espíritos individuais são sujeitados[36]. Contrariamente, o fenômeno da espiritualidade conserva-se e desenvolve-se segundo uma própria lei de autonomia na sua compreensiva unidade de continuidade e orgânica totalidade na incessante mutação dos indivíduos[37].

O desenvolvimento histórico da espiritualidade vivente e atual transmite-se por uma tradição contínua e viva, que não é caracterizada por uma objetividade contraposta ao sujeito pensante, porém pela sua

---

35 BETTI, E. *Teoria Generale della Interpretazione.* v. I, p. 32.

36 BETTI, E. *Teoria Generale della Interpretazione.* v. I, p. 33.

37 BETTI, E. *Teoria Generale della Interpretazione.* v. I, p. 35.

própria vida que na sua personalidade e consciência encontra o necessário sustento, pois o sujeito é indispensável na mediação entre uma objetividade e uma subjetividade espiritual, que permite que ele integre o seu vivo pensamento. Assim, a objetividade deixa de ser algo permanentemente *objetivo* contraposto à espiritualidade do sujeito pensante; i.e., a relação do espírito pessoal com a espiritualidade impessoal não pode ser entendida por meio de uma (a)dialética contraposição entre o espírito individual e o complexo das experiências antecedentes[38].

Nenhuma valoração da experiência pode ser realizada dessa forma. O mundo interior é pleno de valorações e modos de intuir, de ideias e pensamentos, os quais têm sido elaborados por outros, todavia, muitas vezes, inconscientemente. Objetividade ideal, reconhecida aos valores do espírito, de modo algum é, portanto, contraditório ser esta neles reconhecida. Esta objetividade enquanto faz parte da estrutura mental, constitui a condição de possibilidade da experiência, particularmente, do juízo axiológico, para poder formar o objeto de consciência e de aprendizagem educativa na medida em que os valores são *existenciados* no dado fenomênico[39].

É, precisamente, o caráter *a priori* desta objetividade o fundamento da função gnoseológica, a qual é chamada a desempenhar como pressuposto da circunstância e do juízo axiológico. Como o valor pode não corresponder a uma existência fenomênica isto possibilita o esclarecimento de como pode estabelecer-se junto com o dado fenomênico uma consciência histórica e de aprendizagem. O que, especialmente deixa claro que, os valores do espírito são procedentes de um processo histórico entre a objetividade e a subjetividade[40]. A este processo pertence a correlatividade entre a subjetividade da consciência e a esfera da atualidade – i.e., a objetividade real das situações de fato, pelas quais os valores são existenciados fenomenicamente –, que é mediada por uma sensibilidade comunicável que transcende o eu empírico que tem como condição de possibilidade a experiência e reconhece de forma teorética os valores históricos. Este reconhecimento, na verdade, é o ponto de partida para a atuação dos valores na vida, principalmente os valores éticos, os quais são operacionalizados por meio de uma pessoa. Esta consciência tem de ser valorativa.

Objetividade ideal, dessa forma, por um lado, é completa e suficiente em si mesma, pois lhe é indiferente corresponder a uma existência fenomênica

---

38 BETTI, E. *Teoria Generale della Interpretazione*. v. I, p. 36.

39 BETTI, E. *Teoria Generale della Interpretazione*. v. I, p. 37.

40 BETTI, E. *Teoria Generale della Interpretazione*. v. I, p. 38.

enquanto, por outro lado, não lhe é indiferente que corresponda na realidade a uma existência fenomênica na qual sejam concretizados, ou não. Nesse sentido, fica clara uma imanente inclinação da objetividade ideal para o existenciar-se, que é possível por uma mediação pelo sujeito. Somente quando o espírito vivente e pensante coloca o seu esforço – *iluminação da consciência* [41] – a serviço dos valores do espírito é possível a uma realização. O reconhecimento teorético procede da mesma forma por uma mediação entre a objetividade ideal e a objetividade real do mundo sensível, o qual não trata de um processo teleológico da ação, porém, também, de um processo genético no processo heurístico e dialético da consciência, o qual não prescinde do espírito contemplador.

2. SIGNIFICAÇÃO DAS FORMAS REPRESENTATIVAS
2.1. Enunciação do significado

Constitui a forma representativa uma peculiar combinação entre a objetividade real e a objetividade ideal[42], por meio da qual o espírito é objetivado e os valores espirituais passam a existir de forma fenomênica[43]. De modo contrário ao modo de ser dos valores lógicos ou éticos em si considerados, os quais independem de uma objetivação e operam por meio de uma estrutura mental pela qual o "eu" empírico que transcende, retorna e é conservado tal qual uma anamnese da ideia platônica que os eleva no tempo e na história, os valores espirituais são necessariamente vinculados a uma forma representativa que os configura concretamente. Uma modificação do mundo sensível por meio da forma representativa torna possível a existência do valor pensado[44]. Ele é realizável no processo interpretativo justamente pela mediação da forma representativa, o qual depende, portanto, da conservação do sustento material – por uma linguagem articulada ou não articulada – deste valor pensado como textos, documentos, monumentos etc. É a forma a própria condição de possibilidade do processo interpretativo – comunicativo – por mediar o apelo que um espírito diverso faz a outro, porém, com sensibilidade e inteligência afins. Na forma está contida a impressão do jeito do espírito objetivado. Por tal, o seu sentido é dado pela sua função estritamente representativa.

---

41 BETTI, E. *Teoria Generale della Interpretazione*. v. I, p. 39.

42 BETTI, E. *Teoria Generale della Interpretazione*. v. I, p. 53.

43 BETTI, E. *Teoria Generale della Interpretazione*. v. I, p. 38, 42.

44 BETTI, E. *Teoria Generale della Interpretazione*. v. I, p. 41.

2.2. Teleologia das formas representativas

O fim da forma representativa é viabilizar a transmissão e resgatar o pensamento formulado e comunicado pela vivência e pela caducidade da existência do sujeito pensante que, todavia, não deve ultrapassar os limites do círculo discursivo e o ulterior processo da vida espiritual da humanidade, pois para os sujeitos estranhos a este círculo e processo o pensamento objetivado não tem sentido nem consistência. Embora o pensamento seja formulado por meio deste processo, ele deve ser considerado como uma objetivação provisória, por ressurgir o lêvedo promotor da vivente espiritualidade[45]. É por isso que se encontram várias objetivações de um pensamento vivente e pensante bem como ensinamentos sobre um espírito capaz de entender o sentido retornado do ânimo interior. Nestas objetivações encontra-se, particularmente, o problema da interpretação[46].

O vínculo do valor pensado à forma representativa é mais evidente, principalmente, no processo teleológico da ação – como nos ordenamentos sociais e jurídicos, os quais não são (re)evocados senão pelo interior instrumento das leis, das instituições, das estruturas – no qual a forma representativa assume um caráter particular[47], por consequência, da forma no processo nomogenético resultar da sobrevivência e do testemunho da tradição, porque, assim, a forma é ligada ao meio físico ou à memória na qual se encontra fixada e pela qual é transmitida. O estabelecimento deste vínculo não permite uma livre reprodução ou explicação de um conteúdo em uma forma diversa, o qual tem de existir mesmo no caso da realização de um processo cognoscitivo do qual o pensamento não tenha produzido a história de uma objetividade da qual não se encontra perante. Disso, decorre que a doutrina do pensamento científico, as construções especulativas e dogmáticas bem como as representações simbólicas do pensamento mítico e do religioso não podem ser violadas em sua identidade historicamente condicionada pelos sujeitos alheios à formulações, aos ensinamentos, aos princípios, aos dogmas, ao sistema, como também aos corpos doutrinários nos quais os conceitos são expressos e elaborados. Por isso, um (re)pensamento independente destes ou dos análogos problemas como uma abstração das originais formulações e dos nexos dos dogmas e do sistema não é uma interpretação doutrinária, porém, uma nova e diversa elaboração do conhecimento[48].

---

45 BETTI, E. *Teoria Generale della Interpretazione*. v. I, p. 52.

46 BETTI, E. *Teoria Generale della Interpretazione*. v. I, p. 59.

47 BETTI, E. *Teoria Generale della Interpretazione*. v. I, p. 50, 53.

48 BETTI, E. *Teoria Generale della Interpretazione*. v. I, p. 54.

Metaciência como Hermenêutica

Capítulo I

O valor objetivado, em suma, não é (re)evocável na sua histórica identidade se não por meio de uma interpretação da forma representativa, e distingue-se dos valores lógicos ou éticos proporcionalmente ao desenvolvimento do processo histórico de autoeducação do gênero humano tornado ideal por intuição espontânea da sensibilidade e pela estrutura mental comum. O que faz com que se compreenda os termos elementares dos quais decorre a interpretação, a qual situa o espírito desde o princípio em uma peculiar objetividade não puramente ideal e nem meramente real, porém, junto, objetividade real e ideal[49]. Disso, cabe ao espírito intérprete – como em todo processo de linguagem resta qualquer coisa de não dito ou contido explicitamente para ser integrado e reunido –, no caso da forma representativa, perguntar e integrar o mundo ideal por um aperfeiçoamento técnico e sensível em grau de assimilar o que está além da expressão singular sem uma produção explícita e precisa bem como o que falta na expressão.

2.3. As formas representativas e o processo interpretativo: o pressuposto do entendimento

Em geral, pela forma representativa é possível o desenvolvimento da historicidade no tempo, i.e., a subjetividade gnoseológica comum progride na dimensão psíquica do "eu" empírico, ela funciona como um liame transubjetivo pela qual é realizado uma concatenação entre os sujeitos e as épocas distintas. Assim, o pensamento do autor é subtraído da inexorável caducidade, que reconduzido à sua gênese, revela o ânimo de um autor que transcende enquanto torna reconhecível uma estrutura procedente de um valor atemporal participativo no cosmo espiritual limitadamente[50]. Por isso, ela é pressuposto do processo do entender e, consequentemente, do entendimento. Como o entender postula, particularmente, uma objetividade ideal comum aos sujeitos obtida pelo reconhecimento do valor objetivado e fixado em dadas estruturas – ainda que independentemente da consciência que os autores possam ao menos ter tido a respeito do valor destas estruturas – pode-se compreender, dessa forma, por meio da mediação da comum espiritualidade realizada por um processo de transposição com variações, já que no espírito está o ponto ideal do encontro entre "eus" distintos e consciências individuais, a fórmula *mutatis mutandis*. Afinal, o entender é direcionado por um determinado

---

49 BETTI, E. *Teoria Generale della Interpretazione*. v. I, p. 55

50 BETTI, E. *Teoria Generale della Interpretazione*. v. I, p. 106.

critério valorativo que considera a totalidade dos fatores componentes e tem como propósito reconhecer e reconstruir a lei espiritual de formação do texto interpretado.

Em específico, a forma representativa como objetivação do espírito é uma característica especial do processo interpretativo triádico[51], o qual se distingue de uma relação analítica e indutiva, pela qual o entender é possível pela forma representativa, elemento comum que estabelece a relação entre quem fala e quem escuta[52]. Por causa da interferência da linguagem falada, dos monumentos, dos documentos para conservar a tradição[53] ao espírito vivente e operante não seria possível converter a estraneidade do espírito objetivado em familiaridade. Por tal razão, a forma representativa é necessária simultaneamente ao *empenho*[54] deste espírito, ou pelo contrário, estabelecer-se-ia uma aporia relativa à função representativa. Os sujeitos não se entendem tão só pelo intercâmbio de signos tal qual um automatismo mútuo para apropriar-se de parte da mente de outrem. Também não conseguem comunicar-se pela só função do valor significativo ou semântico como qualquer coisa de ínsito por si[55]; é necessária a *colaboração*[56] do espírito que é chamado a entender. Na interpretação, portanto, a comunicação entre um espírito e outro é mediada pela forma representativa. Nesse sentido, apesar de o espírito sobreviver somente na memória, ou na tradição, sem importar uma diferença particular, o objeto de uma interpretação é sempre a atuação de um pensamento que é colocado objetivamente por um movimento prático como o apresentar expressa ou implicitamente o modo de pensar. O que, em termos de processo interpretativo, leva a ser dispensado às condutas um tratamento conforme as exigências do objeto a ser interpretado e em razão dos fins e problemas propostos diversos pelo interesse por entendimento.

2.4. Uma heterogênese

O modo de dar-se – *esse* – do pensamento[57] pode não corresponder ao conteúdo do pensamento sob uma formulação do sujeito pensante sobre a qual é baseado outro ato do pensar. O conteúdo do pensamento,

---

51 BETTI, E. *Teoria Generale della Interpretazione*. v. I, p. 107.

52 BETTI, E. *Teoria Generale della Interpretazione*. v. I, p. 71, 109.

53 BETTI, E. *Teoria Generale della Interpretazione*. v. I, p. 108.

54 BETTI, E. *Teoria Generale della Interpretazione*. v. I, p. 40.

55 BETTI, E. *Teoria Generale della Interpretazione*. v. I, p. 54.

56 BETTI, E. *Teoria Generale della Interpretazione*. v. I, p. 110.

57 Sobre isso, ver Parte II, Capítulo I, § 1º, desta obra.

Metaciência como Hermenêutica　　　　　　　　　　　　Capítulo I

na verdade, somente existe mediante um confronto estabelecido entre o espírito objetivado e o espírito que o reconhece, o (re)encontra ou o entende[58]. Com base nisso, podem ser erigidas as seguintes questões: A) a possibilidade de uma real existência histórica compete somente àquele sujeito inclinado a desenvolver um esforço para entender o espírito objetivado, já que o espírito partícipe tem uma existência histórica na condição de modo passado; B) isso implica em uma aporia relativa à objetivação do espírito e o espírito do intérprete, i.e., qual a correlação entre a objetivação ou forma representativa na qual o conteúdo espiritual é reunido com o sujeito pensante que o reconhece?; C) ou, ainda, qual a condição de possibilidade que estabelece a síntese entre a forma representativa e o conteúdo espiritual? Esta é predisposta pelo espírito vivente e pensante chamado a (re)encontrar e a entender outro espírito por uma resposta congenial, que provém da força sugestiva e persuasiva das objetivações do pensamento como ocorre, por exemplo, com o sentido e o espírito do gênero dos monumentos e documentos, i.e., o comportamento dos símbolos é o próprio abrir o sentido da *mens* que eles comportam.

Sobre a questão A: A objetivação do espírito em uma forma representativa tem um modo de ser complexo que se realiza por três termos conexos entre si, sendo o primeiro um sustento material perceptível; o segundo, uma espiritualidade neste fixado como forma representativa e transmitido e, o terceiro, um espírito atual, vivente e pensante chamado a encontrar e a reconhecer tal forma[59]. Este espírito, pois, deve ser dotado de uma peculiar subjetividade, porque só poucos e determinados sujeitos podem ter a consciência e a capacidade de assumir a orientação do ato de entender a mensagem que provém de uma forma representativa[60], que tem de ter como base as raízes históricas em um mundo espiritual comum a outros sujeitos, pois só em uma comunidade determinada que eleva a espiritualidade sobre o plano objetivo forma-se uma consciência e uma capacidade de entender as pessoas individuais – o mesmo vale para o âmbito da coletividade[61].

Sobre a questão B: O encargo que se apresenta ao intérprete é, em primeiro lugar, o de decifrar os signos em palavras e, ulteriormente, de reconduzir as palavras ao seu significado gramatical. Relativo às formas representativas, elas também possuem um caráter de hieróglifos[62],

---

58　BETTI, E. *Teoria Generale della Interpretazione*. v. I, p. 111.
59　BETTI, E. *Teoria Generale della Interpretazione*. v. I, p. 108.
60　BETTI, E. *Teoria Generale della Interpretazione*. v. I, p. 119.
61　BETTI, E. *Teoria Generale della Interpretazione*. v. I, p. 133, 134.
62　BETTI, E. *Teoria Generale della Interpretazione*. v. I, p. 118.

que devem ser interpretados por meio do processo hermenêutico e crítico. Ao trazer, o intérprete, a exata ilação relacionada ao significado que as formas representativas assumem em relação aos conteúdos representados, às criações humanas e, igualmente, em relação aos comportamentos e institutos da vida social, como solução oferecida aos problemas práticos, é estabelecida a correlação entre a objetivação e o sujeito pensante que a reconhece tal qual ocorre na tradução[63]. Particularmente, isto diz respeito a uma identidade dialética que, junto, é unidade e diferença entre o pensamento e a linguagem e entre o pensamento e a ação, i.e., uma identidade antinômica que requer um nexo mais ou menos restrito, apesar de permitir uma margem livre de manifestação[64].

Sobre a questão C: A síntese entre a forma representativa e o conteúdo espiritual é estabelecida por uma forma de linguagem construtiva ou discursiva como *semátema*[65] de experiência e de pensamento que assume valor significativo. Dessa forma, a formulação da experiência e de pensamento em doutrina e ensinamentos é reduzida e cristalizada em breves fórmulas melhor transmitidas pela tradição, que funcionam como elementos de um instrumento expositivo e utilizáveis como critérios para dirigir condutas: doutrinas, mitos, brocardos, princípios. Eles podem ser degenerados em convenções convencionais da hipocrisia ideológica que, por tal motivo, subtrai-se a um rigoroso exame de consciência e um renovado controle do pensamento. Com assento nisso, é estabelecida uma *heterogênese* pelo modo de dar-se o pensamento e o conteúdo espiritual, que, particularmente, consiste na heterogênese entre os valores e a forma de dar-se dos valores, os quais podem sofrer alteração, uma vez que uma síntese é originária de outra síntese, bem como uma concatenação é realizada por meio das sínteses antecedentes. Todavia, esses elementos instrumentais são objeto de interpretação que devem ser aprofundados e interiorizados a respeito de uma situação histórica determinada.

2.5. As formas objetivas enformadoras e o reconhecimento mnemônico pela contraposição *no* "tempo"

O que torna possível explicar o nexo entre o grau originário das formas representativas transmitidas pela tradição (oral) e a sua repetição como a sua continuidade no tempo, i.e., como uma imagem perceptível pode

---

63 BETTI, E. *Teoria Generale della Interpretazione*. v. I, p. 118.

64 BETTI, E. *Teoria Generale della Interpretazione*. v. I, p. 119.

65 BETTI, E. *Teoria Generale della Interpretazione*. v. I, p. 120.

ser (re)tornada em sua totalidade espiritual se formada em um momento anterior em outro momento ulterior sucessivo é a forma mnemônica[66]. Por meio dela a conexão e a continuidade impulsionadas pelo espírito vivente e operante superam a sucessão de momento e mantêm uma perene atualidade do todo no sentido de um momento continuado[67].

Isso também é possível pela observação direcionada por um *método* relacionado a um aspecto teleológico, i.e., quando o impulso diretivo for diverso segundo o tempo e o objeto. O que, em princípio, é realizável por esta forma – ou pelo método – somente quando o processo de conhecimento e/ou interpretativo tiver de ser feito a partir da gênese antecedente chamada de reconhecimento mnemônico. De um lado, o passado não pode ser cancelado da memória dos homens tal qual uma tabula rasa[68] em decorrência da sua danificação, pois o hoje não tem sentido se não pela sua colocação entre o ontem e o amanhã no infinito andar do tempo e o presente não é mais do que um processo, um traspasso entre o hoje e o futuro. Nesse sentido é que as formas objetivas enformam pelo reconhecimento mnemônico uma comunhão espiritual entre diversas épocas[69]. De outro lado, como o *habitus* exclui a consciência de um reconhecimento pela familiaridade das recordações com a presente atualidade tal qual ocorre no exercício habitual de uma profissão ou na prática da linguagem corrente considera-se o recordar, propriamente, só o que é objeto de reconhecimento consciente, porque é desse modo que o presente refere-se firmemente à matéria do passado, ainda sem identificar a ação de modo preciso, já que tanto a completa aderência ao passado quanto a pura realização do presente excluem a *prospectiva*[70] do agir de um contraste que conduz à identificação entre eles denunciando uma resposta aos atos necessários do agir. A adesão consciente ao passado torna possível o reviver sem romper com o presente, i.e., conserva o passado tornando-o ao presente, pois quando o passado é evocado somente pela utilização na ação presente o reconhecimento do passado é inconsciente e fixo unicamente no aspecto teleológico relacionado à atualidade da ação.

O reconhecimento consciente constitui uma tentativa de restabelecimento da continuidade interrompida entre o passado e o presente por meio de uma *contraposição*[71] a fim de incorporar o passado

---

66 BETTI, E. *Teoria Generale della Interpretazione*. v. I, p. 121.
67 BETTI, E. *Teoria Generale della Interpretazione*. v. I, p. 122.
68 BETTI, E. *Teoria Generale della Interpretazione*. v. I, p. 125.
69 BETTI, E. *Teoria Generale della Interpretazione*. v. I, p. 125.
70 BETTI, E. *Teoria Generale della Interpretazione*. v. I, p. 126.
71 BETTI, E. *Teoria Generale della Interpretazione*. v. I, p. 131.

no presente e atenuar as diferenças entre eles. Esta contraposição é o pressuposto necessário para revisar de forma crítica o passado de modo consciente como subsídio da ação em função normativa ou em função meramente contemplativa. Um reconhecimento consciente é elaborado por meio de um esforço *reflexo*[72] de consciência para que seja possível evocar na ocasião de uma percepção ou de uma situação presente as imagens semelhantes em graus diversos e eliminando gradualmente os aspectos de discordância que entre elas se destacam por meio de uma reconstrução e de uma adaptação definitivas para compor a identidade. Por meio da memória o reconhecimento estabelece dinamicamente a continuidade da existência humana liberando o passado para responder à orientação do presente bem como à adaptação do passado reciprocamente, assegurando, assim, o fio condutor da continuidade e da coerência no desenvolvimento do espírito de modo que o emprego do passado no presente não significa um puro instrumento da ação ignorado como tal, porém de enquadrá-lo na totalidade histórica.

2.6. Zetética do reconhecimento *versus* interpretação: o surgir da outreidade no sentido apreendido pela/na forma representativa

Em matéria de interpretação, o reconhecimento efetiva-se por meio do estabelecimento de uma ligação entre o sustento material e a dotação espiritual nele fixada enquanto transcende e se desprende no processo histórico bem como no reviver e recriar de uma síntese entre o tempo aquiescente e inerte à forma representativa e o conteúdo representado[73] para poder ser entendido o sentido da forma. Compete ao espírito intérprete retirar-se de modo consciente da sua presente atualidade e a essa contrapor-se de maneira a surgir uma outreidade, que não se trata de uma experiência, porém, do reconhecimento desta outreidade que, uma vez objetivada pode ser transposta na atualidade do sujeito, todavia, permanecendo a esta distinta.

O que é conservado no tempo, pois, é qualquer coisa relacionada à mediata objetivação sem uma identificação com o sustento material nem com o produto espiritual nessa fixado e independente da transformação em cada época, conforme a qual o espírito posiciona-se não só em relação ao produto espiritual como também em relação ao acontecimento das sucessivas e

---

72 "Reflexo" tem de ser entendido aqui no sentido próprio da palavra; *reflexio* quer dizer justamente "tornar para trás". Esta nota está baseada em *HARTMANN, N. Ontologia*, v. I, p. 57.

73 BETTI, E. *Teoria Generale della Interpretazione*. v. I, p. 134, 136.

Metaciência como Hermenêutica | Capítulo I

divergentes interpretações. Trata-se do processo de integração, segundo o qual o espírito vivente reconhece e desenvolve o valor da experiência passada ao dado perceptivo atual, já que o ser ideal da obra não subsiste ligado à sua objetivação sem um liame com o mundo real.

Porém, isso depende do grau do espírito para colaborar, porque estar no mesmo nível é a exigência que tem de ser satisfeita para uma exata orientação e realização de uma adequada e perfeita correspondência necessária ao entender. Quando a correlação é contínua, a tradição é viva parte da cultura e acompanha o seu desenvolvimento, porém, quando interrompida resta a possibilidade de que renasça a orientação adequada.

2.7. Antinomia entre atualidade e objetivações do espírito

A antinomia entre o espírito atual, ao qual compete o encargo do entender, e as objetivações do espírito é consequência da inversão da destinação destas últimas[74], que, ao invés de servirem de base à expressão genial do espírito, tendem a vincular a liberdade e a espontaneidade do espírito que as interpreta e a predeterminar o desenvolvimento na sua diretiva com uma classe de antecipação histórica. Isso, porém, não pode provocar uma oposta tendência a insurgir e libertar sem, todavia, suprimir em sua consciência poder fazer menos. Dessa confrontação dialética entre o espírito atual e as objetivações tem-se de alternar *atração* e *repulsão* sobrevindas a influir no processo interpretativo pois, dessa forma, desvia-se o seu curso, modificando-se o resultado sobre o qual faz pensar na fórmula *"nec tecum vivere possum nec sine te"*[75]. Por causa disso, sucede o perder no esquecimento e o renascer no horizonte da atualidade apesar de o espírito atual advertir que, uma *cadeia de formulações, estilos, dogmas, ensinamentos, doutrina, máximas de conduta, de decisão*, reflete ou espelha concessões, convenções e valorações radicais na profunda espiritualidade[76] o sobrecarrega, especialmente, porque perde, readquire e perde novamente no processo do tempo a sua primeira evidência persuasiva e intuitiva. É diante das objetivações que o espírito atual encontra um convite a posicionar-se, que é, simultaneamente, o assumir uma posição relacionada à própria história já passada.

Destarte, a espiritualidade desse espírito não é uma entidade remota e imutável, pelo contrário, ela participa da história do espírito e dos fatos da

---

74 BETTI, E. *Teoria Generale della Interpretazione*. v. I, p. 138.

75 BETTI, E. *Teoria Generale della Interpretazione*. v. I, p. 138.

76 BETTI, E. *Teoria Generale della Interpretazione*. v. I, p. 139.

espiritualidade em sua totalidade[77], pois não só a forma interior da intuição é modificada como também a sua orientação conforme o desenvolvimento assíduo da autoeducação e correspondentemente às situações históricas, que influem sobre a sensibilidade do espírito que, por tal razão, assume uma posição no sentido de (re)agir. Além disso, a forma representativa não pode ser uma base imutável na qual, fixado, é exteriorizado o pensamento. E embora signifique a caducidade da existência no infinito andar do tempo, ela deve cumprir com a sua função de veículo de um conteúdo espiritual, que deve, ncessariamente, contribuir à sensibilidade do espírito vivente e pensante, particularmente, quando se verifica um ofuscamento das funções representativas[78].

---

77 BETTI, E. *Teoria Generale della Interpretazione*. v. I, p. 140.
78 BETTI, E. *Teoria Generale della Interpretazione*. v. I, p. 139.

Capítulo II
O Processo Interpretativo e os Cânones Interpretativos

§ 1º
O Processo Interpretativo e o Processo do Entender

1. PRÉ-COMPREENSÃO SOBRE O PROCESSO DO ENTENDER

A história hermenêutica traz deformações conceituais, cuja gênese é assaz instrutiva. *W. Dilthey*, após advertir a diferença entre o processo de conhecimento na ciência do espírito e na ciência da natureza, estabeleceu uma identificação entre o processo do entender e o processo do explicar por causas e, por consequência, realizou uma correlação entre o *Verstehen* (entender) e o *Erleben* (experimentar), além de reconhecer entre o experimentar interior e o entender uma relação de recíproca e progressiva iluminação[1]. O conteúdo das ciências do espírito, que segundo *W. Dilthey*, é representado e liberado na esfera da consciência é, essencialmente, constituído pelas experiências interiores. Estas podem ser traspassadas e interiorizadas por outros sujeitos, i.e., pela experiência interior do entender se realiza a eficácia total da força espiritual, que atua e vibra com a plenitude da vida interior também nas enunciações mais abstratas da ciência do espírito.

É por meio da experiência interior que se produz a coerência e a concatenação de processos mediante uma fusão de experiências individuais, ou por uma reprodução interior que se realiza a concatenação entre indivíduos homogêneos com a finalidade de entender outra

---

1 BETTI, E. *Teoria Generale della Interpretazione*. v. I, p. 241, 141.

espiritualidade, que tem o caráter de uma compreensão sucessiva e reconstrutiva. Relativo a isso, *E. Betti* concorda, em parte, com *W. Ditlthey*, porém, discorda, seguindo a crítica que a hermenêutica filosófica faz em geral ao seu pensamento, o qual fenece, justamente, por identificar o processo do entender com o explicar causal, pois a sua concepção a respeito do *Verstehen* (entender) como da própria *Lebensdeutung* (interpretação da vida)[2] para conhecer uma objetividade, qualquer objetividade, pela qual o fenômeno da experiência, consistente no encontro do espírito com um dado objetivo de qualquer natureza, é batizado, por uma impropriedade de linguagem, como *modo de entender a vida* (*Lebensverstädnis*) (compreensão da vida), expressão que usurpa o posto das únicas expressões próprias: *Lebensfahrung* (experiência de vida) ou *Lebensauffassung* (concepção da vida)[3]. Assim, é possibilitada a realização do entender por todos aqueles que experimentam a vida interiormente em desconsideração do mundo circundante ou do âmbito historicamente condicionado e limitado como pressuposto da prospectiva do intérprete ou do autor.

Igualmente, cabe ser advertido nos limites da interpretação em geral, sobre um engano, sob a óptica de *E. Betti*, no percurso da corrente existencialista realizado por *M. Heidegger*, o qual parte da premissa de que o mundo da existência humana é pela sua radical relatividade histórica, um limitado mundo em coexistência (*Mit-Welt /com-o-mundo*), no qual o indivíduo está imerso em si mesmo com outros (*In-Sein*) (*Mit-Sein mit anderen*), mundo legado aos indivíduos pela mesma situação existencial. Além disso, por consequência, uma verdade não tem sentido senão enquanto é pressuposto do agir e na medida em que é controlável nas suas possíveis consequências práticas, assim como influi na conduta de vida do indivíduo. Ocorre que essa corrente identifica o entender com o ter possíveis e plausíveis experiências bem como estabelece a pretensão de uma correlação e um paralelismo entre o *Selbstverstehen* (*Sichverstehen*) e o *Fremdverstehen*, os quais são condicionados e limitados pela comum referência a uma realidade em si mesma[4].

Para *E. Betti*, porém, este paralelismo é um equívoco, porque não é possível explicar como o autor compreende a si mesmo, pois, na verdade, não tem propriamente consciência sobre o seu fazer ao percorrer o *iter* genético, pois obedece a uma intuição, ou lei de formação, ou lógica interna, que sustenta o seu próprio fazer objetivo. Com base nisso, tem sido

---

2 BETTI, E. *Teoria Generale della Interpretazione*. v. I, p. 242.

3 BETTI, E. *Teoria Generale della Interpretazione*. v. I, p. 243.

4 BETTI, E. *Teoria Generale della Interpretazione*. v. I, p. 244.

O Processo Interpretativo e os
Cânones Interpretativos

Capítulo II

sustentada a superação do obstáculo ao encargo do intérprete na medida em que o processo interpretativo é considerado como uma continuação do processo criativo, onde o encargo do intérprete consiste tão só em um desvelar o significado ínsito à expressão colocada pelo autor no texto.

Em outras palavras: é dito que o processo interpretativo é enformado por dois níveis: o primeiro, que diz respeito ao *Selbstverständnis* (compreensão própria) e, o segundo, que difere deste por seguir-lhe em uma continuação, a qual não prescinde da capacidade do indivíduo que venha a realizá-la bem como do acordo entre uma subjetividade e outra e, ainda, do próprio condicionamento histórico ou do mundo circundante. Assim, é possível entender, por exemplo, A, sem ser A[5]. Conforme esse posicionamento, ao intérprete cabe ressaltar as antíteses a ele subjugadas e estabelecer o confronto entre o entender originário – derivado do original, por isso, de segundo grau – tendo o processo interpretativo, nesse caso, a sua qualificação dependente do quanto o intérprete se priva da sua própria realidade.

Contra-argumento a isso surge, porém, da ausência do nexo entre o entendimento resultado de época passada e a sua assimilação na realidade própria e presente no entender de segundo grau, i.e., da própria distinção entre o processo criativo e o interpretativo, porque a este é necessário ser observado o pressuposto da objetividade, que requer ao sujeito interpretador o tornar-se histórico em relação a objetividade, que se aproprie e se identifique com o espírito objetivado dentro dos limites em que é encontrado ou tornado inteligível. O que foi encoberto pelo emprego e pela qualificação linguística a nível de percepção e como concepção real qualificada como um *Selbstverstehen*.

Particularmente, a confusão conceptual e a tentativa de nivelar o entender no mesmo nível de outra experiência de conhecimento o reduz, em primeiro lugar, a um tornar-se na história de uma objetividade, de qualquer natureza, segundo leis de causalidade natural ou no objetivar e no concatenar de uma espiritualidade afim. Em segundo lugar, a tentativa de (re)introduzir a diferença entre uma noção do entender mediante uma degradação da realidade pode ser arbitrária, pois quem torna-se histórico relativo a uma objetividade qualquer pode tanto apropriar-se quanto convertê-la em uma realidade própria[6]; pelo contrário, quem torna a entender o que está dado por outra objetividade limita-se a *contemplar* outra realidade distante nos limites de diversa e própria realidade,

5 BETTI, E. *Teoria Generale della Interpretazione*. v. I, p. 246.
6 BETTI, E. *Teoria Generale della Interpretazione*. v. I, p. 247.

79

pois prescindir da espontaneidade espiritual requerida a quem principia um processo interpretativo em razão do entendimento do passado em sua conformidade é vítima dessa confusão. O mesmo vale para quem nivela o critério oferecido pelo peculiar caráter de outra espiritualidade à vida[7].

Consequentemente, o entender cessa de ser um fato universalmente humano, acessível a qualquer pessoa que tenha obtido o necessário grau de maturidade espiritual, pois, a validade do sentido existencial é limitada, assim, àqueles que são partícipes de uma mesma situação existencial ou de um determinado círculo de sujeitos. Relativo a essa limitação existencial do entender, qualquer adepto da corrente existencialista pode argumentar como resultado disso a insuperável barreira entre os círculos de homens reciprocamente excludentes. Por isso, tem sido realizada a tentativa de poder-se realizar por meio de duas vias o processo do entender; por um lado, este processo é fundado sobre uma recíproca referência a uma realidade que se está ao mesmo tempo diante, por outro lado, ele é baseado unicamente em uma relação unilateral entre sujeito-objeto.

> Com que, é ingenuamente desconhecido, que também neste segundo entendimento a relação é triádica pela inderrogável exigência própria do entender, de retornar por uma objetivação do espírito. Porém, a possibilidade de um duplo entendimento, por si contraditória e incoerente, é bastante instrutiva enquanto denuncia a irremediável lacuna da concepção existencialista na sua gênese da errônea identificação do entender com qualquer experiência ou fato da consciência. Ademais, que no fenômeno do "falatório" (Gerede) falta um entender autêntico, é um fato que se esclarece com a própria ausência de abertura intelectual e de um empenho e interesse ao entender, privado de uma contraposição, irresponsável prevenção (Tradução da autora)[8].

O ponto de partida dado pelo pensamento de *W. Dilthey*, portanto, permite o desenvolvimento de um entender preventivo e coloca a condição

---

7 BETTI, E. *Teoria Generale della Interpretazione.* v. I, p. 248.

8 BETTI, E. *Teoria Generale della Interpretazione.* v. I, p. 249: *"Con che, si è ingenuamente disconosciuto che anche in questo secondo intendere il rapporto è triadico per la inderogabile esigenza propria dell'intendere, di rivolgersi ad una oggettivazione dello spirito. Ma la concessione di un duplice intendere, per sè contradittoria e incoerente, è abbastanza istruttiva in quanto denunzia la irrimediabile carenza della concezione esistenzialistica nella sua genesi dalla erronea identificazione dell'intendere con qualsiasi esperienza o fatto di coscienza. Che poi nel fenomeno della 'diceria' (Gerede) manchi un autentico intendere, è un fatto che si chiarisce con la stessa mancanza di apertura intellettuale e di un impegno e interesse all'intendere, escluso da una opposta, irresponsabile prevenzione".*

de possibilidade do interpretar no vínculo vital (*Lebensverständnis*)[9], que, no âmbito interpretativo significa, além de um vínculo espiritual dado pela própria natureza humana, viver na mesma época e no mesmo mundo histórico, no qual a existência é desenvolvida como um ser em torno do seu mundo (*als ein Sein in einser Umwelt*), por meio de uma inteligente comunicação à coisa e aos outros (co)existentes[10]. Esse vínculo vital direciona tanto a colocação da questão ao objeto quanto o fim da pergunta que (re)torna na interpretação e, sob esse aspecto, não além de desenvolver, corrigir ou testar o entendimento pressuposto. Trata-se do reconhecimento do fenômeno do entender pela concepção subjetivista e relativista delineada pelo âmbito próprio de uma (co)existência, que orienta a teoria hermenêutica a uma concepção materialista de um subjetivismo egocêntrico, segundo *E. Betti*.

O processo interpretativo – como o processo do conhecimento – é limitado, portanto, em princípio, pela consciência, porém, esta é alcançada por intermédio de uma inteligência valorativa direcionada a resolver o problema da *Sinngebung*[11](dação de sentido), i.e., o problema da verdade, e simultaneamente, deve conter a condição de possibilidade para realizar um controle de autenticidade[12] da forma imanente à categoria de uma outra consciência[13], i.e., deve poder conservar a totalidade em si coerente do discurso significativo. Apesar de a fase inicial do processo interpretativo ser limitada pela consciência valorativa, é por meio de um controle crítico, que é possível somente por meio de um processo dialético do discurso mediante uma concordância *reconhecedora*[14], que ultrapassa a esfera de competência da interpretação em sentido próprio – caracterizada pelo vínculo de subordinação. Disso decorre, portanto, que o problema do significado em razão da sua verificação, o problema da verdade e o problema da forma da linguagem são estritamente conexos, pois, nenhum desses problemas pode ser selecionado sem os exprimir em termos de linguagem (zetética socrática)[15].

---

9 BETTI, E. *Teoria Generale della Interpretazione*. v. I, p. 250.

10 BETTI, E. *Teoria Generale della Interpretazione*. v. I, p. 251.

11 BETTI, E. *Teoria Generale della Interpretazione*. v. I, p. 255.

12 BETTI, E. *Teoria Generale della Interpretazione*. v. I, p. 253.

13 BETTI, E. *Teoria Generale della Interpretazione*. v. I, p. 252.

14 BETTI, E. *Teoria Generale della Interpretazione*. v. I, p. 253.

15 BETTI, E. *Teoria Generale della Interpretazione*. v. I, p. 254.

2. A LINGUAGEM E A DIALÉTICA DO/NO PROCESSO DO ENTENDER

O processo do entender não é algo de belo-fato, pois requer à inteligência uma interior elaboração reconstrutiva, um (re)exprimir por intermédio das categorias mentais da ideia suscitada e, dessa forma, enuncia-se um princípio fundamental de toda gnoseologia hermenêutica[16], que segundo *W. Humbodlt*, encontra-se na linguagem como condição de possibilidade para o estabelecimento de uma correlação e uma correspondência entre a forma representativa e o desenvolvimento do pensamento. Nisso, porém, não se resume o problema da interpretação. Isso quer dizer, particularmente, que a linguagem possibilita adentrar a esfera da personalidade do autor para os fins da retificação, do controle e da correção a respeito do significado atribuído pelo autor[17] e, por isso, o processo do entender, que não pode prescindir da noção de personalidade, não é algo de belo-fato. Sobre isso já advertira *Platão* no *Fedro* quando fala a respeito da distinção entre o discurso que surge no *animus* e o discurso colocado por escrito, quando julga uma ingenuidade pensar que os discursos sejam qualquer coisa como um meio para invocar a memória de quem já sabe o que está tratado no escrito.

> É uma estranha condição (nota Sócrates) aquela na qual se encontra o escrito, e é similar, sob um certo aspecto, à condição da pintura. De fato as criaturas desta estão diante de ti como vivas, porém se tu as interrogas, permanecem reclusas em um silêncio digno; e é propriamente isto que acontece com os discursos. Ao senti-los (ler), te parecerá que eles têm em mente qualquer coisa para dizer que dizem; porém, se quiser entendê-los, pergunta algo que do quanto tem dito, resta-te sempre aproximadamente o mesmo. Uma vez pois, que um discurso esteja escrito, passa por todo tempo, nas mãos daqueles que estejam em grau de entendê-lo, como daqueles que não têm por isso algum interesse; e não sabe a quem convém falar ou a quem não. E se é esquecido ou lembrado por todos, tem sempre necessidade que lhe venha em auxílio o pai (o autor), porque por si só não está em grau de defender-se nem ajudar-se (Tradução da autora)[18].

---

16 BETTI, E. *Teoria Generale della Interpretazione*. v. I, p. 158.

17 BETTI, E. *Teoria Generale della Interpretazione*. v. I, p. 159.

18 BETTI, E. *Teoria Generale della Interpretazione*. v. I, p. 160,161: "*È una strana condizione (nota Socrate) quella in cui si trova la scritura, ed è simile, sotto un certo aspetto, alla condizione della pittura. Difatti le creature di questa ti stanno davanti come vive, ma se tu le interroghi, restano chiuse in un dignitoso silenzio; ed è proprio questo che avviene coi discorsi. A sentirli (leggere), ti parrebbe che essi abbiano in mente qualche cosa per dire quel che dicono; ma se, volendoli intedere, domandi alcunchè di quanto hanno detto, ti restano sempre lì a significare il medesimo. Una volta, poi, che un discorso*

O PROCESSO INTERPRETATIVO E OS
CÂNONES INTERPRETATIVOS — CAPÍTULO II

Diante dessa condição de passividade na qual se encontra o texto, Sócrates caracteriza o texto em sua evidente autenticidade como o discurso que vem escrito conscientemente no *animus* de quem o apreende e que como sabe defender-se sabe da mesma forma com quem tem de falar e com quem tem de silenciar. Por isso, o discurso surge no ânimo de quem sabe, e o escrito resulta como uma imagem do que sabe. De modo algum, portanto, está-se dizendo que as formas representativas encontram-se perante um processo comunicativo rarefeito, que se torna superficial à interioridade bem como o *animus* se torna árido e, por tal razão, rola por tudo, pois mesmo numa tomada de posição pelo silencioso e atento escutar tem-se a possibilidade de uma discussão mediante uma mudança de perspectiva, quando tratar-se-ia de uma perspectiva cética[19].

O processo do entender, o qual tem na forma representativa seu instrumento mediador, é, pois, sob o aspecto da linguagem constituído por uma relação dialética que, após *W. Humboldt* ter encontrado na língua o *ergon*, no qual se objetiva a *energéia* do vivo falar, teve seu aspecto dualístico[20] superado no sentido produtivo da propositura do problema da relação de valor entre o conteúdo do significado e a expressividade da forma e, nesse caso, somente a língua escrita vale para poder o intérprete remontar o sentido dado pelo autor no texto. Particularmente, são os conceitos de elaboração e de forma interior elaborados por *W. Humboldt* que respondem ao sentido da linguagem e a sua mediação com o mundo circundante. Essa forma interior é concebida como uma lei que se apresenta como concatenação de uma multiplicidade de formas significativas, articulada em um cosmo ordenado, porém consistente em uma *dynamis*, i.e., em uma potência formativa do pensamento que abarca e configura no raio de um discurso a totalidade de um organismo linguístico, *enèrgeia*.

Isso, transposto para os limites do processo interpretativo, significa que não é suficiente conhecer o significado das palavras de modo isolado para ulteriormente entender o sentido das frases usadas como forma de expressão no contexto de um discurso. As palavras podem ser notadas ou ignoradas, porém, não *juntadas* de modo abstrato. Entender é apreender

---

è scritto, ruzzola da per tutto, nelle mani di quelli che sono in grado d'intenderlo, come di quelli che non hanno ad esso alcun interesse; e non sa a chi gli conviene parlare e a chi no. E se è sopraffatto o svillaneggiato a torto, ha sempre bisogno che gli venga in aiuto il padre (l'autore), perchè da solo non è in grado di difendersi nè di aiutarsi".

19 BETTI, E. *Teoria Generale della Interpretazione*. v. I, p. 161.
20 BETTI, E. *Teoria Generale della Interpretazione*. v. I, p. 167.

corretamente o sentido do discurso[21], uma vez que o discurso não pode ser mal-entendido de modo a ser-lhe atribuído um sentido que não é o seu, seja por meio de uma referência equivocada a um falso termo dando-lhe o indício de conteúdo, seja integrando erroneamente o elemento inexpresso de um discurso elíptico; vale dizer, de um discurso baseado no complexo dos seus assuntos e pressupostos. *Non intellegere*, enfim, é não conseguir apreender o sentido do discurso escutado ou atribuir-lhe um sentido irrazoável, porém, exatamente próximo[22].

A inexata inteligência ou *mal-entendido*[23], que na terminologia jurídica é colocada pelo dissenso[24], pode engendrar-se sobre o plano sintático ou sobre o plano psicológico[25], que pode ser imputada ao próprio autor do discurso – ao legislador, no âmbito jurídico público e no privado, ao juiz –, por primeiro, proporcionalmente à ambiguidade própria das palavras empregadas por este, por segundo, por meio do emprego de um artifício sofístico para a produção de um simulacro argumentativo de modo intencional; a ambiguidade, que se encontra dentre as seis maneiras de ser desenvolvida uma refutação, i.e., de deixar-se de indicar a mesma coisa pelos mesmos nomes ou expressões (metalinguagem)[26], já que nesse caso o mal-entendimento depende da referência aos conteúdos e pressupostos determinantes do contexto do discurso mesmo[27]. Isso pode ser imputado da mesma forma ao intérprete enquanto o entendimento correto dependa mediatamente da sua percepção sobre o conteúdo e pressupostos determinados pelo contexto.

3. O PROCESSO INTERPRETATIVO E SEU CARÁTER ESTRATIFICADO TRIÁDICO

O processo intepretativo, pois, segue uma concepção idealística aberta à Ciência Linguística pela descoberta de *W. Humboldt,* que aprofunda as noções de contexto do discurso e do espírito da linguagem falada, pela qual o discurso é apreendido por quem deve entendê-lo. Ele está baseado no caráter triádico da linguagem, que é composto pelos seguintes termos:

---

21 BETTI, E. *Teoria Generale della Interpretazione*. v. I, p. 172.

22 BETTI, E. *Teoria Generale della Interpretazione*. v. I, p. 172.

23 BETTI, E. *Teoria Generale della Interpretazione*. v. I, p. 173.

24 BETTI, E. *Teoria Generale della Interpretazione*. v. I, p. 174.

25 Sobre isso, ver, especificamente, *Teoria Generale della Interpretazione*, BETTI, E., p. 174.

26 BETTI, E. *Teoria Generale della Interpretazione*. v. I, p. 211.

27 ARISTÓTELES, *Dos Argumentos Sofísticos*, 165b, 25.

O Processo Interpretativo e os Cânones Interpretativos — Capítulo II

a) um sujeito, para o qual sobrevém a mensagem do semátema chamado a entendê-la; b) um objeto, que é a expressão, a *Gestalt*, semátema ou *forma representativa*, da qual provém a mensagem e; c) um terceiro objeto, o qual é produto do sentido e da *fala* por meio deste objeto[28]. É o objeto mediador que representa o trâmite entre um e outro sujeito figurando como fio condutor que caracteriza o processo interpretativo sob um caráter triádico[29] – não obstante a sua diferença nas aplicações – pois neste, assim como em um processo comunicativo a linguagem não tem realidade e significado senão pelo diálogo e pela comum espiritualidade[30].

O semátema mítico, por exemplo, somente será significativo àquele que nele pensa e acredita se ao mesmo tempo for significativo para um outro sujeito, assim como não é possível atribuir significado a uma palavra sem sua referência à totalidade do discurso. Contrariamente à proposta semiótica naturalista, que tenta reduzir o contexto ao ambiente físico ou à situação psicológica e desconhece uma totalidade significativa para reconhecer somente certos pressupostos reciprocamente[31], para a concepção idealística a totalidade do discurso não independe do discurso do próprio processo comunicativo[32], pois o tácito reconhecimento de uma comum espiritualidade entre os sujeitos participantes do processo constitui a condição de possibilidade do controle e da inteligibilidade do conteúdo transmitido por este[33], uma vez que o mútuo reconhecimento requerido aos sujeitos refere-se não só à forma exterior ou interior da língua[34], mas, sobretudo, a uma objetividade, i.e., ao entendimento[35] enquanto direcionado à totalidade do discurso.

Baseado nisso que é colocado o problema relativo à diversidade das línguas e dos distintos horizontes espirituais[36], uma vez que condição fundamental para o reconhecimento de uma totalidade do discurso é a totalidade espiritual imanente à própria língua que consiste no reconhecimento comum de certos valores entre os sujeitos que compartilham destas valorações, as quais, se não expressas (forma

---

28 BETTI, E. *Teoria Generale della Interpretazione*. v. I, p. 205.

29 BETTI, E. *Teoria Generale della Interpretazione*. v. I, p. 258.

30 BETTI, E. *Teoria Generale della Interpretazione*. v. I, p. 206.

31 BETTI, E. *Teoria Generale della Interpretazione*. v. I, p. 209, 212.

32 BETTI, E. *Teoria Generale della Interpretazione*. v. I, p. 211.

33 BETTI, E. *Teoria Generale della Interpretazione*. v. I, p. 213.

34 BETTI, E. *Teoria Generale della Interpretazione*. v. I, p. 208.

35 BETTI, E. *Teoria Generale della Interpretazione*. v. I, p. 216, 217.

36 BETTI, E. *Teoria Generale della Interpretazione*. v. I, p. 219.

exterior) nem presentes de modo consciente, devem, todavia, ser imanentes e presentes na totalidade do discurso.

> Portanto, a fim de que seja obtido um entendimento recíproco, necessário que, sendo diversos os horizontes espirituais de dois interlocutores, um venha traduzido no outro e seja instaurada uma totalidade discursiva comum, baseada sobre a concordância entre pressupostos e valorações. Toda linguagem é elíptica; porém, a possibilidade de integrá-la naquilo que é omitido, é todo efeito infinito. Devidamente ponderados estes limites do traduzir, o processo comunicativo linguístico, a instigar o entendimento na sua máxima profundidade e extensão, com o fim de obter reconhecimento concorde dos mesmos pressupostos e valorações. Quem contesta à expressão linguística o seu valor apofântico (...), ou quem dominado por preconceitos naturalísticos ou da corrente doutrinária do "comportamento" (§ 1-c) não admite que uma comunicação aparente, dada por similaridade das referências meramente externas e acidentais não parece ter ponderado quais condições requer uma comunicação de inteligência (Tradução da autora)[37].

Esse problema pode ser solucionado por meio de duas perspectivas antitéticas. Por um lado, segundo a concepção idealista, é possível ter-se uma consciência intuitiva de outra espiritualidade, em função da identificação e da reciprocidade espiritual que transcende a experiência e nesta é transposta[38]. Por outro lado, a concepção naturalista – a qual parte de um isolamento dos espíritos e de uma similitude externa –, contesta que uma consciência possa ser obtida dessa forma com base em que um processo de ilação analógica ou de projeção imaginativa além de pressupor uma reciprocidade de espíritos serve somente para determinar uma projeção afetiva ou uma empatia que serve para esclarecer uma comunicação pré-linguística[39]. De modo contrário, esta perspectiva

---

37 BETTI, E. *Teoria Generale della Interpretazione*. v. I, p. 219, 220: "*Pertanto, affinchè sia raggiunto un reciproco intendere, bisogna che, essendo diversi gli orizzonti spirituali de' due interlocutori, l'uno venga tradotto nell'altro e sia instaurata una comune totalità discursiva, basata su presupposti e valutazioni concordi. Ogni linguaggio è ellittico: ma la possibilità d'integrarlo in quel che vi è omesso, è ad ogni effetto infinita. Debitamente ponderati i limiti del tradurre, il processo comunicativo linguistico riesce a spingere l'intendere alla massima profondità ed estensione, fino alla concorde ricognizione dei medesimi presupposti e valori. Chi contesta all'espressione linguistica il suo valore apofantico (...), o chi, dominato da preconcetti naturalistici o dalla corrente dottrinaria del 'comportamento' (§ I-c), non ammette che una comunicazione apparente, data da una similarità di riferimenti meramente esterna e accidentale, non sembra aver ponderato quali condizioni richieda una comunicazione d'intelligenza*".

38 BETTI, E. *Teoria Generale della Interpretazione*. v. I, p. 220.

39 BETTI, E. *Teoria Generale della Interpretazione*. v. I, p. 221.

O Processo Interpretativo e os
Cânones Interpretativos — Capítulo II

atua em um círculo vicioso, pois pressupõe a explicação para esta, que é reconhecida tanto por uma autoconsciência transcendental quanto por uma espiritualidade comum diante do caráter transcendental a respeito da experiência que a precede como sua condição de possibilidade. Com base kantiana, observa-se que na realização do processo do entender, a consciência como o processo sintético da categoria *a priori* é estritamente vinculada à comunicabilidade individual, porém, o processo do entender se efetiva pela universalidade[40] da comunicação, a qual implica em uma noção de espírito (autoconsciência) que transcende tanto o objeto quanto os sujeitos individuais comunicáveis entre si. Ademais, não se pode considerar como obtida uma consciência sem o controle do discurso e, portanto, sobre um plano solipístico, pois seria mero ato sem valor noético. Por tal razão, nenhuma teoria que se realiza pela comunicação pode ser fundamentada sobre uma premissa subjetivista e/ou ser considerada em proporção desigual a noção de experiência em relação a um valor objetivo que transcende[41].

Consoante a isso, o entendimento é significativo quando consequente de uma síntese baseada na correspondência recíproca entre o ato espiritual e o conceito, por exemplo, formulada na consciência, assim como a intencionalidade do movimento teorético consiste na consciência de algo explicado pela experiência imediata preceptiva do dado (*Selbstgebung/ Selbsthabe*). Também para a consciência a experiência consiste em apreender imediatamente a objetividade mesma (*bei den Sachen selbst*)[42] (junto da coisa mesma).

O que, porém, não significa dizer que a experiência é meramente agregada à esfera da consciência como um mundo que lhe é preexistente, ou como um *quid* estranho; pelo contrário, é sempre a experiência mesma que forma a estrutura e a maneira de ser da consciência em relação à objetividade sobre um mundo *objetivo* que transcende o ser individual, pois é acessível à experiência por outros sujeitos[43]. Relativo a isso e, junto, especificamente à bipolaridade *objectum* e *subjectum*, é neste último termo que se encontra propriamente o dado mnemônico e/ou perceptivo no qual é centrada a tensão problemática; o predicado é o qualificativo

---

40 Universalidade, aqui, deve ser entendida no sentido ideal, onde todo ideal é universal, que retorna, ente sempre. A realidade do universal consiste simplesmente na participação de certas determinações entre a pluralidade dos casos individuais. Isso significa que o universal real não existe para si, porém agregado aos casos reais entes. Nesse sentido, ver N. Hartmann, *Ontologia*, p. 361-362.

41 BETTI, E. *Teoria Generale della Interpretazione*. v. I, p. 222.

42 BETTI, E. *Teoria Generale della Interpretazione*. v. I, p. 227.

43 BETTI, E. *Teoria Generale della Interpretazione*. v. I, p. 227.

87

correspondente à esta tensão[44]. Isso corresponde particularmente a subsunção[45], que consiste na qualificação de um fato jurídico pela hipótese contida na norma jurídica, i.e., no estabelecimento do liame lógico entre uma situação concreta, específica, com a previsão genérica, hipotética da norma, pelo aplicador da lei, ou *subumo ere*, do latim, que literalmente, significa tomar o lugar *de*, i.e., a assunção da tensão problemática pelo predicativo qualificativo que a resolve. Na função predicativa, pois, tem acento o aspecto teleológico e apofântico em função do agir, da expressão e do manifestar a outros um estado de consciência, i.e., o representar o modo de dar-se de uma objetividade diversa. Isso, porém, não está relacionado a uma exterior figura linguística, mas a um modo de percepção (*Erfassung*)[46].

4. ANTINOMIA GERAL NA DIALÉTICA DO PROCESSO INTERPRETATIVO

É com assento nisso, também, além do motivo de ordem geral colocado no item 2, que a dialética do processo interpretativo é resumida na antinomia entre a necessária transposição de uma *subjetividade* diversa da originária ao percorrer em sentido retrospectivo o *iter* genético em um (re)pensar e a exigência da *objetividade*[47] colocada ao intérprete à medida que a (re)produção deve ser o mais fiel possível ao valor expressivo da forma representativa, i.e., trata-se de um vínculo de subordinação à forma representativa. Precisamente, esta antinomia consiste em que a objetividade não atua senão por meio da subjetividade do intérprete, i.e., pela sua sensibilidade e, propriamente, pela sua capacidade de remontar a um nível de consciência o valor da expressão que corresponde ao sentido da objetividade. Em outras palavras: ao intérprete compete o (re)construir e o (re)produzir o pensamento de um outro espírito objetivado como qualquer coisa que se torna próprio proporcionalmente ao processo de contraposição entre um objetivo e outro.

A dialética do processo interpretativo não ocorre por um dualismo, porém, pela bipolaridade dos termos – ritmo diádico (*Zweitakt*) do pensamento e, portanto, um dos motivos fundamentais da articulação

---

44 BETTI, E. *Teoria Generale della Interpretazione*. v. I, p. 229: "Subjectum è qui il dato mnemonico o percettivo carico di tensione problematica; predicato l'elemento in cui la tensione è destinata a risolversi". ("Sujeito significa, aqui, um dado mnemônico ou perceptivo carregado de tensão problemática; predicado, o elemento no qual a tensão é destinada a colimar").

45 BETTI, E. *Teoria Generale della Interpretazione*. v. I, p. 228.

46 BETTI, E. *Teoria Generale della Interpretazione*. v. I, p. 231.

47 BETTI, E. *Teoria Generale della Interpretazione*. v. I, p. 304.

O Processo Interpretativo e os Cânones Interpretativos

sujeito-predicado – e do processo de recensão e de assimilação[48], i.e., pela superação da distinção que se encontra não só no processo do conhecimento como também neste processo, pela síntese. Essa bipolaridade é evidenciada basicamente na interpretação psicológica, na qual o intérprete tem por encargo reconstruir o dado complexo do pensamento e conservar a época da vida de um sujeito. Por tal motivo, *Fr. Schleiermacher* defende que é necessário remontar-se ao dado fenomenológico elementar da relação intercedente entre quem fala e quem escuta não sendo o bastante a identidade da língua.

5. A ANTINOMINA ESPECÍFICA DO PROCESSO INTERPRETATIVO: ENTENDER O DISCURSO MELHOR QUE O PRÓPRIO AUTOR?

Da antinomia geral é consequente, especificamente, a antinomia entre o critério psicológico e o critério técnico, ou entre o conhecimento como produto da subjetividade e o método – do grego, he méthodos (*he hodós* = caminho)[49] significa (ir) *segundo um caminho* –, pelos quais este processo é orientado. Especificamente a reconstrução hermenêutica é direcionada em função destes critérios. Perante esses critérios antitéticos o intérprete pode, em primeiro lugar, escolher não adotar ambas as prospectivas e, dessa forma, incorrer em um mal-entendido tanto sob o plano gramatical – alterando tanto o significado de expressões e/ou de conteúdo – quanto sob o plano psicológico, alterando-se a atribuição de sentido do contexto originário e, por consequência, no círculo de leitores, ouvintes, e assim por diante. Em segundo lugar, podem ser adotadas ambas as prospectivas, propondo o intérprete a si mesmo este posicionamento, o encargo de entender o discurso m e l h o r que o próprio autor. *Melhor que o próprio autor*[50], é dizer que o intérprete deve adquirir uma clara consciência relacionada ao que remanesce de intuitivo e inconsciente no estado do autor, especialmente, por não dispor de uma consciência imediata do quanto agita-se no espírito do autor e ter faltado a este uma consciência reflexiva e, por tal razão, quando esse encargo é proposto a outrem, pode parecer infinito e inexaurível, já que diz respeito, igualmente, tanto ao passado quanto ao porvir de uma totalidade espiritual.

---

48 BETTI, E. *Teoria Generale della Interpretazione*. v. I, p. 229.

49 KRINGS, Hermann. Methode. (I) In: *Staatslexikon*, Band 3, Verlag Herder, Freiburg, Basel, Wien, 7. Aufl., 1987.

50 BETTI, E. *Teoria Generale della Interpretazione*. v. I, p. 299.

6. CARACTERÍSTICAS DOS CRITÉRIOS PSICOLÓGICO E TÉCNICO

Ambos os critérios são caracterizados sob duas prospectivas distintas, sendo a primeira retrospectiva ou genética e, a segunda, prospectiva ou evolutiva[51]. O critério técnico, caracterizado conforme a primeira prospectiva, tem por objetivo o enquadramento do discurso[52] na totalidade histórica além de considerar o discurso como um produto dos antecedentes. Sob a segunda prospectiva, ele tende a pressagiar como o discurso influenciará no desenvolvimento da história. O critério psicológico sob a prospectiva genética tem como aspecto teleológico o conhecimento da forma representativa no germe da sua formação espiritual[53], ou no *animus* enquanto sob o aspecto evolutivo, tem como finalidade o desenvolvimento do pensamento relacionado ao discurso conforme o espírito objetivado.

7. SUPERAÇÃO DA ANTINOMIA ESPECÍFICA: ASPECTO FUNCIONAL

Sob o aspecto funcional, especificamente sobre a superação dessa antinomia, *Fr. Schleiermacher* propõe que os critérios sejam distinguidos por uma alternância, no sentido de o processo interpretativo iniciar pelo critério psicológico na análise do impulso inspirador da consciência genética, o qual imprime unidade e orientação ao discurso e prosseguir com o emprego do critério técnico com o escopo de entender a criação pela qual um assunto é aprofundado e configurado. Junto com isso, é realizada a composição do texto[54], que pode ser terminada com o uso do critério técnico, pelo qual é explicado a imanente influência da vida coletiva sobre o autor que dela participa. No entanto, o próprio *Fr. Schleiermacher* reconhece que a rigorosa distinção entre esses critérios não responde à específica distinção entre a função que pertence a cada um deles, pois o emprego individual de cada um deles tem por objetivo o entendimento do texto em sua totalidade.

Destarte, necessário o emprego correlacionado deles entre si, pois se por um lado, deve ser observada a autonomia do intérprete, por outro lado, deve ser observado que o texto, assim como a língua, tem uma forma interna, ele tem a sua lei de formação, que é preexistente à espiritualidade objetivada. Cabe ao intérprete, portanto, observar a distinção entre os

---

51 BETTI, E. *Teoria Generale della Interpretazione*. v. I, p. 298.
52 BETTI, E. *Teoria Generale della Interpretazione*. v. I, p. 265.
53 BETTI, E. *Teoria Generale della Interpretazione*. v. I, p. 265.
54 BETTI, E. *Teoria Generale della Interpretazione*. v. I, p. 265.

critérios e alterná-los de forma correlacionada conforme a necessidade evidenciada pelo tipo de texto.

8. O PROCESSO INTERPRETATIVO E O "ÊXITO" EPISTEMOLÓGICO PELO *ITER* HERMENÊUTICO

O processo interpretativo, enquanto responde ao problema do entender, é único e idêntico em seus termos fundamentais ao processo do conhecimento[55]. Apesar disso, é configurado como um processo triádico (*W. Humboldt*) e distingue-se pela aplicação prática do seu resultado. Ele não tem sua função resumida pelo atender uma exigência teorética que se limita ao aprofundamento da consciência, pois realiza-se pela função mediadora de espírito a espírito da forma representativa e com o *empenho* do espírito atual do intérprete, que é encarregado de fazer com que a forma representativa de um espírito objetivado remanesça no uso vivo das sucessivas gerações tanto pela conservação da vitalidade espiritual da tradição quanto pela integração requerida pela exigência evolutiva nas sucessões espirituais. Destarte, sob o aspecto teleológico o encargo do entender um texto tem sua exigência colocada pelo próprio círculo da vida social em face dos problemas que lhe são apresentados, para os quais a resposta ao problema pode, por um lado, remanescer incompleta ou insuficiente, e, nesse caso, deve ser realizada uma ulterior configuração do texto segundo a linha de coerência indicada pela atualidade do entender e, por outro lado, a resposta pode ultrapassar os limites de uma pura interpretação como, por exemplo, no do caso de uma lei ser insuficiente para disciplinar a vida social presente e ter de ser integrada.

Desde já se esclarece que esta integração tem o caráter de uma *conversão interpretativa,* justamente, por ultrapassar os limites de uma pura interpretação contemplativa da forma representativa original, porque o sentido desta é transcendente às imediatas necessidades da vida quotidiana, ela não tem um termo definitivo e nem é um fim em si mesmo, porém, é propriedade noética de todos aqueles que participam de determinada comunidade espiritual na qual esta forma está inserta[56], i.e., daqueles que se encontram em um grau de maturidade para entender o dito pelo texto.

---

55 BETTI, E. *Teoria Generale della Interpretazione.* v. I, p. 258.

56 BETTI, E. *Teoria Generale della Interpretazione.* v. I, p. 259.

9. SOLUÇÃO METODOLÓGICA PELA INTERPRETAÇÃO EM *FUNÇÃO* TÉCNICA: O CONTROLE INTERPRETATIVO

O controle é realizado no *iter* percorrido por meio das formas representativas, especificamente, pelas valorações subjetivas representadas por tipos legitimados, i.e, conceitos dogmáticos que demonstram o resultado da interpretação, pois, caso contrário, o processo interpretativo seria reduzido à experiência subjetiva. Esse controle ocorre, particularmente, pela *interpretazione in funzione tecnica* – interpretação metodológica[57] e pelo emprego dos cânones interpretativos na conversão do *iter* criativo no *iter* interpretativo, que subseguem.

§ 2º

Os Cânones Interpretativos

1. EXCURSUS

O curso e a exatidão do resultado epistemológico da interpretação nesse processo de reconstrução – porque o processo que *E. Betti* considera não é puramente contemplação interior e, *per si*, intransitivo[58], trata-se, de um reproduzir e (re)criar exterior, transitivo e social, enquanto pressupõe como destinatário um público, visível ou invisível; um (re)criar tal, que representa o sentido encontrado em uma dimensão espiritual diversa daquele texto, no qual o pensamento é originado ou ao menos objetivado e fixado, de forma a ser concretizado e objetivado em nova forma[59] – também é controlado, por um lado, pela observância empenhada do caráter prospectivo do entender, segundo o qual pode e deve ser distinguido o interpretar próprio e verdadeiro, no qual o intérprete deve permanecer consciente desta prospectiva durante todo o *iter* interpretativo a fim de controlar a sua influência no processo interpretativo, que de forma distinta sucede no explicar especulativo (*Sinngeben*). É, propriamente, a consciência de uma prospectiva condicionada que garante o controle desse processo bem como uma relativa objetividade do entender, porque dessa forma é possível ao intérprete reconhecer e reconstruir a lei espiritual de construção das obras, dos textos, dos documentos, das leis, interpretadas. Por outro lado, esse processo é controlado, ainda, pela empenhada

---

57 Para isso, ver § 3º do Capítulo VI, intitulado "O Método", desta obra.

58 BETTI, E. *Teoria Generale della Interpretazione*. v. I, p. 636.

59 BETTI, E. *Teoria Generale della Interpretazione*. v. I, p. 637.

observância dos cânones interpretativos[60], os quais são, especificamente, relacionados tanto ao objeto quanto ao sujeito.

2. CÂNONES INTERPRETATIVOS RELACIONADOS AO OBJETO

A esses pertencem em primeiro lugar, o cânon da autonomia ou da imanência hermenêutica e, em segundo lugar, o cânon da totalidade e coerência hermenêutica ou critério da iluminação recíproca.

2.1. Cânon da autonomia ou imanência

Sob a orientação deste cânon encontram-se tanto a interpretação contemplativa quanto a interpretação reprodutiva no sentido de ser realizada segundo a lei de formação da forma representativa ou conforme a lei de coerência imanente ao sentido do texto[61]. Dessa forma, a interpretação não pode resultar meramente da projeção do intérprete, pois o texto não pode ser interpretado de acordo com a idoneidade da sua consciência para servir unicamente a um fim extrínseco, o qual possa parecer mais próximo ao intérprete[62]. Para tal, é idônea a redução do sentido do texto a um *quid aliud*[63]. Esse cânon é fundamentado pelo interesse cognoscitivo e pelo ideal da consciência que diferencia o entender tanto do deduzir conceitual quanto do induzir causal, o qual já foi formulado de modo mais incisivo como *sensus non est inferendus, sed efferendus*.

2.2. Cânon da totalidade e coerência

É empregado este cânon para a realização da contemplação hermenêutica bem como para o enquadramento histórico do texto no contexto das intenções internas do autor. De modo geral, possibilita não só acrescentar um sentido coerente ao texto como também realizar a sua correção. De modo específico, por meio do seu emprego é possível a correlação intercedente entre o todo e as partes constitutivas do texto assim como de toda objetivação do pensamento e a sua comum referência ao todo ao

---

60 Para isto, vide ALEXY, Robert. *Teoria de la argumentacion juridica*, 1989, p. 225 e ss. Especificamente sobre os cânones interpretativos colocados por E. *Betti*, ver GRONDIN, J. *Einfuhrung in die philosophische Hermeneutik*, p. 164 e 165 (convém ressaltar que Grondin foi aluno de Gadamer).

61 BETTI, E. *Teoria Generale della Interpretazione*. v. I, p. 305.

62 BETTI, E. *Teoria Generale della Interpretazione*. v. I, p. 306.

63 BETTI, E. *Teoria Generale della Interpretazione*. v. I, p. 307.

qual pertence ou é concatenado. Essa correlação significa, justamente, a coerência ou a *síntese* que responde a uma necessidade comum do espírito objetivado e ao espírito do intérprete, da qual parte o sentido comum. O círculo de reciprocidade hermenêutica entre a unidade do todo e o elemento singular – *Fr. Schleiermacher* – do texto é ressaltado por este cânon, o qual é realizado nesse processo pelo nexo recíproco e pela concatenação significativa[64] do complexo orgânico do texto interpretado e pela compreensão provisória que é aperfeiçoada, corrigida e integrada no decorrer do processo; além disso, o intérprete tem controle sobre os seus elementos integrantes do texto.

2.3. Cânones relacionados ao sujeito

Relacionados ao sujeito encontram-se os cânones da atualidade do entender e o cânon da congenialidade hermenêutica ou da correta correspondência ou, ainda, da adequação do entender.

2.4. Cânon da atualidade

Exclusivamente o intérprete deve observar este cânon ao percorrer o *iter* genético por meio do (re)construir hermenêutico, i.e., ele deve observar na inversão do processo de *transposição*[65] do passado ao presente, o reconstruir do passado, o registrar o pensamento de um fragmento passado[66], o recordar de uma vivência, deve observar e transpor o passado no círculo da própria vida espiritual em virtude da mesma síntese pela qual reconhece e (re)constrói o pensamento. Pelo estabelecimento da exigência feita por este cânon é indispensável a subjetividade interior do intérprete, que significa a condição de possibilidade[67] do processo interpretativo, porque por esta é dado o impulso germinal do específico interesse no entender, originando, assim, um liame unificador entre outras objetivações do pensamento com o interesse noético[68] da vida presente que vibra no *animus* do intérprete. Isso não significa desconsiderar a autonomia do objeto interpretativo, pelo contrário, reconhecer a subjetividade (peculiaridade) e a totalidade espiritual do intérprete. Conduzir o processo

---

64 BETTI, E. *Teoria Generale della Interpretazione.* v. I, p. 309.

65 BETTI, E. *Teoria Generale della Interpretazione.* v. I, p. 314.

66 GRONDIN, J. *Einfuhrung in die philosophische Hermeneutik*, p. 164-165.

67 BETTI, E. *Teoria Generale della Interpretazione.* v. I, p. 315.

68 BETTI, E. *Teoria Generale della Interpretazione.* v. I, p. 316.

interpretativo conforme esse cânon implica na manifesta consciência do intérprete a respeito do seu contributo[69] no reconstruir hermenêutico.

2.5. Interferência entre o cânon da autonomia e o cânon da atualidade

A interferência entre o cânon da autonomia e o cânon da atualidade consiste, propriamente, em mais um dos aspectos da antinomia entre a subjetividade do intérprete e a objetivação do espírito no *iter* dialético do processo interpretativo baseada na antinomia geral da interpretação em geral[70]. Por seu meio explica-se a controvérsia estabelecida relativa ao método por aqueles que, por uma parte, colocam o acento na necessidade da participação do intérprete para ser reconstruído e entendido o sentido de um texto e, por aqueles que, por outra parte, a rejeitam, liminarmente, porque reconhecem nisso um defeito de formação do intérprete[71].

Igualmente, ocorre em relação ao método para o estudo de um direito não mais vigente, do qual pode resultar um mal-entendido a respeito da objetivação de época passada, podendo resultar em um entendimento arbitrário. Os cânones são distintos. Além disso, o processo interpretativo não é um processo de identificação entre o sujeito e o objeto, porém, exemplarmente, é por seu meio que uma síntese é obtida em sentido retrospectivo, i.e., por meio de uma experiência que é renovada em uma distinta alteração da orientação no processo de identificação com o espírito objetivado, onde a síntese interior é convertida em um ato espontâneo de síntese[72].

2.6. Cânon da congenialidade

Consiste esse cânon no requerido empenho do intérprete para colocar a própria e vivente atualidade e interesse em íntima adesão e correspondência com o dito sobrevindo pelo objeto, de modo a adequá-lo em perfeita unidade. Indispensável, pois, a participação da subjetividade do intérprete, porém, ela não deve sobrepor-se e impor-se extraobjeto interpretativo, porque ela pode ser prejudicial tanto à autonomia quanto à consciência hermenêutica, que é essencialmente reconhecimento, i.e.,

---

69 BETTI, E. *Teoria Generale della Interpretazione*. v. I, p. 317.

70 BETTI, E. *Teoria Generale della Interpretazione*. v. I, p. 324.

71 BETTI, E. *Teoria Generale della Interpretazione*. v. I, p. 326.

72 BETTI, E. *Teoria Generale della Interpretazione*. v. I, p. 328.

assimilação do objeto por parte do sujeito[73]. Nesse sentido, *"Se è vero che solo lo spirito parla allo spirito, è vero anche che solo uno spirito di pari livello e congenialmente disposto è in grado d'intendere in modo adeguato lo spirito che gli parla. Non basta un interesse attuale ad intendere, per quanto vivo esso possa essere; ocorre anche un'apertura mentale che permetta all'interprete di colocarsi nella prospettiva giusta, più favorevole per scoprire e intendere"*[74]. Em outras palavras: trata-se de um movimento ético e reflexivo juntos, que sob o aspecto negativo pode-se caracterizar não só como humildade e abnegação[75], porém, também, de um reconhecimento honesto e resoluto a prescindir dos próprios prejuízos e hábitos mentais obstativos, o que gera uma disposição congenial relacionada ao objeto sob interpretação. O intérprete deve para entender, igualmente:

> (...) transferir-se e imergir no espírito que lhe fala, à evidência da intuição de verdade, inspirada pelo velho ditado de que só o similar conhece o seu similar e o reconhece por uma espécie de platônica *anamnese*, ou o outro dito, de que o intérprete vê o que está no coração e não pode encontrar no objeto o que não possua em si mesmo, ou outro ainda, que quando ao intérprete se requer que supere a excessiva distância de todas as suas experiências interiores, o intérprete não pode entender naquele tempo e, igualmente, quando tem falta de ânimo ou tem um ânimo árido, não pode entender o magnânimo ou o apaixonado, ou quem tem mentalidade míope ou subserviente, não pode entender o grande homem que tenha admitido a sua intimidade (Tradução da autora)[76].

---

73 BETTI, E. *Teoria Generale della Interpretazione*. v. I, p. 317.

74 BETTI, E. *Teoria Generale della Interpretazione*. v. I, p. 318: "Se é verdadeiro que só o espírito fala ao espírito, é verdadeiro também, que só um espírito do mesmo nível e, congenialmente disposto, está em condição de entender de modo adequado o espírito que lhe fala. Não basta um interesse atual a entender, por mais vivo que isso possa ser, deve ocorrer também uma *abertura mental* que permita ao intérprete se colocar na perspectiva justa, mais favorável para descobrir e entender" (Tradução da autora).

75 BETTI, E. *Teoria Generale della Interpretazione*. v. I, p. 318, 272, 273.

76 BETTI, E. *Teoria Generale della Interpretazione*. v. I, p. 318 e 319: "(...) *trasferirsi e immergersi nello spirito che gli parla, è chiaro quale intuizione di verità ispiri il vecchio ditterio che solo il simile conosce il suo simile e lo riconosce per una sorta di platonica anamnesis, o l'altro detto, che l'interprete vede ciò che ha nel cuore, e non può ritrovare nell'oggetto ciò che non porti virtualmente in se stesso, o l'altro ancora, che, dove all'interprete si richieda di mettersi ad eccessiva distanza da tutte le sue interiori esperienze, ivi egli non può riuscire ad intendere, e così chi abbia animo piccolo o arido non può intendere il mgnanimo o l'appassionato, o chi abbia mentalità miope o da cameriere non può intendere il grand'uomo che l'abbia ammesso alla sua intimità".*

O Processo Interpretativo e os
Cânones Interpretativos

Capítulo II

2.7. Fundamentação do cânon da congenialidade

A própria estrutura mental imanente ao ser pensante é fundamento do cânon da congenialidade hermenêutica, bem como o movimento metateorético qualificado como abertura congenial[77]. Ele é determinado, em suma, por uma mentalidade comum e por uma reciprocidade de prospectivas entre introspecção e observação do comportamento de outrem, i.e., por uma estreita interdependência e complementaridade conforme a expressão de *Fr. Schleiermacher*, segundo a qual o (re)construir hermenêutico do espírito objetivado na forma representativa é elaborado mediante uma *iluminação* interpretativa de caráter peculiar que ocorre de forma inconsciente também se o objeto da interpretação se tratar de objeto de consciente reflexão.

Esclarece-se o valor desse cânon pela própria correspondência hermenêutica evidenciada exemplarmente pela reciprocidade, pela analogia, pela *convenientia rationis*[78] que ocorre em qualquer processo gnoseológico que segue a uma interna teleologia, o qual é relevante para a interpretação conforme a sua função. Consoante com isso, a unidade entre duas totalidades espirituais impressas por esse cânon não significa uma identificação rigorosa entre elas, porque não se trata de uma identidade (a)dialética, porém, dialética. Ele orienta a realização do processo interpretativo no sentido de substituir-se uma fórmula ou expressão que serve a uma ideal *identidade* matemática – ou equação[79] – que postula por uma *"esattezza" dell' interrpetazione la "compiutezza"* (Bundigkeit)[80] e direciona o intérprete a conseguir uma correspondência entre um sentido e outro colocado pelo espírito objetivado, i.e., *"Laddove è impossibile una identità matematica, è perfettamente possibile una corrispondenza di sensi e una equipollenza di significati. Ora chi assevera «impossibili» le traduzioni, mostra con questa tesi di disconoscere il problema, in quanto parte da un ideale di 'identitá' matematica che è improponibile in un campo come questo dell' interpretazione (...)"*[81]. Nesse sentido, a expressão *espírito objetivado* responde à exigência de reduzir-se a um denominador comum as variadas formas representativas da totalidade espiritual, que têm o seu ponto de

---

77 BETTI, E. *Teoria Generale della Interpretazione*. v. I, p. 321.

78 BETTI, E. *Teoria Generale della Interpretazione*. v. I, p. 322.

79 BETTI, E. *Teoria Generale della Interpretazione*. v. I, p. 323.

80 BETTI, E. *Teoria Generale della Interpretazione*. v. I, p. 438.

81 BETTI, E. *Teoria Generale della Interpretazione*. v. I, p. 324: "Na medida em que é impossível uma identidade matemática, é perfeitamente possível uma correspondência de sentidos e uma equivalência de significados. Ora, quem assevera 'impossíveis' as traduções, mostra com esta tese desconhecer o problema, pois parte de um ideal de 'identidade' matemática que é impróprio para um campo como este da interpretação (...)" (Tradução da autora).

97

partida em um modelo análogo ou em um hábito uniforme. A isso, auxilia o método comparativo para identificar e constituir o estudo da objetivação em uma orientação espiritual recorrente no sentido de manifestar-se ora o espírito individual do sujeito, ora a espiritualidade da comunidade de certa época, sob o plano objetivo. Particularmente, esse é o sentido de que o estilo não é o homem, porém, ele é constituído pelo seu espírito objetivado em uma forma obtida.

O estilo é o *acordo* obtido entre formas representativas que possuem uma gênese comum e uma íntima e recíproca congenialidade, correspondência ou analogia. Ele é uma unidade de elementos sensíveis na qual conserva-se e controla-se o sentido do entender por meio de uma técnica particular, de uma característica da totalidade. A noção de estilo, entretanto, além de requerer outras noções como, por exemplo, a de multiplicidade, nexo e concatenação significativa, coordenação e orgânica articulação das partes na totalidade, correspondência entre partes, caráter unitário do todo, continuidade no desenvolvimento, variação segundo uma *ratio* ou uma linha de coerência, estas noções pressupõem uma interpretação técnica para trazer à luz o nexo intercedente entre o estilo (forma exterior) e forma interior. *Platão* já afirmara, por isso, a exigência do liame entre a forma sensível do belo (forma exterior) e o *eidos* (forma interior) argumentando que à exteriorização da forma sensível do belo precede o conhecimento pelo criador antes de existenciar o *eidós* no conceito de um *eidon eidós* que é determinado por um *logos*, como conteúdo enformado em sua concretização. Reconhece-se no estilo, portanto, a solução de um problema relevante para uma necessidade espiritual da humanidade no sentido cósmico da humanidade relacionado com o mundo fenomênico, obtida pela reciprocidade entre as formas exterior e interior.

§ 3º
O Método

O método – *tecnica*, por *E. Betti* –"significa, em geral, toda atividade direcionada a constatar e resolver problemas de caráter técnico; e caráter técnico tem todos os problemas concernentes à escolha dos meios mais idôneos para o desempenho de um fim preestabelecido. O preestabelecimento de um determinado fim não é, em si mesmo, de caráter técnico, porém, assume este caráter o problema que se apresenta

O Processo Interpretativo e os
Cânones Interpretativos

Capítulo II

quando, prestabelecido um determinado fim, trata-se de verificar quais são os meios que melhor conduzem ao seu desempenho. Problema técnico ou construtivo é, portanto, essencialmente, um problema de prática atuação de um fim e da relação teleológica entre o desejado desempenho prático e os meios mais idôneos."[82]. É necessário para suprir a unilateralidade de prospectiva na interpretação, que é chamada por ele como *interpretazione in funzione*, pois que "o significado da palavra método deixa reconhecer que a expressão concerne a um determinado elemento de movimento, e precisamente, àquele que toma do movimento a discricionariedade, *evita obstáculos* e, finalmente, o faz adequado para a ordenação em uma ação mais ampla como, por exemplo, alcance de um objetivo (...)"[83].

Ademais, orienta a interpretação sob o aspecto teleológico direcionado a solucionar um problema de ordem prática em razão do agir, portanto, no sentido de orientar a *conversão* entre o *iter genético* e o *iter hermenêutico*[84] que tem como finalidade entender o sentido dado pela *mens auctoris* a uma aplicação prática. *Interpretazione in funzione* metodológica, porém, não segue um prejuízo naturalístico que postula pela *exatidão e precisão* matemáticas, porque, particularmente, segundo *E. Betti*, na interpretação em geral, que é realizada basicamente pela antinomia dialética entre objetividade e subjetividade, o método é fundamentado na subjetividade (no sentido de um sujeito geral, transcendental), ou totalidade espiritual, na congenialidade e, por tal razão, admite a interpretação uma integração diante de lacunas, particularmente, no caso do direito, perante um caso concreto como também uma criação diante de expressões vagas e ambíguas.

Neste sentido, é que se concentra o entender em função técnica bettiana, ele tem função meramente prática, é um *Selbstverstehen* (entender a si mesmo). Baseado nisso, ressalta o mal-entendido sob sua óptica, sobre o *Verstehen* (entender) como resultado cognitivo da interpretação e o *Selbstverstehen* como a técnica – *können* – ou o método empregados na interpretação[85]. Todavia, isso não significa dizer que o *prático* ou o *aplicador* não veja e tenha de ser direcionado pelo método, mas, é dizer

---

82 BETTI, E. *Teoria Generale della Interpretazione*. v. I, p. 434: "*qualifica (...) in generale ogni attività che si esplichi nel porre e risolvere problemi di carattere tecnico; e carattere tecnico hanno tutti i problemi concernenti la scelta dei mezzi più idonei all'attuazione di uno scopo prefisso da raggiungere. Il prefiggersi uno scopo determinato non ha, esso stesso, carattere tecnico; ma questo carattere assume il problema che si pone allorchè, prefisso uno scopo determinato, si tratta di vedere quali siano i mezzi che meglio conducono alla sua attuazione. Problema tecnico o costruttivo è pertanto essenzialmente un problema di pratica attuazione di uno scopo e di relazione teleologica fra la postulata attuazione e i mezzi più idonei*".

83 Comparar KRINGS, Hermann, [nota 314].

84 BETTI, E. *Teoria Generale della Interpretazione*. v. I, p. 436.

85 BETTI, E. *Teoria Generale della Interpretazione*. v. I, p. 438.

99

que não é o intérprete próprio, porque a atividade prática é direcionada tão só a (re)encontrar uma resposta preestabelecida para uma finalidade puramente prática e não contemplativa tal qual o entender que é objetivo da interpetação pura. A atividade prática pressupõe uma experiência técnica anteriormente adquirida colocada pela aplicação. Desse modo, o reconhecimento metodológico não serve para descobrir e fazer entender um sentido que *a priori* não está dado, mas somente às exigências práticas da ação.

A respeito da controvérsia sobre o *método* nas ciências do espírito, é argumentado por ele que, apesar de o homem orientar seu agir por uma coerência própria (coerência de estilo no caso da realização de um texto ou de uma obra que obedece a uma lei de formação), esta pode não ser generalizada a ponto de passar-se a explicar os fenômenos históricos com base subjetiva, pois seria um procedimento arbitrário e anti-histórico[86]. Por isso, a interpretação da forma representativa deve ser obtida por meio de uma elaboração interior e exterior, i.e., por um impulso germinal de uma aporia inconsciente entre o aspecto teleológico e a configuração da ideia para dar-lhe uma adequada existência. Isto equivale a dizer que o processo de elaboração da interpretação é direcionado por uma *forma formans* de uma *formende Gezetzlichkeit*[87], com um método tal, que antes de ser exteriorizada a forma sensível, direciona a ideia, a forma interior.

O problema relacionado ao método é colocado, justamente, na correspondência dialética entre forma exterior e interior no âmbito da civilidade na qual se encontra uma pluralidade de sujeitos pensantes[88], pois nesse caso o método (a técnica) é subordinado pelo ideal – prejuízo atomístico individualista –, o qual ignora o problema fundamental proposto por uma sociedade plural de sujeitos pensantes que desenvolvem um processo comunicativo, porém, ele não pode ser pensado sem uma forma sensível comum. A solução não é dada, entretanto, pela negação da legitimação de uma história dos problemas de configuração, porém, pela integração hermenêutica de uma história da espiritualidade, i.e., pela formação de uma consciência dos múltiplos liames que aproximam a totalidade espiritual no tempo, porque um fenômeno é consequência de outro, uma civilidade e outra tem o mesmo *húmus*[89]. O que, sob o ponto de vista subjetivista, a finalidade única da interpretação consistiria

---

86 BETTI, E. *Teoria Generale della Interpretazione*. v. I, p. 447.

87 BETTI, E. *Teoria Generale della Interpretazione*. v. I, p. 448.

88 BETTI, E. *Teoria Generale della Interpretazione*. v. I, p. 525.

89 BETTI, E. *Teoria Generale della Interpretazione*. v. I, p. 464.

O Processo Interpretativo e os
Cânones Interpretativos

Capítulo II

em analisar a individualidade histórica do sujeito, e sob a técnica, a contemplação seria realizada pela conservação de elementos unívocos tal qual como determinar a posição de um ponto no espaço e valer-se de um sistema de coordenadas[90].

A *interpretazione in funzione tecnica*, das formas representativas portanto, não prescinde da particular prospectiva e sensibilidade do sujeito tanto na percepção quanto na representação, a qual contém implícita uma *Sinngebung*[91] (dação de sentido) percebida, que é inconscientemente configurada conforme uma determinada atribuição de sentido. Essa atribuição influi sobre a percepção fazendo com que os sentidos venham direcionados a uma objetividade e as impressões venham elaboradas de modo peculiar; é pela percepção que o sujeito passa a emoldurar a representação que pressupõe uma reciprocidade que intervém na totalidade espiritual do sujeito, a sua experiência. Como a representação obedece a uma própria lei de autonomia ou imanência, representar a partir da percepção própria não é copiar, mas ter a percepção como fonte própria. Da mesma forma, porém, no âmbito da história esses critérios são empregados para valorar a história interna.

Entretanto, eles não são suficientes, porque seu emprego pode levar a uma unilateralidade de prospectiva[92] que restringe a visão histórica podendo esta ser deformada[93] por poder ser o problema histórico resumido a uma mera concatenação entre épocas em desconsideração à forma interior que é conservada e desenvolvida pela tradição nas sucessivas mudanças históricas. Especialmente, porque não é possível ao sujeito ser consciente do seu condicionamento histórico por meio de uma única prospectiva objetivamente válida para todos os tempos. Por tal razão, o problema hermenêutico não diz respeito à mera validade dos valores em si, mas à vivência das concepções valorativas, para a qual não é suficiente

---

90 BETTI, E. *Teoria Generale della Interpretazione.* v. I, p. 472.

91 BETTI, E. *Teoria Generale della Interpretazione.* v. I, p. 468.

92 BETTI, E. *Teoria Generale della Interpretazione.* v. I, p. 503: "La più recente ermeneutica letteraria perviene alla conclusione che col criterio genetico dei vari generi l'interprete posa riuscire ad intendere nella loro sintesi e reciprocanza contenuto e forma espressiva, struttura e ritmo, linguaggio e stile, e superare l'unilateralità di punti di vista estrinseci all'opera, come quelli che la considerano soltanto nel suo nesso con la personalità, con l'epoca, con la nazione, con una corrente spirutale, con un paese o con un 'inconscio colletivo'", p. 565. (A hermenêutica literária mais recente chega a conclusão de que, dentre os vários gêneros, com o critério genético, o intérprete possa conseguir entender por seu meio sua síntese e a reciprocidade entre conteúdo e forma expressiva, estrutura e ritmo, linguagem e estilo, e superar a unilateralidade dos pontos de vista extrìnsecos à obra, como aqueles que a consideram somente no seu nexo com a personalidade, com a época, com a nação, com uma corrente espiritual, com uma região ou com um 'inconsciente coletivo'" (Tradução da autora).

93 BETTI, E. *Teoria Generale della Interpretazione.* v. I, p. 470.

a genialidade subjetiva como medida de valoração ao que "é" típico. É a vivência que rege em guisa múltipla as várias esferas da espiritualidade, a orientação total que constitui o espírito de uma época.

O caráter típico da realização denuncia o peculiar modo de sentir e de intuir a vida e o mundo, que é propriamente igual no autor quanto no ambiente histórico, cultural e nacional e o estilo do texto ou da obra diz respeito tanto à índole da personalidade quanto ao caráter típico da nação e da época, ele depende do sentir. Relacionada a isto está a coexistência sob o aspecto temporal na marcação de épocas e períodos, que interessa à colocação do problema hermenêutico à medida que a distância entre a forma interna de cada época pode ser superada pelo círculo dialético mediante um acordo aparente entre épocas singulares, reconhecido na comunidade dos problemas, porém, isto não exclui a diversidade de soluções, porque não é estabelecido uma igualdade de método pela diferença dos problemas.

Capítulo III
Metodologia Jurídica e Elementos Interpretativos

§ 1º
Interpretação em *Função* Normativa

1. INTERPRETAÇÃO EM SENTIDO LATO E IMPRÓPRIO

Interpretação em sentido lato e impróprio é consequência de uma ulterior elaboração cognoscitiva baseada em fórmulas científicas, outros símbolos ou em certos dados da experiência como também da confusão feita entre o processo genético e o processo hermenêutico que lhe sobrepõem. Particularmente, é consequência da unilateralidade prospectiva de ambas as posições antitéticas, pois conforme a primeira posição é considerado que a função prática é somente técnica e não criativa enquanto sob a segunda principalmente, a interpretação é colocada no mesmo plano que a criação original sendo, ambas, portanto, qualificadas como interpretação. Entretanto, a configuração da obra no processo genético obedece objetivamente a uma *lei de formação* ou *lei de autonomia* de acordo com uma intrínseca coerência e lógica própria.

Contrariamente, no processo hermenêutico, trata-se de contemplar por meio de uma disposição congenial a obra realizada sob esta lei de formação conforme a sua estrutura, na interpretação. Caso a lei de formação devesse surgir no próprio íntimo do intérprete não tratar-se-ia de interpretação a respeito de um aprofundamento ou de um refazer. Também se a reprodução não fosse hábil a solucionar uma questão conforme o cânon da atualidade direcionado ao sujeito (recriação), e isto fosse realizado no imergir-se no fluxo criativo da interpretação, o juízo predicativo não seria sustentado sobre uma posição dualística, mas pelo íntimo criativo e, dessa forma, subtraindo-se o caráter reprodutivo da interpretação remanesce, unicamente, o caráter da criação original na qual os elementos de conteúdo são enformados completamente na unidade da forma que não segue outra lei senão a sua própria lei de coerência intrínseca. Na interpretação reprodutiva, portanto, o intérprete não desintegra os elementos constituintes desta unidade para reproduzir, porém, recebe o texto na mesma forma conforme ao seu desenvolvimento sobre si mesmo, na sua coerente sequência e conservação na memória temporal transpondo-o do passado ao presente, de acordo com o cânon da atualidade do sujeito.

Em suma, a interpretação em sentido lato ou impróprio resulta da particular diferença que intercede entre a resposta pela qual o espírito enquanto cria, reage à própria experiência de vida e a resposta pela qual outro espírito a reconhece e a reproduz. A primeira, consiste em uma resposta livre do espírito pensante à situação que o move de forma a manifestar toda a espontaneidade da imaginação criativa que exprime a si mesma; a segunda, trata de uma resposta vinculada a uma objetivação do espírito de outrem.

2. INTERPRETAÇÃO EM SENTIDO ESTRITO E AUTÊNTICO

A partir disso, pode-se, então, definir a interpretação em sentido estrito ou próprio. Essa, é unicamente a interpretação, porque nela o interesse é direcionado ao próprio processo do entender que tem como finalidade o entendimento do texto segundo a sua lei de autonomia e coerência adequando-o no entender sem sobrepor-lhe a lei de formação ou lógica intrínseca, i.e., essa tem seu fundamento na exigência de gênese do processo interpretativo, a qual diz respeito ao *m é t o d o*, a fim de fazer entender o significado das formas representativas de acordo com a sua configuração como uma norma do processo interpretativo. Ela é, portanto, caracterizada por uma relação de subordinação, particularmente a interpretação reprodutiva (transitiva), ao texto original.

3. INTERPRETAÇÃO E CRIAÇÃO *EX NIHILO*

D iferentemente, a criação apesar de não poder ser caracterizada como *ex nihilo*, porque o autor segue a autônoma lei da vida e de desenvolvimento do valor que, por ele é idealizada, não é subordinada

Metodologia Jurídica e Elementos Interpretativos

a nada[1]. Destarte, não cabe falar de interpretação pelo próprio autor à medida que isto significa afirmar não só a existência do vínculo de estreita e controlável subordinação, porém, a sua obediência pelo próprio espírito objetivado, i.e., subordinar a si mesmo. Essa confusão é estabelecida, particularmente, no âmbito jurídico entre a criação legislativa e a interpretação jurídica. A respeito disso, deve-se reconhecer que o processo de criação legislativa preexiste ao processo interpretativo jurídico, já que as normas jurídicas, expressadas sob a forma de proposições abstratas são destinadas, em geral, a regular situações futuras e consubstanciadas em documentos escritos denominados, geralmente, diplomas legais ou legislativos. Como a norma jurídica representa a valoração de fatos feita pela comunidade jurídica, o fato somente pode ser interpretado se a norma jurídica incidir sobre o *Tatbestand* e produzir o fato jurídico. Da mesma forma, uma norma jurídica somente pode ser interpretada se considerada integrada no conjunto das normas jurídicas constituintes do ordenamento jurídico, ou tratar-se-ia de uma proposição aparentemente sem sentido lógico-jurídico. Isso institui o limite jurídico que confere o caráter de positividade a toda norma jurídica, não importando que estas estejam colocadas em textos legais diferentes, pois o que importa é que compõem o ordenamento jurídico.

Como o espírito prático, entretanto, pode estar limitado a conhecer somente o *Tatbestand* pelo qual opera a normatividade dos fatos jurídicos sem inferir que o próprio processo legislativo é disciplinado por uma norma superior, subordinação que é idêntica tanto na interpretação quanto na aplicação, é que se reconhece na aplicação da norma como na legislação o ofício comum de criar uma norma de acordo com o direito positivo, i.e., uniforme e conforme a norma preexistente. Essa acepção é alterada, porém, conforme a lei de prospectiva a lei existe no ordenamento constitucional, que estabelece a competência legislativa e reage por meio de uma resposta normativa a uma realidade historicamente determinada como também pela prospectiva da interpretação, segundo a qual o intérprete é estritamente subordinado à lei de formação e à norma de aplicação[2]. Nesse sentido, *E. Betti* afirma que *H. Kelsen* incorre em erro ao colocar sob o mesmo plano a criação de normas sob a base e os limites de um ordenamento de competência e a aplicação administrativa ou jurisdicional da norma jurídica; ou quando nega que subsista uma diferença qualitativa entre o problema político-legislativo de criar novas leis na

---

1 BETTI, E. *Teoria Generale della Interpretazione*. v. I, p. 236, 238 e 239.

2 BETTI, E. *Teoria Generale della Interpretazione*. v. I, p. 240.

moldura da Constituição e o problema de criar a norma individual do caso, que se coloca em ordem à decisão jurisdicional ou administrativa. Por tal razão, essa acepção ignora que o momento de outreidade e objetividade é irredutível constituinte da norma, que é colocado em posição contrária a do órgão decisório, i.e., a essa subordinação que não subsiste perante o órgão legislativo dotado de discricionariedade soberana[3].

4. TIPOLOGIA INTERPRETATIVA

a) Interpretação em função (normativa)

Esta é destinada à aplicabilidade do aspecto teleológico comum à interpretação contemplativa e reprodutiva, sob a observação dos cânones interpretativos.

b) Interpretação em função contemplativa ou reconhecedora

Em princípio, a interpretação em função contemplativa ou meramente reconhecedora tem como função reconhecer e reconstruir o sentido complexivo do texto segundo o pensamento do autor enquadrado na totalidade espiritual. Especificamente, também reconhecer e reconstruir o sentido do comportamento prático por meio de um processo de individuação[4] considerado sob o ponto de vista filológico, histórico ou técnico[5]. Com base nisso, porém, diz-se que a interpretação contemplativa da mesma forma que a interpretação reprodutiva também consiste em um repensar, o qual é um (re)evocar interior mediante um construir reprodutivo que conduz a recriar e a atualizar o pensamento, a concepção, a orientação *reclusa*[6] ou implícita na forma representativa ou no comportamento a ser interpretado. O interpretar é sempre um reconstruir interior, já que a realidade histórica e social somente é dada nos seus reconhecíveis efeitos, ou como simples produto da vida objetivado que não pode estar de acordo sem ser transposto e reproduzido na atualidade do sujeito; atualidade análoga àquela onde é gerada. É mediante a transposição do passado na vida atual por meio da recordação mnemônica que permite uma perene

---

3 BETTI, E. *Teoria Generale della Interpretazione*. v. I, p. 241. Quanto à isto comparar ainda KELSEN, Zur Theorie der Interpretation, in *Revue intern. D. Theorie d. droit*, 1934, 13.

4 BETTI, E. *Teoria Generale della Interpretazione*. v. I, p. 708.

5 BETTI, E. *Teoria Generale della Interpretazione*. v. I, p. 635.

6 BETTI, E. *Teoria Generale della Interpretazione*. v. I, p. 636.

imanência do passado tornando ao presente as experiências de vidas passadas e, particularmente, possibilita a continuação destas em épocas diversas.

c) Interpretação reprodutiva ou representativa

Esta, compreende dois momentos: o primeiro, de caráter intelectivo ou meramente cognoscitivo[7], que responde ao problema da plena consciência e da exata inteligência dos valores expressos no texto; o segundo, de caráter epistemológico, que requer o intérprete distanciar-se de todo arbítrio e responde ao problema de (re)expressar a intuição ou a ideia já objetivada em uma forma representativa em uma *síntese* (re)criativa na qual o original constitui a *Erlebnis* (vivência) do intérprete. O liame desta com a forma precedente é estabelecido pelo vínculo de subordinação[8] que deve ser observado. O que, pode ser caracterizado como *fidelidade* na representação e junto com a sua observância, constitui uma característica própria da interpretação reprodutiva, pois não faz parte da contemplativa. Isso requer, por parte do intérprete, além de uma capacidade técnica, um movimento ético de honestidade que é identificado com a abnegação requerida por si a todo intérprete, porque importa na assunção de uma responsabilidade pela interpretação dada. Próprio dessa interpretação é transferir o sentido encontrado no texto original sobre uma dimensão nova e diversa com a construção de uma forma representativa[9], pela qual o texto fornece o ponto de partida e a base vinculativa para o intérprete na realização do processo de recriação destinado a trazer o sentido à viva atualidade. O vínculo de subordinação, portanto, é ao texto e não aos instrumentos; exigência filológica de fidelidade ao texto, o qual funciona como termo de comparação e controle do grau de fidelidade na reprodução. Nesse sentido, a discricionariedade da interpretação jurídica não significa arbítrio, porém, apreciação dos meios mais idôneos da obtenção do fim prefixo ao intérprete, pois a habilidade técnica não é mais que um instrumento, base e elemento de preparação à interpretação. Dessa forma, o vínculo não consiste em um pretenso caráter meramente prático e técnico, porém, na *chave* (re)expressiva da inversão do *iter* genético em *iter* hermenêutico[10].

---

7 BETTI, E. *Teoria Generale della Interpretazione*. v. I, p. 650.

8 BETTI, E. *Teoria Generale della Interpretazione*. v. I, p. 640.

9 BETTI, E. *Teoria Generale della Interpretazione*. v. I, p. 650.

10 BETTI, E. *Teoria Generale della Interpretazione*. v. I, p. 649.

Em suma, a interpretação reprodutiva consiste em reproduzir o sentido do texto restituído na dimensão do tempo e configurado em uma nova forma representativa tal qual o sentido dado pelo autor[11]. Trata-se de conservar o sentido do texto por meio de um novo corpo e de deformá-lo o menos possível pela escolha de uma veste nova que menos o faça parecer diverso[12]. Isso pressupõe, portanto, uma plena adesão do intérprete com toda a sua sensibilidade à criação original e uma adequação congenial que tende a uma identificação ideal (no sentido de uma correspondência de sentidos). Todavia, não significa subseguir um prejuízo bastante difuso que qualifica a interpretação como um fiel encargo que exaure na pura tarefa de decifração dos signos; a interpretação não é uma mera técnica destinada à substituição de uma fórmula por outra abstratamente equivalente[13].

> É portanto, uma ilusão induzida pela inércia mental que se pode fazer a quem traduz crer conseguir a correta inteligência das palavras na escolha entre os possíveis significados, sem dar-se conta do sentido complexivo do discurso; o que requer um idôneo processo interpretativo. Nessa mesma ilusão está fundado o prejuízo intelectualístico corrente a favor da tradução literal que, equivocando-se a respeito da equivalência da nova forma representativa, coloca ao exegeta e ao tradutor o mesmo encargo de um "Dolmetscher" (Tradução da autora)[14].

Não se pode reconhecer, portanto, entre as palavras de uma língua e aquelas de uma outra uma suposta equivalência; é possível somente uma correspondência de sentidos por meio da forma interior relativa a uma diversa visão a respeito da vida e do mundo. Por tal razão, o encargo da interpretação em função reprodutiva ou representativa não pode ser considerado como o de manter uma fidelidade extrínseca ao texto, relativa à letra do texto, de modo que não seja possível apanhar o seu sentido. O intérprete deve manter-se fiel, sim, à forma intrínseca do texto.

Diante disso, o perigo é que a interpretação, subjazendo às normas profissionais unicamente pela habilidade técnica extrínseca, logre-se e

---

11 BETTI, E. *Teoria Generale della Interpretazione*. v. I, p. 644.

12 BETTI, E. *Teoria Generale della Interpretazione*. v. I, p. 657.

13 BETTI, E. *Teoria Generale della Interpretazione*. v. I, p. 657-658

14 BETTI, E. *Teoria Generale della Interpretazione*. v. I, p. 664: "*È, pertanto, un' illusione indotta da inerzia mentale quella che può far credere a chi traduce di raggiungere la retta 'intelligenza' delle parole nella scelta fra i possibili significati, senza essersi reso conto del senso complessivo del discorso: il che richiede un idoneo processo interpretativo. In codesta illusione ha radice il pregiudizio intellettualistico corrente a favore della traduzione letterale, che – equivocando circa l'equivalenza della nuova forma rappresentatativa – pone all'esegeta e al traduttore il modesto còmpito di un 'Dolmetscher'*".

Metodologia Jurídica e Elementos Interpretativos

degenere-se em uma sorte de mortificação espiritual[15], consequência da não natural dissociação entre espírito e corpo[16]. Os erros encontrados e considerados na interpretação, em geral, são ocasionados pela *substituição dos termos* e do sentido da equivalência, assim como ocorre na tradução em que o tradutor ignora por completo a diferença da forma interior entre a língua original e aquela na qual o espírito objetivado é exteriorizado. Além disso, se o tempo da criação do original for substituído junto com a palavra substituída por um tradutor de um modo, por outro tradutor de outro modo, a Babel será completa. O mesmo vale no âmbito da interpretação. Isso constitui um argumento objetivista, o qual considera que a diversidade de línguas não difere senão pelas palavras com as quais designam objetivos por uma interpretação válida para todos os tempos e lugares[17]. Contrariamente, os valores tradicionais e as características culturais da época têm por fundamento os cânones hermenêuticos da autonomia e da totalidade, exigindo a imanência e a coerência da análise hermenêutica. Esse problema não difere do proposto ao intérprete pelos ensinamentos, dogmas e corpos de doutrina, quando a interpretação tem por função reconstruir o desenvolvimento do pensamento na história das ideias.

Em síntese: a interpretação reprodutiva tem uma função transitiva pela qual se resolve a hermeticidade da fórmula do texto original por intermédio de uma forma representativa adequada na totalidade do contexto formado pelo círculo de destinatários alheio ao primeiro círculo mediante uma correspondência de sentidos. Essa transitividade fica ainda mais clara no âmbito jurídico, no qual a norma jurídica tem de ser aplicada a uma comunidade diversa daquela da época em que foi criada. Dessa forma, os valores são conservados na continuidade do pensamento especulativo e de seus problemas, não cristalizados, mas por obra assídua da interpretação;

---

15 BETTI, E. *Teoria Generale della Interpretazione*. v. I, p. 727.

16 A respeito disso, FEYERABEND, *Contra o método*. p. 327, coloca que: "As entidades postuladas pela ciência não são descobertas, e não constituem um estádio 'objetivo' para todos as culturas ou ao longo de toda a história. São moldadas por grupos, culturas, civilizações particulares; e são moldadas a partir de um material que, segundo o modo como for tratado, é tão suscetível de nos fornecer deuses, espíritos, uma natureza que é mais companheira do homem do que um laboratório das suas experiências, como quarks, campo, moléculas, placas tectônicas". "Os elementos 'subjetivos', como os sentimentos e sensações, que formam um outro 'compartimento' ainda são excluídos das ciências naturais embora desempenhem o seu papel na aquisição e controle destas últimas. O que significa que o problema (não resolvido) corpo-espírito afeta os próprios fundamentos da investigação científica e que as dificuldades éticas, como o problema da inumanidade possível de uma investigação sem tréguas da verdade, não são sequer consideradas. Concluo que a ciência tem grandes lacunas, que as suas alegadas unidade e globalidade são uma quimera, e que as suas projeções se fazem a partir de áreas isoladas, possuindo portanto apenas uma relevância e não por certo o poder devastador que lhes é habitualmente atribuído" (p. 337).

17 BETTI, E. *Teoria Generale della Interpretazione*. v. I, p. 668.

por uma apreciação não discricionária, porém, por uma apreciação à correspondência de sentido do texto como também são respeitadas as características vinculadas à época do passado.

§ 2º
Elementos Interpretativos

1. A INTERPRETAÇÃO DA LEI NA HERMENÊUTICA CLÁSSICA DE *FR. K. SAVIGNY*

A interpretação da lei, na *hermenêutica clássica*, tem por base a constituição hermenêutica jurídica clássica relacionada à norma, que foi exemplarmente desenvolvida por *Fr. von Savigny*. Interpretação é a reconstrução do pensamento (claro ou obscuro, igualmente) expressado na lei enquanto seja possível o seu conhecimento na lei[18]. Isso significa que a lei tem de ser considerada objetivamente[19], i.e., as suas premissas devem ser completamente objetivas conforme a sua finalidade original[20], porque toda lei deve expressar um pensamento de forma que valha como uma norma[21]. Quem interpreta, pois, uma lei, deve investigar o conteúdo da lei. Por tal razão, todas as premissas da interpretação devem ser encontradas na lei mesma ou em conhecimentos gerais – conhecimento da linguagem da época –, de forma tão perfeita[22] que quem a aplique não tenha de agregar-lhe nada de si mesmo[23].

Porém, como todo conhecimento dado é só indiretamente dado, pode este conhecimento diferir do texto original, devendo, por isso, ser restituído. Com base nisto, a tarefa suprema da interpretação é a crítica superior, i.e., a restituição de um texto corrompido, a qual é chamada crítica da conjuntura[24]. Mediante esta tarefa, o intérprete deve não só fazer surgir o conteúdo da lei de modo artificial, porém, unificar as partes ao todo orgânico no sentido de constituir uma unidade sistemática da Jurisprudência – *Fr. von Savigny* refere-se com este termo ao direito

---

18 SAVIGNY, Fr. von. *Metodología Jurídica*, p. 14.
19 BETTI, E. *Teoria Generale della Interpretazione*. v. I, p. 13.
20 BETTI, E. *Teoria Generale della Interpretazione*. v. I, p. 7.
21 BETTI, E. *Teoria Generale della Interpretazione*. v. I, p. 12.
22 BETTI, E. *Teoria Generale della Interpretazione*. v. I, p. 13.
23 BETTI, E. *Teoria Generale della Interpretazione*. v. I, p. 7.
24 SAVIGNY, *Metodología Jurídica*, p. 14.

METODOLOGIA JURÍDICA E ELEMENTOS INTERPRETATIVOS

CAPÍTULO III

privado[25] –, pois uma mera catalogação de matérias só serve a uma facilidade mnemônica[26]. A interpretação da lei deve poder ser realizada histórica e sistematicamente. Contudo, a reconstrução da lei somente é possível de ser realizada por meio de uma constituição tríplice: lógica, gramatical e histórica. Cada uma destas fases deve ser composta por uma parte lógica que consiste, em primeiro lugar, na apresentação do conteúdo da lei em sua origem; em segundo lugar, na apresentação genética do pensamento na lei. Como o pensamento deve ser expressado de acordo com as normas de linguagem, surge a segunda parte, a gramatical. Esta é condição necessária da lógica e relaciona-se, simultaneamente, com a parte lógica. Por último, tem-se a parte histórica, segundo a qual devem ser conhecidas as condições históricas determinantes para captar o pensamento da lei, i.e., a apresentação do momento em que a lei existe.

Diante disso, pode ser dito que, *Fr. von Savigny* atribui importância em igual proporção tanto ao rigor lógico quanto ao aspecto histórico. Assim, por um lado, considera uma legislação perfeita quando a multiplicidade de suas normas possa ser reduzida à unidade de princípios, de modo que baste a si mesma; por isso, censura todos os *Code* – eles são destituídos do rigor matemático dos juristas romanos –, por outro lado, trouxe um contributo relativo à máxima *in claris non fit interpretatio*, por meio do elemento histórico, pois, uma vez integrado este ao processo interpretativo, a interpretação não resta limitada precisamente a uma operação lógica. Conhecimento histórico, em suma, tem de ser objetivamente dado na lei e, por conseguinte, todo caráter da ciência legislativa deve ser histórico em sentido próprio e filológico[27].

A interpretação em geral, para *Fr. von Savigny*, tem seu fundamento em dois princípios basilares: o princípio da individualidade e o princípio da universalidade – os quais devem ser reunidos –, uma vez que toda interpretação adequada ao aspecto teleológico deve unir o diferente, em si contraposto. Com base no primeiro princípio, todo texto em uma lei deve expressar uma parte do todo de tal forma que não esteja contida em nenhuma outra parte, pois quanto mais individual o texto, maior o seu contributo à totalidade da legislação[28]. A aplicação deste princípio, pois, depende diretamente do grau de perfeição formal (técnica) da legislação. Conforme o segundo princípio, a interpretação do particular deve também

---

25 Ver, para isto, Cap. quinto, § 1º.

26 SAVIGNY, *Metodología Jurídica*, p. 9.

27 SAVIGNY, *Metodología Jurídica*, p. 7.

28 SAVIGNY, *Metodología Jurídica*, p. 18-9.

ser feita de tal forma que o particular seja enformado no todo, i.e., cada parte individual não é inteligível sem o todo, deve ser concebida em relação com o todo[29]. Como toda interpretação deve oferecer um resultado para o sistema, esses dois princípios fundamentais devem ser reunidos por meio de uma elaboração sistemática da jurisprudência, pois, assim, a sistematização da jurisprudência será interpretada em sua totalidade. Ela deve ter, portanto, um objeto prático que seja direcionado a esclarecer um princípio dentro do sistema[30]. A elaboração histórica da jurisprudência pressupõe, pois, outras elaborações; deve-se partir da exegese e relacionar com o sistema. Disso surge, então, a elaboração histórica. A legislação tem primeiro de ser separada em seus elementos particulares e logo apresentar-se na relação segundo seu espírito, pois só então poderá dispor-se do sistema descoberto conforme uma ordem histórica nos períodos particulares determinados.

Entretanto, na interpretação de *E. Betti*, de modo contrário a *Fr. K. von Savigny*, ao estabelecer os elementos interpretativos da interpretação em geral, também estabelece, em primeiro lugar, critérios interpretativos específicos para cada elemento; em segundo lugar, contrariamente a *Fr. von Savigny*, que atribui importância em igual proporção ao rigor lógico e à classe histórica, ele acrescenta na categoria filológica em sentido estrito o critério psicológico com o qual o critério gramatical deve ser correlacionado. O que faz retornar, aqui, particularmente, o problema geral da interpretação em *E. Betti*, entre objetividade e subjetividade. Isso demonstra a superação por ele do caráter matemático do método, o qual passa a ser fundamentado na subjetividade. Subseguem, pois, os elementos interpretativos por ele elaborados.

1.1. Elemento filológico: sentido

A realização da função cognoscitiva elaborada de forma concomitante pelo pensamento é possível à medida que os critérios filológicos orientam e controlam a reconstrução do pensamento na totalidade do impulso germinal por meio do *empenho* e da *colaboração* do intérprete para ler e entender[31] os nexos construtivos na lógica da língua, conforme os cânones interpretativos. Nisto consiste o sentido deste elemento.

---

29 SAVIGNY, *Metodología Jurídica*, p. 21.

30 SAVIGNY, *Metodología Jurídica*, p. 24.

31 BETTI, E. *Teoria Generale della Interpretazione*. v. I, p. 531.

METODOLOGIA JURÍDICA E ELEMENTOS INTERPRETATIVOS   CAPÍTULO III

1.1.1. Sentido lato

Neste sentido, ele não assume o caráter de interpretação reprodutiva – a qual tem por base as objetivações do espírito não como mera representação, porém, como objetivações destinadas a serem absorvidas na reprodução ou substituídas em sua forma –, porque reconstruir por meio de um (re)viver e fazer (re)viver não significa simplesmente colocar as fontes do passado diante daqueles a quem compete a sua interpretação. O elemento filológico, em sentido lato, portanto, é limitado a qualquer coisa de extrínseco e, por tal razão, não pode ser caracterizado como elemento interpretativo tanto da interpretação reprodutiva quanto da interpretação contemplativa. Constitui meramente o movimento perceptivo ou reconhecedor das formas representativas[32].

1.1.2. Sentido estrito

Em sentido estrito, é caracterizado este elemento por não prescindir da totalidade espiritual do intérprete em um processo de interiorização para a superação da distância entre o sentido originário do texto e a atualidade. Com base nisto, é colocada a aporia de ser requerido, por um lado, o reenvio ao sentido originário do texto e, por outro lado, ter o intérprete de encontrar o sentido do texto na configuração impressa pelo autor mediante uma identificação com o conteúdo contido na forma representativa. Sentido originário não significa a estrutura da forma representativa enquanto, o *textum orationis* (Quintiliano), ou o *contextus orationis* (Cícero)[33], ou o pensamento formulado[34], i.e., o pensamento em uma linguagem articulada, a construção orgânica e sintática do texto e/ou discurso. É tal aporia superada, justamente, pelo processo de interiorização.

2. OS CRITÉRIOS FILOLÓGICOS

Pertencem a esses, unicamente, o critério gramatical em sentido lato e o psicológico[35].

---

32 BETTI, E. *Teoria Generale della Interpretazione*. v. I, p. 292.
33 BETTI, E. *Teoria Generale della Interpretazione*. v. I, p. 354.
34 BETTI, E. *Teoria Generale della Interpretazione*. v. I, p. 355.
35 BETTI, E. *Teoria Generale della Interpretazione*. v. I, p. 359.

2.1. O critério gramatical em sentido lato

A circunstância filológica sob o critério gramatical direciona a interpretação ao entendimento do texto não somente segundo a morfologia e o significado das palavras e frases *per si*, isoladamente consideradas, porém, segundo o espírito e a estrutura lógica da língua, como complexo e construção sintática dos pensamentos nas expressões. Todavia, esse critério não deve ser entendido no sentido estrito e trivial de limitar-se à interpretação literal, puramente morfológica da língua, pois deve ser compreendido tanto no sentido retrospectivo de ser reconhecido o discurso como um produto da língua quanto ao sentido prospectivo de ser reconhecido no discurso o nexo de desenvolvimento da língua, assumindo, dessa forma, uma orientação histórica[36].

2.2. O critério psicológico

Especialmente este tem seu fundamento na unidade do discurso[37], que é constituída pelo impulso germinal do pensamento e a composição pela qual são desenvolvidas e coordenadas as sucessivas ideias. Trata-se de um critério de interpretação individual[38], que tem em vista entender a relação entre a forma representativa e o conteúdo no seu processo genético, porém, ele assume o caráter *típico*, quando empregado na análise da estrutura e na articulação que o discurso assume em um tipo ou em um gênero de obras representativas, particularmente, quando o aspecto teleológico consiste na solução de um problema ulterior, todavia, isto compete à interpretação técnica.

2.3. A correlação na aplicação dos critérios gramatical e psicológico

Da mesma forma que os critérios técnico e psicológico precisam ser empregados de forma correlacionada e (co)alternada por razão única da antinomia geral, estes também precisam ser assim empregados. Caso o critério psicológico seja utilizado unilateralmente na realização do traspasse do sentido de um texto de uma época histórica à atualidade, ou inversamente, pode a interpretação ter como resultado uma *heterogênese de significados* baseada no arbítrio do intérprete, denunciando-se, assim, uma mutação que sobrevém nas concepções éticas, políticas ou econômico-

---

36 BETTI, E. *Teoria Generale della Interpretazione*. v. I, p. 360.

37 BETTI, E. *Teoria Generale della Interpretazione*. v. I, p. 360.

38 BETTI, E. *Teoria Generale della Interpretazione*. v. I, p. 361.

-sociais[39]. Por isso, a interpretação filológica deve ser orientada, em primeiro lugar, conforme o cânon da totalidade, pelo qual as representações são entendidas não só em virtude de um complexo de antíteses, porém também, na própria *heterogênese de significados* ao ter o intérprete de fazer o enquadramento da forma representativa em uma ampla totalidade e – assim, quando a forma apresenta uma lacuna ou é incompleta, encontra--se proposto o problema de uma interpretação integradora, especialmente, quando a interpretação é direcionada à encontrar na forma representativa uma medida deontológica, na qual a assunção do significado unicamente oferecido pelo critério psicológico importa na divergência do significado em relação a reconstrução técnica que propõe-se esclarecer a ambiguidade ou a lacuna – e em segundo lugar, pela correlação e (co)alternância entre esses critérios, os quais têm por objetivo comum encontrar o sentido fundamental da tessitura espiritual do discurso, já que ambos critérios são estritamente vinculados e subordinados à lógica da língua.

Assim, por uma parte, o modo de pensar pode ser considerado como um produto da língua no sentido de que o pensar e o entender somente são possíveis por meio da totalidade da língua, porém, por outra parte, como no espírito individual nada pode existir e operar senão em virtude da própria autonomia e espontânea atividade na formulação e no uso vivo da linguagem, a totalidade espiritual da língua encontra-se e funde-se em uma incindível síntese com a totalidade espiritual do indivíduo[40].

3. ELEMENTO HISTÓRICO

3.1. Sentido

Este elemento interpretativo tem como sentido essencial o entendimento das fontes em sentido lato e em sentido estrito[41] – aquelas transmitidas pela tradição oral, escrita ou figurativa e que interessam aqui de modo particular – na interpretação contemplativa para, ulteriormente, ser reconstruída a prospectiva espiritual da nação ou da época mediante uma integração progressiva, i.e., mediante um enquadramento histórico desta prospectiva no seu complexo movimento nas épocas passadas pelo gênero humano[42]. Todavia, esse enquadramento não é resumido no acertamento das épocas passadas de forma objetiva ou completamente

---

39 BETTI, E. *Teoria Generale della Interpretazione*. v. I, p. 362.

40 BETTI, E. *Teoria Generale della Interpretazione*. v. I, p. 365.

41 BETTI, E. *Teoria Generale della Interpretazione*. v. I, p. 393.

42 BETTI, E. *Teoria Generale della Interpretazione*. v. I, p. 391.

extensiva à atualidade, porque também significa integrar, corrigir a representação restrita, fragmentária e obscura de determinada época pelo desenvolvimento e pela realização da capacidade de entendimento interpretativo.

3.2. Critérios

Os dois critérios relativos a este elemento são distinguidos conforme o objeto. O primeiro é baseado no aspecto teleológico – *destinazione* – da forma representativa, podendo dessa forma ser distinto de acordo com a esfera cognoscitiva, enquanto o segundo é fundamentado na totalidade espiritual da época passada como condição de possibilidade à reconstrução das ideias mediante um nexo intercedente com a atualidade, o qual é obtido mediante a dialética entre o todo e as partes (*Fr. Schleiermacher*) e o inverso, a qual tem aplicação concorrente[43].

3.3. Situação do problema

A problemática específica deste elemento está relacionada às fontes em sentido estrito sob o plano individual, particularmente, às fontes transmitidas pela tradição escrita, nas quais o pensamento é reduzido à expressão constituinte do discurso, pelo qual o intérprete não deve deixar-se limitar à observação dos fatos do passado objetivados e realizar o encargo hermenêutico sob os postulados de uma historiografia positivista[44], afinal é a *forma mentis* o fio condutor da expressão do pensamento segundo a fundamental identidade da estrutura do espírito da geração e da época que o autor participa e, por tal razão, é variável[45]. Sob o plano da civilidade, esta problemática da própria continuidade histórica do significado da concatenação pela atualização feita na realização do encargo hermenêutico, pode ocorrer por uma mudança no direcionamento das circunstâncias interpretativas ou uma confusão entre os critérios de valoração a serem juntos empregados. Negar-se à concludência hermenêutica sob os critérios de valoração que servem para direcionar e iluminar a indagação relacionada às concatenações significa seguir uma diretiva unilateral e exclusiva sobre a história da espiritualidade, sob pena de perder de vista a totalidade da criação e da época histórica.

---

43 BETTI, E. *Teoria Generale della Interpretazione*. v. I, p. 393.

44 BETTI, E. *Teoria Generale della Interpretazione*. v. I, p. 398.

45 BETTI, E. *Teoria Generale della Interpretazione*. v. I, p. 396.

METODOLOGIA JURÍDICA E ELEMENTOS
INTERPRETATIVOS   CAPÍTULO III

3.4. Teleologia do elemento histórico

O aspecto teleológico deste elemento consiste na reconstrução do inteiro horizonte espiritual da objetivação – a qual é estritamente vinculada às circunstâncias transmitidas pela tradição histórica – pela aplicação das circunstâncias constituintes do processo interpretativo estabelecendo, primeiramente, um círculo de reciprocidade entre a circunstância filológica e a circunstância crítica – igualmente a *Fr. von Savigny,* nisto – e, posteriormente, um círculo de reciprocidade entre o critério técnico e o psicológico[46], ambos[47] critérios metódicos da interpretação filológica, para manter um nexo de atendibilidade entre a representação histórica na interpretação e a subjetividade do autor[48]. A circunstância filológica, pois, tem uma função instrumental preparatória de orientação retrospectiva em relação à historicidade do ponto de partida condicionante das concepções e representações[49].

Como o que mais interessa em uma teoria hermenêutica assim como é característico na interpretação histórica são os critérios a serem adotados na interpretação dos comportamentos relacionados ao interesse histórico na vida dos particulares nos organismos sociais, sob o aspecto teleológico a interpretação consiste na reconstrução ou na *concatenação* do ambiente histórico – sistematização segundo *Fr. von Savigny – i.e.,* das suas determinantes de ordem psicológica ou de uma superior ordem axiológica (valorativa). Isso significa, propriamente, reconstruir a ordem axiológica obedecendo à exigência de interpretar a época histórica conforme a medida do valor que lhe é imanente; reconstruir segundo o cânon da imanência ou lógica interna das coisas – exigência de interiorização[50] – dos valores ideais, os quais são desenvolvidos e transformados concomitantemente à mudança das categorias históricas de uma civilização (*Kulturgeschichte*) bem como do seu espírito histórico (no sentido da sua espiritualidade histórica) (*Geistesgeschichte*)[51].

Reconstruir o inteiro horizonte da espiritualidade concatenada em uma objetivação significa, por uma parte, reconhecer a *concatenação*[52] e a conexão entre as fontes representativas mediante a integração[53] diretiva

---

46 BETTI, E. *Teoria Generale della Interpretazione.* v. I, p. 401.
47 BETTI, E. *Teoria Generale della Interpretazione.* v. I, p. 401, 402.
48 BETTI, E. *Teoria Generale della Interpretazione.* v. I, p. 398, 399.
49 BETTI, E. *Teoria Generale della Interpretazione.* v. I, p. 402.
50 BETTI, E. *Teoria Generale della Interpretazione.* v. I, p. 404.
51 BETTI, E. *Teoria Generale della Interpretazione.* v. I, p. 406.
52 BETTI, E. *Teoria Generale della Interpretazione.* v. I, p. 402.
53 BETTI, E. *Teoria Generale della Interpretazione.* v. I, p. 403.

da lógica de formação destas ou do precípuo caráter de comportamentos por meio de uma lógica e uma psicologia da ação conforme as ulteriores consequências desenvolvendo os motivos na sua intrínseca coerência, que é informada pelo cânon hermenêutico da totalidade, ora qualificado como critério da interpretação integradora, pelo qual se evidencia a relação de dependência ou de interferência das condições de espaço e tempo. Por outra parte, quer dizer adequar a interpretação histórica a uma exigência de *interiorização* mediante a reconstrução dos motivos e dos fatores determinantes dos acontecimentos tanto de ordem psicológica quanto de ordem axiológica por meio de uma projeção do intérprete em sua viva espiritualidade em um dado ambiente histórico. Isso, porém, é limitado no campo da interpretação reprodutiva por consequência da *antinomia* entre o elemento subjetivo – estrutura espiritual – constituído pela personalidade histórica e o elemento objetivo constituído pelas repercussões sociais e pelos acontecimentos, que são o seu limite[54].

Apesar disso, as condições espirituais de realização do elemento histórico interpretativo, ou dinâmismo histórico das ideias, são possibilitadas antes na esfera psicológica do inconsciente do que naquela do pensamento consciente, pois o plano consciente da formulação teórica das ideias ocorre, antes, sob o plano da orientação da conduta. Além disso, têm de ser consideradas as influências culturais e morais tanto sob o aspecto estático das ideias, concepções e doutrinas constituintes do horizonte ético e cultural quanto sob o aspecto dinâmico das tendências, orientações e fases de desenvolvimento, já analisados por *Fr. von Savigny.*

Em face disso, tem de ser considerado, além da problemática *específica* que se coloca ao elemento interpretativo histórico – problema da continuidade histórica[55]– um problema *geral* relacionada ao enquadramento da criação ou da ação estudada pelos cultores da *Geistesgeschichte* e da *Kulturgeschichte* por um lado, enquanto, por outro lado, tem sido acentuada a necessidade de uma *interpretazione tecnica in funzione historica.* O encargo hermenêutico relativo a uma história da cultura – *Kulturgeschichte* – e a uma história da espiritualidade – *Geistesgeschichtebarkeit* – é estritamente conexo e concatenado sob os aspectos do mundo espiritual de uma dada época apesar de ser possível distinguir entre uma história da espiritualidade e uma história dos problemas. Mediante o emprego dos critérios metódicos, a *Geistesgeschichte* e a *Kulturgeschichte* são concatenadas não por uma explicação realizada por nexos causais extrínsecos, porém, por meio da

---

54 BETTI, E. *Teoria Generale della Interpretazione.* v. I, p. 419.

55 BETTI, E. *Teoria Generale della Interpretazione.* v. I, p. 412.

Metodologia Jurídica e Elementos Interpretativos | Capítulo III

intrínseca coerência da *Geistesgeschichte* na sua complexa problemática – *problematik* –, uma vez que a *Problemshistorisch* e a *Geistesgeschichte* são orientadas e vinculadas à história da espiritualidade. A *Geistesgeschichte*, nesse sentido, é melhor adequada para abarcar a totalidade histórica enquanto a *Problemshistorisch* serve somente ao aprofundamento da totalidade, a qual é de competência da *interpretazione tecnica*.

§ 3º
O Fenômeno Hermenêutico e Continuidade Histórica

1. HORIZONTE HERMENÊUTICO: PROSPECÇÃO HISTÓRICA

Isto, sob o ponto de vista do seu curso histórico assume duas formas heterogêneas relacionadas ao espírito atual, que podem ser compostas pelo compromisso do *renascimento* da tradição por meio de uma síntese. A primeira, consiste em uma prossecução direta, segundo a qual o passado continua a viver – *fortleben* – na espiritualidade objetiva que é desenvolvida conforme a formação do horizonte espiritual do indivíduo; o submergir e o emergir da tradição é indissociável da orientação do espírito atual, uma vez que a passada espiritualidade, atualizada, reage[56] sobre o espírito atual além da transposição obtida atingindo uma espécie de reciprocidade fecundante. A segunda, consiste em um sobreviver e perdurar de objetivações que destacadas do espírito são legadas a uma forma representativa que, perante a descontinuidade da tradição, permite o apelo à mensagem do espírito passado para um espírito atual. Como o movimento do espírito atual não é meramente passivo e receptivo, mas de *síntese* (re)criadora[57] ele é orientado pela tradição no sentido de (re) assumir os valores do passado no horizonte hermenêutico presente e, assim, a espiritualidade passada comparada a qualquer coisa transforma-se em espírito atual, caracterizando o fenômeno do *renascimento*[58]. Por isso, as objetivações não cessam de subsistir na sua fixidez, e mesmo pós--enfraquecimento da espiritualidade passada no horizonte do espírito

---

56 BETTI, E. *Teoria Generale della Interpretazione*. v. I, p. 417.

57 BETTI, E. *Teoria Generale della Interpretazione*. v. I, p. 927.

58 BETTI, E. *Teoria Generale della Interpretazione*. v. I, p. 926.

atual podem ressurgir[59]. Assim, a repercussão correlativa ao retorno da espiritualidade passada no horizonte do espírito atual e a imissão no ciclo vivo e ardente do pensamento assume o caráter de um (re)pensamento transformador[60].

2. DOGMAS E ELABORAÇÃO CONCEPTUAL-DOUTRINÁRIA

As formulações conceituais redutoras do pensamento ou *sínteses* do pensamento não podem ser interpretadas de maneira dissociada do seu contexto originário estranho às nativas conexões e concatenações, sob pena de restarem como fragmentos esparsos isolados[61], que, dessa forma, adquirem um sentido diverso daquele primitivo percebido do nexo e da ordem de problemas circundantes. Perdida a lógica interna da formação conceptual verifica-se a debilitação e a degradação do fenômeno hermenêutico, pois o espírito interpretador na realização dessa hipótese consome comodamente o esquema interiorizado no conceito, esvaziando o conteúdo originário do pensamento tornado em uma visão especulativa e esquece-se de que o conteúdo espiritual é extratemporal[62] e apresenta--se ao espírito atual vário e mutável segundo o variar das concepções interpretativas, a respeito do que o espírito interpretador não se dá conta. Dessa forma, ele apenas suscita a ilusão de ter um problema resolvido.

A inteira doutrina e os ensinamentos elaborados pela sistematização de pensamentos estão sujeitos a ser *consumidos, executados* e *trivializados*[63] quando se cessa de colocá-los em relação com a inteira problemática do seu tempo e com o desenvolvimento que a tem precedido e preparado. Além disso, a teoria e o ensinamento são fixados em formulações e sistemas[64] que se tornam patrimônio daqueles que não atribuem importância a uma visão especulativa e problemática, porém, atribuem-na a um resultado final dogmaticamente fixado. Com assento nisto, sucede um processo degenerativo em *dogmas*[65] do processo interpretativo e simultaneamente antitético, pois a formação dos conceitos origina-se por um processo contínuo de conquistas e *síntese* noética progressiva, a qual

---

59 BETTI, E. *Teoria Generale della Interpretazione*. v. I, p. 928.

60 BETTI, E. *Teoria Generale della Interpretazione*. v. I, p. 928.

61 BETTI, E. *Teoria Generale della Interpretazione*. v. I, p. 930.

62 BETTI, E. *Teoria Generale della Interpretazione*. v. I, p. 937.

63 BETTI, E. *Teoria Generale della Interpretazione*. v. I, p. 931.

64 BETTI, E. *Teoria Generale della Interpretazione*. v. I, p. 932.

65 BETTI, E. *Teoria Generale della Interpretazione*. v. I, p. 932.

Metodologia Jurídica e Elementos Interpretativos

Capítulo III

caracteriza a vida da investigação científica em pleno desenvolvimento. Não obstante, os conceitos e/ou procedimentos técnicos constituem--se instrumentos operativos que, por um lado, colocam-se a serviço da interpretação reprodutiva[66], necessária na busca de solução de problemas pelo pensamento e, por outro lado, também, podem ser convertidos em obstáculo e impedimento à solução de problemas.

3. ENQUADRAMENTO E REGRESSO DA ESPIRITUALIDADE

Da dissociação das formulações conceituais ou *sínteses* do contexto originário pode resultar duas ordens de problemas conexos relacionados com o tempo. Em primeiro lugar, pode resultar uma discrepância entre o sentido originário e o sentido do enquadramento da forma representativa na estrutura formal considerada sob o aspecto da sua totalidade, pois se o tempo da obra do pensamento fosse o tempo de toda a história e se toda história progredisse constantemente, o problema seria sempre igual. Em segundo lugar, pode resultar um *regresso da espiritualidade*[67] pela superestimação da preparação técnica em prejuízo da preparação espiritual, pois segundo o cânon da totalidade hermenêutica o espírito objetivado em uma forma representativa deve ser interpretado conforme a sua lógica interna, ou lei de formação. Ocorre que a história da civilização interior não se exaure em uma sucedânea cronologia dividida harmoniosamente, porém, desenvolve-se mediante a experiência, o conflito e uma dialética empenhada, porque dessa forma a civilidade não para de construir[68]. Isso fica bastante claro quando o objeto de interpretação é constituído pela ação, pela norma, ou pela instituição destinada a remanescer no uso de sucessivas gerações como instrumento da vida social.

Destarte, basta mudar o enquadramento interpretativo em um diverso ambiente social para determinar uma interpretação essencialmente diversa sem ocasionar nenhuma mudança na estrutura formal. Esse é o processo da *interpretatio duplex*[69] ou *multiplex*[70] que é encoberto inelutavelmente por normas, máximas, decisões recepcionadas de um ordenamento por outro, que como instrumentos operativos, não podem traspassar inalterados ao

---

66 BETTI, E. *Teoria Generale della Interpretazione*. v. I, p. 933.

67 BETTI, E. *Teoria Generale della Interpretazione*. v. I, p. 935.

68 BETTI, E. *Teoria Generale della Interpretazione*. v. I, p. 936.

69 BETTI, E. *Teoria Generale della Interpretazione*. v. I, p. 937.

70 BETTI, E. *Teoria Generale della Interpretazione*. v. I, p. 936.

horizonte de uma comunhão dotada de totalidade espiritual, impondo, por isso, a adaptação do significado originário.

4. FENÔMENO DA CONTINUIDADE HISTÓRICA NO PROCESSO DIALÉTICO

O fenômeno da continuidade histórica das objetivações do espírito nas diversas épocas e esferas da cultura opera sob um aspecto estático mediante o *renascimento* como pela *recepção*[71], a qual é essencialmente uma restituição colaboradora que nasce de uma reciprocidade de prospectivas, ou de objetivações afins, em uma continuidade de vida e de desenvolvimento e apresenta-se sob dois aspectos diversos: sob o aspecto de uma *sucessiva transmissão* de um mesmo patrimônio cultural, e sob o aspecto de um permanente *concatenar* por aqueles sujeitos e gestores dessa transmissão[72]. Sob um aspecto dinâmico, esse fenômeno no processo dialético de particularização e integração hermenêutica pode ser realizado mediante uma consciente transposição e conversão interpretativa direcionada à atribuição de um sentido ao mundo real diverso daquele sentido originário, como também pode resultar de um mal-entendido inconsciente e inevitável.

Em face disso, a *conversão interpretativa* é estritamente relacionada à *interpretatio duplex* ou *multiplex*[73], pois pode dela decorrer também um enquadramento alterado ou modificado de acordo com o grau de arbítrio do intérprete relacionado a um contexto diverso, uma vez que segue unicamente a sua lei de autonomia interna enquanto espírito atual. Isso fica claro, particularmente, na interpretação em função normativa, na qual desde os glosadores e os pós-glosadores os intérpretes têm tratado os textos das *Pandectas* com o emprego de um argumento escolástico, o qual não perde de vista a situação dos interesses em jogo tal como sucede no largo e audaz uso da analogia. Desse modo, a interpretação em função normativa pode alcançar via distinta ao invés de adaptar e desenvolver, ou reformar os institutos transmitidos ou criar novos institutos sobre uma base remanescente. Apesar da condenação desse grau de arbítrio pelos cânones interpretativos, o intérprete é escusado dele quando o sentido obtido por esse meio corresponde às exigências práticas da convivência, cujos instrumentos operativos devem servir, sendo justificado *cum grano salis*.

---

71 BETTI, E. *Teoria Generale della Interpretazione*. v. I, p. 945.

72 BETTI, E. *Teoria Generale della Interpretazione*. v. I, p. 944.

73 BETTI, E. *Teoria Generale della Interpretazione*. v. I, p. 947.

METODOLOGIA JURÍDICA E ELEMENTOS INTERPRETATIVOS — CAPÍTULO III

5. CONTINUIDADE HISTÓRICA NO TEMPO PELA (RE)CRIAÇÃO

As concepções de mundo e as perspectivas científicas são formuladas em conceitos e juízos que têm uma verdade e um vigor próprio que se atribui a um determinado círculo de pessoas e têm como pressuposto um saber e uma época determinada. Com isso, quer-se dizer que se estabelece uma verdadeira *aporia*[74] decorrente do vínculo de dependência temporal da existência histórica das formas objetivas, as quais, por um lado, precisam ser corrigidas pelo espírito atual e, por outro lado, simultaneamente, têm de ser conservadas no tempo. Independente disso, porém, o conteúdo lógico de uma perspectiva científica ou especulativa pode ser reconstruída a qualquer tempo, porque é simultaneamente extratemporal, ao passo que a esfera da objetividade ideal é essencialmente diversa da objetividade do mundo real. Essa independência não significa qualquer coisa aposta, *ad hoc*, porém, é ínsita no reconhecer e emergir do espírito do intérprete com plena abnegação de si, particularmente, relacionado com o pensamento discursivo[75] trata de iluminar o pensamento científico ou especultaivo sob um novo ponto de vista noético obtido do próprio patrimônio de ideias desaparecido ou não valorado de forma adequada na sua riqueza de aspectos. Como o pensamento discursivo sempre tende no seu conteúdo noético a ser reconhecido como verdadeiro[76] por convencer ao dar uma forma e configuração, que faz apelo à sensibilidade de quem contempla, suscitando uma emoção determinada, mister a exigência em grau mais intenso do espírito contemplativo no movimento interpretativo de um pensamento discursivo, porém, um prejuízo.

6. SIGNIFICAÇÃO DO FENÔMENO DA CONTINUIDADE HISTÓRICA

A consciência de si mesmo torna-se consciência do mundo, i.e., consciência de todo passado histórico – *wird-selbst-erkentnnis zur All Erkentnnis* –, ou do inteiro processo histórico, ao passo que a própria educação torna-se educação de toda a humanidade[77]. Em outros termos: o sentido histórico é determinado pela *memória contemplativa*, a qual inspira uma genialidade análoga[78] capaz de reconstruir o complexo e os fragmentos de nexos e concatenações de épocas passadas e coloca o

---

74 BETTI, E. *Teoria Generale della Interpretazione*. v. I, p. 941.

75 BETTI, E. *Teoria Generale della Interpretazione*. v. I, p. 942.

76 BETTI, E. *Teoria Generale della Interpretazione*. v. I, p. 939.

77 BETTI, E. *Teoria Generale della Interpretazione*. v. I, p. 951.

78 BETTI, E. *Teoria Generale della Interpretazione*. v. I, p. 955.

espírito intérprete em um grau de condição que lhe possibilita entender os seus similares. Assim, o sujeito não só conserva de forma coerente e vivente na memória as próprias experiências de vida como também a própria história passada pensada em um completa coerência que deverá ser autoconsciência cósmica[79]. Pois, como observa *Fr. Nietzsche*, é sinal de uma cultura superior conservar com plena consciência e fixar por meio de uma imagem fiel algumas fases do desenvolvimento histórico, posto que homens de curta visão não só não atribuem atenção como também cancelam as fases de desenvolvimento do curso histórico na memória[80]. Determinada atitude somente poucos são capazes de entender[81]. Além disso, se "é" o que se sente em um contínuo fluir e, nesse sentido *"vale la massima di Eraclito: 'no si discende due volte nella medesima immutata corrente'. Verità vecchia, ma che non cessa di essere istrutiva: come l'altra, che per intendere storia, faccia d'uopo ricercare i viventi residui delle passate epoche storiche e viaggiare alla volta di nazioni, come faceva il vecchio Erodoto: giachè le nazioni non sono altro che strati di civiltà più antica, cristallizzati: strati, sui quali ci si può orientare come su punti di riferimento; e viaggiare anche, in particolare, alla volta di popolazioni così dette selvaggie o semiselvaggie(...)"*[82].

Diante disso, o pressuposto fundamental do processo interpretativo triádico de toda a interpretação é a (co)participação dos espíritos[83]. Por meio dela e antitético a uma perspectiva egocêntrica que reconhece no indivíduo um átomo, a perspectiva objetiva possibilita a análise hermenêutica ser caracterizada como cosmocêntrica[84], posto que nessa (co)participação os sujeitos são igualmente subordinados e coordenados por um mesmo cosmo de valores, o qual transcende e constitui, junto a uma posição objetiva, uma posição de humildade e abnegação de si no empenho que é desenvolvido para entender por meio de um movimento de abertura intelectual, pois o espírito vivente, educado em uma

---

79 BETTI, E. *Teoria Generale della Interpretazione.* v. I, p. 955.

80 BETTI, E. *Teoria Generale della Interpretazione.* v. I, p. 953.

81 BETTI, E. *Teoria Generale della Interpretazione.* v. I, p. 953.

82 BETTI, E. *Teoria Generale della Interpretazione.* v. I, p. 954: "vale a máxima de Heráclito: «não se descendem duas voltas de uma mesma corrente imutável». Verdade velha, mas que não cessa de ser instrutiva, bem como a outra, de que para entender história, necessário investigar os viventes vestígios das épocas históricas passadas e viajar por todas as nações como fazia o velho Herodoto, já que as nações não são outra coisa que estratos de civilizações mais antigas, cristalizados; estratos, pelos quais podem se orientar como seus pontos de referência, e viajar também, em particular, em torno das populações dessa maneira ditas desenvolvidas ou semi-desenvolvidas (...)" (Tradução da autora).

83 BETTI, E. *Teoria Generale della Interpretazione.* v. I, p. 955.

84 BETTI, E. *Teoria Generale della Interpretazione.* v. I, p. 956.

Metodologia Jurídica e Elementos Interpretativos

prospectiva hermenêutica sabe que o cosmo de valores é alocêntrico e não egocêntrico. Por tal razão, imprescindível não prescindir nem esquecer da responsabilidade de o sujeito participante superar a sua aspiração enquanto sujeito individual em prol de uma exigência instaurada pela universalidade – no sentido já especificado – o que sob o aspecto da vida prática tem sua orientação no sentido de que *"toutes nos actions et toutes nos pensées doivent prendre des routes si différentes selon qu'il y aura des biens éternels à espérer pour l'individu, ou non, qu'il est impossible de faire une démarche avec sens et jugement (autrement) qu'en la règlant par la veue de ce point qui doit être nostre dernier objet"*[85], enquanto sob o aspecto unicamente contemplativo da teoria, é a imortalidade da individualidade que é somente uma das vias possíveis à reciprocidade de prospectivas entre os espíritos objetivados passados e contemporâneos e, igualmente, a educação e a tradição mediante sucessivas transmissões ideais, onde as formas representativas constituem uma instância metafísica postulada pela espiritualidade das quais o caráter elíptico da linguagem é inseparável.

Em síntese, a formação do sentido histórico como continuidade tem como base o espírito de *tolerância* na convivência civil, que é a própria condição de possibilidade humana de convivência[86] fecunda sobre questões produtivas e de cooperação recíproca cingindo espírito a espírito por uma (co)participação onde os sujeitos têm obtido uma abertura mental e uma posição equânime uns em relação às atitudes dos outros.

---

85 BETTI, E. *Teoria Generale della Interpretazione*. v. I, p. 957.

86 BETTI, E. *Teoria Generale della Interpretazione*. v. I, p. 962.

Capítulo IV

A Interpretação Jurídico-Normativa

§ 1º

1. INTERPRETAÇÃO JURÍDICA EM *FUNÇÃO* NORMATIVA

A interpretação jurídica em função normativa parte do problema da interpretação em geral, a qual pode ser situada em sua totalidade na questão de o entender ser um controle racional averiguado por meio de um procedimento intersubjetivo. Particularmente, nos limites da *Teoria Generale della Interpretazione*, essa questão é resumida ao entender do intérprete e, por consequência, pela pergunta se a interpretação é só um procedimento reprodutivo, ou também, um procedimento produtivo[1]. De início, para entender essa questão, mister ter presente a incindibilidade da palavra e do pensamento que representa, e refletir que a lei, objeto da interpretação jurídica, não é letra morta, mas forma representativa de um conteúdo espiritual, o qual é conteúdo normativo e instrumento a fim de dirigir a convivência social[2], onde o encargo da interpretação cabe à subjetividade do espírito-intérprete.

Partindo do ponto de vista de um exasperado subjetivismo[3], ou prejuízo voluntarista, sustentado pelo dogma da vontade legislativa, segundo o qual o sentido da lei, ou da *vis ac potestas* ou *mens legis*[4], como a chamavam no Direito Romano, é encontrado sobre o plano normativo

---

1 BETTI, E. *Interpretazione della legge e degli atti giuridici*, p. 47, 48. Ver nota 192.

2 BETTI, E. *Interpretazione della legge e degli atti giuridici*, p. 175.

3 BETTI, E. *Interpretazione della legge e degli atti giuridici*, p. 168.

4 BETTI, E. *Interpretazione della legge e degli atti giuridici*, p. 163.

e não sobre o plano psicológico, i.e., o sentido da lei é o resultado da sua subsunção enquanto considerada objetiva e independentemente do autor[5], pois é reduzido à ficção de uma vontade individual que prescinde do reconhecimento de uma consciência coletiva[6]. Por tal guisa, o que ilumina a *vis preceptiva* é o critério de valoração normativa imanente a seu preceito[7] – *ratio legis,* o problema indicado pelo legislador, do qual a norma interpretada constitui a solução –, o qual se designa como uma vontade em sentido objetivo que propriamente constitui a *ratio iuris* e conduz ao erro fundado sob uma óptica atomística e abstrata dos fenômenos que separa hermeticamente a *ratio legis* da *ratio iuris,* i.e., cinge a declaração legislativa das possíveis normas[8], e, por consequência, das razões justificativas e dos possíveis interesses supostamente tutelados, excluindo, assim, qualquer interferência sobre o plano sociológico.

Apesar de essa perspectiva cingir a norma da sua *ratio,* admite ser estabelecido pelo intérprete um liame entre a *ratio legis* e a *ratio iuris,* encargo remetido unicamente ao talento subjetivo deste[9], o qual torna-se árbitro para escolher dentre as normas existentes e os possíveis interesses tutelados[10]. Em outras palavras: trata-se da redução da interpretação jurídica pela teoria normativa do positivismo jurídico, segundo a qual o direito é exaurido no texto legislativo – *quod non est in lege, nec in iure* – e exige uma neutralidade hermenêutica que veta ao intérprete, juiz ou jurista teórico, remontar à instância metajurídica, ética, social ou econômica, limitando-os a interpretar objetivamente as valorações normativas que determinam a disciplina positiva das relações, as quais são imanentes à ordem jurídica. O objeto da jurisprudência é reduzido, pois, à *sole regulae iuris* para esta ditado, e por isso, pode ser chamada *normativa.* O encargo do juiz ou do jurista intérprete é reduzido por fim a uma análise linguística e técnica direcionada a determinar o significado da palavra empregada na individual prescrição normativa ou nas prescrições em geral, fixando, ainda, as regras do *usus loquendi* legislativo com a finalidade de reconstruir o conceito dogmático – a verdade –, o qual tem a sua validade condicionada ao grau de rigor lógico com que o jurista estabelece as regras do seu uso.

---

5 BETTI, E. *Interpretazione della legge e degli atti giuridici*, p. 164.
6 BETTI, E. *Interpretazione della legge e degli atti giuridici*, p. 165.
7 BETTI, E. *Interpretazione della legge e degli atti giuridici*, p. 166.
8 BETTI, E. *Interpretazione della legge e degli atti giuridici*, p. 168.
9 BETTI, E. *Interpretazione della legge e degli atti giuridici*, p. 169.
10 BETTI, E. *Interpretazione della legge e degli atti giuridici*, p. 170.

Posteriormente a essa fase de *purificação* segue uma fase de *complementação*, i.e., é ultrapassado o limite da interpretação filológica do texto legislativo para proceder-se por meio de uma interpretação histórica e técnica – *Methodik* – que possibilita ao jurista-intérprete identificar os tipos de interesses determinantes da disciplina legislativa com base no argumento de que uma jurisprudência limitada à análise linguística sobrepõe à crítica expressões e formulações imprecisas e substitui um discurso inadequado por outro baseado sobre definições rigorosas dos conceitos significa uma inconcludente *Begriffsjurisprudenz*, a qual sob uma influência doutrinária, ignora os problemas de convivência social, dificultando a realização do fundamental encargo hermenêutico. Nesse sentido, como o objeto da interpretação em função normativa é constituído por entidades sociais historicamente determinadas, que possuem categorias de interesses típicos que ao se falar em *intenção do legislador* não se deve entender no sentido psicológico, porém, naquele de prescrição ou critério normativo que, em geral, não deve ser confundido com o plano normativo, pois ela designa a categoria de interesses típicos da comunidade que tem encontrado proteção na lei. Desse modo, ao propugnar-se pelo critério de valoração comparativa dos interesses deve-se, pelo contrário, admitir que o reconhecimento histórico do conteúdo da lei é estritamente ligado ao ulterior encargo de uma valoração legislativa, que é (re)tornada sob o caráter complementar e explicativo das valorações implícitas em um ideal de coerência dinâmica e de congruência objetiva contraposto ao ideal de uma estática fidelidade à letra da lei.

Particularmente, a questão é colocada pela antinomia entre o vínculo de subordinação à objetivação do espírito em uma forma representativa e a exigência de iniciativa do intérprete – subjetividade – na atualidade do agir, pois ao conteúdo lógico da enunciação da norma é, necessariamente, ínsito e imanente um elemento histórico e teleológico, o que é característico de toda interpretação em função normativa. No entanto, como para entender o sentido da norma é indispensável ter-se presente a lógica da língua pela qual são enunciadas as normas, ou a lógica do comportamento, especialmente, porque trata-se da lógica do direito, do tratamento jurídico considerado no duplo aspecto sistemático e teleológico[11], a cada um desses três aspectos corresponde uma circunstância ideal interpretativa da norma.

Assim, em primeiro lugar, repete-se e renova-se na circunstância preliminar e preparatória uma interpretação contemplativa, que tem por finalidade entender a lógica na língua, na lógica da disciplina por meio da

---

11 BETTI, E. *Interpretazione della legge e degli atti giuridici*, p. 180.

interpretação filológica, e por conseguinte, as circunstâncias histórica e metódica (técnica), pelas quais o significado originário do texto pode ser adaptado e adequado em função de uma diretiva axiológica do espírito atual; as concepções da época histórica passada são acertadas objetivamente em consideração às exigências da sociedade na qual a lei tem vigor sem que o espírito atual seja vinculado a quaisquer significados sobrevindos pelo resultado interpretativo. Em segundo lugar, por meio da interpretação filológica, psicológica – a qual tem por objeto a interpretação da lógica do comportamento – e técnica pode ser (re)encontrado, em meio a uma pluralidade de significados dogmático-normativos um significado único e constante mediante uma interpretação autêntica, pois o sistema jurídico ou o próprio Estado pode sentir-se constrito a fixar de modo vinculativo uma forma inteira definitiva – lei interpretativa, dogma ou tradição.

Nesse caso, em princípio, tem-se como base uma diretiva normativo--dogmática por atribuir-se ao texto legislativo um caráter extratemporal, porém, contrariamente ao ponto de vista dogmático-normativo, segundo o qual trata-se de acertar, como fato histórico, um sentido historicamente condicionado pelo sentido originário objetivado pelo legislador, o ponto de partida é dado pela atualidade do espírito do intérprete e da ação, por meio da sua identificação com o espírito originário da autoridade legislativa.

Essa identidade fixa o caráter de autenticidade à interpretação e, também, é o fundamento da eficácia vinculativa do resultado interpretativo segundo o critério *eius est interpretari legem, cuius est condere*, não se trata de uma identidade pessoal e, portanto, de índole meramente psicológica e histórica, porém, é uma identidade institucional objetiva. A interpretação jurídica em função normativa, sob o aspecto da questão da teoria geral da interpretação, pois, tem como pressuposto o caráter objetivo do sentido a que esta interpretação é direcionada a alcançar, fixando os significados entre aqueles obtidos por meio da interpretação contemplativa e reprodutiva, que não prescinde da subjetividade do intérprete, sendo mister, nesse sentido, o controle do processo interpretativo.

2. A FUNÇÃO NORMATIVA COMO COMPETÊNCIA DA JURISPRUDÊNCIA PRÁTICO-TEÓRICA

A interpretação jurídica, contrariamente a uma interpretação puramente contemplativa/intransitiva, segundo a qual o entender é fim em si mesmo, tem em vista por meio do resultado intelectivo um êxito prático[12] direcionado à assunção de uma posição relativa a determinadas situações hipotéticas por antecipação[13], i.e., ela direciona-se a um entendimento preordenado a fim de regular a ação por meio da subsunção do critério da decisão ou da máxima da ação como princípio diretivo da ação ou da decisão dentro dos limites do marco jurídico e, especialmente, da conservação da perene eficácia na vida da sociedade das normas, dos preceitos e das valorações normativas por intermédio da integração, da adaptação, da adequação[14] destas, conforme as exigências da atualidade e da natureza das relações disciplinadas[15].

A interpretação jurídica não é mais do que uma espécie, a mais importante, do gênero denominado sob interpretação *em função normativa*[16], pois tem a mesma natureza que o seu objeto e o seu problema[17], o qual é estritamente correlacionado com a aplicação da norma e a vinculação prática do texto normativo[18]. A autoridade vinculativa do texto normativo interpretado enquanto enuncia preceitos, dogmas, máximas, ensinamentos com pressuposto reconhecimento pelo destinatário[19], confere à interpretação jurídica uma *função normativa.* Além disso, se ao interpretar atribui-se ao jurista-intérprete e ao juiz uma veste que o legitima identificar-se – institucionalmente – com o autor originário do texto, a interpretação mesma assume uma função normativa e uma eficácia vinculativa, afinal a norma age sobre a conduta por meio da operação intelectiva destinada a procurar a sua correta inteligência determinando dessa forma, a apreciação interpretativa no caso concreto.

Apesar da interpretação jurídica assumir uma *função de caráter normativo* não significa isso que o ato de interpretar seja um ato normativo, pois nem o jurista-intérprete nem o juiz decisório assume além do encargo contemplativo e de uma posição de estrita subordinação à lei. A atividade normativa, que cabe ao legislador, não pode ser confundida com a

---

12 BETTI, E. *Teoria Generale della Interpretazione.* v. I, p. 802. Ver, também, BETTI, E. *Interpretazione della legge e degli atti giuridici,* p. 4.

13 BETTI, E. *Teoria Generale della Interpretazione.* v. I, p. 804. Ver, também, BETTI, E. *Interpretazione della legge e degli atti giuridici,* p. 5.

14 BETTI, E. *Teoria Generale della Interpretazione.* v. I, p. 807. Ver, também, BETTI, E. *Interpretazione della legge e degli atti giuridici,* p. 7.

15 BETTI, E. *Interpretazione della legge e degli atti giuridici,* p. 4.

16 BETTI, E. *Teoria Generale della Interpretazione.* v. I, p. 3. Ver, também, BETTI, E. *Interpretazione della legge e degli atti giuridici,* p. 802.

17 BETTI, E. *Teoria Generale della Interpretazione.* v. I, p. 807.

18 BETTI, E. *Teoria Generale della Interpretazione.* v. I, p. 790, 791.

19 BETTI, E. *Teoria Generale della Interpretazione.* v. I, p. 807 e p. 792.

destinação normativa, que a interpretação jurídica tem pela natureza do seu objeto e do seu problema, pois a eficácia vinculativa individual, que compete à sentença – forma representativa, na qual é objetivado o espírito do juiz decisório – é decorrente da específica competência normativa na qual é investido o juiz decisório, por consequência do seu ofício judicante, a qual, por sua vez, não se confunde com a eficácia jurídica. *A função normativa* também não pode ser entendida em um sentido prático restrito com a reserva de uma imediata aplicação, porém, deve ser entendida no sentido de uma orientação à ação, cujo encargo compete à jurisprudência prático-teórica[20].

3. A INTERPRETAÇÃO EM *FUNÇÃO* INTEGRADORA

A interpretação normativa em função integradora tem um caráter supletivo e de complementaridade[21] que está relacionado com o reconhecimento histórico da valoração originária, imanente à letra da lei[22], o qual constitui a *ratio iuris* da norma, pois o ordenamento jurídico é um organismo vivo em perene movimento e contínua transformação que segue as transformações da vida político-social[23]; somente o reconhecimento histórico permite uma transposição do sentido imanente à lei na viva atualidade como uma concatenação produtiva – no sentido de W. *Dilthey* – nos limites da ordem jurídica[24]. Isso significa que o nexo imanente entre o esclarecimento do sentido da norma abstrata e o desenvolvimento que a individualiza e a concretiza na máxima de decisão se opera pela integração da norma na atualidade vivente mediante juízos de valor que (re)fazem e (re)vivem as concepções dominantes na consciência social da época da elaboração da norma. Isso esclarece a possibilidade de uma *heterogênese* de significados relativos ao texto da lei que remanesce imutável quanto à letra, apesar das sucessivas transposições históricas. Igualmente, elucida a significação do sobrevir de leis especiais em face das modificações sociais, as quais reagem sobre todo o sistema jurídico, bem como a recepção de

---

20 BETTI, E. *Teoria Generale della Interpretazione.* v. I, p. 809.

21 BETTI, E. *Teoria Generale della Interpretazione.* v. I, p. 802. Ver, também, BETTI, E. *Interpretazione della legge e degli atti giuridici,* p. 4.

22 BETTI, E. *Teoria Generale della Interpretazione.* v. I, p. 823, 824. Ver, também, BETTI, E. *Interpretazione della legge e degli atti giuridici,* p. 22.

23 BETTI, E. *Teoria Generale della Interpretazione.* v. I, p. 824.

24 BETTI, E. *Teoria Generale della Interpretazione.* v. I, p. 825 e, também, BETTI, E. *Interpretazione della legge e degli atti giuridici,* p. 23.

uma legislação vigente[25] em ordem jurídica diversa tem um fenômeno de assimilação positiva, pela qual, no traspasse dos institutos por meio desse disciplinados, (re)vivem em algumas e em outras tornam-se inoperantes.

Contrariamente a esse nexo têm-se posicionado os adeptos da concepção do dogma da vontade[26] do legislador e da lei, os quais contra-argumentam com base em uma orientação intelectualística que nega a tripartição da faculdade psíquica em intelecto, vontade e sentimento simplificando-a numa bipartição da atividade teorética como negação do sentimento como categoria espiritual[27]. Dessa forma, a interpretação somente pode ser qualificada como mera consciência contemplativa, na qual se encontra a função do intelecto e os momentos valorativos são considerados como mera função da vontade, assim como a decisão do juiz, ou como mera atividade técnica. Em outras palavras, estabelece-se, por uma parte, uma antinomia entre a exigência de previsão da máxima pela qual deve ser direcionada a conduta e a função integradora conferida à interpretação judicial, a qual pode ser resumida em uma antinomia entre a função do intelecto e a função da vontade[28] e, por outra parte, uma antinomia entre o vínculo de subordinação à lei e a exigência de iniciativa à elaboração de máximas de decisão decorrente de um prejuízo iluminístico, segundo o qual o vínculo de subordinação do juiz à lei restringe o seu ofício a uma aplicação do direito como uma espécie de operação aritmética[29] que tem como ponto de partida uma completa lógica da ordem jurídica[30]. O que, de forma alguma, permite uma impossibilidade lógico-jurídica em face de uma inoportunidade lógico-legislativa de solução.

A fim de contestar essa completa lógica da ordem jurídica como pressuposto e ponto de partida, esta é admitida somente como resultado de um processo interpretativo, pois à interpretação coloca-se o problema de integrar as partes no todo ou de estabelecer a coerência das valorações normativas no seu complexo como decorrência da insuficiência da disciplina legal, ou também, da sua inadequação ou deficiência teleológica[31]. O que, sob o cânon hermenêutico da totalidade, pode ser qualificado como um

---

25 BETTI, E. *Teoria Generale della Interpretazione*. v. I, p. 827. Ver, também BETTI, E. *Interpretazione della legge e degli atti giuridici*, p. 25.

26 BETTI, E. *Teoria Generale della Interpretazione*. v. I, p. 834 e, BETTI, E. *Interpretazione della legge e degli atti giuridici*, p. 32.

27 BETTI, E. *Interpretazione della legge e degli atti giuridici*, p. 38.

28 BETTI, E. *Interpretazione della legge e degli atti giuridici*, p. 40.

29 BETTI, E. *Interpretazione della legge e degli atti giuridici*, p. 181.

30 BETTI, E. *Teoria Generale della Interpretazione*. v. I, p. 799. Ver, também BETTI, E. *Interpretazione della legge e degli atti giuridici*, p. 43.

31 BETTI, E. *Interpretazione della legge e degli atti giuridici*, p. 41 e 45.

A Interpretação Jurídico-Normativa   Capítulo **IV**

problema sistemático no sentido de *Fr. von Savigny*, porque se trata da interior coerência e concatenação que restringe na unidade do todo os singulares institutos e preceitos jurídicos, ou porque se trata de uma coerência não puramente lógica, porém orgânica e teleológica que é reafirmada por meio de uma autointegração da ordem jurídica.

Ou, em outros termos, é dizer que não se trata de universalidade, i.e., validade da lei em todos os tempos, mas de uma totalidade espiritual, na qual é ínsita a exigência de integração e de um ulterior desenvolvimento, o que conduz a ignorar toda e qualquer espécie de lacunas[32], sejam lacunas de previsão ou de valoração, dependentes do defeito total ou parcial da disciplina legal ou da sua inadequação, ou pelo contrário, lacunas de colisão[33], dependentes de alternativa ou de contraste, originário ou sobrevindo entre normas discrepantes, propondo em matéria de interpretação considerar as lacunas como problema somente de política legislativa e remeter, por isso, a mera discricionariedade do poder legislativo. O processo de autointegração da ordem jurídica, porém, pode não ser suficiente quando estabelecida uma exigência de decisão judicial conforme a justiça ultrapassar os limites dessa, o que determina, por consequência, que se estabeleça uma heterointegração da ordem jurídica[34].

4. A AUTOINTEGRAÇÃO DO SISTEMA JURÍDICO PELA *ANALOGIA LEGIS*

É à interpretação analógica que pertence o caráter de autointegração da ordem jurídica, pressuposto de intrínseca coerência do sistema[35], com a finalidade de eliminar as lacunas de origem legislativa e consuetudinária, justificada, portanto, como uma *analogia legis*[36] – justificação do mesmo tratamento ao caso contemplado, segundo o cânon da *convenientia rationis* – quando sob os princípios gerais de direito sendo constituída, dessa forma, como método necessário ao reencontro de máximas de decisão para estabelecer essa autointegração. Assim, a colocação da questão de se a analogia é parte integrante do processo interpretativo ou é estranha à interpretação em sentido estrito demonstra-se privada de sentido.

---

32 BETTI, E. *Interpretazione della legge e degli atti giuridici*, p. 44.

33 BETTI, E. *Interpretazione della legge e degli atti giuridici*, p. 45.

34 BETTI, E. *Interpretazione della legge e degli atti giuridici*, p. 51.

35 BETTI, E. *Interpretazione della legge e degli atti giuridici*, p. 183.

36 BETTI, E. *Interpretazione della legge e degli atti giuridici*, p. 204, 205 e 220.

4.1. Uma questão de fundamentação: *voluntas legis* ou *voluntas legislatoris*?

A precisa colocação do problema relativo ao fundamento da interpretação analógica e a sua validade é objetivada pelo dogma da vontade do legislador ou da lei[37], o qual conduz a interpretação jurídica a uma interpretação psicológica, pois se a lei é ato de vontade do legislador não pode ter esta outro sentido do que aquele contido na forma representativa legal. Porém, considerar o direito como expressão de uma vontade exclusiva e perene exaurida em si mesma significa considerar o ordenamento jurídico estático e fechado[38] sem possibilidade de um intrínseco desenvolvimento.

O fundamento da analogia, sob o ponto de vista do dogma da vontade legislativa, tem base psicológica, segundo a qual uma interpretação extensiva ou analógica não tem sentido, porém, somente uma interpretação *corretiva* das normas. Sob esse ponto de vista, ainda, estabelece-se uma artificiosa distinção entre a interpretação *extensiva* e a interpretação analógica[39], para a qual a interpretação extensiva é baseada no dogma da vontade, que simplesmente estende o significado da norma, e a analogia tem como supedâneo a identidade da *ratio*, uma vez que desenvolve a própria norma analogamente, tornando-a explícita em uma intrínseca lógica e coerência. Por consequência, sob essa perspectiva, o resultado da interpretação extensiva apenas estende a norma mesma enquanto a interpretação analógica elabora uma máxima de decisão (re)encontrada na *ratio iuris* da norma prescrita[40].

Contrariamente, para que a extensão analógica seja empregada pela técnica jurídica, o seu fundamento pode ser entendido tanto sob o ponto de vista causal quanto sob o ponto de vista teleológico. Em relação ao primeiro aspecto, a observância da norma jurídica exige a consideração à observância do fator histórico como base para a análise da causa, ou o fundamento de um juízo, ou demonstrar um idêntico motivo e assim por diante, e em relação ao segundo, a lei tem de ser entendida em sua finalidade em determinado momento histórico, já que a lei tem por escopo a solução de um problema prático. Ou ainda, a interpretação jurídica no direito comum pode ser *corretiva, extensiva restritiva, declarativa*[41], segundo a opinião comum. Disso decorre que a ideia é ligada à expressão sempre que seja usada em sentido

---

37 BETTI, E. *Interpretazione della legge e degli atti giuridici*, p. 77.

38 BETTI, E. *Interpretazione della legge e degli atti giuridici*, p. 76.

39 BETTI, E. *Interpretazione della legge e degli atti giuridici*, p. 177 e p. 178.

40 BETTI, E. *Interpretazione della legge e degli atti giuridici*, p. 78.

41 BETTI, E. *Interpretazione della legge e degli atti giuridici*, p. 79.

A Interpretação Jurídico-Normativa   Capítulo **IV**

técnico, que é a interpretação analógica. Em outros termos: a hermenêutica do direito comum tem claramente distinto o procedimento direcionado a aprofundar o sentido da norma – *mens legis* – o qual pode levar a uma interpretação lata dos *verba legis* – *intensio* – e do procedimento destinado a casos similares aos previstos, o qual é denominado *extensio*.

Esclarece-se, entretanto, que nela se trata de expressão técnica empregada referente à interpretação analógica[42], a qual tem seu fundamento não sobre uma identidade, porém, sobre uma correspondência e uma congruência da base lógica do tratamento jurídico, o que não significa uma correspondência entre termos tal qual um procedimento analítico, mas uma correspondência baseada em um procedimento sintético de comparação entre termos que, apesar de diversos, são semelhantes no elemento decisivo para o tratamento jurídico. Em outras palavras: a interpretação extensiva – como também a interpretação restritiva – constitui um resultado ampliado sem tomar uma intrínseca razão do resultado que oferece ao problema prático, sem a necessidade de obter um resultado discrepante da declaração legislativa, i.e., da interpretação *declarativa* da vontade do legislador. A analogia, pois, tem por fundamento a *convenientia rationis*, i.e., o desígnio de coerência racional da ordem jurídica, que se realiza por meio de uma interpretação extensiva e integradora e não por meio da produção do direito, como argumentam adeptos do dogma da vontade legislativa, para os quais *quod non est in lege, nec in iure*.

5. O PROCESSO DE HETEROINTEGRAÇÃO DO SISTEMA

O processo de heterointegração é constituído, pois, em via excepcional na hipótese em que seja conferido ao órgão jurisdicional realizar uma apreciação interpretativa relativa ao caso valorado sob medida de equidade, tanto em relação à função formadora do direito quanto relativo à função integradora na interpretação normativa. Com isso, a interpretação integradora assume uma posição antitética em relação à discricionariedade que pode sobrevir, simultaneamente, em uma apreciação interpretativa, pois apesar de a discricionariedade ter sua sede originária na atividade legislativa e administrativa, pode ser deferida à atividade jurisdicional mediante uma jurisdição sob equidade.

Por uma parte, apesar de a interpretação normativa não se exaurir em um reconhecimento meramente contemplativo e intransitivo do significado próprio da norma em sua abstração e generalidade e contar com uma função

---

42 BETTI, E. *Interpretazione della legge e degli atti giuridici*, p. 83.

integradora, não se pode estabelecer uma cisão entre esses momentos, analogamente, à posição do intérprete na interpretação reprodutiva, pois o caráter supletivo e de complementaridade da integração normativa é vinculado às valorações legislativas e a solução mais conforme a *ratio iuris* do preceito legal. Por outra parte, e antiteticamente à discricionariedade no âmbito da administração, à solução exata conforme a valoração legislativa é unívoca, pois considerações de oportunidade não são admissíveis bem como o uso de dois pesos e duas medidas, na atividade jurisdicional. Em suma: a univocidade de solução significa a previsibilidade e o rigoroso controle do resultado da interpretação, ao menos em teoria, pelo fato da exclusão das valorações de mera oportunidade da decisão, sendo assegurada à ordem jurídica, por meio da interpretação, uma linha de continuidade no seu desenvolvimento, que advém por autointegração, segundo um desígnio de coerência racional, pelo qual a ação desenvolve-se sempre conforme máximas sociais reenviadas em uma legislação igualitária.

6. O PROCESSO DE CRIAÇÃO NA INTERPRETAÇÃO INTEGRADORA

Especificamente relativo ao caráter criativo da interpretação integradora em função normativa, se criativo, originário e independente, ou derivado, secundário e complementar, tem-se de dizer em primeiro lugar, que se trata de uma atividade espiritual de caráter criativo, pois toda interpretação tem o encargo de vivificar mediante um incessante (re)pensar e atualizar as objetivações (normas) passadas, transpondo-as do passado ao presente por meio de uma orgânica concatenação de normas conforme as exigências do ambiente social e das relações em questão. Em segundo lugar, ainda que a interpretação sirva para completar a deficiência de normas e (re)encontrar, por meio da analogia, uma máxima de decisão como a interpretação integradora, ela remanesce sempre subordinada e vinculada às valorações imanentes à totalidade do sistema jurídico, enquadrada no ambiente histórico e sociológico vivente. A criação da interpretação integradora assume, dessa forma, um sentido negativo como precisão da declaração legislativa, do que conclui-se que somente o entender que conduz à formulação da própria norma possibilita afirmar que o intérprete participa da criação da norma e não aplica o direito. Mediante a interpretação integradora, o jurista--intérprete e o juiz não criam normas jurídicas, porém, somente elaboram máximas de decisão, que, por serem aplicadas por órgãos dotados de competência normativa, têm eficácia vinculativa na individualização do preceito legal no caso concreto.

7. INTERPRETAÇÃO AUTÊNTICA

7.1. Definição

Por interpretação autêntica compreende-se a interpretação caracterizada sob a identidade do autor em todas as suas formas representativas, que no âmbito jurídico pode ser assumida no plano individual pelo sujeito ou no plano institucional pelo órgão emissor da declaração preceptiva ou da prescrição normativa referente à regulamentação jurídica de uma matéria relevante sob a óptica do âmbito jurídico.

7.2. Pressuposto e função

Tem como pressuposto de realização a incerteza em relação ao significado da prescrição normativa, que torna possível uma pluralidade de interpretações divergentes obstando, dessa forma, o êxito prático da interpretação *em função* normativa, que é direcionada a regular a ação. Nesse sentido, a sua função consiste em resolver um problema de inteligibilidade tanto da prescrição normativa quanto da declaração preceptiva, satisfazendo, assim, uma exigência de igualdade, i.e., de uniformidade do tratamento jurídico de hipótese normativa idêntica, retirando a possibilidade de disparidade dependente da pluralidade de significados atribuíveis à prescrição. A distância relativa ao significado mais exato da prescrição normativa interpretada pode conduzir a um erro de interpretação, ocasionado pela intenção de relevar uma valoração normativa sobrevinda ou não explícita ou pela inovação por meio da modificação de uma disciplina jurídica. Essa inovação depende, porém, da valoração das exigências sociais na interpretação autêntica pelo legislador por consequência da discricionariedade que lhe compete – pois não cabe ao órgão jurisdicional nem ao órgão administrativo, senão delegada por meio de lei – enquanto a interpretação autêntica pelos sujeitos individuais decorre da autonomia que lhes compete na valoração do interesse privado.

7.3. Estrutura da norma interpretativa

A estrutura da norma interpretativa elaborada por intermédio da interpretação autêntica corresponde ao problema que tem por função resolver. Em primeiro lugar, sob um momento lógico trata de enunciar por meio de uma apreciação interpretativa o liame existente entre a prescrição normativa e a *ratio iuris* de uma prescrição antecedente; em segundo lugar, sob um momento preceptivo, trata de vincular toda interpretação futura e a aplicação da prescrição interpretada, por meio de uma declaração interpretativa que assume o caráter de declaração complementar no sentido de que toda interpretação posterior é, por consequência, parte integrante dessa e tendo vigor por seu meio.

7.4. Em sentido formal e substancial

No sentido formal, a interpretação autêntica realiza-se como a interpretação em geral, que faz entender o sentido de uma prescrição preexistente, i.e., do conteúdo normativo que lhe é próprio, enquanto no sentido substancial a realização da interpretação autêntica é limitada a ser feita pelo próprio autor da prescrição a ser interpretada – distintamente de uma apreciação interpretativa que pode conter variações de sentido – excluindo toda possibilidade de uma diversa inteligência da prescrição interpretada. O valor vinculativo da norma interpretativa tem seu fundamento, justamente, no sentido substancial da interpretação autêntica, pois é por meio do sentido exato conferido por esta interpretação que a *ratio iuris* se vincula à prescrição normativa bem como o inverso. Esse valor vinculativo, porém, tem a sua extensão e limite determinados pelo momento lógico e, ainda, sob o sentido formal, tem de ser considerado, antes de tudo, o vigor da norma interpretativa no tempo.

Pois, que os vários aspectos da norma são incindíveis um do outro assim como, incindível é a palavra do pensamento e este da sua forma representativa, da mesma forma que as correspondentes circunstâncias do processo interpretativo não podem ser empregadas de forma independente uma da outra, porém, devem ser alternadas e correlacionadas, direcionadas a atingir o aspecto teleológico-sistemático próprio da interpretação em função normativa. Apesar disso, ainda é amplamente difuso entre os juristas um modo de ver mecânico e atomístico pelo estabelecimento ou sobreposição de uma espécie de concorrência entre as circunstâncias e os critérios interpretativos. Igualmente, é aceito, também, um prejuízo como aquele de que *in claris non fit interpretatio*. Na verdade, as circunstâncias interpretativas integram um único processo interpretativo e se direcionam, portanto, a um só e mesmo fim, o qual não é plenamente obtido senão pelo intérprete. Este aprofunda e interioriza a declaração legislativa no seu conteúdo espiritual e de pensamento e, por meio de seu entendimento, toma posse do discurso (ou da linha de conduta) do qual faz parte e o enquadra na totalidade espiritual competente e, dessa forma, a compreensão, antes provisória e aproximada, é aperfeiçoada, corrigida e integrada, gradualmente, para que no fim do processo interpretativo os elementos singulares sejam (re)vividos juntos.

No progressivo interpretar, é ínsito, portanto, uma avaliação crítica, um controle do resultado provisório obtido por meio dos cânones hermenêuticos. O controle do resultado interpretativo obtido em uma circunstância pode ser confirmado ou refutado em uma circunstância subsequente. Isto quer dizer que o teor literal da declaração legislativa pode ser tanto conforme o conteúdo normativo, i.e., congruente com a *ratio iuris*, ou, pelo contrário, que a fórmula legislativa é inadequada à ideia com base nela expressa, ou em relação ao problema prático sob a qual a solução é fundamentada. A partir disso, a interpretação é conduzida no sentido de um esclarecimento estrito – interpretação lata ou escrita –, ou extensivo, por meio de uma interpretação analógica, ou ainda, no sentido de uma interpretação corretiva, a qual é de pronto restritiva, e só em casos raros de incompatibilidade insuperável pode ser conduzida a uma *interpretatio abrogans*.

Capítulo V
Tópica e Hermenêutica

§ 1º
Orientação Tópico-Hermenêutica

Apesar do estudo da *Tópica* neste trabalho ser limitado aos seus fundamentos, sem pretender abarcar a evolução histórica em toda a sua extensão, e, como um quadro aproximado somente se obtém pela análise dos fundamentos em um estudo histórico, ela tem de ser entendida a partir de *Aristóteles*, que lhe deu o nome[1], e de *Cícero*, que teve a influência histórica maior que a de *Aristóteles*[2].

Em sua *Tópica*, *Aristóteles* se ocupa de um tema tratado pela filosofia grega clássica, a velha arte de domínio dos retóricos e dos sofistas. A *Tópica* pertence, com os *Argumentos Sofísticos* – partes quinta e sexta do *Organon* –, ao terreno do dialético, o que se expressa em *dialegueszai*, i.e., em *disputar,* que cabe aos retóricos e aos sofistas como campo do meramente opinável; não do apodíctico, o qual é campo da verdade para os filósofos[3]. "Nosso tratado – diz *Aristóteles* – propõe-se encontrar um método de investigação, o qual, partindo de proposições que se possam colocar (*peri pantós tou protecentos problematos*) e evitar as contradições, quando se tem de sustentar um discurso, i.e., colocado um problema qualquer, que se possa formar conclusões corretamente *ex endoxoni* (*isto é, partindo de opiniões que parecem ser geralmente aceitas*) para atacar

---

1 VIEHWEG, Theodor. *Topica y Jurisprudencia*, p. 37.

2 VIEHWEG, *Topica y Jurisprudencia*, p. 44.

3 VIEHWEG, *Topica y Jurisprudencia*, p. 38.

TÓPICA E HERMENÊUTICA

CAPÍTULO V

ou para defender"[4]. E, diante disso, passa a explicar o raciocínio dialético, distinguindo um *apodeixis*, uma conclusão dialética, uma conclusão erística, por último os paralogismos ou falsas conclusões[5]. Ele faz uma classificação das conclusões segundo a índole de suas premissas. Por exemplo, por conclusões dialéticas entende aquelas que têm como premissas opiniões acreditadas e verossímeis, que devem contar com aceitação (endoxa). *Aristóteles* parte, pois, da afirmação de que a tópica tem por objeto conclusões que derivam de proposições que parecem verdadeiras com apoio em uma opinião acreditada[6]. O livro VIII da *Tópica* é dedicado à discussão dos problemas relativos à ordem e ao método que se deve seguir ao propor questões[7], i.e., a arte de perguntar ou regras de interrogação.

> Quando se quer fazer uma pergunta o que primeiro se deve seguir ao propor descobrir é o tópico que deve ser empregado para se obter a conclusão dialética; em segundo lugar, devem ser colocadas em si mesmas as perguntas concretas, levando-as com uma determinada ordem; e, por último, dirigi-las ao interlocutor[8].

A ordem e a colocação das perguntas é, precisamente, a tarefa peculiar do dialético, pois ele é precisamente isto: o homem hábil em propor questões e em levantar objeções (Top. VIII, 164b, 5). A *Tópica* de *Cícero* foi escrita em dois livros *De inventione* – dedicada ao jurista C. *Trebacio Testa* –, a qual teve uma influência histórica maior que a de *Aristóteles*, porém, de nível inferior ao da aristotélica[9].

Contrariamente a *Aristóteles* que projetou em sua Tópica uma teoria da dialética, entendida como arte retórica, *Cícero* entende a tópica como uma prática da argumentação, que maneja o catálogo de tópicos. *Aristóteles* trata, em primeiro lugar, ainda que não de modo exclusivo[10]. Porém, a tópica ciceroniana foi a que definitivamente prevaleceu[11]. Assim, a tópica, quando não se manteve como uma lógica retorizada, retornou, abastecida com os resultados do trabalho aristotélico sobre a retórica.

---

4 VIEHWEG, *Topica y Jurisprudencia*, p. 39.

5 VIEHWEG, *Topica y Jurisprudencia*, p. 40.

6 VIEHWEG, *Topica y Jurisprudencia*, p. 40-1.

7 ARISTÓTELES, *Tópicos*, I.

8 VIEHWEG, *Topica y Jurisprudencia*, p. 43.

9 VIEHWEG, *Topica y Jurisprudencia*, p. 44.

10 VIEHWEG, *Topica y Jurisprudencia*, p. 46, 48.

11 VIEHWEG, *Topica y Jurisprudencia*, p. 49.

A tópica é a própria *techné* do pensamento, que opera com problemas[12], devendo ser entendida sob o trânsito efetivo da sua mentalidade[13], i.e., ela não deve ser entendida sem a aceitação da sua inclusão dentro de uma ordem de círculos problemáticos[14], pois não serve à comprovação lógica das proposições do sistema (deduções), porém, serve para orientar o problema dos pontos de vista em relação às proposições lógicas do sistema[15]. A tópica é incompatível com a elaboração de uma ciência por meio de um proceder dedutivo-sistemático, pois com o sistema de proposições em si mesmo considerado deve ser compreendido por si, i.e., pelo desenvolvimento lógico de suas proposições nucleares, as quais não podem ser alteradas diante de uma eventual modificação da situação do problema, pois o sistema independe do problema[16]. Com isso, quer-se dizer, em primeiro lugar que a problemática da tópica e do primado dos problemas direciona casos perante a norma e o sistema. Em segundo lugar, que a Jurisprudência – tese fundamental de *Th. Viehweg* – só pode satisfazer seu peculiar propósito se proceder não dedutivo-sistematicamente, porém, topicamente[17].

Concretamente, *Th. Viehweg* distingue dois graus de tópica. De acordo com o primeiro, deve-se proceder por intermédio de uma seleção arbitrária de uma série de pontos de vista mais ou menos ocasionais para buscar, a partir destes, uma orientação por meio de determinados pontos de vista, i.e., uma orientação por meio de subpostas premissas objetivamente adequadas e fecundas, a fim de levar a consequências iluminadas. Dessa forma, procede-se quase sempre no cotidiano, procedimento que é chamado *tópica de primeiro grau*[18]. Com base na insuficiência deste procedimento primeiro, procede-se ao dos *repertórios de pontos de vista* – já preparados anteriormente –, os quais são *ajustados* a problemas determinados. Assim, produzem-se os catálogos de tópicos. O procedimento que se utiliza destes catálogos de tópicos, destarte, é chamado *tópica de segundo grau*[19], que tem seu fundamento precisamente na conversão da projeção aristotélica de um catálogo de tópicos para os problemas pensáveis por *Cícero* e seus

---

12 VIEHWEG, *Topica y Jurisprudencia*, p. 14 e 24.

13 VIEHWEG, *Topica y Jurisprudencia*, p. 69.

14 VIEHWEG, *Topica y Jurisprudencia*, p. 57.

15 VIEHWEG, *Topica y Jurisprudencia*, p. 69.

16 BÖCKENFÖRDE, Ernst-Wolfgang, Die Methode der Verfassungsinterpretation-Bestandaufnahme und Kritik. In: *NJW*, p. 2093.

17 LARENZ, Karl. *Metodología de la Ciencia del Derecho*, p. 154.

18 VIEHWEG, *Topica y Jurisprudencia*, p. 57.

19 VIEHWEG, *Topica y Jurisprudencia*, p. 57-58.

TÓPICA E HERMENÊUTICA

sucessores, como meio auxiliar do pensar o problema do modo mais prático possível, com o que se produziu uma trivialização.

Particularmente, além dos tópicos universalmente aplicáveis, tratados por *Aristóteles*, *Cícero* e seus sucessores, têm também os tópicos aplicáveis somente a um determinado ramo do saber, os *loci communi*, sobre os quais são baseados os catálogos especializados de tópicos a facilitar a orientação tópica e o pensar o problema de modo prático[20]. Nisso, propriamente, consiste a função dos tópicos. Os tópicos devem ser entendidos sob uma ótica funcional, i.e., devem ser vistos como possibilidades de orientação e como fios condutores do pensamento, já que têm o seu sentido dado pelo problema. Nesse sentido, determinar se os *topoi* – eles são, segundo *Aristóteles*, pontos de vista utilizáveis e aceitáveis universalmente, que se empregam em favor e contra ao aplicável e que parecem conduzir a verdade, sobre os quais em *Th. Viehweg*, não se encontra uma definição – apresentar-se como conceitos ou como proposições é mera questão de formulação, considerado o aspecto (in)transcendente[21]. Na verdade, o método tópico desempenha uma tarefa pré-lógica de orientar o *como* identificar premissas subpostas pelas proposições lógicas do sistema, pois como tarefa a *inventio* é primária e a *conclusio*, secundária. Este procedimento é adequado para comprovar de que maneira são criadas as premissas pelo modo de pensar sob análise. Assim, o método tópico influi na índole das deduções a partir das proposições lógicas do sistema ao passo que a índole das conclusões indica a forma de buscar as premissas[22].

Não obstante, a formação de um catálogo de tópicos, por uma parte, produz no desenvolvimento ulterior do pensamento um vínculo lógico, que é contrário ao modo do pensar o problema, por ser este esquivo a vinculações, por outra parte, são exigidas flexibilidade e capacidade de abertura ao catálogo de tópicos sob o domínio do problema[23]. Sob este aspecto é que o método tópico auxilia na interpretação, pois por meio do processo interpretativo abre possibilidades de entendimento sem violar as antigas possibilidades. Assim, são mantidas as fixações já realizadas nos repertórios de pontos de vista por meio de uma conexão com os novos pontos de vista completamente distintos, o que torna possível um novo entendimento. Por este procedimento – aqui, particularmente, a referência é feita ao procedimento dialético-socrático sobre problemas –

---

20 VIEHWEG, *Topica y Jurisprudencia*, p. 59.
21 VIEHWEG, *Topica y Jurisprudencia*, p. 61.
22 VIEHWEG, *Topica y Jurisprudencia*, p. 63.
23 VIEHWEG, *Topica y Jurisprudencia*, p. 64-65.

as premissas fundamentais são legitimadas pela aceitação do interlocutor. O que, por consequência, quer dizer que o ponto de vista aceito geralmente é considerado como fixado, (in)discutido e evidente. Por tal razão, as premissas relacionadas com o problema podem ser qualificadas sob graus *relevantes* ou *irrelevantes*, *admissíveis* ou *inadmissíveis*, podendo ser qualificadas sob graus intermediários como *apenas defensável* ou *todavia defensável*, que são plenamente dotados de sentido, segundo o qual só pode ter aceitação o que tiver um peso específico[24]. Logo, os pontos de vista diretivos são legitimados por serem geralmente aceitos por seus interlocutores, ou pela maioria, ou por notáveis e eminentes, como diz *Aristóteles*[25]. Diversamente do legitimar ou provar uma premissa, porém, é fundamentar uma premissa (*methodus critica*, de *G. B. Vico*, que é baseado no *primum verum*), pois isso exige que a proposição lógica de um sistema seja (re)conduzida a outra e, por fim, a uma proposição geral, i.e., que possa ser reduzida por dedução da proposição lógica mais geral pela qual o plano valorativo a respeito dos círculos problemáticos concretos é encontrado e torna-se funcional[26], pois eles não são meras máximas ou regras heurísticas, pelo contrário, são uns princípios *gerais*[27] por serem procedentes de uma estimativa objetiva e social, não da apreciação retórica e singular de uma suposta *justiça do caso concreto*, são informadores da instituição, e, uma vez precisados, concretiza-se a validade jurídica no sentido de direito aplicável, como expressão técnica[28].

Em face disso, a jurisprudência não deve ser concebida sob uma ótica que refuta uma postura aporética, porém, como uma discussão de problemas, desenvolvida em razão da dicotomia pergunta-resposta[29], já que, como técnica da Ciência Jurídica[30], tem a sua estrutura determinada pelo problema[31]. A sua tarefa é precisamente baseada na aporia fundamental da busca do justo a uma pletora de situações-problema inabarcável, a qual é realizada a partir dos pontos de vista, os quais dentro dos limites da *Tópica* de *Th. Viehweg* não podem ser chamados de princípios ou regras fundamentais, porém, regras diretivas ou tópicos, já que não

---

24 VIEHWEG, *Topica y Jurisprudencia*, p. 66 e 86.

25 ARISTÓTELES, *Tópicos*, I, 100b, 20.

26 VIEHWEG, *Topica y Jurisprudencia*, p. 67.

27 A este respeito, ver CANARIS, Klaus-Wilhelm, *Systemdenken und Systembebrigg in der Jurisprudenz*. 2. Auflage, Berlin: Duncker und Humblot,1983. Este livro se encontra traduzido para o português.

28 VIEHWEG, *Topica y Jurisprudencia*, p. 16-7.

29 VIEHWEG, *Topica y Jurisprudencia*, p. 144.

30 VIEHWEG, *Topica y Jurisprudencia*, p. 141-2.

31 VIEHWEG, *Topica y Jurisprudencia*, p. 145-6.

fazem parte do procedimento dedutivo-sistemático, porém do tópico. Igualmente, os conceitos ou proposições da jurisprudência devem estar vinculados ao problema e, por consequência, devem ser entendidos como partes integrantes de um pensamento tópico[32]. Têm como característica a impossibilidade de sistematização, justamente, porque a vinculação do pensamento tópico ao problema impede um desdobramento do pensamento consequentemente lógico. Isso possibilita, na verdade, a assunção de uma nova postura relativa a essa aporia fundamental[33]. Decisiva, portanto, a orientação por meio das premissas sobpostas[34]. Caso o sistema jurídico fosse concebido de acordo com o procedimento lógico-dedutivo, a pluralidade de sistemas teria de ser reduzida a uns poucos princípios ou axiomas compatíveis (logicamente), plenamente enunciáveis e independentes entre si, dos quais pudessem ser derivadas, por meio de um procedimento lógico, as demais regras ou proposições correspondentes, pelas conclusões corretas obtidas em uma cadeia de deduções. O sistema jurídico, entretanto, não pode ser entendido em sentido lógico, pois, para isso, necessário em primeiro lugar, o direito ser reduzido a um princípio único, em segundo lugar, proibida a produção de colisão entre eles e, por conseguinte, não impedir a admissibilidade das decisões *non liquet*, além de o legislador intervir conforme a uma exatidão sistemática para fazer solúveis novos casos que surgem insolúveis, sem violar a perfeição do sistema[35].

Uma formalização radical – a qual *P. Häberle* desenvolveu de modo exemplar, junto à democratização – do sistema dedutivo ao sistema jurídico distancia, por consequência, o sistema da realidade[36], sendo conduzido ao cálculo (*Leibniz*) de um *loci communi* (disciplina) jurídico mediante a aplicação da logística à lógica[37]. Porém, como no âmbito jurídico a unidade sistemática é, em geral, concebida *a priori*, sistematicamente, só é dado conhecer na proporção em que está assegurado à determinada proposição uma proteção relativa a uma possível colisão, que depende do seu grau de alcance e perfeição do sistema, enquanto proposição derivada[38]. Por fim, não se trata, por uma parte, de prescindir do direito positivo para solucionar uma questão relativa ao *justo* no caso concreto mediante a

---

32 VIEHWEG, *Topica y Jurisprudencia*, p. 156.

33 VIEHWEG, *Topica y Jurisprudencia*, p. 155.

34 VIEHWEG, *Topica y Jurisprudencia*, p. 149.

35 VIEHWEG, *Topica y Jurisprudencia*, p. 133.

36 VIEHWEG, *Topica y Jurisprudencia*, p. 126.

37 VIEHWEG, *Topica y Jurisprudencia*, p. 127.

38 VIEHWEG, *Topica y Jurisprudencia*, p. 128.

discussão em torno de, pois excepcionados os casos limite, o jurista ou o juiz direciona-se pelo direito positivo[39], que, particularmente, proporciona as regras e normas de decisão para uma solução *justa*[40] e, simultaneamente, esclarece as valorações a elas subpostas como relações e compatibilidade dos princípios, institutos e regulações, reduzindo a tarefa do juiz à subsunção lógica desses elementos. Por outra parte, um novo problema não é preterido – apesar de o desenvolvimento puramente lógico das proposições centrais do sistema ser independente do problema –, pois o trânsito efetivo da mentalidade tópica à sistemática consiste, em princípio, em auxiliar na configuração do sistema dedutivo integrando novos pontos de vista relativos a um novo problema, auxiliando o pensar o problema, já que só um sistema pode garantir a comprovação lógica das suas proposições e manter a contextura espiritual e estrutural de uma ordem jurídica[41].

Em suma: a tópica é uma técnica do pensamento problemático, que foi desenvolvida pela retórica, pois no âmbito jurídico, particularmente, os pontos de vista são baseados em um *sensus communis*[42] (sentido comum, *common sense*). Ela é o próprio desenvolvimento de uma *contextura espiritual*[43], e distingue-se de forma inequívoca, do espírito dedutivo--sistemático na Ciência do Direito, o que pressupõe aduzir que os problemas desta disciplina podem receber, assim, uma solução muito mais satisfatória.

---

39 VIEHWEG, *Topica y Jurisprudencia*, p. 144 .

40 VIEHWEG, *Topica y Jurisprudencia*, p. 148-9.

41 VIEHWEG, *Topica y Jurisprudencia*, p. 69.

42 VIEHWEG, *Topica y Jurisprudencia*, p. 31.

43 VIEHWEG, *Topica y Jurisprudencia*, p. 150.

PARTE III
HERMENÊUTICA CONTEMPORÂNEA E APLICAÇÃO DO DIREITO

148

CAPÍTULO I

HERMENÊUTICA FILOSÓFICA: TRADIÇÃO, HISTÓRICA E HISTORICIDADE

§ 1º
Hermenêutica em Hans-Georg Gadamer

1. EXCURSUS SOBRE A *HERMENEUTIK* DE H.-G. GADAMER: A OBRA

Wahrheit und Methode, desenvolvido por *H.-G. Gadamer*, trata, especificamente, do problema hermenêutico – porque *"Verstehen und Auslegen von Texten ist nicht nur ein Anliegen der Wissenschaft, sondern gehört offenbar zur menschlichen Welterfahrung insgesamt"*[1] –, sobre o qual é dado o resultado na segunda parte da obra, particularmente, no título chamado de *"Wiedergewinnung des hermeneutischen Grundproblem"*. Este problema é recuperado sob um fundo estratificado: romântico, diltheyano e heideggeriano – embora tenha sido abarcado em *W.u.M.* pelo diálogo constante com *Platão*, *Hegel* e *M. Heidegger*[2] – e, em geral, por meio da fecundidade hermenêutica da distância no tempo, por ser a base ontológica que ostenta as ciências do espírito (*Geisteswissenschaften*). Com isso, ele afirma, com fundamento heideggeriano, que a compreensão não é um dos modos de comportamento do sujeito, porém o modo de ser do próprio *Dasein* e, nesse sentido, emprega o termo hermenêutica. Trata da distância

---

1 GADAMER, *Topica y Jurisprudencia*, S. 1: "Compreender e interpretar textos não é só um objetivo da ciência, porém, pertence, evidentemente, ao conjunto da experiência de mundo humana" (Tradução da autora).

2 GADAMER, Hans Georg. *Gesammelte Werke. Neuere Philosophie* I. *Hegel. Husserl. Heidegger*. Tubingen: J. C. B. Mohr (Paul Siebeck), Band 3, 1987.

149

por meio da consciência estética, da consciência histórica e da esfera da linguagem como experiência hermenêutica. Partindo dessa experiência, abarca ambas as consciências e fundamenta a universalidade hermenêutica.

Esta universalidade, porém, não é abstrata, pois ela é uma experiência privilegiada, que a consciência da história efectual realiza por meio das condições de possibilidade à compreensão nas ciências do espírito (*Geisteswissenschaften*), tendo por base geral a *Sache selbst* (coisa mesma). Para esclarecer isso, *H.-G. Gadamer* desenvolve na primeira parte de *W.u.M.* a história da hermenêutica no século XIX, sempre demonstrando o questionável da hermenêutica romântica – embora tenha seguido a ideia romântica de que compreender já é sempre interpretar – bem como as aporias do historicismo, principalmente, uma obsessão epistemológica para fundamentar as ciências do espírito (*Geisteswissenschaften*). A respeito disso, *W. Dilthey* tem sido o representante mais expressivo. Ainda nesta parte, estabelece um liame entre prejuízo, *autoridade* e *tradição* e interpreta isso, ontologicamente, por meio do conceito da *wirkungsgeschichtliches Bewußtsein* (consciência da histórica efectual), chegando a consequências epistemológicas desse estado de coisas. Na segunda parte, são desenvolvidos os fundamentos para uma teoria da experiência hermenêutica, para, então, na terceira parte, colimar com uma viragem ontológica da hermenêutica pela linguagem como condutor hermenêutico. Pela hermenêutica filosófica gadameriana é realçado o momento histórico na compreensão do mundo, pois que determina sua produtividade hermenêutica, e disso tudo, a suma é, que o problema hermenêutico está subjacente a todo o conhecimento. Comecemos, pois, a tratar essas questões pelo início.

2. PRÉ-COMPREENSÃO: CONCEITOS FUNDAMENTAIS EM *WAHRHEIT UND METHODE*

A interpretação e a exposição que segue a respeito sobre a *Hermenteutik: Wahrheit und Methode*, de *H.-G. Gadamer*, é elaborada a partir da compreensão de alguns dos seus conceitos condutores principais como tradição, historicidade e história, bem como sobre o sentido de prejuízo e, ainda, sobretudo, a respeito do conceito de formação de tradição humanística alemã, aspecto interno do conceito de tradição, que tem significado não só para o entendimento da origem da tensão entre verdade e método, mas também contém significado para as pessoas que têm uma responsabilidade, em geral, no âmbito jurídico.

2.1. O sentido do termo "prejuízo"

a) Prejuízo em sentido positivo "em si"

Prejuízo, do latim = *praejudicium,* pode conter em seu significado tanto um sentido positivo quanto um sentido negativo. Em seu sentido positivo, por si, significa um juízo precedente a uma concepção definitiva válido para todas as épocas. Especialmente na esfera do procedimento judicial, prejuízo significa uma decisão judicial precedente a uma sentença definitiva. Embora, também no âmbito judicial, possa o prejuízo assumir um sentido negativo por consequência dos efeitos negativos a um dos polos da relação processual decorrentes dos efeitos jurídicos da decisão (pre)judicial precedente à sentença definitiva. Este termo, porém, tanto na língua alemã (*Vorurteil*) quanto na língua francesa (*préjuge*) parece ter sido limitado desde o período da Ilustração ao significado de *juízo não fundamentado*[3]. Destarte, somente a fundamentação, i.e., a certeza assegurada pelo método poderia atribuir ao juízo sua dignidade[4].

b) Prejuízo em sentido negativo

Do possível de interrogação na hermenêutica entre a Ilustração e o historicismo, *H.-G. Gadamer* não se limita a liberar a compreensão histórica de todos os prejuízos dogmáticos e a considerar a gênese da hermenêutica sob o aspecto que defende *W. Dilthey*, seguindo a *Fr. Schleiermacher*[5], de modo contrário, refaz o caminho aberto por *W. Dilthey*, atendendo a objetivos distintos de uma autoconsciência, que tinha a função de um *organon* histórico e pela qual não se tinha mais que *uma* hermenêutica, porque esta cumpria a função propedêutica de toda a historiografia, e, também, atendendo a objetivos de uma hermenêutica tal qual uma *Kunstlehre*, i.e., da hermenêutica universal de *Fr. Schleiermacher*. Porque, do exposto na primeira parte *Pré-compreensão histórico-compreensiva da hermenêutica*, somente *M. Heidegger*, quando realiza a pergunta pela verdade, transcende efetivamente o âmbito da relação sujeito-objeto e, então, sucede um progresso para além da problemática da subjetividade[6]. A partir disso, com base na hermenêutica heideggeriana, *H.-G. Gadamer* afirma que toda compreensão tem um caráter *prejudicioso*, que atribui

---

3 GADAMER, *Gesammelte Werke*. Bd 1, S. 275.

4 GADAMER, *Gesammelte Werke*. Bd 1, S. 275.

5 Sobre isso, encontra-se na primeira parte desta obra.

6 GADAMER, *Gesammelte Werke*. Bd 1, S. 54.

ao problema hermenêutico toda sua dimensão e desenvolve em *W.u.M.* a reabilitação do conceito de *Vorurteil* (prejuízo), que somente no período da Ilustração teve mantida a sua conotação negativa.

Além do conceito de *Vorurteil* (prejuízo) e de *Uberlieferung* ou *Tradition* (tradição), que foram criticados, em primeiro lugar, pelo Iluminismo, como contraposição à tradição religiosa do cristianismo, em segundo lugar, o conceito de autoridade foi criticado e por este refutado, como um anátema, no uso da faculdade da razão absoluta. Segundo a teoria da Ilustração, cabe distinguir os prejuízos de autoridade (por respeito) dos prejuízos por precipitação, porque é na oposição entre autoridade e razão que reside o fundamento da Ilustração, o qual consiste nisto: se, por um lado, a precipitação é uma fonte de equívocos que induz ao erro e, por isso, o emprego metódico e disciplinado da razão é o bastante para não se incorrer em erro no uso da própria razão, por outro lado, a autoridade é uma fonte de prejuízos[7] que não permite sequer o emprego da própria razão[8]. Por meio disso, neste período, a verdade era refutada com base em dois pesos e duas medidas, ora por não ser testemunhada pelo antigo nem ser testemunhada pela autoridade[9], ora por estar eivada de erro ocasionado pela precipitação (*Fr. Schleiermacher* mesmo distingue como causa dos mal-entendidos as sujeições e precipitações). Contudo, o fundamento da Ilustração era tido unicamente na razão, porque toda autoridade tinha de se *sujeitar* à razão[10], particularmente, porque à medida que a validade da autoridade usurpa o lugar de um juízo, ela é, de fato, uma fonte de prejuízos[11], mas como é fundada sobre um conceito de razão ilustrado e, por consequência, sobre um conceito de liberdade ilustrado, ela é convertida no conceito de obediência cega (*blinden Kommandogehorsam*)[12].

A ideia de uma razão absoluta, porém, desconhece que a autoridade não vige sob a cátedra da razão absoluta, porque a autoridade das pessoas não tem seu fundamento em um ato de submissão e de abdicação da razão porém, em um ato de reconhecimento e de conhecimento[13], a fim de se distinguir o que é opinião e o que é verdade. Os prejuízos verdadeiros, em realidade, têm de ser justificados não pelo emprego metódico correto,i.e., pela obediência metódica cega, todavia, com base no conhecimento,

---

7 GADAMER, *Gesammelte Werke*. Bd 1, S. 276.

8 GADAMER, *Gesammelte Werke*. Bd 1, S. 282.

9 GADAMER, *Gesammelte Werke*. Bd 1, S. 282.

10 GADAMER, *Gesammelte Werke*. Bd 1, S. 283.

11 GADAMER, *Gesammelte Werke*. Bd 1, S. 283.

12 GADAMER, *Gesammelte Werke*. Bd 1, S. 284.

13 GADAMER, *Gesammelte Werke*. Bd 1, S. 284.

HERMENÊUTICA FILOSÓFICA: TRADIÇÃO, HISTÓRICA E HISTORICIDADE — CAPÍTULO I

que é a ação da razão mesma dentro de seus próprios limites, ou das condições históricas, pois a própria aplicação dos métodos de uma ciência é direcionada por uma antecipação dos momentos da tradição na seleção do tópico da investigação.

Em realidade, *"Autorität ist nicht die Uberlegenheit einer Macht, die blinden Gehorsam fordert und das Denken verbietet. Das wahre Wesen der Autorität beruht vielmehr darauf, daβ es nicht unvernunftig, ja, daβ es ein Gebot der Vernunft selbst sein kann, im anderen uberlegene, das eigene Urteil ubersteigende Einsicht vorauszusetzen"*[14]. A autoridade consiste, portanto, nisto: em um princípio que pode ser revisado[15], ou em outras palavras, *"Der Autorität gehorchen heiβt einsehen, daβ der andere – und so auch die andere aus Uberlieferung und Vergangenheit tönende Stimme – etwas besser sehen kann als man selbst"*[16]. Da mesma forma, *H.-G. Gadamer* empreende por meio da consciência histórica e das condições de possibilidade das *Geisteswissenschaften* (ciências do espírito) seu pensamento na busca pela verdade tensionada pelo método. O romantismo empreende seus esforços contra a Ilustração, principalmente, com uma crítica aos prejuízos, pois este conceito é por excelência uma categoria da Ilustração, e reage no sentido de uma superação da tradição e da autoridade na interpretação.

Porém, é justamente neste ponto que se magnifica o *mythos* no lugar do *lógos* e que o romantismo compartilha o prejuízo da Ilustração defendendo o antigo a expensas do novo[17], i.e., a inversão do prejuízo da Ilustração permaneceu limitada à reposição do antigo porque é o antigo, ao (re)torno consciente do inconsciente, perpetuando, assim, a oposição abstrata entre mito (autoridade) e razão, advinda da Ilustração, porque a crença na perfeição da razão é convertida na crença da consciência *mítica*. Embora isso, deve-se à inversão, especialmente, do prejuízo realizada pelo romantismo, a atitude da ciência histórica de outorgar ao tempo passado o seu próprio valor, inclusive, de lhe reconhecer uma certa superioridade. A ciência histórica, nesse sentido, tem sido entendida como a realização da Ilustração e ápice da liberação do espírito das cadeias dogmáticas. Sobre isso, *W. Dilthey* não aporta nada de novo, porém, pelo contrário, a ele se deve

---

14 GADAMER, *Gesammelte Werke*. Bd 2, S. 39: "Autoridade não é a superioridade de um poder, que exige obediência cega e proíbe o pensar. A essência verdadeira da autoridade se deve muito mais a isto, que ela não é irracional, mas sim, que ela mesma pode ser um mandamento da razão no pressupor um outro conhecimento que supera ao passar por cima do juízo próprio" (Tradução da autora).

15 GADAMER, *Gesammelte Werke*. Bd 1, S. 285.

16 GADAMER, *Gesammelte Werke*. Bd 2, S. 40: "Obedecer a autoridade significa reconhecer, que o outro – e, assim também, a voz que ressoa a partir da tradição e passado – pode perceber algo melhor que a gente mesmo" (Tradução da autora).

17 GADAMER, *Gesammelte Werke*. Bd 1, S. 278.

153

a ilusão de que existem duas cientificidades, i.e., a das *Naturwissenschaften* (ciências da natureza) e a das *Geisteswissenschaften* (ciências do espírito), porque, apesar de ter compreendido que a ideia de uma razão absoluta não é uma possibilidade da humanidade histórica por se referir a razão ao dado que se exerce, não conseguiu superar as bases de uma teoria do conhecimento tradicional.

Conforme *H.-G. Gadamer, "Sein Ausgangspunkt, das Innesein der 'Erlebnisse', konnte die Brucke zu den geschichtlichen Realitäten nicht schlagen, weil die großen geschichtlichen Wirklichkeiten, Gesellschaft und Staat, in Wahrheit schon immer vorgängig fur jedes 'Erlebnis' bestimmend sind. (...) In Wahrheit gehört die Geschichte nicht uns, sondern wir gehören ihr"*[18]. E, complementa, ao dizer que *"Der Fokus der Subjektivität ist ein Zerrspiegel. Die Selbstbesinnung des Individuums ist nur ein Flackern im geschlossenen Stromkreis des geschichtlichen Lebens. Darum sind die Vorurteile des einzelnen weit mehr als seine Urteile die geschichtliche Wirklichkeit seines Seins"*[19]. As *Geisteswissenschaften* (ciências do espírito), portanto, só podem ser desprendidas da identificação obstinada com os processos das *Naturwissenschaften* (ciências da natureza) se as peculiaridades históricas do seu objeto forem reconhecidas como um momento positivo e não como um obstáculo à objetividade. Destarte, só a sujeição da epistemologia à ontologia tornada efetiva por *M. Heidegger* é capaz de fazer surgir o sentido autêntico da estrutura da antecipação da compreensão, tornando possível a reabilitação do prejuízo, que em vista do dito, é o próprio ponto de partida do problema hermenêutico.

3. TRADIÇÃO

E specificamente o conceito de tradição (*Uberlieferung oder Tradition*), embora seja também uma forma de autoridade, foi defendido e preservado pelo romantismo. A compreensão romântica sobre a tradição é baseada em uma oposição abstrata à máxima da Ilustração de que o que está escrito não precisa ser verdade[20] fundada na liberdade racional e tem

---

18 GADAMER, *Gesammelte Werke*. Bd 1, S. 281: "Seu ponto de partida, o ser interior das 'vivências', não pode passar a ponte para as realidades históricas, porque as grandes realidades históricas, sociedade e Estado, na verdade já sempre são determinadas anteriormente a cada 'vivência'. (...) Na verdade, a história não nos pertence, porém, nós lhe pertencemos" (Tradução da autora).

19 GADAMER, *Gesammelte Werke*. Bd 1, S. 281: "O foco da subjetividade é um espelho deformador. A autorreflexão do indivíduo é só um tremeluzir no circuito fechado da vida histórica. Por isso, *os prejuízos do indivíduo são muito mais que seus juízos a realidade histórica de seu ser*" (Tradução da autora).

20 GADAMER, *Gesammelte Werke*. Bd 1, S. 277.

nela um dado histórico como pode ser o dado *natureza*, porque ela não necessita de fundamentos racionais; ela determina a ação silenciosamente[21], de forma contrária à autodeterminação racional. Contudo, a oposição entre tradição e razão não é absolutamente irredutível, pois, em realidade, a tradição sempre é um momento da liberdade da história. Ela é essencialmente *conservação* que está sempre presente, fundada em uma ação resultante da razão. Tradição é sempre algo próprio, que não importa em uma confirmação constante do passado, i.e., não implica em liberdade ou distância perante o transmitido, porque de certa forma, o *Dasein* é compreendido a partir da tradição.

Na verdade, *"Dasein kann Tradition entdecken, bewahren und ihr ausdrucklich nachgehen. Die Entdeckung von Tradition und die Erschließung dessen, was sie 'ubergibt' und wie sie ubergibt, kann als eigenständige Aufgabe ergriffen werden"*[22]. Nesse sentido, decisivo é o sentido da *Zugehörigkeit* (pertinência)[23] à tradição mesma, a fim de se reconhecer o momento da tradição no comportamento histórico, que no marco da moldura hermenêutica tem de ser esclarecido em vista do propósito de se esclarecer a própria produtividade hermenêutica[24]. Para isso, segue-se com uma compreensão prévia sobre o conceito de *Bildung* (formação).

4. FORMAÇÃO E TRADIÇÃO

As *Geisteswissenschaften* (ciências do espírito) têm no conceito de formação – *Bildung*, no alemão – a condição de sua existência, pois o espírito está essencialmente vinculado à ideia da formação[25], i.e., à tradição deste conceito. Este conceito tem sua fonte no classicismo alemão e, sobretudo, *Herder*, ao tentar vencer o perfeccionismo da Ilustração por meio de um novo ideal da formação do homem, o desenvolve. A *Bildung*, porém, não teve seu sentido peculiar percebido pelos filósofos do Idealismo, pois, em primeiro lugar, por *I. Kant* este termo era empregado no sentido da *Kultur des Vermögens*, enquanto, em segundo lugar, *Hegel* o utilizava no sentido de *Sichbilden* e *Bildung*; por consequência, ambos não tinham distinção para o emprego deste termo. Somente *W. Humboldt* vislumbra

---

21 GADAMER, *Gesammelte Werke*. Bd 1, S. 286.

22 HEIDEGGER, *Sein und Zeit*, S. 20: "O *Dasein* pode desvelar a tradição, conservar e lhe investigar explicitamente. O desvelamento da tradição e o revelar isto, que ela 'transmite' e como ela transmite, pode ser considerado como tarefa autônoma" (Tradução da autora).

23 GADAMER, *Gesammelte Werke*. Bd 1, S. 300.

24 GADAMER, *Gesammelte Werke*. Bd 1, S. 287.

25 GADAMER, *Gesammelte Werke*. Bd 1, S. 17.

tal peculiaridade distintiva entre *Bildung* e *Kultur*, ao dizer: "(...) *wenn wir aber in unserer Sprache Bildung sagen, so meinen wir damit etwas zugleich Höheres und mehr Innerliches, nämlich die Sinnesart, die sich aus der Erkenntnis und dem Gefuhle des gesamten geistigen und sittlichen Strebens harmonisch auf die Empfindung und den Charakter ergießt*"[26]. Portanto, o fato de a condição de existência dessas ciências estar na *Bildung* tem razão nisto, que o resultado da formação não se situa do mesmo modo da técnica, da metódica, pois esta surge do interior do seu processo de formação[27]. Ela não é o mesmo que o cultivo de algo dado como simples meio para o fim. Trata-se *Bildung* de um conceito genuinamente histórico, uma vez que nesta nada desaparece, porém, pelo contrário, é conservado. Nesse sentido, que a tradição é essencialmente conservação e, é disto que tratam, propriamente, as *Geisteswissenschaften* (ciências do espírito)[28]. Porque "*Der Mensch ist durch den Bruch mit dem Unmittelbaren und Naturlichen gekennzeichnet, der durch die geistige, vernunftige Seite seines Wesens ihm zugemutet ist. 'Nach dieser Seite ist er nicht von Natur, was er sein soll' – und deshalb bedarf er der Bildung*"[29]. No sentido de *Hegel*, a essência formal e geral da formação humana quer dizer que o homem se converte em ser espiritual geral e a ascensão à generalidade é uma tarefa humana, por requerer o alcance de uma consciência de privação do próprio interesse em razão da atribuição ao interesse da generalidade. Porém, isso implica "*Im Fremden das Eigene zu erkennen, in ihm heimisch zu werden, ist die Grundbewegung des Geistes, dessen Sein nur Ruckkehr zu sich selbst aus dem Anderssein ist*"[30]. Com isso, simultaneamente, é esclarecido que a formação não deve ser entendida como o processo que realiza a ascensão histórica do espírito ao geral, porque o movimento fundamental do espírito é tal qual a sua formação. Conforme *H.-G. Gadamer*, todavia, o entendimento hegeliano é limitado, pois a formação nele é constituída pelo movimento de

---

26 HUMBOLDT, W. von, *Gesammelte Schriften*, Bd. VII, 1 S. 30, *in:* GADAMER, *Gesammelte Werke*. Bd 1, S. 16: "(...) quando, porém, em nossa língua nós dizemos formação, então, nós queremos dizer com isto algo mais elevado e mais interior, é dizer o modo de perceber, que procede de toda a vida espiritual e ética e, se derrama, harmoniosamente, sobre a sensibilidade e o caráter" (Tradução da autora).

27 GADAMER, *Gesammelte Werke*. Bd 1, S. 17.

28 GADAMER, *Gesammelte Werke*. Bd 1, S. 17.

29 GADAMER, *Gesammelte Werke*. Bd 1, S. 17: "O homem é caracterizado pela ruptura com o imediato e o natural, que pelo espiritual, lhe é animada sua essência do lado racional. Por este lado, ele não é por natureza o que deve ser – por isso necessita de formação" (Tradução da autora).

30 GADAMER, *Gesammelte Werke*. Bd 1, S. 19, 20. "Reconhecer o estranho como próprio, no torná-lo familiar, está o movimento fundamental do espírito, o ser só é, pelo retorno a si mesmo a partir do outro" (Tradução da autora).

HERMENÊUTICA FILOSÓFICA: TRADIÇÃO, HISTÓRICA E HISTORICIDADE

CAPÍTULO I

afastamento e aproximação[31], porque, em realidade, é só pelo esquecimento que o espírito tem a possibilidade de sua total renovação[32].

Não obstante isso, o contributo particular de *Hegel* para as *Geisteswissenschaften* (ciências do espírito) constitui, dentro desses limites, a elaboração a partir do seu próprio conceito de generalidade, na consciência que opera em todas as direções e é, dessa forma, um sentido geral, i.e., sentido geral e comunitário fundamental para a formação como a ressonância de um amplo contexto histórico[33]. A respeito do que se trata neste ponto, pode-se dizer, em suma, que as *Geisteswissenschaften* (ciências do espírito), e, também para compreender *Wahrheit und Methode* na moldura dada por este filósofo, tem de se partir da *tradição humanista*, porque dessa forma, pode-se compreender *como* estas ciências são convertidas em *Geisteswissenschaften* (ciências do espírito) por esta tradição e, seguindo-se pelo idealismo kantiano, tem-se *como* elas e as pretensões de verdade do conhecimento espiritual-científico[34] chegaram a ser atrofiadas pela consciência metódica da ciência natural do século XVII, diante das suas pretensões de exclusividade[35], com justificativa baseada na autonomia da razão prática legitimada ou pela liberdade da *razão*, desenvolvendo-se, destarte, a tensão entre a verdade e o método (sobretudo por *Droysen, Rancke, W. Humboldt, Hegel* que se mantiveram abertos ao método histórico, justificados pelo conceito da liberdade da razão). Por tal motivo, retornou-se a este conceito de tradição humanista. Sobretudo *G. B. Vico*, que viveu em uma tradição retórico-humanista, retrocede a esta tradição pela sua remissão ao conceito do *sensus communis* – o sentido do justo e do bem comum que vive em todos os homens, mais ainda, um sentido que se adquire por meio da comunidade de vida e que é determinado pelas ordenações e objetivos desta[36] – tal como aparece, especialmente, nos clássicos romanos, que mantêm o valor e o sentido de suas próprias tradições de vida estatal e social.

Basicamente, com a inclusão na filosófia da *capacidade de juízo* entre as capacidades superiores do espírito e não inferior ao conhecimento, a tradição humanista é afastada do sentido originário do *sensus communis*, pois o que a capacidade de juízo conhece é o individual-sensível, a coisa isolada e o que ela julga é perfeição ou imperfeição. Nesse sentido é que a

---

31 GADAMER, *Gesammelte Werke*. Bd 1, S. 20.
32 GADAMER, *Gesammelte Werke*. Bd 1, S. 21.
33 GADAMER, *Gesammelte Werke*. Bd 1, S. 23.
34 GADAMER, *Gesammelte Werke*. Bd 1, S. 29.
35 GADAMER, *Gesammelte Werke*. Bd 1, S. 24.
36 GADAMER, *Gesammelte Werke*. Bd 1, S. 28.

ciência moderna considera a matemática como modelo não pelo ser dos seus objetos, porém pelo seu modo de conhecimento perfeito[37]. A *capacidade de juízo* tinha sido convertida em um pressuposto metódico[38] e representa a ponte entre o entendimento e a razão[39], tendo sido responsável por uma ruptura com essa tradição. No sentido dado por *I. Kant*, isso trata do julgamento sensível da perfeição, que chama de *gosto*[40], junto com o *gênio* da criação – ambos presentes expressamente nas doutrinas de *K. Ph. Moritz* e de *Goethe*[41]. Concernente à consciência estética, embora ela pense a experiência da arte como vivências não contínuas, por oposição, entretanto, mostra a via para a consciência histórica. *Kierkgaard*, primeiramente, responde ao subjetivismo estético fundado por *I. Kant* por meio desses conceitos, na tentativa de superar isso. Porém, somente com *M. Heidegger*, na Idade Contemporânea, por meio da sua interpretação temporal, especialmente, pela experiência do *Dasein* como projeto do ser, que se tratou na primeira parte deste trabalho, é superado tal subjetivismo.

Em *H.-G. Gadamer* é, sobretudo, por meio da experiência da arte como ponto de partida[42], tratada na primeira parte de *W.u.M.*, que é colocado o problema do método nas *Geistweswissenschaften* (ciências do espírito) ao perguntar pela verdade da arte, já que a experiência da obra de arte implica um compreender, i.e., representa por si um fenômeno hermenêutico, porém, não no sentido do método científico. Diante disso, (re)tornar escutando a tradição constitui o caminho para a verdade hermenêutica, tão necessário ser encontrado nas *Geisteswissenschaften* (ciências do espírito). Antes disso, porém, tem de se cumprir com a função de mostrar a via pela qual é possível a liberação dos prejuízoss, a fim de que se possa escutar a tradição e o que o texto (ou a norma jurídica, e assim por diante) tem a dizer, justamente, porque é tarefa da ciência questionar os prejuízos[43]. Como diz *H.-G. Gadamer*, "*Immer wieder Nachgehen-können, wie man gegangen ist, das ist methodisch und zeichnet das Verfahren der Wissenschenschaft aus. Eben damit aber wird mit Notwendigkeit eine Einschränkung dessen vorgenommen, was uberhaupt mit dem Anspruch auf Wahrheit auftreten*

---

37 GADAMER, *Gesammelte Werke*. Bd 2, S. 47 und 48.
38 GADAMER, *Gesammelte Werke*. Bd 1, S. 87.
39 GADAMER, *Gesammelte Werke*. Bd 1, S. 60.
40 GADAMER, *Gesammelte Werke*. Bd 1, S. 37.
41 GADAMER, *Gesammelte Werke*. Bd 1, S. 99.
42 GADAMER, *Gesammelte Werke*. Bd 2, S. 242.
43 GADAMER, *Gesammelte Werke*. Bd 2, S. 45.

HERMENÊUTICA FILOSÓFICA: TRADIÇÃO, HISTÓRICA E HISTORICIDADE

kann"[44]. Porque, *Wenn Nachprufbarkeit – in welcher Form auch immer – Wahrheit (veritas) erst ausmacht, dann ist der Maβstab, mit dem Erkenntnis gemessen wird, nicht mehr ihre Wahrheit, sondern ihre Gewiβheit"*[45]. Por tal razão, *"(...) gilt seit der klassichen Formulierung der Gewiβheitsregel des Descartes als das eigentliche Ethos der modernen Wissenschaft, daβ sie nur das als den Bedingungen der Wahrheit genugend zuläβt, was dem Ideal der Gewiβheit* genugt"[46]. A função da ciência de perguntar pelo prejuízo metódico é, o que, de certa forma, *M. Heidegger* propõe ao averiguar que *aletheia*, do grego, igual a verdade, significa (des)ocultar, desvelar, por meio da linguagem uma compreensão antecipada. A liberação de *Vorurteile* (prejuízos), porém, antes disso, encontra sua base na estrutura circular da compreensão.

§ 2º
O Círculo Hermenêutico, História e Historicidade

1. A ESTRUTURA CIRCULAR DA COMPREENSÃO

A estrutura circular da compreensão procede da retórica antiga[47]. Não obstante isso, especificamente *Fr. Schleiermacher* a desenvolveu sob a forma do cânon da reciprocidade hermenêutica entre a unidade e o todo singular, mediante o qual é conseguido um nexo recíproco e uma concatenação significativa, já tratado anteriormente no desenvolvimento sobre *E. Betti*[48]. De forma conexa, *W. Dilthey* se refere a ela sob as expressões *estrutura* e *nexo estrutural*[49], por meio das quais ela é transportada para o mundo histórico como princípio de que a compreensão deve ser realizada a partir dos próprios monumentos escritos. Todavia, o movimento circular da compreensão não deve ser entendido meramente como um

---

44 GADAMER, *Gesammelte Werke*. Bd 2, S. 48: "Sempre poder voltar a seguir, como a gente tem caminhado, isto é o metódico e o modo de proceder da ciência. Justamente, com isso, porém, é proposta uma limitação necessária que, geralmente, pode se apresentar com esta pretensão de verdade" (Tradução da autora).

45 GADAMER, *Gesammelte Werke*. Bd 2, S. 48: "Quando a verdade (veritas) – também sempre de qualquer forma – antes importa em verificabilidade, este é o critério, com o qual é mensurado o conhecimento, não mais sua verdade, porém, sua certeza" (Tradução da autora).

46 GADAMER, *Gesammelte Werke*. Bd 2, S. 48: "(...) desde a formulação clássica da regra de certeza de Descartes como o *ethos* autêntico a ciência moderna oferece, que ela só admite suficientes as condições de verdade que bastem ao ideal da certeza" (Tradução da autora).

47 GADAMER, *Gesammelte Werke*. Bd 1, S. 296.

48 Sobre isso, remete-se ao início desta parte, especificamente, ao subtítulo "Os Cânones Interpretativos!".

49 GADAMER, *Gesammelte Werke*. Bd 1, S. 296.

159

ato de congenialidade hermenêutica, i.e., como uma simples transferência à *mens auctoris*, por uma parte, porque falar de *mens auctoris* só tem relevância hermenêutica se não se tratar de um diálogo vivo, porque não se compreende somente por recorrência ao autor[50], e, justo neste ponto, a hermenêutica tradicional não tem superado as consequências de um psicologismo, por outra parte, porque a tarefa hermenêutica não consiste em um acontecimento dos espíritos[51]; compreender um texto transpõe o fixado no texto ou no enunciado, não significa se colocar no lugar do outro e nem pensar a subjetividade do autor, pelo contrário, trata-se de apreender o sentido por meio do transmitido e, por tal razão, não pode estar baseado na transferência do espírito intérprete ao espírito objetivado em forma sensível. A estrutura circular da compreensão, particularmente, é a expressão da *Vor-Struktur* (pré-estrutura) existencial do *Dasein*[52] e, por isso, dentro do marco gadameriano, tem seu fundamento na hermenêutica da faticidade heideggeriana, i.e., a hermenêutica compreensiva tem de ser realizada pelo lema fenomenológico: *zu den Sachen selbst* (desde a coisa mesma). Com isso, está nisto, em princípio, colocada a tarefa hermenêutica, no fato de o intérprete não poder se permitir dar um giro por ideia e senso comuns, respectivamente, *Vorhabe, Vorsich* e *Vorgriff* (ter-prévio, pré-visão, pré-conceito), o qual deve elaborar a sua compreensão e, por consequência, a sua interpretação, sem se limitar ao domínio inadvertido dos *Vorurteile* (prejuízos), i.e., em hábitos mentais inadvertidos e na arbitrariedade dos acontecimentos[53], já que a interpretação é um desdobramento que tem como ponto de partida a *Vor-Struktur* (pré-estrutura) da *Vorverständnis* (pré-compreensão), a fim de não se ocultar a singularidade dos textos. Tem de se controlar a introdução dessas pressuposições, constituintes da situação hermenêutica, particularmente, dos hábitos linguísticos, perante o texto, na sua compreensão, que uma vez projetada e elaborada, resultará na interpretação. Porque a compreensão, na verdade, significa: "(...) *entwerfend-sein zu einem Seinkönnen, worumwillen je das Dasein existiert*"[54]. Ademais, "*Das im Grunde zukunftige Entwerfen erfaβt primär nicht die entworfene Möglichkeit thematisch in einem Meinen, sondern wirft*

---

50 GADAMER, *Gesammelte Werke*. Bd 2, S. 19.

51 GADAMER, *Gesammelte Werke*. Bd 1, S. 297.

52 Ver Capítulo IV, § 1º, item 3, intitulado "O Círculo hermenêutico", na primeira parte desta obra

53 GADAMER, *Gesammelte Werke*. Bd. 1, S. 271 e *Gesammelte Werke*. Bd. 2, S. 59.

54 HEIDEGGER, *Sein und Zeit*, S. 336: "(...) *projetando-se para um poder-ser, em função do qual cada Dasein existe*" (Tradução da autora).

HERMENÊUTICA FILOSÓFICA: TRADIÇÃO, HISTÓRICA E HISTORICIDADE

CAPÍTULO I

sich in sie als Möglichkeit. Verstehend ist das Dasein je, wie es sein kann"[55]. Como toda compreensão, à medida que é abertura do *Da*, é fundada no *In-der-Welt-sein* (ser-no-mundo), e toda interpretação se move em uma *Vor-Struktur* (pré-estrutura), que é a compreensão de mundo, toda interpretação, por conseguinte, já deve de ter compreendido o que trata de interpretar (*Fr. Schleiermacher*)[56]. Pois, nisto consiste a estrutura circular da compreensão em *M. Heidegger*, no movimento que vai da *Vor-Struktur* (pré-estrutura) para a *Sache selbst* (coisa mesma). Isso, porém, não importa no âmbito científico em um *Logik circulus vitiosus*, porque este é, sim, um caminho para evitar o mal-entendido sobre o que é compreensão. A partir disso, a estrutura circular da compreensão deixou o marco de uma relação formal entre a unidade e o todo singular, ou seu reflexo subjetivo para a solução do caso concreto. O que *M. Heidegger* descreve é a própria tarefa de concreção da consciência histórica, que trata de desvelar os próprios prejuízos em sentido negativo, para que a compreensão seja realizada por uma consciência hermenêutica histórica capaz de perceber o historicamente distinto e a aplicação do método não seja limitada ao alcance da certeza da antecipação, porque esta:

> (...) não é um ato da subjetividade, porém, determina-se a partir da comunidade, que nos une com a tradição. Esta comunidade, porém, é concebida em nossa compreensão pela tradição em contínua formação. Ela não é uma simples condição, sobre a qual nós já sempre estamos, porém, nós mesmos a instauramos, enquanto nos compreendemos nela, participamos no acontecer da tradição e, deste modo, continuamos nos determinando. (Tradução livre da autora)[57].

Portanto, aquele que tem uma consciência formada hermeneuticamente tem de estar disposto a deixar que o texto lhe diga algo, a acolher a outreidade do texto[58]. Acolher o dito pelo texto *sem* reparo dos prejuízos significa a perda do sentido da verdade e da verdade em geral, o que *H.-G. Gadamer* chama de mendacidade. Na esfera hermenêutica, isso quer dizer a exclusão do outro da comunicação por causa da inconsequência consigo

---

55 HEIDEGGER, *Sein und Zeit*, S. 336: "Esse projetar apreende primeiro o porvir, não a possibilidade projetada em uma opinião temática, porém, lança-se nela, como possibilidade. O *Dasein* é se compreendendo, como ele pode ser" (Tradução da autora).

56 HEIDEGGER, *Sein und Zeit*, S. 152.

57 GADAMER, *Gesammelte Werke*. Bd. 1, S. 298: "(...) *ist nicht eine Handlung der Subjektivität, sondern bestimmt sich aus der Gemeinsamkeit, die uns mit der Uberlieferung verbindet. Diese Gemeinsamkeit aber ist in unserem Verhältnis zur Uberlieferung in beständiger Bildung begriffen. Sie ist nicht einfach eine Voraussetzung, unter der wir schon immer stehen, sondern wir erstellen sie selbst, sofern wir verstehen, am Uberlieferungsgeschehen teilhaben und es dadurch selber weiter bestimmen".*

58 GADAMER, *Gesammelte Werke*. Bd. 2, S. 61 e *Gesammelte Werke*. Bd. 1, S. 273.

mesmo e, dessa forma, a ação hermenêutica se torna baldia por falta de entendimento. Precisamente, por isso, o intérprete deve se livrar dos próprios prejuízos negativos a fim de que o texto surja em sua outreidade. O contrário, o reforço dos prejuízos pela repetição obstinada, com excelência diz *H.-G. Gadamer*, é próprio do dogmatismo, que é conhecido sob o pretexto de conhecimento sem pressupostos e de objetividade da ciência (jurídica), pela mera transferência do método de outras ciências como, por exemplo, a física, principalmente, quando *a ciência é invocada como instância suprema de processos de decisão social*[59]. Nisso se encontra a tensão entre o objetivismo ingênuo e o desconhecimento da verdade, i.e., dos interesses agregados ao conhecimento. Particularmente, por isso, considera-se a tarefa hermenêutica suprema; por seu intermédio é possível compreender, explicitar e, por conseguinte, dissolver hábitos e prejuízos sociais arraigados imperantes, sobretudo, a influência desses na atuação dos profissionais da área jurídica, embora seja uma tarefa difícil, porque colocar em dúvida o que é dogma provoca sempre a resistência de todas as evidências práticas.

Entretanto, o acolhimento do dito pelo texto não implica a necessidade de uma *neutralidade* diante das coisas nem uma anulação, porque, em realidade, as pressuposições da *situação* hermenêutica já estão inclusas na compreensão; o que importa é ter consciência das próprias antecipações e nelas permanecer aberto à possibilidade de uma confrontação da *Sache selbst* (coisa mesma) com a *Vorsicht*, o *Vorhabe* e o *Vorgriff*[60] (pré-visão, o ter-prévio e o preconceito). Trata-se, de se manter afastado o que possa dificultar a compreensão da *Sache selbst* (coisa mesma), porque são os prejuízos não percebidos que proporcionam um tornar-se surdo para a *Sache selbst*. Nesse sentido, *"Der Zirkel ist also nicht formaler Natur. Er ist weder subjektiv noch objektiv, sondern beschreibt das Verstehen als das Ineinanderspiel der Bewegung der Uberlieferung und der Bewegung des Interpreten"*[61]. Segue com isto, *"Der Zirkel des Verstehens ist also uberhaupt nicht ein 'methodischer' Zirkel, sondern beschreibt ein ontologisches Strukturmoment des Verstehens"*[62].

---

59 GADAMER, *Gesammelte Werke*. Bd. 2, S. 181 und 182.

60 GADAMER, *Gesammelte Werke*. Bd. 1, S. 273 und 274.

61 GADAMER, *Gesammelte Werke*. Bd. 1, S. 298: "O círculo, portanto, não é de natureza formal. Ele não é nem subjetivo nem objetivo, porém, descreve a compreensão como o jogo interno do movimento da tradição e do movimento do intérprete" (Tradução da autora).

62 GADAMER, *Gesammelte Werke*. Bd. 1, S. 299: "O círculo da compreensão não é, em realidade, um círculo 'metódico', porém, descreve um momento ontológico da estrutura da compreensão" (Tradução da autora).

HERMENÊUTICA FILOSÓFICA: TRADIÇÃO, HISTÓRICA E HISTORICIDADE

CAPÍTULO I

Em face disso, é a compreensão a partir da *Sache selbst*[63](coisa mesma), que determina a própria aplicação da *Vorgriff der Vollkommenheit* como pressuposto formal da compreensão e a *Vollkommenheit* como uma consequência hermenêutica, no sentido de que só é compreensível o que representa uma unidade perfeita de sentido. A *Vorgriff der Vollkommenheit*, porém, refere-se como uma determinação a respeito de algum conteúdo, i.e., como uma compreensão constantemente guiada por expectativas de sentido transcendentes que surgem sobre a verdade do próprio texto. Dessa forma, é realizado o momento da tradição histórica no comportamento histórico- -hermenêutico em virtude da comunidade de alguns prejuízos fundamentais e subjacentes[64], porque o mundo é transmitido, *traditur*; a tradição não é só uma tradição *cultural*, consistente em textos e monumentos escritos transmitidos linguística ou documentados historicamente[65]. Na esfera hermenêutica, especificamente, isso quer dizer, por uma parte, que quem quer compreender está vinculado ao assunto expressado na tradição, que tem uma conexão com ela por intermédio do mundo transmitido, por outra parte, que ela se dá sempre que ocorre um conhecimento do mundo pela superação do diferente, pois o que incita a compreender é, justamente, o encontro com a outreidade, porque embora uma consciência hermenêutica esteja vinculada a uma temática, a unidade compreensível não pode ser inquestionável tal qual sucede em uma tradição sem continuidade. Quando a tradição não absorve o próprio comportamento e, também o intérprete, surge a consciência que afronta a tradição com algo diferente, e por esse meio, o problema hermenêutico, situa-se, em geral, na tensão entre a identidade e a diferença. Não obstante, *"Doch hat die Hermeneutik hier insofern ihren Musterfall, als sich in der Zirkelstruktur des Verstehens zugleich die Vermittlung von Geschichte und Gegenwart abbildet, die aller historischen Abständigkeit und Verfremdung vorausliegt"*[66]. Em *W.u.M.*, pois, não se tem somente a tensão entre a verdade e o método, porém também, entre a identidade e a diferença, como consequência, em outras palavras, do ponto médio entre a objetividade da distância histórica e a pertinência a uma tradição. Nisto está o *topos da hermenêutica*, do qual decorre o problema da historicidade, que é a temporalidade[67].

---

63 GADAMER, *Gesammelte Werke*. Bd. 2, S. 62 und *Gesammelte Werke*. Bd. 1, S. 299.

64 GADAMER, *Gesammelte Werke*. Bd. 1, S. 300.

65 GADAMER, *Gesammelte Werke*. Bd. 2, S. 112.

66 GADAMER, *Gesammelte Werke*. Bd. 2, S. 434: "Porém, a hermenêutica tem aqui nisto seu exemplo, que representa-se na estrutura do círculo da compreensão, simultaneamente, à mediação entre história e presente, que preside todo distanciamento e estranhamento histórico" (Tradução da autora).

67 GADAMER, *Gesammelte Werke*. Bd. 2, S. 34.

2. HISTÓRIA E HISTORICIDADE

A historicidade é uma noção corrente, especialmente, por seu sentido adquirido do Conde York de Wartenburg, que *W. Dilthey* tratou de colocar em circulação, até culminar com a noção dada por *M. Heidegger*, pelo qual ela passa a indicar a constituição ontológica do *acontecer* própria do *Dasein* como tal, i.e., a historicidade. Baseado na historicidade, a *história universal* bem como o pertencente à história do mundo se torna possível e, além disso, esta só é possível, porque como modo de ser do *Dasein* este tem a possibilidade de questionar e descobrir a história, fundamentada no seu ser. Quer dizer: a história é possível quando o *Dasein* assume no modo de ser a tarefa de tornar transparente a sua existência e, junto, busca o sentido da existencialidade mesma, realizando, então, um questionamento da sua essencial historicidade. Quando se diz que o *Dasein* em seu ser fático, explicitamente, é o seu passado, isso não significa "(...) *daβ sich ihm seine Vergangenheit gleichsam 'hinter' ihm herschiebt und es Vergangenes als noch vorhandene Eigenschaft besitzt, die zuweilen in ihm nachwirkt*"[68]. Porém:

> O *Dasein* "é" seu passado neste seu modo de ser, que, grosso mdo, acontece a partir do seu futuro. O *Dasein* "é" no seu modo peculiar de ser e, por conseguinte, também com esta compreensão pertencente ao ser sobrevém uma interpretação do *Dasein* – e nela elaborada (Tradução da autora)[69].

Porque "*Seine eigene Vergangenheit – und das besagt immer die seiner 'Generation' – folgt dem Dasein nicht nach, sondern geht ihm je schon vorweg*"[70], justamente, por sua historicidade ser temporalidade. A respeito disso, porém, o problema surge na fundamentação da historicidade no *Augenblick* (instante), pois mediante uma geração que vai e outra que vem, em razão do projeto de um futuro, que *H.-G. Gadamer* diz ser permitida a questão sobre o decurso dos *agoras* em um passado sempre infinito e a sua chegada a partir de um futuro infinito, ao ser deixada no ar a pergunta sobre o que é o agora e o que é esse rio do tempo transitório que chega e

---

68 HEIDEGGER, *Sein und Zeit*, S. 20: "(...) que seu passado, de certo modo, se arrasta 'atrás' de si, ele possui o passado ainda como propriedade dada, que às vezes, influi em sua presença" (Tradução da autora).

69 HEIDEGGER, *Sein und Zeit*, S. 20: "*Das Dasein 'ist' seine Vergangenheit in der Weise seines Seins, das, roh gesagt, jeweils aus seiner Zukunft her 'geschieht'. Das Dasein ist in seiner jeweiligen Weise zu sein und sonach auch mit dem ihm zugehörigen Seinsverständnis in eine uberkommene Daseinsauslegung hinein – und in ihr aufgewachsen*".

70 HEIDEGGER, *Sein und Zeit*, S. 20: "Seu próprio passado – e isto diz sempre a sua 'geração' – o *Dasein* não segue sempre, porém o ir lhe antece desde já" (Tradução da autora).

que passa[71]. O problema da história, pois, é basicamente o mesmo, porque a história não se realiza somente pelo mero fluir do tempo – esse problema, outrossim, também é o mesmo que ocorre quando se dá a incompreensão ou o mal-entendido em relação a um texto transmitido, pois sucede da mesma forma que a orientação humana no mundo como o diferente, ou estranho, que não se ajusta às expectativas habituais da experiência[72] –, porém, define o conteúdo temporal de uma época, de acordo com a sua significação, que é o que se chama história. Destarte, experimenta-se uma descontinuidade em razão da diferença entre uma época e outra, entre uma geração e outra, por consequência de uma experiência de época, que implica na descontinuidade interna do *acontecer* mesmo, o qual não se registra somente depois mediante uma classificação historiográfica nem necessita de uma legitimação[73]. A experiência de época é caracterizada por *Hördelin:"(...) diese von mir an der Differenz des Neuen und Alten ausgewiesene Epochenerfahrung ausdrucklich durch den Gegensatz der 'idealischen' Auflösung und des 'realen' Werdens des Neuen"*[74], i.e.:

> O que constitui a vida é que, a unidade do organismo se confirma na mudança das substâncias e que em cada dissolução, simultaneamente, também nasce outra vez o novo. Nas vicissitudes da história humana isto se realiza de forma que, esta dissolução é, em realidade, procedente antes na sua unidade individual com a experiência do novo" (Tradução da autora)[75].

Nesse sentido, sucede uma superação do sempre variável e, dessa forma, deve ser feita a experiência verdadeira não só da descontinuidade, porém também, da continuidade da história. Porém, quando na tradição se encontra algo que se compreende, trata-se isto de um verdadeiro *acontecer*, sem implicar descontinuidade[76].

---

71 GADAMER, *Gesammelte Werke*. Bd. 2, S. 135.

72 GADAMER, *Gesammelte Werke*. Bd. 2, S. 237.

73 GADAMER, *Gesammelte Werke*. Bd. 2, S. 138.

74 GADAMER, *Gesammelte Werke*. Bd. 2, S. 140: "(...) designa esta minha diferença o novo e o velho, contrapondo, expressamente, a experiência da época, pela oposição entre solução 'ideal' e resultado 'real' do novo" (Tradução da autora).

75 GADAMER, Gesammelte Werke. Bd. 2, S. 140 e 141: "Das macht ja das Leben aus, daβ sich die Einheit des Organismus im beständigen Wechsel der Stoffe erhält und daβ in jeder Auflösung zugleich auch wieder Neues entsteht. Im Wechsellauf der menschlichen Geschichte nimmt das die Form an, daβ mit der Erfahrung des Neuen das sich Auflösende uberhaupt erst in seiner eigenen Einheit erfahren wird".

76 GADAMER, *Gesammelte Werke*. Bd. 2, S. 142.

§ 3º
A Produtividade Hermenêutica e a Experiência Hermenêutica

1. *EXCURSUS* SOBRE A DISTÂNCIA TEMPORAL

A posição intermediária que a hermenêutica tem de desenvolver em relação a isso, portanto, não consiste na elaboração de um procedimento da compreensão, porém, no (des)velamento das condições sob as quais se compreende, que não pertencem a uma categoria metódica, pela qual nem o compreendido pode ser colocado por si na aplicação, porque a consciência do intérprete, dentro do limite metódico, tem um posicionamento de mera obediência cega, não estando, por isso, os seus prejuízos à sua disposição, justo por lhe terem sido subtraídas as condições de possibilidade para distinguir entre os prejuízos que devem ser eliminados, porque são obstáculo, dos que permitem uma verdadeira compreensão[77]. Por tal razão, precisa-se trazer o que na hermenêutica anterior, especialmente no romantismo, na qual a compreensão era pensada como uma reprodução do espírito objetivado e o encargo do intérprete era entender o discurso melhor do que o autor, era tido como obstáculo à realização da tarefa hermenêutica; a distância temporal e a função hermenêutica que esta assume[78] em relação à compreensão[79].

2. FUNÇÃO HERMENÊUTICA DA DISTÂNCIA TEMPORAL

A partir do giro ontológico heideggeriano, a produtividade hermenêutica passa a ser fundamentada na distância temporal, pois, em sua interpretação temporal do *Dasein* coloca a compreensão como um *factum existencial*, i.e., como uma das estruturas do modo de ser do *Dasein*. Destarte, este existencial tem o mesmo fundamento ontológico originário da existencialidade do *Dasein,* que é a temporalidade. Nesse sentido, a temporalidade já não pode ser considerada como um abismo ou um intervalo entre o tempo passado e o presente a ser superado. Distância é um correlato da proximidade, porque é fundada no *In-der-Welt-Sein* (ser-no-mundo) e *"Das umsichtige Ent-fernen der Alltäglichkeit des Daseins entdeckt das An-sich-sein der 'wahren Welt', des Seienden, bei dem Dasein*

---

77 GADAMER, *Gesammelte Werke*. Bd. 1, S. 300 und 301.

78 GADAMER, *Gesammelte Werke*. Bd. 1, S. 301.

79 GADAMER, *Gesammelte Werke*. Bd. 2, S. 63.

HERMENÊUTICA FILOSÓFICA: TRADIÇÃO, HISTÓRICA E HISTORICIDADE
CAPÍTULO I

als existierendes je schon ist"[80]. Ou, como diz *I. Kant*, em *M. Heidegger*, *"(...) dessen Stelle ich im Gedächtnis habe"*. *Was bedeutet das aber anders als: ich orientiere mich notwendig in und aus einem je schon sein bei einer 'bekannten' Welt*"[81]. E, a temporalidade é temporalidade do *In-der-Welt-Sein*. No historicismo, porém, a compreensão era baseada pela noção do conceito vulgar de tempo, pela qual era preciso ser feito um desdobramento ao espírito da época passada, justo, porque fundada em uma noção do tempo como infinito. A esse respeito *"Am eindringlichsten offenbart die Hauptthese der vulgären Zeitinterpretation, daß die Zeit 'unendlich' sei, die in solcher Auslegung liegende Nivellierung und Verdeckung der Weltzeit und damit der Zeitlichkeit uberhaupt. Die Zeit gibt sich zunächst als ununterbrochene Abfolge der Jetzt*"[82]. Ademais, *"Jedes letzte Jetzt ist als Jetzt je immer schon ein Sofort-nicht-mehr, also Zeit im Sinne des Nicht-mehr-jetzt, der Vergangenheit; jedes erste Jetzt ist je ein Soeben-noch-nicht, mithin Zeit im Sinne des Noch-nicht-jetzt, der 'Zukunft'. Die Zeit ist daher 'nach beiden Seiten' hin endlos*"[83]. Na verdade, *"Diese Zeitthese wird nur möglich auf Grund der Orientirung an einem freischwebenden An-sich eines vorhandenen Jetzt-Ablaufs (....) Daraus, daß dieses zu Ende Denken der Zeit je immer noch Zeit denken muß, folgert man, die Zeit sei unendlich*"[84]. Também por esta razão, o espírito atual tinha de se transferir ao espírito objetivado em outra época para (re)construir um *Sofort-nicht-mehr* (agora-não mais). Trata a distância no tempo não de um obstáculo a ser superado ou de um limite intransponível pela certeza metódica, porém, de uma possibilidade positiva e produtiva do compreender, porque é a própria base ontológica constitutiva da continuidade da procedência e da tradição, que traz todo o transmitido. Compreende-se a partir da tradição, porém, isso não implica em ter de se reconstruir historicamente o mundo

---

80 HEIDEGGER, *Sein und Zeit*, S. 106: "A distância circunspecta da cotidianidade do *Dasein* desvela o ser-em-si do 'mundo verdadeiro', do ente, junto do *Dasein* que existindo já sempre é" (Tradução da autora).

81 HEIDEGGER, *Sein und Zeit*, S. 109: "Esta colocação eu tenho na memória". O que isto significa senão outra coisa como: Eu me oriento, necessariamente, no mundo e desde um mundo já sempre conhecido sou junto de um mundo 'conhecido'" (Tradução da autora).

82 HEIDEGGER, *Sein und Zeit*, S. 424: "A tese pricipal da interpretação vulgar do tempo manifesta, ainda mais profundamente, que o tempo é 'infinito', situando nesta interpretação semelhante nivelação e ocultação do tempo e, com isso, a temporalidade em geral. Esse tempo se dá, antes de tudo, como sequência ininterupta de agoras" (Tradução da autora).

83 HEIDEGGER, *Sein und Zeit*, S. 424: "Agora, último agora, é enquanto agora, desde já sempre um logo-não mais, por conseguinte, é tempo no sentido do não mais-agora, de passado; todo primeiro agora, é sempre um agora mesmo-não mais, portanto, tempo no sentido do agora-ainda-não, do 'futuro'" (Tradução da autora).

84 HEIDEGGER, *Sein und Zeit*, S. 424: "Esta tese temporal só é possível sobre a base da orientação por uma sequência de agoras existente em um em-si solto no ar (...). Com isto de *pensar* o tempo já sempre ainda se *deve pensar* o tempo, a gente conclui que o tempo é infinito" (Tradução da autora).

passado, o que, de certa forma, pode ser esclarecido por meio do conceito de "clássico" que *H.-G. Gadamer* emprega para dizer que o *clássico* não é algo que requer a superação da distância histórica, porque o *clássico mesmo* está constantemente se realizando por sua própria mediação, i.e., perdura como um modo de ser histórico e sempre tem algo a dizer. Ele é o que se conserva, porque se interpreta[85]. A distância unicamente, portanto, permite uma expressão completa do verdadeiro sentido que têm as coisas. A função hermenêutica da distância, pois, consiste nisto, que:

> Frequentemente a distância no tempo torna possível solucionar a verdadeira questão crítica da hermenêutica, é dizer de distinguir os prejuízos verdadeiros, a partir dos falsos, sob os quais nós produzimos mal-entendidos. A consciência formada hermeneuticamente é sendo incluída a consciência histórica. Esta pode tornar consciente os próprios prejuízos que, com isso a tradição, como opinião de outro, destaca-se por sua vez, e se faz valer (Tradução da autora)[86].

3. PRÉ-COMPREENSÃO E CONSCIÊNCIA DA HISTÓRIA EFECTUAL

A consciência da história efectual (*wirkungsgeschichtlichen Bewußtsein*) permite o exame dos próprios prejuízos e, dessa forma, por conseguinte, o controle da *Vorverständnis* (pré-compreensão) com a função de superação do objetivismo ingênuo, pelo qual a teoria positivista tem falseado o saber e a fundamentação fenomenológicas das ciências sociais.

Isso, porque compreender um fenômeno histórico a partir da distância histórica determinante da situação hermenêutica em geral, bem como realizar a tarefa hermenêutica de compreender a realidade mesma sempre requer uma consciência histórica. Não obstante isso, não se trata de desenvolver um posicionamento a respeito da história efectual similar ao entendimento da obra. A consciência histórica sabe *"daß nicht so sehr unsere Urteile als unsere Vorurteile unser Sein ausmachen"*[87], porque em razão da historicidade da sua existência, estes, são a própria orientação

---

85 GADAMER, *Gesammelte Werke*. Bd. 1, S. 294 und 295.

86 GADAMER, *Gesammelte Werke*. Bd. 1, S. 304: "*Oft vermag der Zeitenabstand die eigentlich kritische Frage der Hermeneutik lösbar zu machen, nämlich die wahren Vorurteile, unter denen wir verstehen, von den falschen, unter denen wir mißverstehen, zu scheiden. Das hermeneutisch geschulte Bewußtsein wird daher historisches Bewußtsein einschließen. Es wird die das Verstehen leitenden eigenen Vorurteile bewußt machen, damit die Uberlieferung, als Andersmeinung, sich ihrerseits abhebt und zur Geltung bringt*".

87 GADAMER, *Gesammelte Werke*. Bd. 2, S. 224. "(...) que nosso ser se constitui não tanto de nossos juízos como de nossos prejuízos" (Tradução da autora).

HERMENÊUTICA FILOSÓFICA: TRADIÇÃO, HISTÓRICA E HISTORICIDADE

CAPÍTULO I

prévia de toda capacidade de experiência; são antecipações da abertura ao mundo, i.e., condições para que se possa perceber algo e para que seja dito algo[88]. Contrariamente a um objetivismo histórico direcionado por um método crítico que, embora permita a subtração da arbitrariedade em relação a certas atualizações do passado, permite também a formação de uma boa consciência, porque oculta o trabalho que se encontra na história efectual, i.e., porque nega a existência dos pressupostos verdadeiros, que fundam a compreensão, tornando inacessível a verdade à finitude da compreensão, ou de outra forma, nega a história efectual pela ingenuidade da fé metodológica tendo, por consequência, uma autêntica deformação do conhecimento, a consciência histórica determina o questionável e o objeto da investigação[89].

A história efectual, porém, não depende de um reconhecimento desta, pois este é o poder desta sobre a consciência histórica limitada, o de se impor, inclusive, perante a fé metodológica, que nega a historicidade[90]. Em face disso, trata a consciência da história efectual de uma consciência da *situação* na qual se está, porque sempre já se está na tradição, o que significa que a consciência histórica é definida por uma história efectual, e por isso, pode determinar o questionável e o objeto da investigação, ou de outro modo, por um acontecer real que não libera a consciência sob a forma de uma contraposição ao passado[91] e, por isso, na situação hermenêutica, que é caracterizada por apresentar em cada caso uma dificuldade própria, tem-se, da mesma forma, de compreender a própria tradição, porque é o sentir-se interpelado por ela que serve de base para uma análise das implicações ontológicas da consciência histórica, já que a compreensão é um existencial do *Dasein*. Embora isso, a compreensão sobre a situação nunca se realiza completamente, porque "*Geschichtlichsein heißt, nie im Sichwissen Aufgehen*"[92], justo porque aqui não interessa pensar a consciência da história efectual como uma mera capacidade reflexiva (*N. Hartmann*). Porém, pelo contrário, importa pensar esta consciência como uma capacidade de colocar os limites diante da reflexão.

---

88 GADAMER, *Gesammelte Werke*. Bd. 2, S. 224.

89 GADAMER, *Gesammelte Werke*. Bd. 1, S. 304 und 305.

90 GADAMER, *Gesammelte Werke*. Bd. 1, S. 305.

91 GADAMER, *Gesammelte Werke*. Bd. 2, S. 142 und 143.

92 GADAMER, *Gesammelte Werke*. Bd. 1, S. 307. "Ser histórico quer dizer nunca esgotar-se no saber-se" (Tradução da autora).

169

§ 4º
Estrutura da Consciência da História Efectual e Experiência Hermenêutica

1. A ESTRUTURA DA CONSCIÊNCIA HISTÓRICA EFECTUAL

A tarefa hermenêutica, desde a Ilustração, parecia se satisfazer com uma infinitude do saber, que se realiza pela transposição entre a tradição e o presente, baseada no ideal de uma ruptura dos limites do horizonte histórico, i.e., na superação da finitude própria pela infinitude do saber que, em princípio, tinha sido superada por *Hegel*, por meio do seu conceito da autoconsciência, na medida em que permite ser experimentado o tu (o estranho, o diferente) como o "eu" mesmo, i.e, a ruptura em razão do diferente tinha sido ultrapassada na proporção que a autoconsciência sabe de si mesma por intermédio do outro como *se* idêntico a si mesmo. Além do conceito hegeliano, especialmente pelos sofistas tinha sido possibilitada tal superação por meio do clássico modelo da argumentação, que permite perguntar por algo desconhecido, justo porque o algo pelo que pergunta se mantém nos limites da formalidade. Diante disso, a verdade na ciência tem permanecido condicionada à pretensão do argumentar formal em geral, reduzindo-a a uma legitimidade do *acordo aparente*[93], pois o acordo verdadeiro é a coincidência (*Man kommt uberein*), que o próprio termo sugere, sobre algo[94]. Sobre esses tipos de argumento M. *Heidegger* diz que parecem ser convincentes e, não obstante, passam longe diante da verdade núcleo das coisas. Por isso, podem ser chamados de "reflexão externa". Embora isso, e não obstante a objeção contra a dialética da infinitude de *Hegel*, deve-se (re)tornar à sua *Fenomenologia do Espírito*, porque ele pensou a dimensão histórica na qual é fundado o problema hermenêutico, já que foi sua pretensão conseguir uma mediação total entre história e presente, que, na verdade, trata-se do problema hermenêutico hodierno. Também em vista disso, *H.-G. Gadamer* diz dever-se determinar a estrutura da consciência da história efectual pelo pensamento de *Hegel*, em especial, porque para ele:

> O espírito orientado para o conhecimento próprio vê que com o "positivo" irrompe o estranho e deve aprender a reconciliar-se com ele, reconhecendo o estranho como próprio e familiar. Nisso ele resolve a dureza da positividade,

---

93 Sobre isso, comparar E. BETTI, E. *Teoria General della Interpretazione*.

94 GADAMER, *Gesammelte Werke*. Bd. 2, S. 16.

ele se reconcilia consigo mesmo. Enquanto tal reconciliação é tarefa histórica dos espíritos, o procedimento histórico dos espíritos não é nem reflexão própria nem também uma supressão formal dialética do distanciamento próprio que lhe tem ocorrido, porém, uma experiência, que experimenta realidade e ela mesma é real[95].

Baseado nisso, em princípio, a estrutura da consciência da história efectual tem a estrutura da experiência. Também com base nisso, o aspecto interno da historicidade da experiência não tem sido desatendido, o qual tanto as *Naturwissenschaften* (ciências da natureza) quanto as *Geisteswissenschaften* (ciências do espírito), por meio da organização metodológica, têm-lhe subtraído. Porque, destarte, em ambos os casos, tem sido possível de ser reproduzida a experiência e, especificamente, nas *Geisteswissenschaften* (ciências do espírito), isso tem ocorrido por um procedimento controlável, tornando-se a experiência válida proporcionalmente à sua confirmação. Entretanto, isso tem por consequência, em primeiro lugar, o cancelamento da experiência, porque "*non si discende due volte nella medesima immutata corrente*"[96], velha máxima de Heráclito que não deixa de ser instrutiva, a qual propriamente significa isto, "*Strenggenommen kann man dieselbe Erfahrung nicht zweimal 'machen'. Zwar gehört zur Erfahrung, daß sie sich immer wieder bestätigt. Erst durch die Wiederholung wird sie gleichsam erworben. Aber als die wiederholte und bestätigte Erfahrung wird sie nicht mehr neu 'gemacht'*"[97]. Em segundo lugar, em decorrência disso, por considerar a experiência somente pelo aspecto teleológico, pelo qual a experiência só é válida enquanto não for refutada por uma outra experiência tem, por consequência, a desconsideração sobre o verdadeiro processo da experiência, pelo esquecimento das *instantiae negativae*. Porque é o aspecto negativo da experiência que tem como consequência um particular sentido produtivo; é por seu meio que se adquire um saber abrangente. Portanto,

---

95 GADAMER, *Gesammelte Werke*. Bd. 1, S. 352: "*Der auf seine Selbsterkenntnis gerichtete Geist sieht mit dem 'Positiven' als dem Fremden entzweit und muß lernen, sich mit ihm zu versöhnen, indem er es als das Eigene und Heimatliche erkennt. Indem er die Härte der Positivität auflöst, wird er mit sich selbst versöhnt. Sofern solche Versöhnung die geschichtliche Arbeit des Geistes ist, ist das geschichtliche Verhalten des Geistes weder Selbstbespiegelung noch auch bloße formaldialektische Aufhebung der Selbstentfremdung, die ihm widerfahren ist, sondern eine Erfahrung, die Wirklichkeit erfährt und selber wirklich ist*".

96 Sobre isso, ver nota 140, deste trabalho.

97 GADAMER, *Gesammelte Werke*. Bd. 1, S. 359: "A rigor, a gente não pode 'fazer' duas vezes a mesma experiência. É dizer, pertence à experiência que ela se confirme sempre de novo. Antes, pela repetição, de certo modo ela é adquirida. Porém, como experiência repetida e confirmada ela não é mais 'feita' de novo" (Tradução da autora).

Quando se tem feito uma experiência, isto quer dizer, que a gente a possui. A gente vê agora com antecipação o que anteriormente era inesperado. Isso não pode ser igual uma outra vez nem sequer uma nova experiência. Só um outro fato imprevisto proporciona ao que possui experiência uma nova experiência. Assim tem se invertido a consciência do ser experiente – é dizer, volta-se sobre si mesma[98].

Em realidade, isso significa que, *"Der Erfahrende ist sich seiner Erfahrung bewuβt geworden (...). So hat er einen neuen Horizont gewonnen, innerhalb dessen ihm etwas zur Erfahrung werden kann"*[99]. Diante disso, *Hegel*, por um lado, tem mostrado que pelo conceito de experiência a consciência produz uma unidade consigo mesma, porque pela dialética da experiência toda experiência é superada e, por isso, é alcançado um saber absoluto, que se consuma na identidade consciência-objeto; por outro lado, porém, a aplicação que faz desse conceito concernente a história não pode ser estendido à consciência hermenêutica, pois poderá passar a ser considerada como uma autoconsciência absoluta (infinita) da história. Como sob esse ponto de vista a experiência já está sempre superada por uma autoconsciência, ela não pode fundamentar a ciência, que, de outra forma, portanto, não pode partir da observação da *selbst Sache*, ponto de partida e fundamento da hermenêutica gadameriana. A dialética da experiência, segundo *H.-G. Gadamer*, porém, não tem sua própria consumação em um saber concludente, mas na abertura à experiência, que se coloca em funcionamento pela experiência mesma. Ademais, ser experimentado sob este ponto de vista não significa possuir uma rigidez dogmática constituída por um saber absoluto, porque o ser experimentado por assim ser, está aberto ao tornar à experiências e por elas aprender. Ele, sobretudo, sabe que a experiência é dolorosa, porque pela dor tem aprendido a perceber a limitação humana; ele não esquece as *instantiae negativae*. Nesse sentido, que *"Erfahrung ist also Erfahrung der menschlichen Endlichkeit. (...) In ihr ist nicht die Erfahrung zu Ende und eine höhere Gestalt des Wissens erreicht (Hegel), sondern in ihr ist Erfahrung erst ganz und eigentlich da. In ihr ist aller Dogmatismus, wie er aus der uberfliegenden Wunschbesessenheit des*

---

98 GADAMER, *Gesammelte Werke*. Bd. 1, S. 359: "Wenn man eine Erfahrung gemacht hat, so heiβt das, man besitzt sie. Man sieht von nun an das ehedem Unerwartete voraus. Das gleiche kann einem nicht noch einmal zu neuer Erfahrung werden. Nur ein anderes Unerwartetes kann dem, der Erfahrung besitzt, eine neue Erfahrung vermitteln. So hat sich das erfahrene Bewuβtsein umgekehrt – nämlich auf sich selbst zugekehrt".

99 GADAMER, *Gesammelte Werke*. Bd. 1, S. 359: "O experimentado que se torna consciente da sua experiência – ele é um experiente. Assim, ele tem ganhado um novo horizonte, dentro do qual algo lhe pode ser experiência" (Tradução da autora).

HERMENÊUTICA FILOSÓFICA: TRADIÇÃO, HISTÓRICA E HISTORICIDADE

CAPÍTULO I

menschlichen Gemutes entspringt, an eine schlechthinnige Grenze gelangt. Die Erfahrung lehrt, Wirklcliches anzuerkennen"[100]. Nisto consiste, em suma, a autêntica experiência da consciência da finitude humana, na consciência da finitude da própria historicidade, principalmente, porque reconhecer o que é, significa reconhecer que a planificação do ser finito é finita e limitada[101]. Por tal razão, a consciência histórica no âmbito hermenêutico tem o modo de ser da estrutura da experiência e, por consequência disso, que o homem histórico compreende sempre dentro dos seus limites, i.e., dos limites da sua historicidade e da sua tradição.

1.1. A experiência da histórica efectual na experiência hermenêutica

A experiência hermenêutica tem a mesma estrutura da experiência em geral, não obstante, com uma especificidade, os momentos dessa experiência são chamados de *tradição, experiência do "tu" e abertura à tradição*. É basicamente por meio da experiência do "tu", que na experiência hermenêutica se realiza a experiência da história efectual, porque o "tu" não é um mero objeto de conhecimento, o "tu" se comporta a respeito de algo e introduz uma modificação nos momentos estruturais da experiência, à medida que o objeto de conhecimento tem caráter de pessoa e o saber é adquirido na compreensão do outro. Embora isso, a experiência do "tu" pode ser realizada pela observação do comportamento *típico* dos homens e, dessa forma, adquire-se uma capacidade de previsão sobre o outro. O "outro" por essa forma de observação, é compreendido, por consequência, como um processo típico do campo da experiência, o que de modo conexo tem sucedido na ciência por meio do emprego metódico cerrado e da objetividade que este proporciona. Sob uma óptica assim, é possível de se ter a pretensão de compreender o "tu" pelo "eu" e, inclusive, de compreender melhor que o próprio "tu", formulada sob a forma do adágio hermenêutico *melhor do que o autor*. A compreensão que se dá dessa forma subtrai a historicidade interna de todas as relações vitais entre os homens, porque só pretende o controle sobre o homem, e, por consequência, tem obstado não só o seu reconhecimento recíproco como a legitimação das suas próprias pretensões. Por meio dessa forma de realização da experiência do "tu" se quer chegar a dizer o seguinte, que

---

100 GADAMER, *Gesammelte Werke*. Bd. 1, S. 363: "Experiência é, por conseguinte, experiência da finitude humana (...). Nela, a experiência não tem seu fim e nem tem alcançado a forma suprema do saber (Hegel), porém, nela, a experiência nasce a partir da dominante obsessão pelo desejo da alma humana, tendo êxito sobre uma vítima contígua" (Tradução da autora).

101 GADAMER, *Gesammelte Werke*. Bd. 1, S. 363.

compreender a tradição dessa forma significa realizar uma *disjunção* de todo seu conteúdo e de todos os momentos subjetivos referentes a ela, pelo método. Diante disso, na esfera hermenêutica, a experiência do "tu" é chamada de *consciência histórica*, porque esta sabe que não se pode dizer pelo "outro", porque o outro tem algo a dizer.

Por meio da experiência do "tu" o intérprete chega a ser consciente da sua finitude na esfera hermenêutica, que significa a necessidade de estado de espírito para deixar valer algo contra si mesmo, i.e., na experiência hermenêutica, tem de deixar valer a tradição em suas próprias pretensões, todavia, não no sentido de um mero reconhecimento de uma outreidade do passado, mas no sentido próprio de que tem algo a dizer, o que também requer uma *abertura*. Isso não quer dizer que a consciência histórica realmente esteja aberta, porém que ao se ler textos historicamente se tem nivelado prévia e fundamentalmente toda a tradição, i.e., os padrões do próprio saber não podem ser colocados em questão por ela. O intérprete que tem consciência da história efectual deixa com que a tradição lhe diga algo e se mantenha aberta à pretensão de verdade que lhe vem ao encontro, porque como diz *M. Heidegger, "Aus der eigentlichen Erschlossenheit ('Wahrheit') der geschichtlichen Existenz ist die Möglichkeit und die Struktur der historischen Wahrheit zu exponieren"*[102]. É a abertura, especialmente, que caracteriza o intérprete como homem histórico e, para este, a tradição não é um problema para o conhecimento, porém, pelo contrário, ela é um fenômeno de apropriação espontânea e produtiva de conteúdos transmitidos.

1.2. A estrutura da experiência hermenêutica no horizonte do perguntar

Não obstante isso, a tradição histórica só pode ser compreendida quando se inclui no pensamento que os conteúdos transmitidos continuam se determinando, i.e., a ganhar novos aspectos significativos em razão da continuação do acontecer. É por meio da atualização desses conteúdos na compreensão que os textos são integrados em um autêntico acontecer. Isso é o que ocorre na experiência hermenêutica como momento da história efectual. O texto (ou a norma jurídica, e assim por diante) transmitido, por isso, não pode ser compreendido só ocasionalmente[103], como por exemplo, é sugerido pela máxima dogmática *in claris cessat*

---

102 HEIDEGGER, *Sein und Zeit*, S. 397: "A partir da abertura própria ('verdadeira') da existência histórica é de expor a possibilidade e a estrutura da verdade histórica" (Tradução da autora).

103 GADAMER, *Gesammelte Werke*. Bd. 2, S. 180.

HERMENÊUTICA FILOSÓFICA: TRADIÇÃO, HISTÓRICA E HISTORICIDADE — CAPÍTULO I

interpretatio, segundo a qual a ocasião do conteúdo, quando é obscuro, vem a ser determinada na compreensão. Diante disso, cabe perguntar pela estrutura lógica da abertura, que caracteriza a consciência hermenêutica na análise da situação hermenêutica. A abertura é, de fato, abertura do *des So oder So* (de todo modo) e tem a estrutura da pergunta. Toda experiência, especialmente a hermenêutica, tem esta estrutura. O estar aberto a experiências e tornar a aprender por meio delas é possível pela pergunta, que remete a um querer saber o que não se sabe, de forma tal, que é justo o não saber que conduz à pergunta. O ponto de partida, em vista disso, para se tratar sobre a realização da experiência pela pergunta, consiste na produtividade da zetética socrática, pois por seu intermédio se descobre a verdadeira superioridade da pergunta na negação extrema da aporia, em particular, da aporia metódica – ponto de partida à reflexão de *H.-G. Gadamer* – estabelecida pelo *autêntico* e o *inautêntico*; *idêntico* e o *diferente*, que, por consequência, limitou a ideia do saber, já que nenhum método pode ensinar a perguntar. À pergunta cabe realizar a mediação na dialética socrática entre o *meu inautêntico* e o *meu autêntico*, que permite colocar em suspenso o questionável do perguntado, de forma a possibilitar um equilíbrio entre *pró* e *contra*, porque saber é sempre entrar no contrário. A verdadeira pergunta conduz a uma situação de suspensão dos preconceitos, na qual tem de ser tomada uma decisão, que consiste no próprio caminho para o saber, porque saber implica pensar as possibilidades de *pró* e *contra* como possibilidades. A coisa mesma só surge quando se resolvem as instâncias contrárias e se adentra na falsidade dos argumentos. No diálogo socrático isso quer dizer: que na dialética entre pergunta e resposta o que irrompe em sua verdade é o logos, o qual não pertence nem ao "eu" nem ao "tu", pois só tem sentido na orientação iniciada pela pergunta a uma resposta possível e, dessa forma, nega a aporia metódica superando o psicologismo e, por consequência, ultrapassando a relação entre sujeito e objeto a ser dissecado.

Experiência hermenêutica, a partir disso, não é um monólogo do pensar nem uma experiência da história absoluta (*Hegel*). Ela é dialógica, porque o fenômeno hermenêutico está baseado em uma conversação originária estruturada pela dialética de pergunta e resposta. Com base nisso, a tarefa do intérprete é descobrir a pergunta a que o texto vem dar resposta; compreender um texto é compreender a sua pergunta. Doravante, um texto só se torna possível de interpretação se confrontar o intérprete com uma pergunta. Quando se diz que a tarefa de compreender é orientada, antes de tudo, pelo sentido do texto mesmo, significa, portanto, que se deve compreender o texto a partir da orientação iniciada pela pergunta que coloca para uma resposta possível. Não obstante isso, como essa originária conversação hermenêutica tem a estrutura dialética de pergunta e resposta, compreender o questionamento de algo é, por sua vez, sempre perguntar, porque na lógica esta sempre tem prioridade já que sempre a pergunta frente a um texto significa que já é sempre resposta. Reconstruir, na experiência hermenêutica, a pergunta para a qual o texto é resposta não implica, portanto, reconstruir o pensamento do autor, pois um texto não pode ser compreendido unicamente pelo conteúdo que propõe. A compreensão de um texto tem como única norma suprema a pergunta, perante o qual o intérprete é o interrogante. Isso, equivaleria a uma redução hermenêutica à opinião do autor tal qual sucede com a redução dos acontecimentos à atuação histórica das pessoas, porque nem sempre a subjetividade (do indivíduo) e a objetividade (do método) (co)incidem sobre o acontecer tanto hermenêutico quanto histórico. Reconstruir o pensamento do autor é um objetivo do historicismo em razão da busca da cientificidade das *Geisteswissenschaften* (ciências do espírito), que pela reconstrução acreditava poder ser alcançada a reprodução de alguma forma da gênese do texto mesmo. Por tal razão, a compreensão de um texto só é alcançada quando se tem obtido o *horizonte do perguntar* que, como tal, contém necessariamente também outras respostas possíveis. Compreender a pergunta do texto não quer dizer, portanto, que o intérprete tenha de compreender a ação do pensamento originário, porém, que tem de compreender a ação histórica que o interpela, que é a tradição. Dessa forma, pela lógica de pergunta e resposta, por uma parte, um texto ao ser atualizado na compreensão, acaba por ser um acontecer autêntico, que representa uma possibilidade histórica pois, o sentido de um texto está sempre além do dito pelo autor, por outra parte, a experiência hermenêutica é determinada em sua verdadeira dimensão como momento da história efectual.

1.3. Pré-compreensão na hermenêutica atual ou fusão de horizontes?

O que a compreensão que atualiza um texto apresenta é, no fundo, o problema da transcendência temporal do mundo, já explicitado na primeira parte deste trabalho, embora, resumidamente, o qual em síntese, não pode ser reduzido à questão da exteriorização e transferência do sujeito a um objeto fora de si, que, como consequência, identifica o conjunto de objetos com a ideia de mundo. Sobre isso *M. Heidegger* coloca a seguinte questão: *"Wie ist so etwas wie Welt in seiner Einheit mit dem Dasein ontologisch möglich? In welcher Weise muß Welt sein, damit das Dasein als In-der-Welt-sein existieren kann?"*[104]. A condição existencial e temporal da possibilidade do mundo bem como da sua significância e do *Dasein* se funda no fato de a temporalidade (historicidade) ter um horizonte, porque dessa forma é possível, assim como na unidade de temporalização da temporalidade, a atualidade se temporalizar nos horizontes do futuro e do passado. Na medida em que o *Dasein* se temporaliza também o mundo se dá de forma significante. É pela fusão de horizontes no horizonte da temporalidade que o mundo transcende e se dá. Embora isso, é necessário que o ser já esteja aberto a uma remissão de significância, a fim de que, pela compreensão – que é um existencial do *Dasein* – os entes possam vir ao seu encontro, e, ao compreenderem a si mesmos e ao seu mundo na unidade com o Da (que está aí), é que o *Dasein* (ser-aí) volta desses horizontes que se fundem no horizonte da temporalidade e se atualizam. A fusão de horizontes, portanto, é como um raio que permite o encontro do ser com a coisa que retorna numa compreensão atualizada e o horizonte significa o âmbito de visão que abarca e encerra o visível como um raio a partir de um determinado ponto da história. Ele não se esgota, porque é projetado à medida que o *Dasein* se projeta para possibilidades constitutivas da compreensão. Obter um horizonte é sempre poder ver além. Na fusão de horizontes se fundem os horizontes de passado e presente pelo constante movimento da tradição e do intérprete atual consciente da história efectual. Por conseguinte, o diferente (mundo) passa a integrar a identidade, porque passa a ter significância, pela compreensão que se dá. Quando o intérprete supera o diferente de um texto ele não assume uma posição de superioridade em relação à limitação do dito pelo texto, porém adentra na comunicação resolvendo a tensão do horizonte do texto, porque, em realidade, fundem--se os horizontes do texto e do intérprete no horizonte da temporalidade/ historicidade, por isso, não tem necessidade de ser reconstruída a *mens auctoris* nem de ser objetivada pelo intérprete a sua reconstrução; os horizontes se fundem em uma continuação do vigor de ter sido. Como diz *H.-G. Gadamer*: *"Jede Begegnung mit der Uberlieferung, die mit historischem Bewußtsein vollzogen wird, erfährt an sich Spannugsverhältnis zwischen Text und Gegenwart."*[105] Porque *"Im Walten der Tradition findet ständig*

---

104 HEIDEGGER, *Sein und Zeit*, S. 364: "Como é possível ontologicamente algo assim como mundo em sua unidade com este *Dasein*? De que modo deve ser, a fim de que o *Dasein* possa existir como ser-no- -mundo?" (Tradução da autora).

105 GADAMER, *Gesammelte Werke*. Bd. 1, S. 311: "Todo encontro com a tradição, que é realizado com consciência histórica, experimenta em si a relação de tensão entre texto e presente" (Tradução da autora).

solche Verschmelzung statt. Denn dort wächst Altes und Neues immer wieder zu lebendiger Geltung zusammen, ohne daβ sich uberhaupt das eine oder andere ausdrucklich voneinander abheben."[106] O intérprete consciente da história efectual sabe da outreidade do texto e, por isso, busca realizar o projeto de um horizonte histórico que se desdobra na fusão de horizontes e se atualiza na compreensão. O que ele tem descrito como fusão de horizontes, em suma, é esta maneira como se realiza esta unidade, que não permite ao intérprete falar de um sentido original de uma obra, sem que na sua compreensão não se tenha introduzido já sempre o sentido próprio do intérprete. Pois, pensar que se pode *romper* o sentido próprio do intérprete por meio do método histórico-crítico significa, em realidade, ignorar a estrutura hermenêutica fundamental: o círculo hermenêutico. Elaborar o horizonte histórico de um texto implica sempre em uma fusão de horizontes, o que é conhecido também como *Vorverständnis* (pré-compreensão) na hermenêutica atual.

---

106 GADAMER, *Gesammelte Werke*. Bd. 1, S. 311: "No domínio da tradição a fusão, por sua vez, encontra lugar permanente. Pois, aí uma e outra vez, novo e velho conservam juntos validez de vida sem que, em realidade, destaquem-se um do outro, explicitamente, por si mesmos" (Tradução da autora).

Capítulo II
Hermenêutica ou Aplicação do Direito

§ 1º
O Problema Hermenêutico da Aplicação

1. COLOCAÇÃO DO PROBLEMA

O problema hermenêutico da aplicação remonta à terceira habilidade que a *subtilitas* – o que já foi mencionado na primeira parte deste trabalho – abarca, a *subtilitas applicandi*, que pode ser encontrada na obra de *J. J. Rambach, Institutiones hermeneuticae sacrae*, de 1723, e só foi agregada como terceira habilidade na época do pietismo. No período da hermenêutica romântica, as duas habilidades primeiras da *subtilitas* – *intelligendi* e *explicandi* – foram reconhecidas como possuidoras de uma unidade interna, i.e., a interpretação passou a ser uma forma explícita da compreensão e, não obstante isso, a *subtilitas applicandi* permaneceu como uma habilidade apartada. Em vista disso, *H.-G. Gadamer* em sua *Hermeneutik* dá um passo adiante ao não se limitar à unificação tão só da compreensão e da interpretação, pois agrega à essa unificação, a aplicação. Declara a respeito disso, que não distingue na *subtilitas* três habilidades, "*Denn wir meinen im Gegenteil, daβ Anwendung ein ebenso integrierender Bestandteil des hermeneutischen Vorgangs ist wie Verstehen und Auslegeng"*[1]. Remontando-se à história da hermenêutica, a tarefa da hermenêutica já consistia em adaptar o sentido do texto à situação concreta, o que significa que o intérprete não podia se limitar a reproduzir o texto – da lei ou da bíblia, porque tanto a hermenêutica jurídica quanto a hermenêutica teológica constituem exemplos que chamam atenção para o aspecto da aplicação e, aqui cabe dizer, que para *H.-G. Gadamer*, a reprodução também é compreensão à medida que uma reprodução não trata de uma criação totalmente livre, porém de (re)*presentação*, tal como sugere o termo alemão *Auffurung* – mas tinha de aplicar o texto ao momento concreto da interpretação. Sobre isso, ele diz:

> Porém, até hoje em dia todo intérprete tem somente a tarefa de uma reprodução, disto que o interlocutor da discussão, que ele interpreta, em realidade tem dito, porém, ele deve fazer valer esta tal opinião, como lhe pareça necessário sobre esta autêntica situação de diálogo, na qual ele se encontra, não obstante, como o conhecedor da linguagem de discussão de ambos (Tradução da autora)[2].

Diante disso, o problema hermenêutico, ainda hoje, funda-se na administração entre a compreensão e a aplicação contida na compreensão. Em primeiro lugar, porque o mal-entender um texto ainda implica na compreensão do dito por um "tu" de uma época para outra; em segundo lugar, o positivismo tem desconsiderado que a compreensão é sempre determinada pela historicidade efectual do "eu" e do "tu", ao administrar o diálogo ou a dialética hermenêutica por meio de perguntas néscias como, por exemplo, as perguntas que são realizadas a uma testemunha. Embora isso, a pretensão de que a compreensão tinha de ser aplicada em cada situação concreta já quer dizer, de início, que compreender é sempre aplicação. Por tal razão, desenvolveu-se desde o capítulo anterior que a compreensão depende menos de um método por meio do qual a consciência histórica se aproxima do objeto a fim de alcançar um conhecimento científico que do sentimento de interpelação pela tradição. Na verdade, *"Verstehen erwies sich selber als ein Geschehen"*[3]. A teoria

---

1 GADAMER, *Gesammelte Werke*. Bd. 1, S. 313: " Pois nós pensamos ao contrário, que aplicação é, do mesmo modo como compreender e interpretar, parte integrante do processo hermenêutico" (Tradução da autora).

2 GADAMER, *Gesammelte Werke*. Bd. 1, S. 313: *"Aber noch jeder Dometsch hat bis zum heutigen Tage nicht die Aufgabe einer bloßen Wiedergabe dessen, was der Verhandlungspartner, den er verdolmetscht, wirklich gesagt hat, sondern er muß dessen Meinung so zur Geltung bringen, wie es ihm aus der echten Gesprächssituation nötig scheint, in der er sich als der Kenner beider Verhandlungssprachen allein befindet"*.

3 GADAMER, *Gesammelte Werke*. Bd. 1, S. 314: "A compreensão mesma se mostrou como um acontecer" (Tradução da autora).

hermenêutica, entretanto, tem se ocupado até o momento de distinções que não tem tido como sustentar, como por exemplo, as distinções entre interpretação contemplativa (intransitiva), normativa e reprodutiva, tal como desenvolve *E. Betti* na clássica *Teoria Generale della Interpretazione* (1956), a respeito da qual se tratou anteriormente e sobre a qual *H.-G. Gadamer* diz que apesar do seu admirável conhecimento e domínio do tema, "*so gerät man bei der Zuordnung der Phänome zu dieser Einteilung in Schwierigkeiten*"[4]. Por primeiro, porque na interpretação científica, por exemplo, ao se agregar a interpretação teológica e a interpretação jurídica se tem uma interpretação normativa, por segundo, ao se unir uma interpretação contemplativa e uma interpretação filológica, tem-se uma interpretação teleológica (*Fr. Schleiermacher*), por conseguinte, a falha que suceder tanto na interpretação contemplativa quanto na interpretação normativa, vicia por completo todo o processo hermenêutico, ainda que se trate de uma interpretação musical, porque a execução musical somente será possível mediante a compreensão do sentido originário do texto[5]. Logo, a falha que acontece na interpretação jurídica em razão do conhecimento do texto de lei e sua aplicação ao caso concreto não são atos separados, porém se reúnem na compreensão.

> A distinção de uma função normativa de uma função cognitiva rompe separando, terminantemente, o que, manifestamente, pertence a um conjunto. O sentido das leis, que se mostra na sua aplicação normativa não é, em princípio, outra coisa que o sentido das coisas, que se faz valer na compreensão de uns textos (Tradução da autora).[6]

Não obstante isso, não se trata de fundamentar a possibilidade de compreender os textos sob o cânon da congenialidade hermenêutica, porque a concreção do sentido do texto não pode ser restringida à intenção de seu autor como uma mera identificação entre o conteúdo situado na *mens auctoris* e o caso concreto. Porque para a hermenêutica filosófica a *applicatio* representa um elemento construtivo de toda compreensão (*E. Betti*), e não um elemento adicional em si[7]. Ela não é "*(...)durchaus keine Einschränkung der 'voraussetzungslosen' Bereitschaft, zu verstehen, was*

---

4 GADAMER, *Gesammelte Werke*. Bd. 1, S. 315: "Assim a gente encontra em torno desta agregação dificuldades na classificação dos fenômenos" (Tradução da autora).

5 GADAMER, *Gesammelte Werke*. Bd. 1, S. 315.

6 GADAMER, *Gesammelte Werke*. Bd. 1, S. 316: "*Die Unterscheidung einer normativen Funktion von einer kognitiven Funktion reißt vollends auseinander, was offenkundig zusammengehört. Der Sinn des Gesetzes, der sich in seiner normativen Anwendung beweist, ist nichts prinzipiell anderes als der Sinn der Sache, die sich im Verstehen eines Textes zur Geltung bringt*".

7 GADAMER, *Gesammelte Werke*. Bd. 2, S. 108.

ein Text selber sagt, und gestattet durchaus nicht, daβ man den Text seiner 'eigenen' Sinnmeinung entfremdet und vorgefaβten Absichten dientsbar macht."[8] Na hermenêutica filosófica, a reflexão hermenêutica *"(...) deckt nur die Bedingungen auf, unter denen Verstehen jeweils steht und die immer schon – als unser 'Vorverständnis' – in Anwendung sind, wenn wir uns um die Aussage eines Textes bemuhen"*[9]. A fim de obter um esclarecimento maior sobre o entendimento da compreensão como aplicação e também vice-versa, bem como sobre a problemática imanente à metodologia jurídica científica atual, a filosofia prática de *Aristóteles*[10] e o nexo entre a retórica e a hermenêutica têm dado seu contributo.

2. A *APPLICATIO* COMO INTEGRANTE DA *SYNESIS*: *ARISTÓTELES*

De entrada, remonta-se ao sentido do próprio termo. Do grego, *synesis*, designa o compreender e a compreensão, podendo aparecer no contexto neutro do fenômeno da aprendizagem, bem como em uma proximidade inter-relacional com a palavra grega *mathesis*, também originária do grego, porém de cunho platônico, que no contexto da ética aristotélica representa um significado estrito, no sentido de uma espécie de virtude intelectual correspondente aos termos *techne* e *phronesis*, ambos no mesmo contexto. *Synesis*, todavia, não tem só um significado. Baseado nisso, o termo *compreensão* surge com o mesmo sentido que *hermenêutica* tinha no século XVII, o qual significava o conhecimento e a compreensão dos espíritos, ou de outra forma, uma faculdade sutil e intuitiva para conhecer aos demais.

O sentido do termo *compreensão* passa a significar, então, uma modificação da inegável competência da razão prática e da racionalidade política[11], o julgamento intuitivo das considerações práticas de outro. O que quer dizer algo mais que a compreensão de um enunciado (*Aussage*), pois, sob esse sentido, passa a requerer uma coincidência sobre algo, i.e., uma forma superior de *syntheke*[12] como, por exemplo, é requerido em

---

8 GADAMER, *Gesammelte Werke*. Bd. 2, S. 108 e 109: "(...) de nenhum modo limitação da disposição 'sem pressupostos' para compreender, o que um texto mesmo diz e de nenhum modo autoriza, que a gente afaste o texto de sua significação 'própria' e faça servir as intenções preconcebidas" (Tradução da autora).

9 GADAMER, *Gesammelte Werke*. Bd. 2, S, 109: "(...) desvela somente as condições em que se encontra a compreensão e que já sempre – como nossa 'pré-compreensão' – estão na aplicação, quando solicitamos o emprego dos enunciados de um texto" (Tradução da autora).

10 GADAMER, *Gesammelte Werke*. Bd. 2, S. 22, 314.

11 GADAMER, *Gesammelte Werke*. Bd. 2, S. 23.

12 GADAMER, *Gesammelte Werke*. Bd. 2, S. 16.

HERMENÊUTICA OU APLICAÇÃO DO DIREITO

CAPÍTULO II

uma reunião de ministérios. Nisso, encontra-se o ponto principal sobre a filosofia prática aristotélica, que diz respeito ao *ethos*, que tem liame com o contraponto da *phronesis*[13] (razão prática), a *techne*, que *H.-G. Gadamer* em sua *Hermeneutik* já dizia ser o ponto principal também do problema hermenêutico, e que precisa ser legitimado de novo[14].

O contributo da filosofia prática aristotélica, em vista disso, consiste, em princípio, em que apesar de ela considerar a necessidade de uma legitimação para a filosofia prática conforme a sua natureza, aponta como problema decisivo o fato de a ciência estar relacionada com o problema geral do bem na vida humana e, justo pela base da ideia de bem considera que as *technai* (*tejnai*), que são a *Kunstlehre* (teoria artificiosa), têm como decisivo o uso prático[15], pois o bem se realiza de forma prática. Não obstante isso, é preciso se ter em vista também o nexo primordial entre a retórica e a hermenêutica, o qual diz respeito, sinteticamente, à arte de fazer *discursos* e a compreensão do escrito, sobre o qual o *Fedro* de *Platão*, expressão da dialética da universalidade (*techne*) traz uma demonstração interessante em favor da elevação da retórica de uma mera técnica para um verdadeiro saber, o que deveria poder ser aplicado à hermenêutica como arte da compreensão. Nessa obra, *Platão* materializa o caráter supremo da filosofia (dialética) como *techne* perante as *technai*, considerando a *techne* como uma realização suprema do bem, que as *technai*, aristotélicas, buscavam perseguir. Contrariamente, em *Sócrates*, o *to agathon* (o bem) não se materializa em uma *techne* nem nas *technai*, ele surge sempre nos *elenchos*, que têm uma função realizável pela razão negativa e, por conseguinte, nega que as *technai* tenham o verdadeiro saber, porque para ele este está na *docta ignorantia*[16](dialética).

Nesse sentido, deve-se não só saber o bem ou discursar sobre o bem (retórica), porque isso não designa um saber geral do bem, porém, é preciso conhecer o *kairos*, i.e., deve-se saber quando e como é preciso falar e, por tal razão, esse saber geral não é conseguido somente por meio de regras e nem com a mera aprendizagem delas[17]. Em relação a isso, apesar de *Aristóteles* ter subtraído a dialética ao tratar sobre a *synesis* – aspecto que *Platão* supera no *Fedro* – e esta ser essencial à hermenêutica, ele remete ao orador dialético como àquele que persegue o bem não como um *ergon*, que

---

13 GADAMER, *Gesammelte Werke*. Bd. 2, S. 315.
14 GADAMER, *Gesammelte Werke*. Bd. 2, S. 23.
15 GADAMER, *Gesammelte Werke*. Bd. 2, S. 304.
16 GADAMER, *Gesammelte Werke*. Bd. 2, S. 306.
17 GADAMER, *Gesammelte Werke*. Bd. 2, S. 307.

é produto do fazer, porém, como *praxis*, i.e., a *energeia* e, isso implica, em última instância, em que não se *"faz"* bons cidadãos, antes se constitui uma filosofia prática[18]. Contudo, a retórica aristotélica não ter sobrevivido por ter se aproximado demasiado de uma técnica e, na verdade, ele se inspira muito mais no rigor matemático da *episteme*, que, no grego, quer dizer conhecimento racional[19], ela teve grande influência na retórica antiga e, no período da Reforma, sob influência aristotélica, a retórica deixou de ser a arte de fazer discursos, para ser a arte de seguir ao discurso, porque este é compreendido, i.e., a hermenêutica[20].

3. *PHRONESIS:* VIRTUDE HERMENÊUTICA FUNDAMENTAL

Fundamentado nisso, o que importa para a hermenêutica, pois, é, justamente, o equilíbrio entre a herança socrático-platônica e o momento do *ethos*, do grego, que para *Aristóteles* é a própria *archè*[21], ponto de partida para a filosofia prática, que estuda o *to agathon* dentro de uma generalidade típica que como tal é *phronesis*, da qual deriva a *praxis, a prohairesis,* a *techne* e o *methodos* e, assim por diante[22], e serve de princípio condutor ao homem em suas decisões concretas. O ponto de inter-relação entre a análise aristotélica da filosofia prática e o problema hermenêutico das modernas *Geisteswissenschaften* (ciências do espírito) relacionado ao objetivismo metodológico parte disso, porque *"Denn auch das hermeneutische Problem setzt sich von einem 'reinen', vom eigenen Sein abgelösten Wissen offenkundig ab"*[23]. E, embora a consciência hermenêutica não tratar de um saber técnico nem moral, ambas as formas de saber contém a mesma tarefa da aplicação que se tem reconhecido como problema hermenêutico central[24].

A respeito disso, o modelo da *techne* tem mostrado, ao menos em relação ao âmbito político, com uma função eminentemente crítica, que a falta de base ao que se pode chamar de arte política ou politologia, faz com que todo cidadão se considere sempre suficientemente iniciado[25]. Uma *techne*, pelo contrário, só pode ser aplicada quando se possui algo

---

18 GADAMER, *Gesammelte Werke*. Bd. 2, S. 308.

19 GADAMER, *Gesammelte Werke*. Bd. 2, S. 22 und 23.

20 GADAMER, *Gesammelte Werke*. Bd. 2, S. 308.

21 GADAMER, *Gesammelte Werke*. Bd. 2, S. 315.

22 GADAMER, *Gesammelte Werke*. Bd. 2, S. 316.

23 GADAMER, *Gesammelte Werke*. Bd. 1, S. 319: "(...) *também o problema hermenêutico se coloca separado de um 'puro' saber, desde um saber manifestamente separado do ser individual"* (Tradução da autora).

24 GADAMER, *Gesammelte Werke*. Bd. 1, S. 320.

25 GADAMER, *Gesammelte Werke*. Bd. 1, S. 320.

previamente, e, só dessa forma, produz-se algo bom, toda vez que se têm as possibilidades correspondentes ao que pode, de fato, ser produzido[26]. Isso significa saber aplicar em uma situação concreta e, por tal razão se fala da *arte do juiz*[27]. Apesar disso, para *Aristóteles* a *praxis* jurídica é uma *phronesis* e não uma *techne*, porque o que *aplica* o direito em uma situação concreta está obrigado a corrigir a lei, i.e., a agir pela *epieikeia*[28] como uma ponderação complementar ao direito em contraposição ao positivismo jurídico – função, que segundo *E. Betti*, é desenvolvida pelos princípios gerais de direito, os quais:

> Se colocam a margem do direito positivo: dentro da sua esfera, na medida em que conduzem a determinar as decisões e a configurar *subspecie iuris* as relações da vida; nos limites deste círculo na medida em que não são preteridas as exigências afirmadas de *iure contendo*. Atualmente, então, em parte sim e em parte não, esses assumem uma posição intermediária paralela àquela da equidade, que, segundo a concepção aristotélica, está puramente à margem do direito positivo (Tradução da autora)[29].

Afinal, toda lei se encontra diante de um hiato entre a generalidade do direito prescrito e a concreção do caso individual, uma vez que o geral não pode conter em si a realidade prática em toda a sua concreção; a lei é sempre deficiente, porque perante o sistema jurídico, a realidade humana consiste em um processo constante de reajuste das vigências existentes[30]– ponto original do problema hermenêutico – e não permite uma mera aplicação delas[31]. A virtude na *phronesis* surge justo nisto, na reflexão moral, por ser a ponderação dos meios já uma ponderação moral[32], em outras palavras, o saber na *phronesis* pelo *noûs* na aplicação em cada caso. Em razão disso, junto à *phronesis*, a virtude da consideração reflexiva, aparece a *compreensão*, que é como uma modificação da virtude do saber moral; a *synesis* se refere claramente à capacidade dos juízos morais, que

---

26 GADAMER, *Gesammelte Werke*. Bd. 1, S. 322.

27 GADAMER, *Gesammelte Werke*. Bd. 1, S. 323.

28 GADAMER, *Gesammelte Werke*. Bd. 1, S. 323.

29 BETTI, E. *Teoria Generale della Interpretazione*, p. 860 e 861: "*Si collocano al margine del diritto positivo: dentro la sua cerchia, nella misura in cui riescono a determinare le decisioni e a configurare sub specie iuris i rapporti della vita; ai limiti della sua cerchia, nella misura in cui ne restiono inappagate le esigenze asseribili de iure condendo. Attuati, così, in parte sì e in parte non ancora, essi assumono una posizione intermedia, parallela a quela dell'equità, la quale, secondo la concezione aristotelica, sta pure al margine del diritto positivo*".

30 GADAMER, *Gesammelte Werke*. Bd. 2, S. 317.

31 GADAMER, *Gesammelte Werke*. Bd. 1, S. 324.

32 GADAMER, *Gesammelte Werke*. Bd. 1, S. 327.

têm por base a concreção da situação perante a qual tem de atuar[33]. Por isso, não se trata, aqui, de um saber geral, pelo contrário, de algo concreto e momentâneo, o qual, para ser julgado, precisa de uma pertinência de quem o julga, porque, ainda que se trate de homem experimentado, também este somente conseguirá compreender se também desejar o justo.

O contributo da análise aristotélica consiste, portanto, em servir como uma "*Art Modell der in der hermeneutischen Aufgabe gelegenen Probleme*"[34]. Porque a aplicação, como conclui *Aristóteles*, não é, de fato, um elemento adicional à compreensão, pelo contrário, ela integra desde o princípio o fenômeno da compreensão, não se trata de um mero *emprego* desta[35]. A *applicatio* não consiste na mera subsunção do geral ao particular, porém, na pertinência do julgador à situação concreta, "*Diese Konkretion zu leisten, ist offenbar die Sache dessen, der phronesis besitzt*"[36]. Na verdade, por meio da sua filosofia prática *Aristóteles* elevou a *praxis* humana a uma esfera autônoma do saber e, junto à esta, está não só a política como a legislação que esta abarca, porque considera a política a tarefa principal, justo por esta regular e ordenar os assuntos humanos, por ser esta uma autorregulação por meio da constituição, em sentido lato, de vida, de uma vida social e estatal ordenada[37]. Em razão disso, para *H.-G. Gadamer, a virtude aristotélica da racionalidade, a* phronesis*, é a própria virtude hermenêutica fundamental*[38], porque nela as decisões são orientadas pelo *ethos* ao reclamarem um ideal de racionalidade e é decisivo para a *praxis* humana antes de qualquer explicação teórica a aceitação por todos de um determinado ideal de racionalidade. Além disso, declara em sua *Hermeneutik* ter isso constituído um exemplo para a formação do seu pensamento. Baseado nisso, *H.-G. Gadamer* tem dito, porém, que:

> O essencial nas "ciências do espírito" não é a objetividade, porém a relação precedente com o objeto. Eu deprecio para este âmbito do saber o ideal do conhecimento objetivo, que é incorporado pelo *ethos* da cientificidade, por completar o ideal da "participação" (...) (Tradução da autora)[39].

---

33 GADAMER, *Gesammelte Werke*. Bd. 1, S. 328.

34 GADAMER, *Gesammelte Werke*. Bd. 1, S. 329: "Como um modelo básico dos problemas situados nesta tarefa hermenêutica" (Tradução da autora).

35 GADAMER, *Gesammelte Werke*. Bd. 2, S. 312.

36 GADAMER, *Gesammelte Werke*. Bd. 2, S. 316: "Esta concreção para se produzir é, evidentemente, o objeto deste, que possui a *phronesis*" (Tradução da autora).

37 GADAMER, *Gesammelte Werke*. Bd. 2, S. 324.

38 GADAMER, *Gesammelte Werke*. Bd. 2, S. 328.

39 GADAMER, *Gesammelte Werke*. Bd. 2, S. 323: "*Das Wesentliche in den »Geisteswissenschaften« ist nicht die Objektivität, sondern die vorgängige Beziehung zum Gegenstande. Ich wurde fur diesen Bereich des Wissens das Ideal der objektiven Erkenntnis, das vom Ethos der Wissenschaftlichkeit aufgerichtet ist, durch das Ideal der 'Teilhabe' ergänzen,* (...)."

Além disso, diz que *"Das ist in den Geisteswissenschaften das eigentliche Kriterium fur Gehalt oder Gehaltlosigkeit ihrer Lehren"*[40].

4. PERTINÊNCIA DA HERMENÊUTICA AO *ETHOS* DA TRADIÇÃO

Como critério, porém, ele só é realizável nas *Geisteswissenschaften* (ciências do espírito), particularmente na hermenêutica, mediante uma coincidência sobre o *ethos* da tradição, que impulsiona a conscientização do elemento comum vinculativo, pela participação comum na verdade. Por tal razão, *H.-G. Gadamer*, em sua *Hermeneutik*, tem subtraído a pertinência do intérprete ao *interpretandum* ou objeto de interpretação, pois o que tem a intenção de compreender algo já tem antecipado a sua compreensão, uma coincidência na questão a ser colocada, porque a *praxis* nessas ciências não é uma mera aplicação adicional do saber e de uns métodos sobre um objeto qualquer, como ocorreu no século XIX desde *Fr. Scheiermacher* até *W. Dilthey* e *E. Betti*, quando a hermenêutica se converteu em uma teoria metodológica das ciências.

5. DOGMÁTICA E HERMENÊUTICA JURÍDICA E HISTÓRICA

Especialmente a hermenêutica jurídica foi cingida da teoria geral da compreensão e interpretação dos textos, em primeiro lugar, porque tinha um objetivo dogmático sendo considerada, em consectário, só como um meio auxiliar da *praxis* jurídica com a finalidade de sanar certas deficiências no sistema da dogmática jurídica. Portanto, não tinha nenhuma relação com a tarefa de compreender a tradição, o que caracteriza a hermenêutica espiritual-científica. Em segundo lugar, a hermenêutica teológica tinha sido reconduzida à hermenêutica geral, por *Fr. Schleiermacher*, e, contrariamente à hermenêutica jurídica, foi integrada à unidade do método histórico-filológico, desvinculando-se da dogmática. Assim, foi possível ser traçado, radicalmente, uma divergência entre a hermenêutica jurídica e a hermenêutica histórica, a respeito do que *E. Betti*, em sua *Teoria Generale della Interpretazione* desenvolve, de forma exemplar, tal distinção.

---

40 GADAMER, *Gesammelte Werke*. Bd. 2, S. 323: "Nas ciências do espírito, esse é o verdadeiro critério para o conteúdo ou ausência de conteúdo de suas teorias" (Tradução da autora).

§ 2º
O Problema da Hermenêutica Jurídica: a Aplicação

1. O SENTIDO DO PROBLEMA DA APLICAÇÃO JURÍDICA

Diante disso, a significação do problema da aplicação desenvolvida neste capítulo em relação à hermenêutica jurídica consiste, por uma parte, nisto, em buscar integrar a hermenêutica jurídica na velha verdade e na velha unidade das disciplinas hermenêuticas no âmbito da ciência moderna e, por conseguinte, na hermenêutica geral, já que a hermenêutica jurídica e a hermenêutica geral se identificam no problema concernente à *applicatio*, o que significa, em outros termos, que o problema da hermenêutica jurídica parte da hermenêutica geral; por outra parte, em demonstrar o provável, que a tarefa do historiador do direito não pode ser limitada à reconstrução do sentido original do conteúdo da norma e, por conseguinte, a tarefa do juiz, do jurista, do advogado e, assim por diante, não pode ser resumida à adequação do conteúdo normativo à atualidade presente da vida, pois, dessa forma, o juiz, o jurista, o advogado e, assim por diante também realizariam a tarefa do historiador (*W. Dilthey*). *Fr. von Savigny*, já tinha entendido a tarefa hermenêutica como puramente histórica, o que explicita tanto no seu *System des romischen Rechts* quanto na sua *Juristische Methodenlehre*. Porém, na *praxis* jurídica, embora o juiz, o advogado, em síntese, o operador jurídico tenha de operar com a lei ou com a norma, não deve reduzir o conteúdo normativo ao sentido dado pela *mens legis* (o texto, o *interpretandum*) ou pela *mens legislatoris*, no momento da promulgação da lei. Situar historicamente o ato legislativo é válido, no sentido de que não se pode esquecer onde e como nasceu o texto de lei, porém, isso não implica na necessidade de uma sujeição a ele, embora junto ao conceito de interpretação surja o conceito de texto, porque: "*Vom hermeneutischen Standpunkt aus – der der Standpunkt jeden Lesers ist – ist der Text ein bloßes Zwischenprodukt eine Phase im Verständigungs geschehen, die als solche gewiß auch eine bestimmte Abstraktion einschließt, nämlich die Isolierung und Fixierung eben dieser Phase*"[41].

Uma compreensão sempre pressupõe uma relação vital do intérprete com o texto, i.e., uma *Vorverständnis* (pré-compreensão) a respeito da *Vor-Struktur* (pré-estrutura), que é o texto da tradição, a partir da qual se

---

41 GADAMER, *Gesammelte Werke*. Bd. 2, S. 341: "Desde a perspectiva hermenêutica – que é a perspectiva de cada leitor – que o texto é um mero produto intermediário, uma fase no processo de comunicação que, como tal, encerra, certamente, também uma determinada abstração, justamente, o isolamento e a fixação desta mesma fase" (Tradução da autora).

realiza a compreensão, que é um existencial do *Dasein*. Somente mediante essa *Vorverständnis* (pré-compreensão) é possível o conteúdo normativo do texto constitucional ou do texto de lei ser determinado sempre de novo pela compreensão. Essa é a função normativa.

2. TRADIÇÃO E UNIDADE HERMENÊUTICA

N a hermenêutica jurídica, essa função normativa é realizada sob as mesmas condições de possibilidade que a compreensão e a interpretação de um texto na hermenêutica geral das *Geiteswissenschaften* e, por isso, a cisão entre a hermenêutica jurídica e a hermenêutica geral pode ser superada. Não obstante isso, especialmente a tradição e a historicidade constituem as condições de possibilidade para isso, já que da divergência entre elas foi derivada a distinção entre o interesse histórico e o interesse dogmático.

Tanto a hermenêutica jurídica, que possui uma tarefa dogmática (complementação), quanto a hermenêutica histórico-filológica têm como fundo a história. Assim como o historiador se ocupa da história do mundo e o filólogo, da história do texto, também o juiz, o jurista, o advogado e, assim por diante, ocupam-se da própria historicidade para compreender e interpretar o texto constitucional ou de lei, já que o ponto de partida para isso é uma *Vorverständnis* (pré-compreensão) a respeito da situação na qual está. O que significa ter consciência de que a tradição determina não só o questionável e o objeto de investigação, em geral, porém também, o conteúdo normativo da Constituição ou da lei. Dessa forma, realiza-se a função normativa, porque essa consciência não permite a liberação de uma mera contraposição entre o passado e o presente, porém, permite uma conservação da tradição mesma pela compreensão, que se realiza na *fusão de horizontes* e sempre atualiza o sentido do texto, em geral, possibilitando um *continuum* ao determinar o sentido do texto constitucional ou de lei sempre de novo diante da dificuldade própria de cada caso na *situação hermenêutica*. Ademais, também para a hermenêutica jurídica vale a velha máxima de *Heráclito*. Com base nela, não se tem como obter duas compreensões; uma puramente histórica e outra puramente jurídica, ainda que o interesse histórico tenha o sentido de interesse contemplativo a respeito da norma constitucional ou de lei, se ambas procedem da mesma *situação* na qual o jurista, o juiz, o advogado e, assim por diante, já sempre se encontram, o que significaria poder fazer duas vezes a mesma experiência.

Fundamentado nisso, não só o problema hermenêutico-jurídico parte do problema da hermenêutica geral, i.e., da hermenêutica das *Geisteswissenschaften* (ciências do espírito) como a própria hermenêutica jurídica está integrada na hermenêutica geral. A respeito disso, *H.-G. Gadamer* diz: *"Der Fall der juristischen Hermeneutik ist also in Wahrheit kein Sonderfall, sondern er ist geeignet, der historischen Hermeneutik ihre volle Problemweite wiederzugeben und damit die alte Einheit des hermeneutischen Problems wiederherzustellen, in der sich der Jurist und der Theologe mit dem Philologen begegnet"*[42]. A coincidência sobre a tradição implica em uma unidade que, por consequência, fundamenta a unidade hermenêutica, porque ela é o próprio objeto da hermenêutica, tanto para o filólogo quanto para o teólogo e para o jurista, o juiz, o advogado e, assim por diante.

3. PERTINÊNCIA DO INTÉRPRETE À TRADIÇÃO NA APLICAÇÃO HERMENÊUTICO-NORMATIVA

A pertinência à tradição, portanto, não é só uma condição da compreensão espiritual-científica, pois este momento estrutural também faz parte da hermenêutica jurídica. Não implica somente em uma coincidência sobre o *ethos* da tradição e uma participação do intérprete consciente da história efectual que se sente interpelado pela tradição, porém também, no sentimento de interpelação pela sociedade e pela comunidade. Como para a hermenêutica jurídica é essencial que a Constituição e a lei vinculem a todos os cidadãos, essa vinculação por meio da participação da sociedade no *ethos* da tradição é realizada de forma a não poder ser destruída, porém, sempre conservada, quando o sentimento de interpelação constitui um ideal de racionalidade, no sentido aristotélico, fundamental à hermenêutica jurídica.

E. Betti, porém, limita esse ideal de racionalidade, por uma parte, porque segundo ele, esse é alcançado só por meio da jurisprudência, i.e., pelo órgão da consciência social do tempo presente, que tem competência para identificar, i.e., subsumir os critérios de valoração dos princípios gerais de direito e, dessa forma, pensa poder evitar:

---

42 GADAMER, *Gesammelte Werke*. Bd. 1, S. 334: "O caso da hermenêutica jurídica não é, portanto, nenhum caso especial, porém, ele está apto para restituir à hermenêutica histórica seu pleno alcance dos problemas e, com isto, deve ser restabelecida a velha unidade dos problemas hermenêuticos, no encontrar-se do jurista e do teólogo com o filólogo" (Tradução da autora).

HERMENÊUTICA OU APLICAÇÃO DO DIREITO   CAPÍTULO II

(...)considerar juízes singulares quase átomos erradicados do todo do qual são parte, é perder de vista o nexo espiritual que em toda sociedade organizada intercede-se entre consciência e jurisprudência, sempre que os juristas sejam conscientes da missão e da responsabilidade que lhes incumbe enquanto representantes da sociedade. Trata-se, certamente, de uma representação moral e não legal (...) (Tradução da autora)[43].

Por outra parte, porque considera a atividade interpretativa da jurisprudência como pura interpretação, i.e., como subordinada às valorações imanentes e latentes da ordem jurídica, portanto, à jurisprudência compete tão só realizar o enquadramento dessas no *ethos* social do tempo[44].

Nesse posicionamento, situa-se, claramente, um resquício decorrente da recepção do Direito Romano relacionado com o problema da interpretação compreensiva, que é inseparável do problema da aplicação, pela Ciência Jurídica, porque por esta recepção, por um lado, era preciso uma compreensão a respeito do pensamento romano jurídico, para, então, por outro lado, poder ser aplicada à dogmática desse direito no mundo cultural moderno. Dessarte, disso foi originada uma estrita conexão entre a tarefa hermenêutica e a tarefa dogmática, justamente, quando a tarefa hermenêutica tinha sido imposta à teologia, por ter sido esta reconduzida à hermenêutica geral. Embora isso, era necessário o prosseguimento de uma teoria interpretativa do Direito Romano para superação do estranhamento histórico desse direito. Porém, com o surgimento das codificações modernas, a tarefa da interpretação do Direito Romano perdeu o caráter dogmático-prático ao ter sido adequado na forma do esquema metodológico das ciências históricas.

Não obstante isso, a tarefa da interpretação compreensiva permaneceu como uma disciplina subsidiária desse novo estilo da dogmática do direito, realizada na periferia da jurisprudência. Por tal razão, limitar a função da atividade interpretativa à pura contemplação e/ou ao só enquadramento das valorações imanentes à ordem jurídica no *ethos* social do tempo, significa, por uma parte, delegar à interpretação compreensiva uma posição subsidiária na esfera da jurisprudência e, por outra parte, segundo

---

43 BETTI, E. *Teoria Generale della Interpretazione*, p. 859; "(...) *considerare i singoli giudicanti quasi atomi sradicati dal tutto di cui son parte, perde di vista il nesso spirituale che in ogni societa organizzata intercede fra coscienza sociale e giurisprudenza, sempre che i giuristi siano consapevoli della missione e della responsabilità ad essi incombenti quali rappresentanti della società. Si tratta, certamente, di una rappresentanza d'indole morale e non legale, (...)*".

44 BETTI, E. *Teoria Generale della Interpretazione*, p. 863.

H.-G. Gadamer, quer dizer, além disso, realizar a sentença somente por mera subsunção e aplicação ulterior de uma generalidade dada a um caso concreto, que, ao enquadrar as valorações imanentes à ordem jurídica no *ethos* social do tempo, interrompe o *continuum* da tradição, por estar esta concepção baseada na noção de tempo, que se interrompe pelos *cortes* de presente, passado e futuro.

Baseado no exposto, não se pode, entretanto, negar que a hermenêutica é uma disciplina normativa que exerce uma função de determinação e concreção jurídica, embora *H.-G. Gadamer* fale de complementação, porém, nos limites deste trabalho, tem-se como ponto de partida, que a ordem jurídica, em realidade, já está dada (Constituição), e, por isso, deve ser determinada, hermeneuticamente, não complementada. Uma vez que a ordem jurídica está dada (*K. Hesse*), a elaboração de uma dogmática, é possível somente com a assunção de uma posição predominante pela hermenêutica, pois só por meio dessa, a realização da sentença pode cumprir com uma função normativa de determinar e concretizar o direito e colaborar na formação da unidade jurídica e, por conseguinte, com base nessa ser elaborada a dogmática jurídica, porém, não só com base em uma mera subsunção.

§ 3º
A Função Aplicativa Como Essência da Compreensão

Em vista disso, a exigência hermenêutica consiste nisto, em se compreender o que diz um texto a partir da situação concreta na qual foi produzido, porque a norma constitucional ou legal só alcança efetividade no momento histórico em que compreendida é a aplicação, por ser compreendida em virtude da sua concreção no caso como, por exemplo, quando mediante a compreensão de uma ordem alguém se nega à sua obediência, não por mera desobediência, porém, pelo contrário, por ter compreendido não só o que está na literalidade do conteúdo da ordem e, por conseguinte, ter alcançado a compreensão também a respeito da responsabilidade que implica a sua obediência. Esse é o sentido da filosofia prática aristotélica, quando fala sobre exigência da pertinência do julgador no caso concreto. Na verdade, diz *H.-G. Gadamer*: "*Wir können somit als das wahrhaft Gemeinsame aller Formen der Hermeneutik herausheben, daß sich in der Auslegung der zu verstehende Sinn erst konkretisiert und vollendet, daβ aber gleichwohl dieses auslegende Tun sich vollständig an den Sinn des Textes gebunden hält"*[45].

Compreender é sempre concretizar, porém, um concretizar vinculado à distância hermenêutica, porque esta ao invés de obstáculo é, pelo contrário, condição de possibilidade para que se compreenda *Etwas als Etwas* (algo como algo) livre de *Vorurteile* (prejuízos). Uma interpretação reprodutiva não realiza a tarefa da concreção da lei, porque o intérprete ao (re) produzir o conteúdo dado pela *mens legis* ou pela *mens legislatoris* passa longe da tarefa mediadora que o intérprete deve desempenhar entre o "eu" e o "tu" e, por tal razão, também não aplica. Ademais, uma interpretação meramente contemplativa ou intransitiva não tem interesse pela verdade, que só pode ser alcançada *zu der selbst Sache* (desde a coisa mesma), no desenvolvimento do círculo hermenêutico no sentido heideggeriano, que possibilita o surgimento da verdade, o (des)velamento da verdade. A compreensão como aplicação tem que ser compreendida em vista do exposto até aqui, i.e., como compreensão da generalidade da prospectiva do *ethos* da tradição, da situação na qual o intérprete sempre se encontra e, como a tensão na hermenêutica jurídica é estabelecida sempre entre o permanente do direito e o mutável das situações concretas, tal como ocorre na hermenêutica das *Geisteswissenschaften* (ciências do espírito), *"Die Aufgabe des Auslegens ist die der Konkretisierung des Gesetzes im jeweiligen Fall, also die Aufgabe der Applikation"*[46]. Não obstante isso, a recuperação da unidade das disciplinas hermenêuticas é possível quando se reconhece que ser consciente da história efectual é uma tarefa hermenêutica não só para as *Geisteswissenschaften* (ciências do espírito), porém, também, para a hermenêutica jurídica. A concreção da consciência da história efectual (*Konkretion des wirkungsgeschichtlichen Bewuβtsein*), porém, só se realiza pela linguisticidade da compreensão[47].

---

45 GADAMER, *Gesammelte Werke*. Bd. 1, S. 338: "Nós podemos concluir, portanto, que o realmente comum a todas as formas da hermenêutica é que o sentido para o compreendido primeiro se concretiza e completa na interpretação que, não obstante, esta ação interpretadora, mantém-se, inteiramente, ligada ao sentido dos textos" (Tradução da autora).

46 GADAMER, *Gesammelte Werke*. Bd. 1, S. 335: "A tarefa do interpretar é a *da concretização das leis* no caso respectivo, portanto, a tarefa da *aplicação*" (Tradução da autora).

47 GADAMER, *Gesammelte Werke*. Bd. 1, S. 393.

Capítulo III

O Aceder da Linguagem na Hermenêutica Jurídico-Filosófica

§ 1º
Prospectiva da Linguagem na Hermenêutica

1. O SIGNIFICADO DA LINGUAGEM

Na terceira parte de *W.u.M.*, *Ontologische Wendung der Hermeneutik am Leitfaden der Sprache* (*Giro ontológico da hermenêutica pelo fio condutor da linguagem*), no subtítulo *Sprache als Medium der hermeneutischen Erfahrung* (Linguagem como meio da experiência hermenêutica), *H.-G. Gadamer* justifica a realização da interpretação como um *hermeneutischen Gespräch*[1] (diálogo hermenêutico), porque todas as características que afetam à situação da coincidência sobre algo em um diálogo proporcionam um giro hermenêutico, i.e., a aplicação dessas características à tarefa de compreender textos[2]. A interpretação enquanto elaboração da compreensão tem a forma de um diálogo hermenêutico. Embora isso, não se deve considerar a referência ao texto, quando se tem feito ou quando se faz, neste diálogo, sob o ponto de vista de algo imóvel e obstinado, porque a realização da compreensão sob a forma de um diálogo hermenêutico, não deve significar o reconstruir a *mens auctoris* conforme o cânon da congenialidade e, portanto, também não está relacionada com

---

1 GADAMER, *Gesammelte Werke*. Bd. 1, S. 391.

2 GADAMER, *Gesammelte Werke*. Bd. 1, S. 389.

uma hermenêutica historicista. Além disso, o conceito de texto surge junto com a interpretação.

O que ocorre neste diálogo hermenêutico, é, pelo contrário, uma *fusão de horizontes*, no qual o horizonte do intérprete deve ser entendido como uma opinião e possibilidade que se coloca em jogo a fim de compreender o texto mesmo – *H.-G. Gadamer* emprega a estrutura do jogo para fundamentar o diálogo hermenêutico desde a primeira parte de *W.u.M.* e, particularmente, no subtítulo *Spiel als Leitfaden der ontologischen Explikation* (O jogo como fio condutor da explicação ontológica) –, enquanto *Etwas als Etwas* (algo como algo). A *fusão de horizontes*, sobre a qual já se falou *supra*, é, propriamente, a "(...) *Vollzugsform des Gesprächs, in welchem eine Sache zum Ausdruck kommt, die nicht nur meine oder die meines Autors, sondern eine gemeinsame Sache ist*"[3], do qual é a linguagem o meio universal no qual se efetua a compreensão mesma.

2. A CONTRIBUIÇÃO DO ROMANTISMO ALEMÃO À LINGUAGEM HERMENÊUTICO-COMPREENSIVA

Como contributo a isso, no *continuum* da tradição humanística, antes de se prosseguir, e de início, cabe esclarecer que não interessa remontar uma contribuição lógica, porém, só referente à linguagem enquanto linguagem que possibilita o acesso ao mundo como tal, tem-se de mencionar *G. B. Vico*, professor em Nápoles, sobre o qual já se falou, embora de forma quase enunciativa, no capítulo sob o título *Tópica e Hermenêutica*, que destacou a importância da retórica – tradição que permaneceu interrompida na Alemanha, no século XVIII – e a função que exerce o *eikos*, o argumento persuasivo; *Ch. Perelman* e sua escola[4], que, da mesma forma que *G.B.Vico*, resistiu diante das pretensões monopolizadoras da lógica matemática moderna; na Alemanha, desde o idealismo o fenômeno da linguagem recebeu atenção[5], particularmente, desde *W. Humboldt*, *Schegel* e o próprio *Hegel*, já tinha qualificado a linguagem como centro da consciência por meio da qual o espírito subjetivo coincide com o ser dos objetos; na tradição humanística alemã, o problema e a significação da linguagem foram considerados somente na segunda geração, como por

---

3 GADAMER, *Gesammelte Werke*. Bd. 1, S. 392: "(...) a forma de execução da linguagem, na qual uma coisa chega pela expressão, que não é só coisa minha ou de meu autor, porém, é uma coisa comum" (Tradução da autora).

4 Para isso, ver Ch. Perelman et Olbrechts-Tyteca, *L. Tratté de L'argumentation*, Paris: Presses Universitaires de France, 1958.

5 GADAMER, *Gesammelte Werke*. Bd. 2, S. 362.

exemplo, *E. Cassirer* partiu do suposto de que a linguagem, a arte e a religião são representação, i.e., manifestação de algo espiritual em algo sensível, com sua obra *Die Philosophie der symbolischen Formen*, embora a linguagem não apareça justaposta como explica *E. Cassirer*.

Não obstante o contributo destes, no sentido de já se ter tentativas de fundamentar o significado da linguagem no diálogo para toda compreensão, somente no Romantismo alemão são assentadas as bases do significado sistemático que possui a linguisticidade do diálogo para a compreensão. Nesse período, a hermenêutica romântica conseguiu romper com a noção de que a hermenêutica trata da disciplina que interpreta (somente) monumentos escritos (*W. Dilthey*)[6], além de ter contribuído no sentido de unificar a compreensão e a interpretação.

Um regresso da linguagem da ciência à linguagem da vida cotidiana, à experiência do mundo vital só foi possível pela fenomenologia de *Husserl* que, na esfera hermenêutica, teve como consequência, um retorno à tradição humanística, ao invés de se voltar à lógica. Sobretudo *M. Heidegger*, que seguiu, principalmente, a *Hans Lipps*[7], segundo o qual *"Den, 'Aufbau der Logik auf der Aussage' hält Gadamer mit Heidegger fur, eine der folgenschwersten Entscheidungen der abendländischen Kultur"*[8]. Por tal razão: *"Ihr entgegenzuwirken ist das primäre Motiv einer Gesprächshermeneutik, deren einfachste Einsicht lauten könnte: "Die Sprache vollzieht sich nicht in Aussagen, sondern als Gespräch"*[9]. Na investigação anglo-saxônica, particularmente, *Wittgenstein*, que teve como ponto de partida *Russel*, desenvolveu sua obra baseada nos jogos linguísticos, embora, sobre isso, *H.-G. Gadamer* mesmo esclareça que durante a realização do primeiro volume da sua *Hermeneutik* ainda não tinha surgido o *linguistic turn* e só pôde estudar essa obra tardia após ter concluído sua trajetória intelectual[10].

---

6 Sobre isso, ver o capítulo "A Arte Hermenêutica Romântica", deste trabalho.

7 GADAMER, *Gesammelte Werke*. Bd. 2, S. 338.

8 GRONDIN, *Einfuhrung*, S. 152: "A edificação da lógica sobre os enunciados tem tanto para Gadamer quanto para Heidegger uma das mais graves consequências das decisões da cultura do ocidente" (Tradução da autora).

9 GRONDIN, *Einfuhrung*, S. 152: "Atuar contra ela é o motivo primário de uma hermenêutica do diálogo que, facilmente, pode ser formulado assim: a linguagem não se realiza no enunciado, porém, como diálogo" (Tradução da autora).

10 GADAMER, *Gesammelte Werke*. Bd. 2, S. 4.

§ 2º
Tradição, Comprensão e Linguagem

1. A LINGUISTICIDADE DA TRADIÇÃO

O fato de *H.-G. Gadamer* oferecer como resposta ao primado da lógica do enunciado, sua lógica hermenêutica de pergunta e resposta, no diálogo hermenêutico, não quer dizer que a linguagem de um texto seja secundária e que não exista o problema particular da expressão. Contrariamente, isso quer dizer que os problemas da expressão linguística são, na verdade, problemas da compreensão, já que: *"Alles Verstehen ist Auslegen, und alles Auslegen entfaltet sich im Medium einer Sprache, die den Gegenstand zu Worte kommen lassen will und doch zugleich die eigene Sprache des Auslegers ist"*[11].

A tradição é essencialmente linguística no sentido de que ao se desenvolver pela linguagem, adquire seu significado pleno onde a tradição se faz escrita, porque por meio da idealidade da palavra no texto, a tradição transcende a determinação finita, i.e., na escritura a linguagem acontece em sua verdadeira espiritualidade e a consciência compreensiva chega frente à tradição escrita em sua plena soberania; no texto, o dito está livre do psicologismo que pode reduzir a compreensão a uma mera transposição psíquica. *"Denn Texte wollen nicht als Lebensausdruck der Subjektivität des Verfassers verstanden werden.Der Sinn eines Textes kann also nicht von da aus seine Umgrenzung finden. Jedoch ist nicht nur die Begrenzung des Sinns eines Textes auf die 'wirklichen' Gedanken des Verfassers fragwurdig"*[12]. Porém, nesta lógica de pergunta e resposta é necessário participação na qual o texto comunica algo, porque compreender não implica reconstruir uma vida passada, porém, participação atual no que diz o texto mesmo, i.e., *"(...) entwickelt Gadamer seine hermeneutische Logik von Frage und Antwort, die Verstehen als Teilhabe versteht, als Teilhabe an einem Sinn, einer Tradition, schließlich an einem Gespräch*[13].

---

11 GADAMER, *Gesammelte Werke*. Bd. 1, S. 392: "Todo compreender é interpretar, e todo interpretar se desenvolve no meio de uma linguagem, que pretende deixar o objeto chegar por palavras e é, simultaneamente, a linguagem própria do intérprete" (Tradução da autora).

12 GADAMER, *Gesammelte Werke*. Bd. 1, S. 398 e 399: "Os textos não querem ser compreendidos como expressão de vida da subjetividade do autor. O sentido de uns textos não pode ser encontrado, portanto, desde esta sua limitação. Não obstante, o duvidoso não é só esta limitação do sentido de uns textos sobre os pensamentos 'verdadeiros' do autor" (Tradução da autora).

13 GRONDIN, *Einfuhrung*, S. 153: "(...) Gadamer desenvolve sua lógica hermenêutica da pergunta e resposta, que corresponde a compreensão como participação, como participação em um sentido, numa tradição, por fim em um diálogo" (Tradução da autora).

2. LINGUISTICIDADE DA COMPREENSÃO: UMA APROPRIAÇÃO DO *DITO*

Não só a tradição, porém, a compreensão mesma está essencialmente relacionada com a linguagem. *H.-G. Gadamer*, ao dizer com *M. Heidegger*, que o modo de realização da compreensão é a interpretação (*Vollzugsweise des Verstehens ist die Auslegung*), o que leva a se concluir, que onde se trata de compreender textos linguísticos, a interpretação em meio à linguagem mostra, claramente, que a compreensão é sempre uma apropriação do dito, até que este se converta em coisa própria. A interpretação, por consequência, não é um meio para se desenvolver a compreensão, pois ela mesma se introduz no conteúdo a respeito do que se compreende; a fala do texto pertence à coisa mesma.

Na interpretação, em realidade, é concretizado o sentido do texto mesmo e, por isso, como já se colocou no capítulo anterior, compreender é sempre aplicar. Concretizar o sentido do texto mesmo, todavia, não importa na realização única da literalidade do enunciado, porque na verdade todo enunciado é motivado, nem na nivelação do historicamente estranho no texto, com o familiar, como faz o historiador, submetendo dessa forma, aos próprios *Vorgriff* (pré-conceitos) a outreidade do texto, porém, pelo contrário, como já se analisou no tratamento da hermenêutica da faticidade de *M. Heidegger*, o ser consciente da história efectual não deve permitir ser dominado (a)criticamente pelos *Vorurteile* (prejuízos) do seu tempo. A exigência feita ao intérprete de pensar historicamente, implica em ter de se livrar dos *Vorurteile* (prejuízos), que é essencialmente relativa e só tem sentido pela referência aos próprios conceitos, i.e.:

> Pensar historicamente significa, na verdade, realizar a transformação que acontece aos conceitos do passado, quando buscarmos pensar neles. Pensar historicamente, justamente, já sempre encerra uma mediação entre aqueles conceitos e o próprio pensar. Evitar de querer os próprios conceitos junto da interpretação não é só impossível, porém, manifesto absurdo. Interpretar significa, justamente, que com o trazer neste jogo preconceitos próprios, com isto a opinião dos textos é para nós rompida pela linguagem (Tradução da autora)[14].

---

14 GADAMER, *Gesammelte Werke*. Bd. 1, S. 401: *"Historisch denken heißt in Wahrheit, die Umsetzung vollziehen, die den Begriffen der Vergangenheit geschieht, wenn wir in ihnen zu denken suchen. Historisch denken enthält eben immer schon eine Vermittlung zwischen jenen Begriffen und dem eigenen Denken. Die eigenen Begriffe bei der Auslegung vermeiden zu wollen, ist nicht nur unmöglich, sondern offenbarer Widersinn. Auslegen heißt gerade, die eigenen Vorbegriffe mit ins Spiel Bringen, damit die Meinung des Textes fur uns wirklich zum Sprechen gebracht wird"*.

O Aceder da Linguagem na Hermenêutica Jurídico-Filosófica

Baseado nisso e, também, em que a interpretação se realiza pela fusão de horizontes, pode-se, então, compreender, que a linguisticidade da compreensão não gera um segundo sentido como pode dar a entender uma interpretação reprodutiva, no sentido colocado por *E. Betti* e, por consectário, a interpretação não pretende ser colocada no lugar da obra interpretada, pois lhe é inerente um caráter acidental fundamental. Entender desse modo a relação da linguisiticidade da compreensão significa, de certa forma, concluir por uma única forma de linguagem, o enunciado, e, por conseguinte, como é sugerido pela palavra grega, *apophansis*, *logos apophantikós,* i.e., o discurso, o enunciado, sendo que o único sentido, então, é realizar o *apophainesthai*, quer dizer, a automanifestação do dito na literalidade do enunciado. Entretanto, mesmo em uma interpretação reprodutiva, o que deve ser reproduzido não é a literalidade do enunciado, assim como no clássico exemplo da tradução, o intérprete não deve se limitar a reproduzir as palavras e as frases enunciadas por alguém em outra língua, fazendo com que o diálogo se torne incompreensível, porém, pelo contrário, o que deve ser reproduzido está mais além do dito no enunciado.

A linguagem, portanto, não é um meio que a consciência emprega para se comunicar com o mundo e nem uma ferramenta para produzir consenso. Na verdade, o conhecimento próprio, e do mundo, implica sempre uma linguagem. A linguagem não é um instrumento que pode estar a serviço em um momento e logo depois não, porque ela é a própria familiaridade com o mundo mesmo. Ademais: *"Das eigentliche Rätsel der Sprache ist aber dies, daβ wir das in Wahrheit nie ganz können. Alles Denken uber Sprache ist vielmehr von der Sprache schon immer wieder eingeholt worden. Nur in einer Sprache können wir denken, und eben dieses Einwohnen unseres Denkens in einer Sprache ist das tiefe Rätsel, das die Sprache dem Denken stellt"*[15].

Em vista disso, a qualquer contra-argumento que possa ser colocado contra a relação da linguisticidade da compreensão como, por exemplo, no forçar da linguagem a compreensão como um *arquetipus intellectus*, a superioridade da linguisticidade é mantida, porque a pretensão que se tem não está perante as convenções da expressão linguística, porém, frente às convenções da opinião que têm sido colocadas no linguístico.

---

15 GADAMER, *Gesammelte Werke*. Bd. 2, S. 148: "O enigma verdadeiro da linguagem é, porém isto, que nós nunca sabemos toda a verdade. Todo pensamento sobre a linguagem está já sempre de novo envolvido desde a linguagem. Só em uma linguagem nós podemos pensar e justo este habitar do nosso pensamento na linguagem é o enigma mais profundo, que a linguagem coloca ao pensar" (Tradução da autora).

Contra-argumentar em relação à linguisticidade da compreensão dessa forma somente vem, sob um ponto de vista dialético, a reforçar o argumento, i.e., a reforçar a crítica que se faz a uma formação esquemática do pensamento baseada em um (pré)esquematismo da linguagem, porque qualquer compreensão, na verdade, tem sua expressão na forma linguística, já que a linguagem se mantém à altura da razão. Por isso, a consciência hermenêutica se limita, aqui, a participar na relação geral de linguagem e razão.

No diálogo hermenêutico, como bem sintetiza *Grondin*, pois "(...) *es gibt es, 'keine' Aussagen, sondern Fragen und Antworten, die wiederum neue Fragen hervorrufen. 'Es gibt keine Aussage, die man allein auf den Inhalt hin, den sie vorlegt, auffassen kann, wenn man sie in ihrer Wahrheit erfassen will (...)'"*[16]. E continua, *"Nur wer diese Voraussetzungen mitdenkt, kann die Wahrheit einer Aussage wirklich ermessen. Nun behaupte ich: die letzte logische Form solcher Motivation jeder Aussage ist die Frage"*[17]. Por meio desse diálogo hermenêutico, i.e., pela linguisticidade da compreensão a consciência da história efectual é concretizada enquanto a compreensão se concretiza na interpretação.

3. SOBRE A LINGUAGEM

Em torno desta pretensão hermenêutica essencial, i.e., desta relação fundamental entre linguisticidade e compreensão, o fenômeno hermenêutico se revela em seu próprio caráter linguístico[18], no qual, o compreender e o interpretar estão adstritos por um modo específico à tradição linguística, porém, simultaneamente, adstritos por uma forma muito mais ampla, pois dentre as criações culturais da humanidade, não só as criações linguísticas, porém também as não linguísticas, pretendem ser entendidas pela razão fundamental de que o que é compreensível é, em geral, acessível não só à compreensão, mas também à interpretação. O que significa, que em toda linguisticidade da compreensão está abarcada

---

16 GRONDIN, *Einfuhrung*, S. 153: "(...) não existe, 'nenhuma' afirmação, porém, perguntas e respostas, que de novo causam novas perguntas. Não existe nenhum enunciado, que se possa conceber unicamente pelo conteúdo que ele propõe, quando a gente quer compreendê-lo em sua verdade" (Tradução da autora).

17 GRONDIN, *Einfuhrung*, S. 153: "Só quem pensa junto estes pressupostos, pode julgar realmente a verdade de um enunciado. Pois, eu afirmo: a última forma lógica de motivação semelhante de cada enunciado é a pergunta" (Tradução da autora).

18 Aqui, cabe deixar claro que embora a linguagem seja o fio condutor do fenômeno hermenêutico, não se tratou sobre isso antes de modo específico, porque se adota, nos limites deste trabalho, o fio condutor da própria obra de Gadamer, que trata sobre isso na parte final de *Warheit und Methode*.

O ACEDER DA LINGUAGEM NA HERMENÊUTICA
JURÍDICO-FILOSÓFICA

CAPÍTULO III

tanto a realização do pensar quanto a do interpretar[19]. Nesse sentido, *H.-G.Gadamer* esclarece sobre a unidade entre palavra, pensamento e fala na terceira parte de *W.u.M.* E, para tanto, remonta a partir da doutrina antiga do *verbum* interior – que pertence ao pensamento cristão da Idade Média[20] – o indizível, porém, fazendo referência contada que, em cada expressão de linguagem há uma *palavra interna*.

4. O PRINCÍPIO GREGO DA ADEQUAÇÃO DA PALAVRA À COISA E O *LÓGOS* COMPREENSIVO

Também os gregos, e para *H.-G. Gadamer*, sobretudo, eles têm contribuído à orientação do esclarecimento sobre isso em *W.u.M.*, justo por permanecerem restritos à unidade de palavra e coisa que, em princípio, era natural, de forma tal, que *ónoma*, do grego, com o significado de *palavra*, simultaneamente, significava, também, *nome* e, particularmente, nome próprio, pelo qual se chama *"a"* coisa. Partindo disso, a situação-problema que caracteriza a unidade de palavra e coisa, para os gregos, é apresentada, de modo geral, no *Crátilo* de *Platão*, expressão clássica desse pensamento, no qual os personagens *Crátilo* e *Hermógenes* discutem acerca da justeza e da correção dos nomes (palavras), relacionados às coisas por intermédio do desenvolvimento de duas teorias. Por um lado, a teoria convencionalista (*Hermógenes*) baseada na univocidade do uso linguístico, i.e., para a qual a convenção do significado das palavras tem como fonte o costume daqueles que impõem os nomes. É possível, portanto, segundo esta teoria, que os nomes próprios (palavras) sejam substituídos, porque por este fundamento, os nomes substitutos não têm o caráter de menos justeza que os anteriores. Por outro lado, a teoria da conformidade natural do ser em palavra e coisa e, por consequência, tanto o conhecimento das coisas como, igualmente, o conhecimento acerca da natureza das palavras quer dizer o conhecimento sobre a coisa, pois ambas têm a mesma natureza. Entretanto, ambas teorias contêm limitações.

Não obstante, a tentativa de determinação da relação entre palavra e coisa por estas teorias, segundo *H.-G. Gadamer*, embora a limitação específica pertencente a cada teoria, ambas têm como denominador comum, o ponto do qual partem, pois, para elas a existência e a disponibilidade das palavras se deve ao conhecimento anterior da coisa e, por isso, é possível à convenção fundada no uso linguístico determinante

---

19 GADAMER, *Gesammelte Werke*. Bd. 1, S. 408.

20 GADAMER, *Gesammelte Werke*. Bd. 1, S. 409.

201

da correção das palavras, empregar o princípio da conformidade natural entre palavra e coisa, embora não tenha de se vincular. O que significa que o acesso à verdade não ocorre pela palavra, porém, pelo contrário, que a adequação da palavra só pode ser julgada a partir do conhecimento da coisa. Por conseguinte, no *Crátilo*, *Platão* não reflete acerca disto, de que a realização do pensamento concebida como diálogo da alma implica uma relação com a linguagem, porque, a vinculação linguística, para ele, quer dizer só um dos momentos do conhecimento, sendo a manifestação do pensamento uma dialética provisória à medida que tem em vista a coisa pela qual o conhecimento é orientado. Em *Crátilo* as palavras não possuem, portanto, um significado cognitivo, ele não percebe que as palavras não são idênticas às coisas e, por conseguinte, desconhece a superioridade do *lógos*, o qual não diz respeito a uma mera percepção, não é um mero deixar aparecer o ser, porém, coloca o ser sempre em uma determinada perspectiva, reconhecendo-o ou lhe atribuindo *algo*.

A verdade, pois, não está na palavra (*ónoma*), porém, no *lógos*. A estrutura de relações na qual o *lógos* articula e interpreta as coisas não pode ser, portanto, simplificada a uma pura convenção e a uma exatidão no posicionamento do enunciado real e, por conseguinte, sua vinculação à linguagem, o que significaria uma redução da palavra a mero signo, que possui seu significante de antemão. Desse modo:

> A gente compreende, que não é a palavra, porém o número, o verdadeiro paradigma do noético, o número, cuja designação é obviamente pura convenção e que, por isso, justamente, sustenta a "exatidão", que cada número é definido por sua posição na série, portanto de uma pura construção da inteligibilidade, é um *ens rationis*, não nos sentidos relativizados de sua validez de sentido, porém no sentido de sua perfeita racionalidade (Tradução da autora)[21].

Com fundamento nisso, a reabilitação da doutrina da Encarnação por *H.-G. Gadamer* não tem o sentido de recaída em uma nova mentalidade, porém, deve ser entendida como uma crítica hermenêutica à dominação metódica da lógica do enunciado[22], principalmente, porque a idealidade do significado não se encontra na coisa, porém, na palavra mesma, que sempre já é significado; o *lógos*, em suma, está na linguagem.

---

21 GADAMER, *Gesammelte Werke*. Bd. 1, S. 416: *Man begreift, daβ nicht das Wort, sondern die Zahl das eigentliche Paradigma des Noetischen ist, die Zahl, deren Benennung ersichtlich reine Konvention ist und deren 'Genauigkeit' eben darin besteht, daβ jede Zahl durch ihre Stellung in der Reihe definiert ist, also ein reines Gebilde der Inteligibilität, ein ens rationis ist, nicht im abschwächenden Sinne seiner Seinsgeltung, sondern im Sinne seiner perfekten Vernunftigkeit".*

22 GRONDIN, *Einfuhrung*, S. 154.

5. A DOUTRINA TEOLÓGICA DA ENCARNAÇÃO E A CLAREIRA DO PENSAR (CONCEPTUAL)

É pela doutrina da Encarnação do pensamento cristão, que o pensamento filosófico ganha uma dimensão até então defesa ao pensamento grego e pela qual *H.-G. Gadamer* esclarece a estreita relação da palavra, do pensamento e da fala. Quando o *verbo* se faz carne, na encarnação se concretiza a realidade do espírito, i.e., na encarnação o *lógos* é liberado de uma espiritualidade, a qual, simultaneamente, significa a sua potencialidade cósmica. O milagre da linguagem transmitido por esta doutrina não está em que o *verbo* se faça carne e se exteriorize em uma forma, ou, em outras palavras, em que o verbo se converta em outra coisa, porém, pelo contrário, no fato de que o *verbo já sempre tem sido verbo antes mesmo de se fazer carne.* O que significa dizer, que, contrariamente ao *lógos* grego, a palavra nesta doutrina é a palavra interior do espírito, que já sempre tem sido acontecer. Por isso, na doutrina da igreja, a palavra já sempre tem estado em Deus, pela palavra interior do Espírito na interioridade do pensamento.

É a palavra interior, portanto, o pressuposto lógico e natural pelo qual se desenvolve o nexo de *forma* e *verbum* e só por seu intermédio permanece a possibilidade de se exteriorizar. A palavra interior expressa o próprio pensar e, por isso, não se refere unicamente a uma língua nem reveste o mesmo caráter das palavras que, de modo confuso, chegam na mente, em razão da memória, porém, ela é o próprio conteúdo objetivo pensado até o fim. Ela também reproduz a *finitude* do entendimento discursivo, já que o entendimento não está em condições de abarcar todo pensar, por tal razão, por uma parte, produz ela mesma, o que pensar em cada caso e, por outra parte, coloca diante dela mesma uma espécie de declaração (*Aussage*) interna. Nesse sentido, pois, todo pensar é um dizer.

A discursividade do pensamento humano, porém, não tem o caráter de uma relação temporal de um agora não mais, pois não quer dizer que se passa do pensar ao dizer, mas, sim, que os dois, pensar e dizer, estão vinculados, porque a palavra não surge em um âmbito do espírito livre do pensamento. Sobre isso, *Platão* mesmo, embora exija o pensar puro, reconhece, constantemente, que para o pensamento das coisas não se pode prescindir do *ónoma* e do *lógos*, como meio. Isso faz com que a palavra tenha sua origem no intelecto por inteiro e não só parcialmente, o que significa que tem sua origem no espírito, igualmente, a sucessão da conclusão pelas premissas. A palavra completa se forma antes no pensamento e só emerge na plena perfeição do pensamento. Tampouco disso é produzido algo novo, porque é a coisa mesma que dessa forma se faz presente. Por consequência, a palavra não é uma ferramenta no modo autêntico.

O fato da necessidade de uma multiplicidade de palavras está baseado não em uma deficiência da palavra que deve ser superada, porém, na própria imperfeição do espírito humano e, por isso, cada palavra constitui um acidente do espírito, que, por conseguinte, não se encontra capacitada para conter todo pensar em seu conjunto. Diante disso, se por uma parte, o *verbum* interior reproduz a finitude do entendimento discursivo, por outra parte, como reverso, é a sua imperfeição o que constitui positivamente a verdadeira infinitude do espírito, que em um processo espiritual sempre renovado vai mais além de si mesmo e encontra nisso a liberdade para se projetar.

Sinteticamente, pois, o contributo dessa doutrina em relação a unidade do pensar, da palavra e da fala, consiste, *em primeiro lugar*, na correspondência da unidade intrínseca do pensamento e da fala com o mistério da Trindade da Encarnação, no qual se inclui a ideia de que a palavra interna do espírito não se forma por meio de um ato reflexivo. Na verdade, junto da formação das palavras não ocorre reflexão alguma, porque não expressa o espírito, porém, o ponto de partida para a formação das palavras pertence à coisa mesma. Porém, como o espírito, ao formar a palavra enquanto pensa até o final a coisa mesma, e esta, por conseguinte, permanece no espiritual, dá a aparência de que se trata de um ato reflexivo. Por isso, *H.-G. Gadamer* diz que: "*Der gedachte Sachverhalt* (die *species*) *und das Wort sind es, die auf das engste zusammengehören. Ihre Einheit ist so eng, daβ das Wort nicht neben der species als ein zweites im Geiste Platz greift, sondern das ist, worin die Erkenntnis sich vollendet, d.h. worin die species ganz gedacht wird*"[23]. O caráter de acontecer próprio da linguagem é, *em segundo lugar*, contributo desta mesma doutrina, o qual forma parte do sentido mesmo da formação dos conceitos.

A linguagem que expressa a interpretação do mundo é sempre o produto e o resultado da experiência, porém, não no sentido dogmático do dado imediatamente, cujo caráter de prejuízo ontológico-metafísico tem sido descoberto de forma convicta, assim como os dados dos sentidos se articulam sempre em contextos interpretativos como, por exemplo, no sentido de se *tomar algo por verdadeiro*. Por tal razão, pode-se dizer que a formação do conceito sempre está condicionada hermeneuticamente

---

23 GADAMER, *Gesammelte Werke*. Bd. 1, S. 430: "A circunstância pensada (a *species*) e a palavra são o que estritamente formam uma unidade. Sua unidade é tão estreita, que a palavra não ocupa lugar no espírito como um segundo junto da *species*, porém que é aquilo em que se efetiva o conhecimento, i.e., onde a *species* é pensada por inteiro" (Tradução da autora).

por uma experiência linguística. Sobre esse processo de formação *H.-G. Gadamer* se refere ao processo de palavra e conceito e não de palavras e conceitos, porque para este processo não se encontra palavras e quiçá tampouco são compreensíveis mesmas, como supõe a investigação das teorias da linguagem hoje, baseado nisto, que:

> A unidade das palavras está antes de toda pluralidade das palavras ou da linguagem. Ela contém uma infinidade implícita, daquilo que em suma vale a pena formular em palavras. O conceito teológico do *verbum* permanece a este respeito muito instrutivo, enquanto a "palavra" é a totalidade da mensagem de salvação, e porém na atualidade do *pro me* (Tradução da autora)[24].

Relacionado a isso, embora necessário se ter em mente também a linguagem conceptual dos gregos, a influência mítica alemã, o fato de em *Platão* o cosmo das ideias ser a estrutura do ser e ter como método de investigação a analogia, ou a correspondência proporcional, a qual, segundo ele, representa um dos maiores princípios formadores na formação linguística das palavras, porque busca o comum e esta significa uma transposição de um âmbito a outro, o contra-argumento aristotélico, à tese de *Parmênides*, segundo a qual assim como as palavras individuais só alcançam seu significado e sua relativa univocidade na unidade da fala, também o conhecimento verdadeiro só pode ser alcançado no conjunto estrutural relacional das ideias e, por consequência, não se pode extrair uma única ideia do todo para ser compreensível, é somente com *Hegel* e *M. Heidegger*, que se chega a uma audácia referente à formação dos conceitos, principalmente, com este último, porque pelo seu pensamento se descobre que *"Die Sprachnot des philosophischen Gedankes ist die Not des Denkenden selber. Wo die Sprache versagt, vermag er die Sinnrichtung seines Denkes nicht sicher festzuhalten"*[25]. Isso não quer dizer outra coisa senão que a coisa mesma está clara desde sempre, e além disso, que a articulação de palavras e coisas empreendida em cada língua representa em todas as partes uma conceituação natural muito distante do sistema conceptual científico, porque é direcionada pelo sistema de interesses e necessidades. Por tal razão, para o intérprete atual somente com a elucidação histórico-

---

24 GADAMER, *Gesammelte Werke*. Bd. 2, S. 80: *"Die Einheit des Wortes liegt aller Vielfalt der Wörter oder der Sprachen voraus. Sie enthält eine implizite Unendlichkeit dessen, was es uberhaupt in Worte zu fassen lohnt. Der theologische Begriff des Verbum bleibt in dieser Hinsicht sehr aufschluβreich, sofern »das Wort« das Ganze der Heilsbotschaft ist, und doch in der Aktualität des pro me".*

25 GADAMER, *Gesammelte Werke*. Bd. 2, S. 87: "A penúria linguística do pensamento filosófico é a penúria do pensador mesmo. Quando a linguagem falta, ele não é capaz de fazer perseverar seguramente a orientação de sentido do seu pensamento" (Tradução da autora).

conceptual que se traslada de certo modo ao *actus* do pensamento em busca de sua linguagem poderá seguir com o seu verdadeiro propósito. O contributo segundo da doutrina da Encarnação em relação à formação dos conceitos tem sido, por isso, o demonstrar o caráter de acontecer próprio da linguagem, no qual o *lógos* não permanece no interior da dialética mesma, porém, emerge.

6. A LINGUAGEM COMO EXPERIÊNCIA HUMANA DE MUNDO

O acontecer da linguagem emerge do próprio mundo, porque a linguagem só é em sua verdadeira existência pelo fato de que representa o mundo e, nesse sentido, a linguagem significa, simultaneamente, a linguisticidade do *In-der-Welt-sein* (ser-no-mundo) do homem, a qual, por conseguinte, caracteriza a própria experiência humana do mundo. A relação fundamental de linguagem e mundo, portanto, não quer dizer que o mundo se faça objeto da linguagem nem mesmo a multiplicidade de acepções acerca do mundo não pode implicar em uma "relativização" do mundo, porque toda acepção do mundo se refere sempre ao mundo mesmo. Ele é o todo ao qual se refere a experiência linguística.

Em realidade, é a linguagem da experiência humana do mundo que proporciona um horizonte mais amplo à análise hermenêutica, pois o mundo linguístico próprio, no qual se vive, não é uma barreira que impede todo conhecimento do ser mesmo, porém ele abarca, em princípio, tudo aquilo pelo que a percepção humana pode se expandir e se elevar. Quando os homens aprendem línguas estranhas, por exemplo, não alteram sua relação com o mundo, pelo contrário, mantêm a própria relação com o mundo, porém, esta é ampliada e enriquecida com os mundos linguísticos estranhos. Por isso, diz-se que o que tem linguagem *tem* mundo. O mundo que se manifesta e se constitui linguisticamente não é mundo mesmo nem é relativo no mesmo sentido em que podem ser os objetos da ciência; não é enquanto não possui por completo o caráter de objeto, que nunca pode estar dado de modo completo e de forma a ser abarcada.

Nesse sentido, não se pode seguir confundindo a objetividade da linguagem com a objetividade da ciência, embora da relação da linguagem com o mundo se segue também uma peculiar objetividade, porém, no sentido de que o falado na linguagem são constelações objetivas, i.e., coisas que se comportam de um modo ou de outro e nisto está o reconhecimento da outreidade autônoma pressuposta pelo falante, que, por isso, deve de manter uma certa distância a respeito das coisas. Por meio dessa distância que o *Als* se destaca como constelação objetiva própria e se converte em conteúdo de uma proposição suscetível de ser compreendida. O que não significa dizer, que por essa distância inerente à relação linguística com o mundo possa ser proporcionado um gênero de objetividade tal qual é produzido pelas *Naturwissenschaften*, que elimina os elementos subjetivos do conhecer. A objetividade do mundo pelo acontecer linguístico significa, portanto, que o objeto do conhecimento e de seus enunciados se encontra já sempre abarcado pelo horizonte do mundo da linguagem[26]. Dessa forma, o pensado em cada caso é o *lógos*, como constelação objetiva enunciável, que emerge a respeito de um todo abarcante que constitui o horizonte do mundo da linguagem. O que se apresenta como ente, pois, não é, em realidade, um objeto de enunciado, porém, que "(...) *kommt in Aussagen zur Sprache*"[27]. Consequentemente, a constituição linguística do mundo está muito longe de significar um comportamento esquematizado linguisticamente.

Na verdade, a elevação do homem sobre as coerções do mundo está ali onde existe liberdade perante o meio e diante das palavras que se dá as coisas, o que pode ser esclarecido por meio da Torre de Babel no Livro *Gênesis*, porque por ela se torna compreensível que a multiplicidade das línguas assim como a multiplicidade histórica é o próprio modo de o homem se comportar e dizer mundo a respeito do mundo. Ter mundo, portanto, não quer dizer só se comportar a respeito do mundo e perante o mundo tal qual é, o que implica na capacidade de ter linguagem. A experiência hermenêutica, nesse sentido, não quer dizer além do que, estar na situação hermenêutica é fazer com que o que se diz seja dito a alguém. Face a isso, a compreensão é sempre um exercício simultâneo ao se deixar captar pelo dito, porém, isso somente é possível quando a própria acepção do mundo e, inclusive, da linguagem é integrada nesta experiência, que se realiza pela *fusão de horizontes*.

O fato de a experiência hermenêutica estar entrelaçada com o mundo assim como a experiência humana do mundo, pela objetividade científica é considerado como uma fonte de prejuízos e, por tal razão, a teoria moderna, distintamente do sentido antigo de teoria, que significa participação na ordem total e não só complementação das ordens vigentes, ela é construída por reunir de forma unitária as experiências, tornando-se possível, dessa maneira, um domínio sobre as experiências. A teoria moderna, nesse

---

26 GADAMER, *Gesammelte Werke*. Bd. 1, S. 454.

27 GADAMER, *Gesammelte Werke*. Bd. 1, S. 449: "(...) chega em enunciados pela linguagem" (Tradução da autora).

sentido, pode ter a sua vigência revogada por uma teoria posterior, por estar baseada em novas experiências, e que desde o seu surgimento já está condicionada à provisoriedade.

A respeito da teoria e da ciência moderna, somente *M. Heidegger*, em *S.u.Z.*, percebe e demonstra que a experiência da coisa não tem que ver com a pura constatação do mero *estar dado* (objeto), porém, com a experiência das chamadas ciências empíricas, porque esta, no horizonte da sua interpretação temporal do ser, é a metafísica clássica como conjunto de uma ontologia doa dados e da ciência moderna[28], e conclui neste sentido, que: *"So werden wir wie die Wurde des Dings auch die Sachlichkeit der Sprache von dem Präjudiz gegen die Ontologie des Vorhandenen und in eins damit von dem Begriff der Objektivität freihalten mussen"*[29]. Baseado nisso, que em *W.u.M.* o ponto de partida na acepção linguística da experiência humana do mundo é esclarecido no sentido de que nesta não se pode calcular ou medir o lado, todavia, é possível de se deixar falar tal como se mostra aos homens, como ente e significante. Por isso, é com base nisso, e não no ideal metodológico da ciência moderna natural matemática, que pode ser alcançada a compreensão a respeito desta nas *Geisteswissenschaften*. É acrescentado, ainda, que a caracterização da realização da consciência da história efectual pela linguisticidade é caracterizada dessa forma, justamente, por ser a linguisticidade o que caracteriza, em geral, a experiência humana do mundo. Diante disso: *"So wenig in ihr die Welt vergegenständlicht wird, genauso wenig ist die Wirkungsgeschichte Gegenstand des hermeneutischen Bewuβtseins"*[30].

7. O ACEDER DA LINGUAGEM COMO FUNDAMENTO DA EXPERIÊNCIA HERMENÊUTICA

O aceder da linguagem, como verdadeiro processo do acontecer linguístico, em realidade, prepara a experiência hermenêutica – i.e., o encontro do horizonte do intérprete com o horizonte da tradição – que, por estar, igualmente, baseada no fio condutor da experiência humana do mundo é, fundamentalmente, constituída a partir da finitude do ser. A linguagem, em face disso, é um exemplo da finitude, porém, não por

---

28 GADAMER, *Gesammelte Werke*. Bd. 1, S. 459.

29 GADAMER, *Gesammelte Werke*. Bd. 1, S. 460: "Assim como a dignidade da coisa também a objetividade da linguagem nós devemos deixar livre do prejuízo contra a ontologia do dado e, igualmente, com isto, do conceito da objetividade" (Tradução da autora).

30 GADAMER, *Gesammelte Werke*. Bd. 1, S. 460: "Tão pouco se nela o *mundo* é *rematerializado*, quanto menos é a história efectual *objeto* da consciência hermenêutica" (Tradução da autora).

O ACEDER DA LINGUAGEM NA HERMENÊUTICA JURÍDICO-FILOSÓFICA

constituir uma cópia da estrutura do ser, pelo contrário, pelo falar humano finito e pela fala ser possível a infinitude do sentido a ser desdobrado e interpretado. Somente com base nisso o modo de se entender a tradição e de como esta acede pela linguagem é um acontecer autêntico como um diálogo vivo. É dessa forma, que a produtividade do comportamento linguístico a respeito do mundo pode encontrar uma aplicação renovada em relação a um determinado conteúdo já mediado linguisticamente. Nesse sentido: *"Ein jedes Wort bricht wie aus einer Mitte hervor und hat Bezug auf ein Ganzes, durch das es allein Wort ist. Ein jedes Wort läßt das Ganze der Sprache, der es angehört, antönen und das Ganze der Weltansicht, die ihm zugrundeliegt, erscheinen"*[31]. Ademais, *"ein jedes Wort läßt daher auch, als das Geschehen seines Augenblicks, das Ungesagte mit da sein, auf das es sich antwortend und winkend bezieht"*[32].

Dessa forma, por conseguinte, a *Zugehörigkeit* (pertinência) do intérprete à tradição, anteriormente tratada, pode ser mais precisamente determinada. Pelo *princípio da linguisticidade*, a *Zugehörigkeit* (pertinência) não é determinada como uma referência teleológica do espírito à estrutura dos entes na metafísica, pois o decisivo consiste em que algo *acontece*, pois, em primeiro lugar, a consciência do intérprete não é senhora do que acede a ela como palavra da tradição bem como um conhecimento não pode ser descrito como um conhecimento progressivo, o que implicaria em um intelecto infinito abarcador; em segundo lugar, e, por consequência disso, o intérprete não é senhor do que está no texto, porém, pelo contrário, antes se torna *servo* do texto, que o intérprete deve de seguir, participar e *ouvir* o que quer dizer como tal se livrando, para isso, dos próprios *Vorurteile* (prejuízos). Não obstante isso, o verdadeiro acontecer só se realiza pelo *ouvir* a palavra que chega a nós pela tradição, porque ela não é algo sensível e imediato, como diz *H.-G. Gadamer, "sie ist Sprache, und das Hören, das sie versteht, bezieht ihre Wahrheit in ein eigenes sprachliches Weltverhalten ein, indem es die Texte auslegt"*[33]. Além disso, *"diese sprachliche Kommunikation zwischen Gegenwart und Uberlieferung*

---

31 GADAMER, *Gesammelte Werke*. Bd. 1, S. 462: "Cada palavra irrompe como desde um centro e tem relação sobre um todo, pelo qual somente ela é palavra. Cada palavra permite o conjunto da língua, a que ela pertence ressoar, e o conjunto da acepção de mundo, que lhe serve de base, aparecer" (Tradução da autora).

32 GADAMER, *Gesammelte Werke*. Bd. 1, S. 462: "Cada palavra permite por isso também, como o acontecer do seu momento, o estar aí o indizível, ao qual ela se refere respondendo e aludindo" (Tradução da autora).

33 GADAMER, *Gesammelte Werke*. Bd. 1, S. 467: "Ela é linguagem, e o ouvir, que lhe compreende, instala sua verdade em um comportamento linguístico próprio de mundo, ainda quando interpreta os textos" (Tradução da autora).

war, wie wir gezeigt haben, das Geschehen, das in allem Verstehen seine Bahn zieht"[34]. Em vista disso, *"die hermeneutische Erfahrung muβ sich als echte Erfahrung alles, was ihr gegenwärtig wird, zumuten"*[35]. Porque *"sie hat nicht die Freiheit, vorgängig auszuwählen und zu verwerfen. Sie kann aber auch nich im Dahingestelltseinlassen, das fur das Verstehen von Verstandenem spezifisch scheint, eine schlechthinnige Freiheit behaupten"*[36].

Em realidade, *"das Geschehene, das sie ist, kann sie nicht ungeschehen machen"*[37]. Por isso, a estrutura da experiência hermenêutica, i.e., o acontecer hermenêutico, tem por fundamento o acontecer da linguagem, todavia, não no sentido da linguagem como gramática nem como léxico, mas enquanto trata de observar a dialética peculiar que o próprio *ouvir*, pela qual é pertencente o alcançado pela interpelação da tradição, porque esta é como o presente que se abre aos sentidos, especialmente, ao *ouvir*, pois este está capacitado para escutar o *lógos*.

Destarte, o acontecer não significa a ação do homem com as coisas, porém, a ação das coisas mesmas. A respeito disso, *Hegel*, sobretudo pelo seu conceito da *reflexão externa,* critica o conceito do método como realização de uma ação alheia às coisas e sustenta, que o verdadeiro método seria o fazer da coisa mesma. Disso, decorre, sobretudo, que o pensar uma coisa é pensá-la em sua última consequência. Esse acontecer hermenêutico se realiza no diálogo pela lógica hermenêutica, que é a pergunta, pois *"die Dialektik von Frage und Antwort ist mithin der Dialektik der Auslegung immer schon zuvorgekommen. Sie ist es, die das Verstehen als ein Geschehen bestimmt"*[38]. Nesse diálogo, o conteúdo da tradição entra em jogo e se desdobra em possibilidades de sentido bem como de ressonância sempre atualizadas, pois nem ao menos é possível uma consciência histórica, por infinita que fosse, na qual a *coisa* transmitida pudesse se eternizar, de modo contrário, à lógica do enunciado, que pela sua precisão metodológica restringe o horizonte do sentido ao sentido *puro* do enunciado. Pela dialética

---

34 GADAMER, *Gesammelte Werke*. Bd. 1, S. 467: "Esta comunicação linguística entre presente e tradição é, como nós temos demonstrado, o acontecer, que traça seu caminho em toda compreensão" (Tradução da autora).

35 GADAMER, *Gesammelte Werke*. Bd. 1, S. 467: "A experiência hermenêutica, como toda experiência autêntica precisa se exigir, que ela seja atualizada" (Tradução da autora).

36 GADAMER, *Gesammelte Werke*. Bd. 1, S. 467: "Ela também não tem a liberdade, de escolher e de afastar previamente. Ela também não pode porém deixar o ser em suspenso, que parece para a compreensão do compreendido, especificamente, uma liberdade absoluta" (Tradução da autora).

37 GADAMER, *Gesammelte Werke*. Bd. 1, S. 467: "O acontecer, que ela é, não pode fazê-la desacontecer" (Tradução da autora).

38 GADAMER, *Gesammelte Werke*. Bd. 1, S. 476: "A dialética da pergunta é, portanto, já sempre direcionada pela dialética de pergunta e resposta. Ela é isto, que a compreensão determina como um acontecer" (Tradução da autora).

O Aceder da Linguagem na Hermenêutica Jurídico-Filosófica

da interpretação se alcança o sentido do texto em seu conjunto, porque o dizer o que um quer dizer, o entender-se, mantém o dito em uma unidade de sentido com uma infinitude de coisas não ditas, que só deste modo se dá a entender. A palavra do intérprete é, nesse sentido, a palavra pela qual se realiza a compreensão que atualiza a consciência da história efectual, que como tal é verdadeiramente especulativa.

Entretanto, isso não significa que o intérprete seja especulativo pela sua própria consciência do dogmatismo em sua ação interpretadora, porém, que o caráter de especulativo emerge a linguisticidade da interpretação. Pois, que a linguisticidade é algo que se difunde no modo de *In-der--Welt-sein* (ser-no-mundo) do homem histórico, a qual tem o caráter de universalidade não só porque o sentido de tudo pode ser feito palavra, porém também, porque é a linguagem que coloca a descoberto uma dimensão de profundidade a partir da tradição que alcança aos que vivem no presente. Ela é um meio para o diálogo, que permite ser dito *"sein, das verstanden werden kann, ist Sprache"*[39] e aponta para uma estrutura universal-ontológica, a constituição fundamental de todo aquele que pode se julgar em realidade compreender.

---

39 GADAMER, *Gesammelte Werke*. Bd. 1, S. 478: "Ser que pode ser compreendido é linguagem".

Capítulo IV

Universalidade do Universo Hermenêutico

§ 1º
A Dimensão Universal da Hermenêutica

A universalidade da hermenêutica é desenvolvida na *W.u.M.* pelo conceito de *belo* de *Platão*, que *H.-G. Gadamer* deixa expressamente esclarecido como, por exemplo, quando diz que na função anagógica do belo que *Platão* descreve se faz evidente um momento estrutural ontológico do belo e também uma estrutura do ser mesmo bem como pela profunda analogia platônica que *Aristóteles* elabora na doutrina do *nous* e, ulteriormente, pelo pensamento cristão medieval na doutrina do *intellectus agens*, segundo a qual o espírito desdobra a si mesmo na multiplicidade do pensado, é nele presente a si mesmo. Trata-se da metafísica platônica-neoplatônica da luz, porque o belo tem o modo de ser da luz, com a qual se enlaça a doutrina cristã da palavra, do *verbum creans*, porque na luz é articulado não só o visível, porém também, o âmbito do inteligível, i.e., não é a luz do sol que aparece, porque a luz não é só a clareza do iluminado; enquanto faz visíveis outras coisas, é visível ela mesma: a luz do espírito, o *nous*.

No contexto filosófico da *W.u.M.* o que faz com que as coisas apareçam de maneira que sejam por ser luminosas e compreensíveis é a linguagem, o que já se pode apreciar no tratamento sobre a doutrina do *verbum*. Isso fica claro na passagem bíblica, quando Deus fala pela primeira vez ao criar luz. Este falar pelo qual se nomeia e se cria luz é interpretado por ele como um *faça-se luz* espiritual, que fará possível a diferença entre as formas das coisas. Somente pela luz adquire a massa uniforme e primeira do céu e da terra a capacidade de se configurar em outras formas distintas.

O resultado da análise da posição do conceito de *belo* na filosofia grega clássica é, portanto, que também a hermenêutica pode adquirir este aspecto significativo produtivo, i.e., que a linguagem seja um representar e que todo compreender seja um acontecer, i.e., assim como a beleza pertence ao ser do belo de uma maneira plenamente evidente, que não está no visível. É no modo de seu aparecer como se mostra que ela é algo distinto, uma essência de outra ordem, que pode ser compreendido, é linguagem, quer dizer, que algo se apresenta por si mesmo à compreensão, porque a linguagem tem uma estrutura especulativa onde algo apresenta a si mesmo aquilo que forma parte de seu ser e, por isso, o aceder da linguagem não significa uma segunda existência. Em realidade, *"es bleibt, als das, was verstanden werden soll, das, was zur Sprache kommt – aber freilich wird es immer als etwas genommen, wahr-genommen. Das ist die hermeneutische Dimension, in der Sein 'sich zeigt'. Die 'Hermeneutik der Faktizität' bedeutet eine Verwandlung des Sinnes von Hermeneutik."*[1] Destarte, tudo o que é linguagem trata de uma unidade especulativa, de uma distinção mesma, não obstante, ser ao mesmo tempo uma (in)distinção. Fundamentado nisso, o modo de ser especulativo da linguagem mostra um significado ontológico e, o que acede a linguagem é, desde logo, distinto da palavra falada, embora a palavra seja palavra somente em razão do que nela aceda a linguagem do *Dasein* em seu próprio ser sensível para se cancelar no dito.

O que acede à linguagem não é, porém, de modo algum, algo dado previamente à linguagem e independente dela, pois é na palavra que algo recebe sua determinação. Como diz *H.-G. Gadamer, "sprechen ist, wie wir betonten, niemals nur die Subsumtion des Einzelnen unter Allgemeinbegriffe. Im Gebrauch von Worten ist das anschaulich Gegebene nicht als Einzelfall eines Allgemeinen verfugbar gemacht, sondern im Gesagten selber gegenwärtig geworden – so wie die Idee des Schönen in dem, was schön ist, gegenwärtig ist"*[2]. É pela linguagem, portanto, que se percebe a história. Isso vale, igualmente, à linguagem dos textos e, com base nisso, na *W.u.M.* é colocada a imprescindibilidade da tarefa de uma hermenêutica verdadeiramente

---

1 GADAMER, *Gesammelte Werke*. Bd. 2, S.334 e 335: "Isto permanece, como aquilo que deve ser compreendido, que vem a linguagem – porém é por certo sempre captado, verificado como algo. Esta é a dimensão hermenêutica, na qual ser 'se mostra'. 'Hermanêutica da faticidade' significa uma transformação do sentido de hermenêutica" (Tradução da autora).

2 GADAMER, *Gesammelte Werke*. Bd. 2, S. 493: "Falar não é como nós vimos, só a subsunção do individual sob conceitos gerais. No emprego das palavras não está disponível o que está dado a contemplação como caso especial de uma generalidade, porém este se torna presente no dito, da mesma forma que a ideia do belo está presente no que está dito" (Tradução da autora).

histórica. Ademais, ao ser reconhecida a linguagem como o meio universal da mediação histórica, i.e., entre o passado e o presente, que a consciência histórica se realiza bem como a hermenêutica assume um posicionamento universal, pois a relação humana com o mundo é linguística e, portanto, em geral e por princípio, compreensível.

Baseado nisso, o *aspecto universal* da hermenêutica deve, portanto, ser determinado por meio da contraposição a uma hermenêutica pura das *Geisteswissenschaften* (ciências do espírito), pois, em realidade, a hermenêutica "*é*", enquanto um aspecto universal da filosofia; ela não é só uma dita base metodológica das *Geisteswissenschaften* (ciências do espírito). O *aspecto universal* da hermenêutica na *Hermeneutik: W.u.M.* tem como sentido o passar de uma hermenêutica tradicional fundada sob o binômio sujeito-objeto (S→O), i.e., a transposição da hermenêutica tradicional das *Geiteswissenschaften* (ciências do espírito), que isenta os fenômenos hermenêuticos de toda sua extensão, para uma hermenêutica filosófica, conforme a qual nenhum problema pode ser limitado por uma metodologia das *Geisteswissenschaften* (ciências do espírito). A busca da verdade, nesses limites, não é resumida a um mero problema metodológico, porém, uma característica fundamental da faticidade humana. É, pois, justo a dimensão ontológica ou a filosófica que pode revirar a posição da questão hermenêutica.

Embora isso, a universalidade de uma dimensão ou experiência hermenêutica não quer dizer a pretensão do absoluto, pois, pelo contrário, "*Gadamer problematisiert gerade im Namen der unaufhebbaren Geschichtlichkeit den Absolutheitsanspruch etwa der Transzendentalphilosophie als Selbstmißverständnis der Philosophie*"[3], porque "(...) *keiner der Götter philosophiert. Wir philosophieren nicht, weil wir die absolute Wahrheit haben, sondern weil sie uns fehlt. Als Sache der Endlichkeit hat die Philosophie ihrer eigenen Endlichkeit eingedenk zu bleiben. Wenn wir ein endgultiges Wissen haben, dann eben höchstens von dieser unserer universellen Endlichkeit*"[4]. Em realidade, é a universalidade da palavra que comprova isto, que o discurso do s textos na universalidade de *W.u.M.* deve ser tratada no campo do universo, porque no contexto

---

3 GRONDIN, *Einfuhrung*. S. 156: "Gadamer problematiza, justamente, em nome da historicidade insuperável a pretensão de absolutez da filosofia transcendental como mal-entendido da filosofia mesma" (Tradução da autora).

4 GRONDIN, *Einfuhrung*. S. 156 e 157: "(...) porque nenhum dos deuses filosofa. Nós não filosofamos, porque temos a verdade absoluta, porém, porque ela nos falta. Como objeto da finitude, a filosofia deve continuar a ter presente sua própria finitude. Se nós temos um saber definitivo, então, no máximo, precisamente, temos o saber desta nossa finitude universal" (Tradução da autora).

UNIVERSALIDADE DO UNIVERSO HERMENÊUTICO

desta obra junto do universo ou da universalidade da linguagem se julga contra a tese da limitação da razão por estar prescrita em uma linguagem específica. *H.-G. Gadamer* contesta isso, argumentando, que, precisamente, por causa do poder da linguagem de buscar expressão para tudo o discurso *"é"* enquanto discurso de uma universalidade da linguagem e, dessa forma, pode a razão ser sustentada em sua infinitude. É pela dimensão da linguagem – universalidade – que se forma o universo de toda compreensão e o *Dasein*. Por isso, poder a linguagem buscar expressão para tudo não significa ter uma expressão já preparada. Nesse sentido, a verdadeira linguagem nunca deve extenuar o afirmado, por ser a sua universalidade que busca a linguagem.

A dimensão universal da hermenêutica, em vista disso, é sustentada pela interioridade das palavras, por receberem estas a sua expressão do *In-der-Welt-sein* (ser-no-mundo). Com base nisso, hermenêutica significativa é a realizada pela dimensão do diálogo interior, que quer dizer continuar o dito mais adiante, o que não significa que as palavras do intérprete são de certo modo termo evidente de uma exigência da linguagem inconcludente ou da compreensão, pois no dito sempre se encontra um pensar, um entendimento mais além do passado, que na linguagem verdadeira, prepara-se em palavras de outro alcance. Em suma, a respeito da hermenêutica na *W.u.M.*, pode-se dizer que, embora não exista uma compreensão livre de todo prejuízo, por muito que a vontade do conhecimento deve de estar sempre direcionada a se livrar dos *Vorurteile* (prejuízos), uma segurança a respeito disso não pode ser garantida por meio dos métodos científicos nas *Geisteswissenschaften*, pois no fato de o conhecimento ser operado no próprio ser do que conhece, designa-se o limite do método[5].

---

5 GADAMER, *Gesammelte Werke*. Bd. 1, S. 494.

PARTE IV
METODOLOGIA JURÍDICA E CONCRETIZAÇÃO JURÍDICO-CONSTITUCIONAL

218

Capítulo I
Hermenêutica Constitucional Concretizadora

§1º
Hermenêutica, Estado e Constituição

1. O PAPEL DA HERMENÊUTICA NO ESTADO DEMOCRÁTICO DE DIREITO

A atividade hermenêutico-jurídica não pode permanecer limitada ao emprego dos cânones interpretativos[1] a qual tem por base o (con) texto do texto assim como têm os filólogos[2], i.e., baseada, por uma parte, na forma representativa ou, em outros termos, na objetividade da lei e, por outra parte, no espírito objetivado (*E. Betti*), quer dizer, na subjetividade (*Fr. Schleiermacher – E. Betti*) do legislador, nem fundada num mundo histórico tal qual nexo interior da vivência (*W. Dilthey*), eis que a realidade não pode ser reduzida, de forma alguma a uma facção, que ora diz respeito a um psicologismo (*mens legislatori*) ou a um objetivismo (*mens legis*) puro, com base numa orientação da teoria do conhecimento tradicional (S→O). É próprio de profanos, como propriamente coloca *H.-G. Gadamer*, pensar a aplicação da lei a um caso concreto como um processo lógico de *subsunção* do geral ao particular[3], fundado em *cogitationes* simplesmente dadas, nas quais também um *ego* como *res cogitans* desmundanizada é simplesmente

---

1 Para isso, ver Parte II, Capítulo II, § 1º e § 2º, desta obra.

2 Para isso, "Fundamentação Epistemológica da Hermenêutica, Capítulo III, Parte I desta obra.

3 GADAMER, Hermenêutica e historicismo. In: *Verdad y metodo*. I. Salamanca: Sígueme, 1996, p. 613. Embora se tenha feito o emprego do texto em alemão até aqui, adverte-se que esta nota se encontra registrada em espanhol, porque no texto original este texto não se encontra agregado à obra *Wharheit und Methode*.

dado[4], pois a atividade judicante não se configura apenas no reconhecer e no expressar de decisões do legislador[5], uma vez que a lei escrita não preenche sua função de resolver com justiça[6] a *situação hermenêutica*[7] jurídica problemática, porque dessa forma se aparta da formação da unidade social, base para a formação de uma unidade política bem como de uma ordem jurídica, que de modo algum é pressuposta, não está dada, porém, pelo contrário, constitui uma tarefa, pois o processo de formação de uma unidade política e de uma ordem jurídica[8] é, antes de tudo, um processo histórico concreto, que necessita de colaboração consciente da coletividade.

A ordem jurídica não se determina em um direito supra-histórico, desprendido da existência humana e atividade humana, existente em si e por si, ou nas objetivações de uma "ordem de valores" encontrada, pois, de modo contrário, estabelece-se criada como ordem histórica pela atividade humana[9]. Por tal motivo, a hermenêutica jurídica não pode ser reduzida ao mundo da uniformidade do que é simplesmente dado e, por consequência, é, principalmente, na tarefa do Poder Juriciário, que se (...) *pode particularmente exigir o trazer à luz e o realizar em decisões representações de valores, que são imanentes à ordem jurídica constitucional, mas que não, ou apenas incompletamente, chegaram à expressão nos textos das leis escritas em um ato de reconhecimento valorizador (...)*"[10].

Ademais, na realização da tarefa da hermenêutica jurídica devem ser atendidos os princípios constitucionais, especialmente, o princípio do Estado de Direito, porque deste decorrem preceitos jurídicos como o da certeza jurídica e Justiça no caso concreto[11], dos quais, decorre, por sua vez, o encargo dos tribunais, que consiste, por uma parte, em encontrar o resultado constitucionalmente *exato* em um procedimento racional e controlável, como também em fundamentar esse resultado racional e controlável da interpretação e, deste modo, criar certeza jurídica e previsibilidade e, por outra parte, em recuperar a própria formação da

---

4 Ver sobre isso, Capítulo IV, Parte I, parte final.

5 HECK, Luís Afonso. *O Tribunal Constitucional Federal e o Desenvolvimento dos Princípios Constitucionais.* Porto Alegre: Sergio Antonio Fabris Editor, p. 209.

6 BVerfGE 9, 338 (349). In: HECK, *O Tribunal Consitucional*, p. 210.

7 Ver sobre isso, Primeira Parte, Capítulo IV, intitulado "Hermenêutica Filosófica enquanto Hermenêutica Ontológica, desta obra.

8 HESSE, Konrad. *Elementos de Direito Constitucional da República Federal da Alemanha.* Porto Alegre: Sergio Antonio Fabris Editor, 1998. Tradução de Grundzuge des Verfassungsrechts der Bundesrepublik Deutschland. 20, neubearbeitete Auflage, p. 29 e ss.

9 HESSE, Konrad, *Elementos de Direito Constitucional da República Federal da Alemanha*, p. 36.

10 BVerfGE 9, 338 (349). In: HECK. *O Tribunal Consitucional*, p. 210.

11 HECK. *O Tribunal Consitucional*, p. 176.

220

HERMENÊUTICA CONSTITUCIONAL CONCRETIZADORA

norma[12]. Por uma parte, resultado constitucionalmente *exato* não significa, todavia, resultado obtido pela noção de precisão e certeza metódica tal qual é concebida a tarefa hermenêutica por um positivismo jurídico acrítico e inconsequente, que conduz à insegurança jurídica, na medida em que propaga uma metodologia das *Geisteswissenschaften*, nas regras de interpretação tradicionais (*Fr. von Savigny*), pelas quais o intérprete procura averiguar o sentido dado pela *mens legis* ou pela *mens legislatori*, ao recorrer ao texto de lei.

Por outra parte, observar na realização da tarefa hermenêutica o princípio do Estado de Direito não quer dizer tomar distância da realidade, porque *Estado e sociedade* não podem mais ser concebidos segundo uma compreensão tradicional, que parte da distinção entre *Estado* e *sociedade* e contrapõe não unido o Estado, como unidade existente, à *sociedade*, como pluralidade existente[13], que, conforme uma concepção tradicional, era (ou, ainda é) "(...) *excluída, em grande medida, da determinação e configuração política, cuja vida, fundamentalmente, mesmo se regula enquanto o "Estado" somente tinha de garantir os pressupostos deste transcurso, que obedece a leis próprias, e intervir em casos de perturbações*"[14].

O conceito de *Estado*, por causa desse entendimento, deve ficar reservado ao significado mais estrito como atuação e atividade dos poderes constituídos no caminho da formação da unidade política[15], precisamente, porque se *unidade política* e *Estado*, embora sejam designações distintas, tornam-se existentes, primeiro na atuação humana[16], já que são sustentados pelos homens[17], então, não devem ser entendidos no sentido de uma coexistência separada e somente para melhor demonstração, como *âmbitos* distintos, deixando não discutidas as questões essenciais da problemática. Para isso, é necessário colaboração organizada, procedimentalmente ordenada, que deve conduzir à formação desta unidade, na qual deverão ser cumpridas tarefas estatais, tornando, por consequência, a:

> Ordem jurídica necessária e, precisamente, não uma discricional, senão uma ordem determinada, que garante o resultado da colaboração formadora e o cumprimento das

---

12 BÖCKENFÖRDE, Ernst-Wolfgang. Die Methoden der Verfassungsinterpretation – Bestandsaufnahme und Kritik. In: *NJW*, S. 2.095.

13 HESSE, *Elementos*, p. 33.

14 HESSE, *Elementos*, p. 33.

15 HESSE, *Elementos*, p. 34.

16 HESSE, *Elementos*, p. 35.

17 HESSE, *Elementos*, p. 34.

tarefas estatais e que exclui um abuso das faculdades de poder confiados ou respeitados por causa daquele cumprimento de tarefas – em que tal garantia e asseguramento é, não só uma questão da normalização, mas, sobretudo, também da atualização da ordem jurídica[18].

Diante disso, o tratamento a respeito da tarefa hermenêutica, dentro dos limites deste trabalho, tem sentido na medida em que neste se segue a orientação de que é a *"Constituição a ordem fundamental jurídica da coletividade"*[19], que *"determina os princípios diretivos, segundo os quais deve formar-se unidade política e tarefas estatais devem ser exercidas"*[20] e, desse modo, ela em tudo *"é o plano estrutural fundamental, orientado por determinados princípios de sentido, para a configuração jurídica de uma coletividade"*[21]. Consequentemente, ela própria deve ser compreendida e interpretada no sentido de unidade e por ordenar vida histórica, que precisa ficar imperfeita e incompleta, sujeita a alterações históricas, i.e., deve ficar aberta ao tempo. Contudo, isso não significa dissolução em uma dinâmica total, na qual a Constituição não estaria em condições de dar à vida da coletividade apoio dirigente, pois, justo por as bases da ordem da coletividade não poderem ficar abertas, que ela constitui órgãos aos quais fundamenta competências e cria, com isso, na dimensão do respectivo encargo, poder estatal jurídico.

Em vista disso, a tarefa hermenêutica é decisiva, especialmente por ser da abertura e da amplitude da Constituição que surgem com maior frequência problemas de interpretação do que em outros âmbitos jurídicos, cujas normalizações entram mais no detalhe. Embora a importância dessa tarefa seja aumentada em uma ordem constitucional com jurisdição

---

18 HESSE, *Elementos*, p. 35.

19 HESSE, *Elementos*, p. 37. Este trabalho está direcionado a realizar um contributo hermenêutico para o desenvolvimento do direito no âmbito mais geral, no âmbito da ordem jurídica, e, diante disso, está direcionado, para a realização da hermenêutica no âmbito do direito público, particularmente, do objeto do direito constitucional, que é a Constituição. Isso não quer dizer, por contraponto, de forma alguma, que seja neste trabalho descurada a realização da hermenêutica no direito privado, pois, pelo contrário, em uma ordem jurídica, deve-se de entender, antes de tudo, que a Constituição contém as condições para a efetividade real de importantes institutos jurídico-privados e os protege de uma supressão ou de um esvaziamento por meio da lei, garantindo, orientando e impulsionando o seu desenvolvimento, porque as normas constitucionais, em razão da sua amplitude e generalidade possuem a condição para abarcar de forma mais rápida as transformações dos pressupostos e das exigências do que ocorre no âmbito do direito privado, podendo o direito constitucional, por meio da concretização da norma constitucional, atuar como impulsionador não só da legislação, porém também, da jurisprudência jurídico-privada. Não se trata aqui de retomar a dicotomia entre direito público e privado, porém, reconhece-se que esta divisão é existente e no que se acredita é numa *transcendência* do direito privado para o direito público. Ver, ainda, nota 39, deste trabalho.

20 HESSE, *Elementos*, p. 37.

21 HESSE, *Elementos*, p. 37.

HERMENÊUTICA CONSTITUCIONAL CONCRETIZADORA

CAPÍTULO I

constitucional, como por exemplo, na República Federal da Alemanha, na qual a interpretação da Constituição pelo Tribunal Constitucional Federal (*Bundesverfassungsgerichtsbarkeit*) vincula não só os cidadãos, porém também os órgãos estatais (art. 20, al. 3 GG)[22], ela não é menos relevante para uma ordem sem uma jurisdição constitucional tal qual existe na Alemanha, porque também nesta o Poder Legislativo deve estar vinculado à ordem constitucional e os Poderes Executivo e Judicial à lei e ao direito, no sentido em que: o *"Direito não é idêntico com a totalidade das leis escritas. Oposto às determinações legais do Poder Estatal, pode talvez haver um mais de Direito, o qual possui ordem jurídica constitucional como um todo de sentido a sua fonte e pode atuar perante a lei escrita como corretivo; achá-lo e realizá-lo é tarefa do Poder Judiciário.(...)"*[23]. Nesse sentido, é por meio do desempenho da tarefa hermenêutico-jurisdicional em geral, que a Constituição, quando as decisões do Tribunal Constitucional Federal expressam o seu conteúdo, tomam realidade, i.e., que as normas constitucionais são concretizadas.

Entretanto, é possível ser realizado isso em uma ordem constitucional, que não tenha jurisdição constitucional, no mesmo sentido funcional do Tribunal Constitucional Federal da República Federal da Alemanha, pois a realização da atividade jurisdicional (não só) não pode ser desatada das condições de vida, das peculiaridades de uma tradição histórica (*H.-G. Gadamer*) na medida em que os limites da concretização das normas constitucionais são iguais aos limites da interpretação, que está baseada na *Vor-Struktur* (pré-estrutura) da tradição.

2. A REALIZAÇÃO JURÍDICO-FILOSÓFICA DO CONTEÚDO DAS NORMAS CONSTITUCIONAIS

Pela tarefa hermenêutica pode ser mantido o caráter de integração das normas e se realiza a *concretização* das normas constitucionais, especialmente, porque estas somente ganham um conteúdo básico ou princípio fundamental por uma das decisões jurisdicionais. Não obstante isso, junto ao conteúdo de *concretização* deve ser considerada a questão dos elementos da concretização, que segundo o grau de intensidade do emprego permitem uma reforma normativo-racional da concretização e tem servido de base para a elaboração de duas orientações hermenêutico-

---

22 Art. 20, al. 3, da Lei Fundamental da Alemanha: "O Poder Legislativo está subordinado à ordem constitucional; os Poderes Executivo e Judicial obedecem à lei e ao direito".

23 BVerfGE 9,338 (349). In: HECK, *O Tribunal Consitucional*, p. 209.

-concretizadoras, a de *K. Hesse* e a de *Fr. Muller* (a partir do capítulo décimo quinto desse trabalho).

O ponto de partida de *K. Hesse* para a hermenêutica concretizadora está no conceito de *Bildung* (formação), do qual se desprende o conceito de interpretação como concretização no sentido de uma averiguação do conteúdo da norma e, respectivamente, da vontade normativa, porque o conteúdo da norma e o resultado da concretização hermenêutica não dependem só da atividade jurisdicional e/ ou da administração em geral, como também, do bom êxito da *formação* da unidade política. Esta, terá tanto êxito quanto mais o *Estado* encontrar aprovação e apoio da *sociedade*, já que *Estado* não pode mais ser concebido conforme uma compreensão tradicional. A fim de que não se estabeleça uma confusão de uma nova concepção sobre *Estado* e *sociedade* e essa concepção tradicional, emprega para designar o processo de caracterização do processo de formação da unidade política o conceito de *unidade política* em relação à atividade dos poderes estatais.

Entretanto, só onde é solucionada a tarefa de formar e de conservar unidade política, que o Estado pode ser convertido em realidade e estar *dado* como conexão de ação e de efeito uniforme, ou em outros termos, ele só é convertido em realidade quando é compreendido como unidade a ser formada e conservada, que continua a ser formado e conservado pela atuação dos *poderes* constituídos sobre essa base. Por tal motivo, a normatividade da Constituição (e/ ou da lei) é a de uma ordem histórico-concreta, já que a vida que ela tem de ordenar é vida histórico-concreta, e, por isso, a normatividade *"é"* na medida em que o conteúdo da norma é determinado sob a inclusão da *realidade* a ser ordenada, i.e., ele não pode ser determinado de um ponto fora da *historicidade* do Estado, senão só na situação histórica concreta, que é a própria *situação hermenêutica*, na qual deve ser desenvolvido o conteúdo da norma.

Em outras palavras, o conteúdo da norma tem de ser desenvolvido a partir da *Vor-Struktur* (pré-estrutura) da tradição e pela *Vorverständnis* (pré-compreensão) do intérprete e do problema concreto a ser resolvido, cada vez, pois como diz *M. Heidegger*: *"Alle Auslegung, die Verständnis beistellen soll, muß schon das Auszulegende verstanden haben"*[24]. Um *entendimento* prévio do conteúdo da norma é necessário à sua concretização. Só nesse sentido o conteúdo da norma é concluído na interpretação, embora, de fato, a atividade interpretativa tenha de permanecer vinculada à norma.

---

24 HEIDEGGER, *Sein und Zeit*, S. 152. Capítulo quarto desta obra, no título "Hermenêutica Filosófica enquanto Hermenêutica Ontológica". "Toda interpretação é fundada na compreensão" (Tradução da autora).

HERMENÊUTICA CONSTITUCIONAL CONCRETIZADORA

Isso significa, que a realização das normas constitucionais, embora tenha de permanecer vinculada a estas, sucede pela circunscrição da diferença que pode se apresentar entre o direito e a realidade constitucionais, porque a condição de possibilidade para o desenvolvimento do direito não é outra senão a dissolução do isolamento entre *Constituição* e *realidade*, pois o conteúdo das normas constitucionais não são realizáveis só na forma de um texto linguístico, uma vez que as normas constitucionais estão relacionadas com as particularidades das condições de vida concretas.

Os critérios de *exatidão* do resultado da interpretação estão, de fato, na própria tradição, i.e., são as experiências históricas que demonstram o que não é *exato* e, *"por causa disso, não deve ser considerado como direito, em conexão com isso, princípios de direito que se formaram na experiência jurídica das gerações e por elas foram confirmados, assim como os ideais da geração vivente para a configuração do presente e a do futuro"*[25], porque antes de tudo, direito histórico necessita, fundamentalmente, de *aceitação*, pressuposto para o estabelecimento de um consenso a respeito dos conteúdos da ordem jurídica. Nesse sentido diz *K. Hesse*, que : *"(...) esse consenso fundamental garante não necessariamente 'exatidão', porém, sim, a existência duradoura da ordem jurídica. Onde ela falta, coação autoritária pode ocupar o seu lugar; ordem assegurada, considerada como legítima e, por isso, como dada, ele não é capaz de fundamentar"*[26]. Em razão disso, na concretização do conteúdo de uma norma constitucional e na sua realização têm de ser incluído como condição de possibilidade deste procedimento o emprego das condições da *realidade*, que as normas constitucionais estão determinadas a ordenar, especialmente, por uma parte, porque tanto menos realidade está contida nas normas quanto mais geral, incompleto e indeterminado é formulado o texto das normas, por outra parte, porque as exigências feitas pela normas à conduta humana permanecem letra morta se o conteúdo destas não é passado a esta conduta.

Em realidade: *"As particularidades muitas vezes, já moldadas juridicamente, dessas condições formam o 'âmbito da norma' que, da totalidade das realidades, afetadas por uma prescrição do mundo social é destacado pela ordem, sobretudo expressada no texto da norma, o "programa da norma", como parte integrante do tipo normativo"*[27].

---

25 HESSE, *Elementos*, p. 36.

26 HESSE, *Elementos*, p. 37.

27 HESSE, *Elementos*, p. 50-51 Nesse sentido, KAUFMANN, A. *Analogie und Natur der Sache*, S. 32: "Como e o que muda o "sentido da lei" se o teor verbal da mesma subsiste? Isto acontece única e exclusivamente porque este "sentido da lei" de modo algum está apenas na lei, mas também nas concretas situações da vida para as quais a lei foi cunhada".

Além disso: *"Como essas particularidades, e com elas o "âmbito da norma", estão sujeitas às alterações históricas, podem os resultados da concretização da norma modificar-se, embora o texto da norma (e, com isso, no essencial, o "programa da norma") fique idêntico"*[28], justamente, porque a atividade realizadora da norma constitucional não pode passar por cima dessas particularidades se ela não quer desacertar a situação problemática cujo vencimento é importante para a Constituição. Em vista disso, o direito só se desenvolve e se realiza, quando é realizado com base na ordem vivida, formativa e configuradora da realidade histórica, tornando-se capaz de cumprir sua função na vida da coletividade. Por isso, no desempenho da tarefa hermenêutica realizadora da norma constitucional não é possível passar por cima das condições da *realidade* e das suas particularidades, para que não se passe por cima da própria *situação hermenêutica*, pois, é isso, exatamente, que ocorre, quando: *"Ao conteúdo da norma, comprovado deste modo, sem atenção ao problema concreto colocado para a decisão, deve então ser subsumido o fato da vida a ser regulado no caminho de conclusão silogística e, deste modo ser encontrada a decisão"*[29].

3. INTERPRETAÇÃO CONSTITUCIONAL E LIMITAÇÃO DOS MÉTODOS CLÁSSICOS

Por isso, interpretação, em um sentido restrito, conforme *K. Hesse*, *"torna-se necessária e converte-se em problema quando uma questão jurídico-constitucional deve ser respondida, que não se deixa decidir univocamente com base na Constituição"*[30], porque onde não existem dúvidas, não se trata de interpretação[31], porém, sim, de atualização, i.e., *"quando o conteúdo de normas constitucionais é realizado e não surgem dúvidas sobre a constitucionalidade dessa atividade, o procedimento da realização*

---

28 HESSE, *Elementos*, p. 51

29 HESSE, *Elementos*, p. 56

30 HESSE, *Elementos*, p. 53.

31 Sobre isso cabe um esclarecimento: sobre o papel, um texto de norma pode parecer "claro", ou mesmo unívoco. Um texto de norma necessita de uma interpretação diante de toda coisa em que o direito deve ser aplicado ao caso concreto. É sempre diante do caso em espécie que as dúvidas em relação ao texto de norma surgirão. Quando ocorre uma cisão entre norma/realidade, como sugere o positivismo jurídico, então não se trata de interpretação, porém, tão somente de atualização do texto de norma de uma época para outra, de um agora não mais para um agora presente, em um sentido heideggeriano, em desconsideração ao mundo circundante. Assim se realiza a interpretação como subsunção conforme o positivismo jurídico. Todavia, como o texto de norma estabelecido pelo legislador não contém desde já a norma, não pode ser tão somente atualizado, porém, tem de ser concretizado. Não se aplica qualquer coisa de acabado às circunstâncias concretas todas igualmente fechadas sobre elas mesmas. Somente o texto de norma entendido "em si" pode ser meramente atualizado e não interpretado.

HERMENÊUTICA CONSTITUCIONAL CONCRETIZADORA

possivelmente nem sequer torna-se consciente (...) de 'entendimento' e, com isso, em sentido mais amplo, de 'interpretação'"[32]. Ao interpretar nesse sentido mais amplo, conforme o qual é necessário que se tenha consciência de *entendimento*, consciência histórica ou consciência hermenêutica no sentido heideggeriano, não bastam os *métodos* de interpretação individuais, considerados em si. Tais *métodos* não são diretrizes suficientes, porque o texto não diz nada de unívoco sobre o significado das palavras, que assim é feito segundo a determinação do significado, i.e., porque esses *métodos* deixam de lado o texto da tradição, que pressupõe o texto escrito.

Diante disso, as regras de interpretação clássicas (*Fr. von Savigny*), pelas quais, de acordo com uma orientação da doutrina da interpretação tradicional deve o intérprete empregar e por estas procurar averiguar o sentido dado pela *mens legislatori* ou pela *mens legis* ao interpretar, servem somente com estes objetivos, de realizar: "*A interpretação do texto da norma (interpretação gramatical), da sua conexão (interpretação sistemática) da sua finalidade (interpretação teleológica) e da matéria legislativa e do trabalho preparatório (interpretação histórica)*"[33]. Além disso, considera que "*esses elementos de interpretação apoiam e complementam um ao outro ao, por exemplo, da conexão de sentido ou do trabalho preparatório concluir o significado das palavras ou a finalidade da norma*[34]", porque, "*o objetivo da interpretação pode só limitadamente estar na averiguação de uma "vontade" objetiva ou subjetiva determinada na Constituição*"[35].

A Constituição, porém, não pode decidir por critérios unívocos – em todos os casos de interpretação das normas constitucionais –, porque embora seja o legislador constituinte que realiza a primeira interpretação da *realidade*, ele não decide; pelo contrário, a Constituição oferece somente pontos de apoio mais ou menos numerosos incompletos para a decisão da *situação hermenêutica* no âmbito jurisdicional. Por causa disso, o intérprete não pode deixar-se limitar por uma *obediência pensante*, principalmente, porque, como diz *K. Hesse*:

> Considerar a averiguação da vontade objetiva determinada da Constituição ou da vontade subjetiva do constituinte como "objetivo" da interpretação significa, pois, querer assimilar algo que não é preexistente realmente e, com isso, desacertar a problemática da interpretação constitucional já no início. Conforme o objeto, pode interpretação sempre só

---

32 HESSE, *Elementos*, p. 54.

33 BVerfGE 11, 126 (130). In: HESSE, *Elementos*, p. 57.

34 HESSE, *Elementos*, p. 57.

35 HESSE, *Elementos*, p. 57.

limitadamente ser uma assimilação e, de todo, não pode ser subsunção. Ela deve, antes, partir disto, que seu "objetivo" não existe já realmente[36].

Baseado nisso, a diversidade e a multiplicidade de pontos de vista e de princípios firmes do emprego destes sucedem não em razão da realização de uma correção jurídica faltante, porém, justo pela falibilidade destas regras de interpretação tradicionais[37], uma vez que não compreendem a estrutura interna das normas constitucionais[38] nem as imitações do procedimento da interpretação. Em realidade, por meio destas regras de interpretação tradicionais (clássicas) só limitadamente se pode vencer a tarefa da interpretação exata segundo princípios firmes. O necessário é, portanto, em função disso, *"não postular um procedimento de formação da sentença que não se deixa observar, senão seguir as condições, possibilidades e limites reais da interpretação constitucional"*[39].

4. ELEMENTOS FILOSÓFICOS DA INTERPRETAÇÃO CONSTITUCIONAL CONCRETIZADORA

Não basta decidir por apresentar uma decisão, em princípio, porque não há método de interpretação autônomo separado dos fatores de uma realidade histórico-concreta[40]. Diante disso, *K. Hesse* considera como elementos ou condições necessárias à realização da concretização normativa-constitucional conceitos chave da hermenêutica ontológica (*M. Heidegger*) e da hermenêutica filosófica (*H.-G. Gadamer*).

---

36 HESSE, *Elementos*, p. 58.

37 HESSE, *Elementos*, p. 60.

38 Para isso, MULLER, Fr. *Normstruktur und Normativität*. Berlin: Duncker & Humblot., especialmente, II, III, X e XI.

39 HESSE, *Elementos*, p. 60. Cumpre notar, que a expressão *interpretação constitucional* no texto desta obra não significa, de modo algum, a afirmação da existência de uma hermenêutica para cada ramo do Direito, porém, tão somente, que no ramo do Direito Público, particularmente, no Direito Constitucional, a realização hermenêutica tem de ser realizada com base nas peculiaridades do objeto deste direito, que é a Constituição. Portanto, somente se agrega um adjetivo ao termo *interpretação*, para se fazer referência direta a este objeto, o que termina por compor a expressão "interpretação constitucional" ou "hermenêutica constitucional", já que nos limites desta obra, defende-se, sim, a unicidade de sentido entre interpretação e hermenêutica, distintamente, do significado distinto atribuído a esses termos, por uma doutrina tradicional. Por isso o emprego desta expressão não implica na limitação ao que aqui é exposto somente ao âmbito constitucional. Ver para isso, a obra citada de HESSE, Konrad. *Grundzuge des Verfassungsrechts der Bundesrepublik Deutschland*, trad. *Elementos de Direito Constitucional da República Federal da Alemanha*, especificamente, p. 31. Esta explicação não vem significar a defesa da existência de uma hermenêutica constitucional, uma hermenêutica perfal, e assim por diante, porém, por se tratar de um trabalho monográfico, quer significar tão somente a interpretação que se dá sobre o dito pelo autor sob análise.

40 HESSE, *Elementos*, p. 63.

HERMENÊUTICA CONSTITUCIONAL CONCRETIZADORA

CAPÍTULO I

Constituem condições de possibilidade para isso, portanto, em primeiro lugar, a *Vorverständnis* (pré-compreensão) (*M. Heidegger*) do intérprete, porque este não pode obter uma compreensão do conteúdo da norma como *se* de um ponto arquimédico[41], alheio à tradição (*H.-G. Gadamer*) e à historicidade (*M. Heidegger e H.-G. Gadamer*), na qual tem formado seu *Vorurteil* (prejuízo) e (en)formado seus conteúdos, especialmente, porque é por intermédio de uma *Vorverständnis* (pré-compreensão) que se dá a possibilidade de o intérprete projetar (*M. Heidegger*) um sentido do todo e chegar a um anteprojeto corrigindo e revisando (*M. Heidegger*) até chegar à determinação de um *objeto* unívoco (*K. Hesse*). Em segundo lugar, a consciência história e/ou hermenêutica (*H.-G. Gadamer*), pois somente quando o intérprete possui uma consciência histórica pode livrar-se do *Vorurteil, Vorhabe, Vorgriff* [42] (prejuízo, ter-prévio e preconceito) e *olhar para as coisas mesmas* (*K. Hesse*), e decidir conforme a natureza das coisas (*Fr. Muller*), não de acordo com o arbítrio das ideias e a estreiteza dos hábitos de pensar. A tarefa de uma *Vorverständnis* (pré-compreensão), em vista disso, segundo *K. Hesse,* cabe à Teoria da Constituição, *que não é discricional se obtida com vista à ordem constitucional concreta e, contínuo dar e tomar, confirmada e corrigida pela prática do caso concreto*[43] – o que, segundo *Fr. Muller*, ocasiona uma divisão do trabalho entre Teoria da Constituição e Metodologia. Em terceiro lugar, porém, um *entendimento* ou uma *compreensão* somente é possível com vista a um problema concreto (situação hermenêutica), enquanto a determinação do conteúdo e a *aplicação* da norma ao caso concreto são compreendidos, mentalmente, como um procedimento uniforme, i.e., não distintos, no sentido que *aplicação* assume no contexto gadameriano, na medida em que ambos dependem de uma *Vorverständnis* (pré-compreensão) do intérprete, embora esta necessite, por sua vez, de uma fundamentação teórico-constitucional.

Em suma, as condições de possibilidade para a concretização normativo-constitucional têm um caráter tríplice, e podem ser enunciadas na vinculação da interpretação à norma a ser concretizada, à *Vorverständnis* (pré-compreensão) do intérprete e ao problema concreto a ser desenvolvido. Consequentemente, isso significa, *"que o procedimento de concretização deve ser determinado pelo objeto da interpretação, pela Constituição e pelo problema respectivo"*[44]. Isso, porque *ordem fundamental*

---

41 HESSE, *Elementos*, p. 62.

42 Para isso, ver Capítulo deste trabalho, sob o título "Hermenêutica Filosófica enquanto Hermenêutica Ontológica".

43 HESSE, *Elementos*, p. 62.

44 HESSE, *Elementos*, p. 63.

jurídica de uma coletividade não abarca um sistema lógico-axiomático ou hierárquico de valores desde então concluído e uniforme.

§ 2º
A Tópica e os Princípios da Interpretação Constitucional Concretizadora

1. A TÓPICA E OS PRINCÍPIOS DA INTERPRETAÇÃO CONSTITUCIONAL

Baseado nisso, a interpretação de normas constitucionais (*não só*) não pode ser limitada à assimilação de algo determinado, sendo necessário, portanto, um procedimento de concretização que a elas seja correspondente. Pela via da concretização *K. Hesse* segue junto, no substancial, o procedimento da orientação do problema tópico, pelo qual, por uma parte, a orientação é dada, estritamente, pelo problema[45], já que os *topoi* que o intérprete deve empregar dentre a variedade de pontos de vista possíveis para a concretização devem estar relacionados com o problema, excluindo *topoi* não apropriados e, por outra parte, pela coordenação e valorização dos pontos de vista tópicos dos elementos de concretização que a norma constitucional a ser concretizada forma no seu *programa da norma* e seu *âmbito da norma* na resolução do problema, que, neste caso, cabe aos *"princípios da interpretação constitucional"*[46], que são:

a) o princípio da unidade da Constituição (*das Prinzip der Einheit der Verfassung*), segundo o qual:

> A conexão e a interdependência dos elementos individuais da Constituição fundamentam a necessidade de olhar nunca somente a norma individual, senão sempre também a conexão total na qual ela deve ser colocada; todas as normas constitucionais devem ser interpretadas de tal modo que contradições com outras normas constitucionais sejam evitadas. Somente uma tal resolução do problema corresponde a esse princípio, que se mantém em consonância com as decisões fundamentais da Constituição e se preserva da restrição unilateral a aspectos parciais(...)[47].

---

45 HESSE, *Elementos*, p. 64.
46 HESSE, *Elementos*, p. 65.
47 HESSE, *Elementos*, p. 67.

HERMENÊUTICA CONSTITUCIONAL CONCRETIZADORA

CAPÍTULO I

b) o princípio da concordância prática (das Prinzip praktischer Konkordanz), conforme o qual, "bens jurídicos protegidos jurídico--constitucionalmente devem, na resolução do problema, ser coordenados um ao outro de tal modo que cada um deles ganhe realidade. Onde nascem colizões (*sic*) não deve, em "ponderação de bens" precipitada ou até "ponderação de valor abstrata, um ser realizado à custa do outro. Antes, o princípio da unidade da Constituição põe a tarefa de uma otimização: a *ambos* os bens devem ser traçados limites, para que ambos possam chegar à eficácia ótima"[48]. Fundamental para a produção da concordância prática de ambos os bens jurídicos é, pois, o princípio da proporcionalidade, necessária para a efetividade da maior grandeza variável a fim de alcançar esta tarefa de otimização.

c) o critério da exatidão funcional (das Maβtabe funktioneller Richtigkeit), conforme o qual, o órgão interpretador não deve, pela maneira e pelo resultado de sua interpretação, remover (ou modificar) a distribuição das funções estatais; uma vez ordenada pela Constituição a respectiva tarefa e colaboração dos titulares de funções estatais em uma determinada forma, deve, o órgão interpretador, portanto, manter tal exatidão funcional.

d) o princípio da valorização da relevância dos pontos de vista elaborados, ou, *o princípio de efeito integrador (der Maβtab integrierander Wirkung)*, que "significa a necessidade de, na resolução de problemas jurídico--constitucionais" ser dada "a preferência àqueles pontos de vista que produzem efeito criador e conservador da unidade"[49] da Constituição.

e) o critério da força normativa da Constituição (die normative Kraft der Verfassung)[50], que se refere à capacidade da Constituição de produzir efeito determinante e regulador na realidade da vida histórica. Força normativa da Constituição é condicionada, por um lado, pela possibilidade de realização dos conteúdos da Constituição, que depende das próprias condições históricas da atualização da Constituição, já que a vontade do constituinte histórico não é capaz de fundamentar e, de todo, manter a validez real da Constituição assim criada[51]. Em outros termos, isso significa, que "uma mudança das relações fáticas pode – ou deve – provocar mudanças na interpretação da Constituição[52]"

---

48 HESSE, *Elementos*, p. 67.

49 HESSE, *Elementos*, p. 68.

50 Para isso, especificamente, HESSE, K. *Die normative Kraft der Verfassung*. J.C. B. Mohr (Paul Siebeck), Tubingen, trad. *A Força Normativa da Constituilção*, por Gilmar Ferreira Mendes.

51 HESSE, *Elementos*, p. 48.

52 HESSE, *A Força Normativa da Constituilção*. Porto Alegre: Sergio Antonio Fabris Editor, p. 23.

231

(não só). É "(...)requisito essencial da força normativa da Constituição que ela leve em conta não só os elementos sociais, políticos, e econômicos dominantes, mas também que, principalmente, incorpore o estado espiritual (*geistige Situation*) de seu tempo"[53]. Por outro lado, por cada *vontade atual* dos participantes da vida constitucional, de realizar os conteúdos da Constituição[54], porque força normativa da Constituição depende não apenas do seu conteúdo, mas também da sua *praxis*[55]. Como ordem fundamental jurídica que carece de atualização na resolução de problemas jurídico-constitucionais, em razão das possibilidades e condições históricas mutáveis, é preciso, portanto, ser dada preferência aos pontos de vista que sob os respectivos pressupostos, proporcionem às normas da Constituição força de efeito ótima[56]. Estando a interpretação da Constituição (não só) submetida ao princípio da ótima concretização da norma (*Gebot optimaler Verwirklichung der Norm*), está claro, que este princípio não pode ser aplicado com base nos meios fornecidos pela subsunção lógica e pela construção conceptual, pois: "Se o direito e, sobretudo, a Constituição, têm a sua eficácia condicionada pelos fatos concretos da vida, não se afigura condicionada que a interpretação faça deles tábula rasa. Ela há de contemplar essas condicionantes, correlacionando-as com as proposições normativas da Constituição. A interpretação adequada é aquela que consegue concretizar, de forma excelente, o sentido (*Sinn*) da proposição normativa dentro das condições reais dominantes numa determinada situação"[57]. A força normativa da Constituição se realiza, em suma, portanto, quando se faz presente na consciência geral dos principais responsáveis pela ordem constitucional (quando da distribuição das tarefas e funções estatais), que se manifesta por meio não só da *Wille zur Macht* (vontade para o oder), porém, por uma *Wille zur Verfassung*[58](vontade para a Constituição).

Princípios da interpretação constitucional não são princípios normativos no sentido de que impõem obrigatoriedade ao fenômeno da interpretação. Na interpretação são considerados, como princípios, no sentido do procedimento tópico, por uma questão de similitude ao servirem à seleção e à valoração de argumentos, porém, não no sentido da realização de uma

---

53 HESSE, *A Força Normativa da Constituilção*, p. 20.

54 HESSE, *Elementos*, p. 49.

55 HESSE, *A Força Normativa da Constituilção*, p. 21.

56 HESSE, Elementos, p. 68.

57 HESSE, *A Força Normativa da Constituilção*, p. 22 e 23.

58 HESSE, *A Força Normativa da Constituilção*, p. 19.

HERMENÊUTICA CONSTITUCIONAL CONCRETIZADORA

flexibilização do sistema aparentemente *firme* logicamente, da Ciência Jurídica, porque não se trata, no Direito Constitucional (âmbito do Direito Público), de se interpretar os conceitos normativos – que têm necessidade de serem axiologicamente completos – de forma a colmatar lacunas por ausência de regulamentação legal suficiente e, por fim, de fornecer os pontos de vista por uma heterointegração que se faz pela equidade, como no âmbito do Direito Privado, uma vez que o emprego da tópica não pode, no Direito Constitucional, prover, igualmente, de *lege ferenda*, as funções de política constitucional[59], como é feito no Direito Privado, porque é o próprio Direito Constitucional, por meio do seu objeto, que legitima e limita a ordem jurídica da coletividade. O emprego do procedimento tópico, no sentido de uma colaboração à coordenação, entre, por uma parte, o sistema axiomático-dedutivo e, por outra, o sistema *aberto* e/ou como um sistema *imóvel*, como um *dualismo* ou como *síntese* de duas *estruturas* ou como *interpretação* dos métodos de trabalho não é decisivo para a tarefa hermenêutica de concretização, nem o detalhe da estrutura da norma e da normatividade do processo de decisão no Direito Constitucional[60].

A *constitutio scripta*, o *Normtext,* constitui o limite à interpretação constitucional, no sentido de uma obrigatoriedade rigorosa, já que o emprego do primado tópico do problema deve apresentar por contraponto ao *primado dos problemas* o *primado dos textos*. No âmbito da concretização das normas isso significa que a interpretação está vinculada a algo estabelecido, embora os resultados obtidos na tarefa hermenêutica de concretização das normas constitucionais não alcancem uma *exatidão absoluta* no sentido daqueles das *Naturwissenschaften* – pois, neste caso, só dentro do possível seus resultados são sólidos, racionalmente fundamentáveis e controláveis[61]. Porém, dentro dos limites do possível que podem se tornar razoáveis e convincentes, e, sendo, por isso, até certo grau, previsíveis, pelos quais, alguma coisa ganha, precisamente, não só uma parte de honradez jurídica, mas também certeza jurídica (limitada) ao invés de uma pretensão de exatidão absoluta que não se deixa demonstrar[62]. Essa vinculação à *constitutio scripta,* na verdade, é pressuposto da função racionalizadora, estabilizadora e limitadora do poder da Constituição, porque por uma parte, inclui a possibilidade de uma mutação constitucional por interpretação e, por outra parte, exclui um rompimento constitucional

---

59 MULLER, Fr. *Juristische Methodik*. Berlin: Duncker und Humblot, 1993, S. 93

60 MULLER, Fr. *Juristische Methodik*, S. 93

61 HESSE, *Elementos*, p. 68.

62 HESSE, *Elementos*, p. 69.

(ou modificação) por interpretação ao proibir o intérprete de passar por cima da Constituição e, por consequência, da própria ordem fundamental jurídica da coletividade, uma vez que "*o Direito Constitucional, como direito fundamentador da ordem total e delineado para a ordenação em conjunto, não deve ser entendido pontualmente, do problema individual, como no direito privado* (...)"[63].

Sendo, portanto, o primado dos textos obrigatoriedade na interpretação constitucional, isso significa que o limite da jurisdição é o das disposições constitucionais. Diante disso, o problema da interpretação constitucional resta por estar, justamente, na ambiguidade e na indeterminação dos textos das normas constitucionais, dos quais devem ser extraídos os conteúdos, que é tarefa própria do que se chama de hermenêutica. Porém, como é possível esta tarefa ser vinculada aos *Normtexte*, deve-se em realidade, produzir por primeiro o seu conteúdo? Ocorre, que é a própria indeterminação da norma que proporciona a determinação do conteúdo normativo (ponto de partida à *concretização*) e, por isso, não é elemento obrigatório da interpretação[64]. Dessa forma, o postulado da concretização das normas atua, onde, realmente, é necessário interpretar em um sentido restrito, que sem conduzir além, de modo algum encerra ou afasta o círculo (*M. Heidegger*) de forma irresolúvel. Fundado nisso, os preceitos decorrentes do princípio do Estado de Direito, ganham tanto mais relevância, no âmbito do Direito Privado, quanto mais é feito o emprego e a concretização das normas constitucionais, pois é pela generalidade e indeterminação das normas constitucionais que cada *situação* pode se caracterizar *ela mesma*.

No âmbito do Direito Privado, para que o emprego da *orientação do pensar o problema pela tópica* seja consequente, não é possível que o *Normtext* seja considerado como um *topos* hermenêutico, porque seja por uma *tópica de primeiro grau* (os vários pontos de vista ou de opiniões que parecem ser geralmente aceitas ou, ainda, *sensus communis*), seja por uma *tópica de segundo grau* (*repertórios de pontos de vista*), o pensar tópico tem por base o discurso retórico, que serve para fundamentar a decisão do modo mais persuasivo possível, para defender ou atacar um problema – sobre o que se tratou no capítulo nono, intitulado *Orientação Tópico-Hermenêutica*. Destarte, é o próprio pensar o problema, que exige ser reconhecido o *topoi* em uma esfera estranha (diferente) da normativa. Contrariamente, no âmbito do Direito Público, a vinculação às normas constitucionais torna inadmissível relação diante de cada *topoi* sobre o

---

63 HESSE, *Elementos*, p. 70.

64 BÖCKENFÖRDE, *Die Methoden der Verfassungsinterpretation*, S. 2.095-2.096

HERMENÊUTICA CONSTITUCIONAL CONCRETIZADORA

problema. É, dessa forma, porém, que no positivismo jurídico cada modo de trabalho jurídico se apresenta, igualmente à lei, como *condição para o problema* e *para o caso concreto* e para a interpretação da norma jurídica, assim como, é por esse modo de trabalho, que pela *orientação do pensar o problema pela tópica* se coloca manifesta uma reação contra a estreiteza de quem tem um *horizonte* positivista. Embora isso, o emprego da orientação tópico-problemática, no âmbito do Direito Privado, não pode ser reduzido a um caráter exclusivamente retórico, nem a uma valoração da argumentação de política jurídica, no sentido de uma verificação dos argumentos, tornando-se a problematização *aberta* nesta orientação em uma dedução sistemática, pois, esta, em realidade, tem, um caráter de complementaridade entre a norma e o problema, enriquecendo uma axiomática *fechada*, auxiliando na configuração do sistema dedutivo integrando novos pontos de vista relativos a um novo problema.

De lege ferenda, portanto, o procedimento da orientação do pensar o problema pela tópica está circunscrito à confecção dos pontos de vista e dos repertórios de pontos de vista, que não são suficientes à concretização por não pouparem o voluntarismo da política jurídica[65]. *De lege lata*, contrariamente ao que deve ser entendido por tópica, nela são identificadas a relação de problemas primários e a relação de norma e texto, ao identificar as estruturas, as funções e os limites do processo de decisão da legislação (constitucional), por uma parte, e a concretização da Constituição pela legislação ordinária, governo, administração e jurisprudência, por outra parte. Com base, nisso, os limites da tópica em Direito Constitucional não são só de ordem metodológica e, portanto, não normativas; são, porém, pelo contrário, de natureza constitucional e, portanto, de caráter obrigatório, porque a originalidade do Direito Constitucional concerne à estrutura das normas e à estrutura dos problemas. Neste, os *problemas* são, igualmente, de uma natureza particular[66] e, na verdade, os problemas mesmos podem ser modificados pela equivocidade da compreensão em relação ao aspecto metodológico, por uma parte, e a natureza do Direito Constitucional, direito político, fundamento da ordem jurídica positiva dentro do seu conjunto, por outra parte, e enfim, pela falta relativa em Direito Constitucional de uma tradição jurídica e científica relacionada à solução do problema e os *topoi*.

---

65 MULLER, Fr. *Juristische Methodik*, S. 95

66 MULLER, Fr. *Normstruktur und Normativität*. Zum Verhältnis von Recht und Wirklichkeit in der juristischen Hermeneutik, entwickelt an Fragen der Verfassungsinterpretation. S. 58. Sobre a problemática da tópica no Direito Constitucional, ver, especialmente, o capítulo V desta obra citada, sob o título *"Applikation und Vorverständnis – Topik und topische Hermeneutik"*, S. 47-67

2. O PRINCÍPIO *VERFASSUNGSKONFORME AUSLEGUNG* E O PRINCÍPIO DA INTERPRETAÇÃO CONSTITUCIONAL PELOS TRIBUNAIS

Além desses princípios, a interpretação deve ser *verfassungskonforme Auslegung*[67] (interpretação conforme a Constituição), princípio de importância fundamental para a realização da tarefa jurídico-funcional, porque está assentado, antes de tudo, no princípio da *unidade da ordem jurídica*, e, por isso, por uma interpretação conforme a Constituição, normas constitucionais são, não só *normas de exame*, no sentido de examinarem a constitucionalidade de leis, mas também *normas materiais,* por servirem a determinação do conteúdo de leis ordinárias. Por causa dessa *unidade*, leis (promulgadas sob a vigência da Constituição) devem ser interpretadas em consonância com a Constituição, e o direito que continua a viger de época anterior, deve ser ajustado à nova situação constitucional[68] e, desta forma, pode-se falar em desenvolvimento do direito. Porém, isso não significa que interpretação conforme a Constituição seja contra *texto* e *sentido* ou contra *o objetivo legislativo*, possível[69].

Na verdade, uma interpretação conforme a Constituição encontra nisto seus limites, no texto e no sentido legal claros sem poder prescrever um sentido contrário à lei, pois, por uma parte, a interpretação conforme a Constituição não consiste tanto em escolher entre vários sentidos possíveis e normas de qualquer preceito o que seja mais conforme a Constituição, porém, em discernir neste limite, um sentido que, embora não aparente ou não decorrente de outros elementos de interpretação, é o sentido necessário e o que se torna possível em virtude da força conformadora da Constituição. A norma não pode ser interpretada de forma a ser determinado, por interpretação, um novo conteúdo normativo ou de forma a não encontrar o ponto essencial no objetivo legislativo[70]. O texto constitucional, de origem histórica, permite, em realidade, a realização de uma coesão completa das regulamentações correspondentes e do sentido e objetivo, não obstante diversos pontos de vista, direcionar, pelo princípio da *interpretação conforme a Constituição*, decisão por decisão a um resultado constitucional, do qual decorre, pois, o princípio de interpretação constitucional pelos tribunais.

À interpretação conforme a Constituição cabe essa tarefa, que de modo algum pode ser realizada por meio de uns determinados métodos de

---

67 Ver sobre isso, HESSE, K. *Elementos*. p. 72 e ss.

68 HESSE, *Elementos*, p. 72

69 HESSE, *Elementos*, p. 72

70 BVerfGE, 1Bvl 11/96, II (1). Nesse sentido, BVerfGE 18, 97 (11); 277 (299f.); 71, 81.

HERMENÊUTICA CONSTITUCIONAL CONCRETIZADORA

interpretação (*só*) ou só por uma interpretação gramatical pura, porque isso depende, antes de tudo, da consciência geral dos principais responsáveis pela ordem constitucional, não de uma redução teleológica das prescrições, contrária ao texto. Embora isso, não é quase nada tradicional se recorrer às normas constitucionais para determinar o conteúdo de uma disposição legislativa. Diante disso, dificilmente, poder-se-á considerar o princípio da interpretação conforme a Constituição como um princípio a acrescentar dentre os modos tradicionais da interpretação, i.e., como um elemento homogêneo, especialmente, porque esse princípio ultrapassa o sentido usual de uma interpretação sistemática, pelo qual não podem ser tomados em consideração somente as normas constitucionais, que correspondem sob o ponto de vista sistemático formal ou material, porém, onde a questão da constitucionalidade de disposição legislativa é introduzida, deve ser concretizada em plena conformidade com a Constituição[71]. Além disso, esse princípio não estabelece, do ponto de vista metodológico, nenhuma hierarquia em relação aos critérios tradicionais, o que de modo algum significa um monismo metodológico, pois, em realidade, a interpretação conforme a Constituição não constitui um critério variável de concretização, porém, um princípio com prioridade, que permite a decisão entre diversos resultados alternativos elaborados com o auxílio dos meios habituais de concretização, sem a alteração do texto da norma constitucional[72].

3. A LIMITAÇÃO DO PRINCÍPIO *VERFASSUNGSKONFORME AUSLEGUNG*

N esse sentido, os limites da interpretação conforme a Constituição são de natureza funcional, os quais concernem aos aspectos sustentados por uma jurisdição constitucional – quando houver – em relação as outras jurisdições e pela legislação, por meio deste procedimento que, na verdade, acentua prioridade ao legislador na concretização da Constituição e exige por parte do juiz uma retidão, porque este não pode ignorar os limites do texto da norma constitucional, o que ocorre quando a variante da interpretação no meio da interpretação conforme realizada pelo juiz resulta em uma correção do texto de norma elaborado pelo legislador. Dentro desse caso, isso é, em verdade, um quase texto de norma que toma o lugar do texto oficial. Porém, o direito positivo não autoriza os tribunais – jurisdição constitucional se for o caso – a anular o texto de norma oficial, por meio de interpretação.

---

71 MULLER, Fr. *Normstruktur und Normativität.*, S. 88-89

72 MULLER, Fr. *Normstruktur und Normativität.*, S. 89

De acordo com isso, neste processo não se trata, por uma parte, de uma natureza metódica, porém, como em uma metodologia jurídica, do direito em vigor (da repartição das funções e da atribuição das competências). Por outra parte, a regularidade deste processo não tem a necessidade de ser realizado somente por um Tribunal Constitucional como, por exemplo, o Tribunal Constitucional Federal da Alemanha, porque, em realidade, determina o conteúdo das leis ordinárias, não tendo, por isso, necessidade de ser realizado no marco do processo de controle de normas constitucionais, que se realiza por um Tribunal Constitucional[73]. Baseado nisso, pode ser proposto refutar que o princípio da interpretação conforme a Constituição seja considerado como princípio de conservação dos textos de normas com fulcro no princípio geral vertical da hierarquia das normas, em principal, porque este último é empregado como um princípio cognitivo puro de concretização do conteúdo das disposições legislativas conforme ao direito superior, enquanto este princípio serve na medida em que proporciona a penetração hierárquica vertical das normas, o princípio da interpretação conforme a Constituição[74] complementa de forma autônoma as disposições normativas. Em vista disso, porém, a tarefa que cabe à interpretação conforme a Constituição não depende (*só*), portanto, de se reclamar por princípios básicos de interpretação constitucional, porém, pela possibilidade para uma compreensão sobre a posição do trabalho dos juristas (tanto teórico quanto prático, porque aqui se segue uma orientação gadameriana quando do emprego deste termo), que *se* no desempenho de uma prática geral reta – ou preponderantemente – deve vincular o princípio do Estado Democrático de Direito, porque não se trata de uma questão de desenvolvimento de uma metodologia científica, porém de uma questão do *ethos* geral[75], uma vez que sem este, deve ser indagado o que vem a ser um resultado satisfatório, *praticável* ou *razoável*, até que se descubra as implicações da tarefa hermenêutico-jurisdicional e, por consequência, a tarefa principal da ordem jurídica[76].

---

73 MULLER, Fr. *Juristische Methodik*, S. 89

74 Ver, sobre isso, especificamente, Fr. Muller, *Juristische Methodik*. S. 175 und ff.

75 Para isso, ver, especificamente, §§ 1º e 2º, Capítulo II, Parte II, desta obra.

76 MULLER, Friedrich. *Juristische Methodik*. S. 17

Capítulo II
Ciência do Direito e Hermenêutica Jurídica

§ 1º
Metolodogia Jurídica: Prospectivas e Disjuntivas

1. METODOLOGIA JURÍDICA E CIÊNCIA DO DIREITO

A Ciência Jurídica se destrói quando a interpretação da lei é realizada firmemente por princípios e métodos tal qual uma operação silogística e, por isso, uma metodologia jurídica existente não deve ser realizada por meio de teorias pré-fabricadas, pelas quais a Ciência Jurídica é deduzida e feita por enunciados, no sentido em que se encaminha uma lógica formal, especialmente, porque a metodologia jurídica não fornece à Ciência do Direito ou às suas disciplinas particulares nem um catálogo exaustivo de técnicas de trabalho confiáveis e indiscutíveis, nem um sistema de hipóteses de trabalho integralmente aplicáveis. Embora isso, o positivismo jurídico se assenta em uma objetividade dos métodos – uma objetividade análoga àquela das ciências da natureza – pela qual a controlabilidade da *interpretação* e *aplicação* cede a uns princípios jurídicos que restringem a concretização do direito a uma formalística, justo por não (re)conhecerem em que concernem os seus resultados e o fundamento hermenêutico, que está na hermenêutica filosófica. *Metodologia* (*Fr. Muller*) é outra coisa que a elaboração de uma teoria do método, que expõe sobre as posições metodológicas no contexto da Ciência do Direito, pois apesar de a concepção dos métodos e da norma ter sido desdobrada e relacionada como essencial ao objetivo prático de todo trabalho jurídico a fim de limitar o impossível de todas as formas, o jurista que aspira tal honra metodológica, tem dificultada a sua tarefa, na medida em que os fatores irracionais não evitáveis da decisão jurídica não podem ser reprimidos ou permanecerem sendo confiados à decisão silenciosa (subjetiva)[1].

Por uma parte, os *métodos* práticos do direito, assim como os dogmáticos, não são mais que auxiliares do trabalho jurídico, pelos quais é possível um acordo concretamente obrigatório no meio de práticas do direito quanto à justificabilidade, à razoabilidade e à regularidade de suas formas de trabalho. Porém, não deve estar demarcada a metodologia pela hermenêutica no sentido de esta ser reduzida a questões isoladas relativas aos elementos de linguagem, o que de certa forma, no trabalho jurídico pode estar sendo direcionado pela noção tradicional de Estado de Direito, dos quais são decorrentes os preceitos da certeza jurídica e da segurança jurídica[2]. Por oura parte, a decisão deve ser pública, no sentido de se fazer acessível à crítica e ao controle por outros, porque apesar de *"Handwerklich genaue Fallösung kostet mehr Zeit und Kraft als voreilig-bereitwilliges Werten oder Abwägen"*[3], a norma de decisão jurídico-concreta não deve permanecer circunscrita nisso, onde o juiz, em realidade, faz-se um oportunista por uma pretensão de direito não poder ser alcançada nas instâncias jurisdicionais superiores, porque decisões contrárias à autoridade obrigatória da ordem jurídica persistem sendo negadas e, com isso, sobretudo pontos decisivos, por mal a exemplificarem, possibilitando-se, deste modo, posições políticas e tendências sociais. Embora com certas limitações, isso também vale para o direito e para a Constituição orientar, respectivamente, a função legislativa, pois só onde as prescrições do direito vigente são impostas à autoridade de decisão no sentido de fornecer a seus atos uma motivação coerente, que a via é aberta à análise metodológica da prática jurídica.

Nesse sentido, a tarefa legislativa preparatória é de uma riqueza variável, se eficaz nos momentos do processo de decisão que se compõem de atos de concretização da Constituição ou de ser esta levada em consideração (*verfassungskonforme Auslegung*), porque aplicação, nesse caso, inclui entendimentos necessários e, não obstante uma vinculação ao sentido dos textos, este sentido primeiro se concretiza e finaliza na interpretação como concretização, pois como elucida *Böckenförde* ao escrever sobre a racionalização metódica do processo de concretização de *Fr. Muller*, é

---

1 MULLER, Fr. *Juristische Methodik*, S. 16.

2 Para isso, ver HECK, Luís Afonso. *O Tribunal Constitucional Federal e o Desenvolvimento dos Princípios Constitucionais*, especialmente, as páginas 176, 186 e 187, 194.

3 MULLER, Fr. *Juristische Methodik*, S. 17: "A resolução correta de um caso, de modo artesanal, custa muito mais tempo e esforço que valorar ou ponderar interesses precipitados" (Tradução da autora).

CIÊNCIA DO DIREITO E HERMENÊUTICA JURÍDICA

CAPÍTULO II

"Die Qualifizierung der Interpretation als 'Konkretisierung' und umgekehrt der Konkretisierung als Interpretation legitimiert eine zunehmende Verbestimmung der Verfassung, die deren Charakter als Rahmenordnung sowie den politischen Gestaltungsspielraum des Gesetzgebers zunehmend aufhebt"[4]. Isso, na medida em que os atos governamentais são, regra geral, motivo para as considerações políticas e, quando do ponto de vista do Direito Constitucional essa noção não pode ser introduzida com certa continuidade que resiste se realizada com base em questionamentos metodológicos. Em vista disso, ao lado da Ciência do Direito, só a jurisprudência pode manter uma coerência e continuidade por meio dos seus processos de decisão, justo por ser somente nesta que os materiais existentes são de um volume e de uma consistência suficiente que podem servir (e têm servido) com *fidelidade* aos conceitos e tendências metodológicas. De fato, a atividade desenvolvida em toda esfera da função estatal indica autoridade, já onde os elementos da realidade como elementos integrantes da norma não reconhecidos pelos positivistas são comparados a uma divisão categorial do *dever* e *ser* – concepção da cientificidade transposta por *H. Kelsen* ao mundo do direito, onde a norma é um comando, julgamento hipotético[5], formalidade de um silogismo lógico tal qual uma vontade concreta vazia, pois, é com base nisso, que *direito* e *realidade*, norma e âmbito normativo da realidade são tidos *em si* apartados um do outro e podem ser representados pelas fórmulas do ser e do dever-ser, onde no esquema da subsunção não se (re)encontram sob a condição de uma maior normatividade, assim como, é por causa disso, que, em realidade, o *ser* é invalidado nos processos reais, pois o que persiste, em um sentido produtivo (não reprodutivo), tem por base um *poder ser* que não se deduz de nenhum *dever-ser*.

Diante desta separação entre *ser* e *dever-ser*, porém, é o positivista ele mesmo incapaz de demonstrar o que e de qual maneira uma tal separação é praticável no mundo social. Não obstante isso, o direcionamento da sociedade e da coletividade, que as funções do Legislativo ao estabelecer textos de normas desempenha, está fundado em um *ser*, condição em que ela se encontra, e por esta condição, deve ser realizada a ponderação desde

---

4 BÖCKENFÖRDE, *Die Methoden der Verfassungsinterpretation*, S. 2.097: "A qualificação da interpretação como 'concretização' e, ao inverso da concretização como interpretação, legitima uma determinação progressiva da Constituição, o que conserva o crescente caráter desta como ordem básica assim como conserva crescente a margem de configuração política pelo legislador" (Tradução da autora).

5 Para isto, ver KELSEN, Hans. *Reine Rechtslehre. Mit einem Anhag: Das Problem der Grechtigkeit.* Zweite vollstanding neu bearbeitete und erweiterte Auflage, Wien, 1960; *Recht und Logik*, Neues Forum, 12, S. und ff. 421-425, Wien, Salzburg, Munchem, 1965; *Allgemeine Theorie der Normen;* WINBERGER, Ota. *Normentheorie als Grundlage der Jurisprudenz und Ethik. Eine Auseinandersetzung mit Hans Kelsen's Theorie der Normen.* Berlin: Duncker und Humblot, 1981.

um *dever* (não ao inverso). Portanto, este enunciado *dever* e *ser* não pode existir separadamente. Consequentemente, por essa separação, por uma parte, são introduzidas, nos conceitos jurídicos, as fontes incontroláveis de irracionalidade na prática jurídica, porque, de modo contrário, a um pensamento positivista, é justo pelos componentes verbais da norma, que essas são introduzidas, por não ser possível se deduzir *situações* das formações linguísticas, e, por causa disso, não podem os casos jurídicos ser resolvidos como uma liberação das informações de um *dever-ser* tal qual um misterioso *essencialismo* imanente às normas (âmbito legislativo). Por outra parte, isso também vale para as decisões judiciais, na medida em que por meio destas são (re)introduzidas as fontes incontroláveis de erro e (re)colocam em questão não só a precisão requerida por um formalismo positivista, que se diz destituído de pressupostos, para realizar a manipulação do direito, porém, simultaneamente, a racionalidade e a discutibilidade da Ciência Jurídica e da prática jurídica do seu tempo, que surge, justo, pela confusão que aparece no positivismo jurídico entre *texto de norma* e *norma*. Porém, norma jurídica é mais que um texto de norma e, por consequência, metodologia vai além da explicação do *texto de norma* (interpretação de texto escrito), que deixa faltar interpretação ao programa da norma. Por causa desta concepção errônea da norma jurídica, como julgamento hipotético (*H. Kelsen*), que tem sido identificada com o seu texto e sustentada a relevância do silogismo jurídico e a relação prática entre direito e realidade, porque são separados *em si* segundo esta concepção, ao mesmo tempo em que a representação utilizada da norma jurídica faz com que a Ciência Jurídica seja tomada como uma ciência normativa.

Trata-se a lógica do *dever-ser*, por isso, de uma tese filosófica – que se pode seguir ou não – que pode ser comparada a uma arte prática de compreender a prática realidade. Em função disso o questionável é, que a norma e, em especial a norma constitucional, é mais que um enunciado linguístico, inscrito sobre o papel, que não pode ter *aplicação* nem pode ser restringida dentro da só explicação de um texto de norma e, por isso, em uma ou em outra direção e circunstâncias, tem de ter, antes de tudo, o seu sentido determinado na norma-decisão, tal como percebe *Fr. Muller*, sobre a final ser a arte de julgar a fundamental mesmo, pois é por meio desta que a singularidade da interpretação jurídica *torna*, dessa forma, a integrar uma exemplar hermenêutica filosófica geral, por não indicar

CIÊNCIA DO DIREITO E HERMENÊUTICA JURÍDICA

CAPÍTULO II

um procedimento técnico para a compreensão, porém as *condições de possibilidade* (*M. Heidegger*[6]).

Um trabalho metódico pormenorizado, portanto, deve ser superado na jurisprudência permanente mesma, uma vez que o procedimento lógico-formal do silogismo não é mais suficiente para a concretização e o desenvolvimento do direito, todavia, sem se desconsiderar as peculiaridades das disciplinas jurídicas. O debate normativo e a singularidade objetiva do Direito Constitucional permitem uma fundamental estrutura aberta de concretização, particularmente distinta. Contudo, isso não significa, de forma alguma, uma redução da normatividade do direito positivo *se* analisado como objetivo metodológico concreto, sendo, não obstante, necessária para isso uma reciprocidade entre a normatividade e, em especial, a estrutura da norma na hermenêutica do Direito Constitucional, porque a metodologia como procedimento da hermenêutica jurídica, em particular, deve considerar, que interpretação em direito não pode ser só arte conceptual ocasional de casos difíceis, limitando-se, assim, à tarefa de eliminação da falta de clareza conceptual.

Consoante isso, o jurista que desenvolve uma metodologia pós-positivista e propõe a elaboração das implicações históricas e sociológicas dos textos de normas e casos, conforme o Estado de Direito (só), tem de fazer regras metodologicamente controláveis e incluir a linguagem como elemento primário de concretização, porque em Direito Constitucional as cláusulas gerais ou outros *standards* deste, ou o desequilíbrio entre a capacidade de resultado do procedimento formal silogístico e as exigências efetivas de concretização constitucional não constituem limites à concretização constitucional, porém, a necessidade da formulação linguística dos enunciados é justo a condição de possibilidade para isso, a imprecisão das formulações dos enunciados normativos, uma vez que a exatidão ou a inexatidão da norma deve ser buscada, deve ser produzida de *forma total* nos limites da *situação hermenêutica*, dados pela própria tradição, a cada vez (o que vale não só para a *aplicação* quotidiana da Constituição, porém também, para a legislação, o governo e a administração). Por isso, acontece, por uma parte, de o jurista atual questionar de forma constante a consequência provável e comparar decisões, porém, sem estender isso sobre o direito vigente e, por outra parte, de apresentar-se no debate científico, especialmente, na discussão político-jurídica e no processo político geral da formação de opinião e da vontade do povo, consequência insatisfatória impraticável e insensata, porque o legislador, em realidade,

---

6 Para isso, ver a parte primeira desta obra, em particular, o capítulo IV.

243

não julga, apenas informa as aporias para decisão, contornando as exigências do direito e, por consequência, embora a vinculação aos textos normativos na esfera jurídico-hermenêutica, este sentido deve, antes de tudo, ser concretizado, porque concretização não se realiza de início, porém, de início se imprime no modelo da norma o que deve constituir o fundamento jurídico.

Deve-se, portanto, retirar a tarefa hermenêutica de uma concepção tradicional de metodologia como arte de justificação e introduzir em uma concepção pós-positivista uma reflexão sobre a produção jurídica baseada na hermenêutica da faticidade e gadameriana, comprometendo o Estado de Direito Democrático. Destarte, *"eine Arbeitshaltung von Juristen, die den Anspruch des Rechtsstaats in die alltägliche Tätigkeit hineinnimmt, ist daher nicht nur eine Frage des Entwicklungsstands der wissenschaftlichen Metodik, sondern auch eine des privaten und des politischen Ethos"*[7]. Isso significa que: *"Ohne ein solches Ethos wird an dem korrekt zu ermittelnden positivrechtlichen Ergebnis 'gedreht'", bis ein sogenanntes (und zwar den gerade Entscheindenden) befriedigendes, ein 'praktikables• oder 'vernunftiges' Ergebnis rhetorisch gerechtfertigt werden kann"*[8]. Nisso, propriamente, consiste a tarefa principal de uma ordem jurídica e com isso, desenvolve-se a ordem jurídica. Também por essa razão uma metodologia de trabalho que queira construir uma prática geral reta, ou preponderante, tem de estar vinculada a forma do Estado de Direito Democrático.

Em realidade, metodologia jurídica e política não necessitam estar relacionadas à lei, pois já estão na relação. A atividade jurídica é uma atividade política orientada pelas normas jurídicas, o que pode ser analisado por meio do estabelecimento de textos de normas, na concretização do direito pela administração, na atuação da jurisdição, na atuação do governo ou na Ciência Jurídica, enquanto controle jurídico, político-jurídico e na revisão de textos de normas, que tomam em consideração o direito como fator de obediência, conciliação ou compromisso. Isso também pode ser vislumbrado sob um ponto de vista funcional na violação ao direito, quando a solução para isso é encontrada no próprio sistema do Estado de Direito pelos meios de controle que oferece. O direito, portanto, é uma forma de

---

7 MULLER, Fr. *Juristische Methodik*, S. 17: "Uma postura de trabalho dos juristas, que assimila na atividade quotidiana esta pretensão do Estado de Direito é, portanto não só uma questão de nível de desenvolvimento da metódica científica, porém também, uma questão de nível de desenvolvimento do *ethos* privado e do político" (Tradução da autora).

8 MULLER, Fr. *Normstruktur und Normativität*, S. 17: "Sem um tal *ethos* o resultado jurídico positivo pode ser 'consertado' corretamente o resultado a ser averiguado, até um resultado pretendidamente satisfatório (e na verdade as decisões precisamente) pode ser justificado retoricamente como um resultado 'praticável' ou 'razoável'"(Tradução da autora).

Ciência do Direito e Hermenêutica Jurídica

política que se forma conforme as características do seu Estado de Direito, que embora possa permanecer como uma consideração política negada pelos positivistas em relação à realização das suas atividades, é uma constatação fundamental a de que fazem do exercício de suas atividades uma tomada de posição política decisiva

Com base nisso, uma metodologia jurídica, por um lado, não pode se dar por satisfeita com uma justificação que acontece por meio de princípios de maneira autêntica geral, pois têm de ser trabalhadas as condições e formas do trabalho jurídico em particular, enquanto, por outro lado, pode somente completar a análise estrutural do processo de concretização por um modelo estrutural de concretização no sentido de esclarecer a estrutura de concretização da norma no caso, estrutura comum, por ser a metodologia, em realidade, uma lógica concreta.

Estrutura comum, porém, só é possível, nos limites deste trabalho, de ser considerada, de acordo com o ponto de partida que possui, de uma elaboração hermenêutica direcionada ao âmbito do Direito Público, em particular, o Direito Constitucional, pois bem pouco claro resulta existir uma teoria da norma comum sobre disciplinas jurídicas distintas, o que significa, por uma parte, construir um trabalho sobre uma base teórica e, por outra parte, pretender sacrificar a peculiaridade de uma matéria em razão de uma competência técnica universal. Apesar disso, as questões e os aspectos fundamentais sobre a tarefa hermenêutica permanecerão (desde o início) sendo tratados sem direcionamento específico, porque uma metodologia estruturante é realizada para abarcar todos as normas e tipos, por dizer respeito a todos os textos de normas. Dessa forma, é fornecido, dentro do marco desta obra suporte hermenêutico elementar e necessário de alcance o mais geral possível para compreender as possíveis modalidades de trabalho jurídico. Também pelas razões já aludidas[9] no capítulo anterior, a elaboração dos elementos de concretização tem como ponto de partida o Direito Constitucional, e em especial, porque neste estão as condições para a efetividade real de importantes institutos jurídico-privados, que, por consequência, disciplinas deste âmbito jurídico terminam por ter por seu intermédio orientação e impulsão ao seu desenvolvimento pela tarefa hermenêutica realizada no Direito Constitucional.

---

9 Para isso, ver Parte III, Capítulo I, onde se tratou sobre a hermenêutica constitucional concretizadora, nesta obra.

2. METODOLOGIA E CONCRETIZAÇÃO HERMENÊUTICA

Metodologia conforme uma acepção tradicional, consiste em uma técnica – *E. Betti* – de decisão e de imputação aplicada no exercício do trabalho jurídico quotidiano, que deve considerar a exigência (justificação) de *submissão* às normas jurídicas gerais. Diz respeito, em realidade, à formação de normas de decisão mediante o caso jurídico particular, assim como à correlação deste com os textos de normas em vigor, i.e., com o direito positivo ou costumeiro, que tem por base, portanto, tanto prescrições não escritas para colmatagem de lacunas originadas pelas prescrições escritas quanto e, em geral, as prescrições segundo uma classificação hierárquica, inferiores ou a abertura das prescrições conforme uma classificação hierárquica, superiores. Por consequência disso, o termo *hermenêutica* tem sido empregado, usualmente, por um lado, para designar essa técnica, por outro lado, para significar a doutrina dos métodos, a teoria científica da interpretação, pela qual se realiza o ensino da técnica, i.e., das regras de interpretação dos textos de normas, porque, segundo uma acepção tradicional, interpretação e hermenêutica são conceitos distintos. Em síntese, a questão principal, segundo esta acepção está relacionada com o controle metódico da divergência entre os textos de norma e as normas-decisão, ou em outras palavras, com a possibilidade de legitimar a rejeição da responsabilidade política em função de decisões cada vez mais abstratas na elaboração dos textos de normas em função das decisões práticas. Com base nisso, a hermenêutica tem este sentido, de que o transposto das normas deve ser, por si, uma parte integrante do processo de compreensão do enunciado linguístico e, por isso, somente com uma *Vorverständnis* (pré-compreensão) a respeito do que vem a ser hermenêutica se compreende como o positivismo jurídico assenta sua crença na *subsunção*.

Hermenêutica tradicional, portanto, consiste no esclarecimento da relação entre as circunstâncias da espécie e as condições jurídicas, ou em uma reprodução (*E. Betti*) do silogismo jurídico, onde a solução é subsumida sob o pretexto de que a norma tem pensado as circunstâncias da vida e por isto, quando o silogismo se realiza a norma pode ser *aplicada* e o conteúdo remanesce na letra do texto. *Vorverständnis* (pré-compreensão), entretanto, apesar de necessária para a realização de uma metodologia estruturante, não é, não obstante, decisiva, mas elemento auxiliar de outros, porque ter uma *Vorverständnis* (pré-compreensão) não significa desvelar a norma mesma (só) por meio da interpretação dos textos de norma e, por isso, pode parecer que o investigado pela hermenêutica não representa para

Ciência do Direito e Hermenêutica Jurídica

uma abordagem estruturante mais do que um fato de concretização dentre outros. Justo isto, porém, que caracteriza a hermenêutica tradicional, o fato de limitar-se, igualmente, à significação linguística e à compreensão dos textos (– de normas, de doutrina, de jurisprudência). A compreensão, a interpretação e a exploração desses textos permitem, entretanto, tão só a dedução da norma-decisão, i.e., a sua justificação. Todavia, na metodologia estruturante, de *Fr. Muller* alguns termos têm significado distinto do tradicional.

Hermeneutik e *hermeneutisch* (tanto substantivo quanto adjetivo) como termos técnicos da teoria da norma jurídica têm os significados deste uso habitual revogados, porque ambos são empregados de forma a designar tanto a concepção estruturante dos pressupostos da metodologia jurídica, da resolução do caso, da dogmática e da teoria assim como, igualmente, a relação com a função de julgar pela realidade normativa sobre o modo de ação e a função decisória da norma jurídica, sobre a normatividade.

A partir disso já, a *Konkretisierung* (concretização)de textos de normas, de modo algum, remete ao sentido de processo de descoberta e de justificação do direito, i.e., ao processo de decisão e exposição jurídicas de conteúdo científico geral, porém a forma especificamente científica e profissional, porque implica em consequências efetivas dentro da realidade social, já que são as instituições jurídicas elas mesmas textualmente estáveis, instauradas e regulamentadas por uma base de textos de normas, os quais devem ser interpretados de tal forma que possam assumir a função que lhes é institucionalmente destinada. *Concretização* não deve ser entendida conforme um positivismo como *silogismo* ou *subsunção* (*Subsumtion*) ou, ainda, aplicação. Tampouco deve ser entendida como *assimilação* (*Nachvollzug*) de resultados de interesses ou de valorações (pré)executáveis e *representados* dentro de um texto legislativo. Definir *concretização* não significa tampouco que uma norma preexistente sobre o caso jurídico particular, ao ser individualizada diante do caso concreto estará se tornando concreta, por reconstruir a sua dimensão normativa. Em realidade, a norma jurídica deve, pelo contrário, ser produzida de forma total.

Nesse sentido, o trabalho com os textos de norma se enforma em uma dimensão novamente mais ampla, porque não se limita a buscar uma verdade metódica, por a interpretação consistir na elaboração do texto suplementar, onde ela mesma é texto, que conforme um encadeamento contínuo, é por si mesmo interpretável e deve ser interpretado. Por meio da concretização, os meios de trabalho devem ser progressivamente "mais concretos" no sentido de que a norma jurídica produzida é, necessariamente, mais concreta do que usualmente se chama *texto de lei*. O que não é o mesmo que tornar compreensível pelo *agir* do intérprete, pelos seus atos de compreensão tornados como um acontecimento elementar se cumprem de modo largamente intuitivo, como um *julgamento pessoal*. Na verdade, o problema central da hermenêutica e dos fenômenos como esse, está dentro do marco da compreensão dos textos, que integra a função do sujeito (sempre). Destarte, interpretar sob a forma de um *agir reflexivo* (*E. Betti*), enquanto forma de ação de "tornar compreensível" não depende do ato de compreensão, que ultrapassa, assim, as funções permitidas no âmbito da teoria constitucional. *Interpretação*, pois, no sentido de um *agir reflexivo* está relacionada com as possibilidades de tratamento jurídico-filológico dos textos de normas. Porém, por ser a interpretação de uma norma jurídica mais que uma elucidação de textos, que *Fr. Muller* emprega o termo *metodologia* como conjunto de modalidades do trabalho de concretização e de realização do direito e, igualmente, quando essas modalidades tais como a teoria do estado, a teoria do direito e a teoria da Constituição, os conteúdos dogmáticos ou constitucionais de resolução da casos e os elementos de política jurídica ou constitucional ultrapassam os métodos de interpretação do sentido tradicional limitado.

Essa terminologia é utilizada em *Fr. Muller* para designar, por uma parte, o que chama de *Sprachdaten* (dados linguísticos) – aspectos fundados na linguagem como por exemplo, os aspectos gramaticais, sistemáticos, genéticos – e, por outra parte, para designar os *Realdaten* (dados reais), os elementos empíricos, que na condição de fatos primários naturais ou sociais, são, primariamente, não linguísticos, porém, devem ser mediados pela linguagem, pois esta, como já se verificou na exposição sobre *H.-G. Gadamer*, constitui o fio condutor para o trabalho hermenêutico em geral. Baseado nisso, o *texto de norma*, quer dizer, a formulação linguística sob a forma de parágrafos, artigos e incisos, que compõe as codificações é, por uma parte, o ponto de partida da concretização, enquanto, por outra parte, esta tem como ponto de partida a versão profana do caso jurídico, que compete ao jurista profissional transformar em *Sachverhalt* (fato ou estado das coisas) ou *Fallbereich* (âmbito do caso), i.e., dizer ao interpretar o conjunto dos dados linguísticos, a explicação dos textos por meio de todos os métodos reconhecidos, que destaca o *Normprogramm* (programa da norma) e o *âmbito normativo*, pelos quais devem ser solucionados os fatos conormativos (*casos normativos*) e compõem, simultaneamente, a *norma jurídica*, que, por sua vez, deve ser formulada

CIÊNCIA DO DIREITO E HERMENÊUTICA JURÍDICA CAPÍTULO II

de maneira abstrata e geral. Também com base nisso, a tarefa do jurista consiste, hoje, em individualizar a norma jurídica em uma norma-decisão (*Entscheidungsnorm*), que de uma óptica metodológica quer dizer (só dentro deste limite) efetivar uma subsunção, onde a norma jurídica preestabelece um resultado.

A normatividade, em vista disso, não responde por permitir ser introduzido no texto de norma dados da relação do trabalho jurídico como, por exemplo, as circunstâncias do caso e, justo por isso, pode ter caracterizada a sua validade, em especial, porque somente os resultados deste decorrentes são normativos, por exemplo, a norma jurídica na medida em que resulta intermediária em termos gerais a uma norma-decisão que determina o caso individual. Isso implica dizer que essa validade, por uma parte, consiste na obrigação que os destinatários devem ao texto de norma por meio da conformidade da conduta ao estabelecido por este texto, que não é uma orientação profissional das condutas, porém, (pré)jurídica, ainda, quando possa ser tida como jurídica, porque o público em geral apesar do emprego da noção de moral/social e de *normas*, não se dirige em suas ações ou omissões significativamente pelo direito. Por outra parte, portanto, na obrigação que se realiza judicialmente por um juiz habilitado a tomar a decisão de utilizar na sua integralidade os textos de normas apropriadas ao caso em espécie e de realizar sua atividade de acordo com um ponto de vista metódico.

Consequentemente, *direito vigente* (*geltendes Rechts*) é formado (só) pelo conjunto de textos de normas reunidos nos códigos legislativos, o que significa ser o conteúdo normativo imanente à prescrição jurídica, do que, de certa forma, origina-se o conflito interior mesmo da doutrina tradicional da interpretação, pois seja pela vontade subjetiva ou pela vontade objetiva, no Direito Constitucional, isso permanecerá dentro da vontade do constituinte ou da vontade da Constituição. Dito de outro modo, resolver um caso dentro das condições da norma, quer dizer, pelo conteúdo imanente à norma, significa concluir um silogismo jurídico.

Conforme isso, os métodos (tradicionais) devem possibilitar a formulação do conteúdo da norma como princípio superior, a fim de que as circunstâncias concretas possam dele ser, em seguida, subsumidos, como algo secundário, onde a própria interpretação não passa de outra coisa que uma (re)execução da vontade normativa. Por tal razão, o trabalho preparatório da lei, por meio do emprego das regras clássicas de interpretação não deve ser utilizado em princípio, senão como precaução e a título de mera confirmação nos limites do *conteúdo objetivo da lei*, considerando-se que um trabalho de tal espécie só serve para descobrir a vontade objetiva ou subjetiva do legislador. Porém, de modo algum, esses trabalhos devem conduzir a uma aplicação com base na legalidade das representações subjetivas das instâncias legalistas e do conteúdo objetivo da lei.

§ 2º
Racionalidade Material da Constituição e Insuficiência dos Cânones Interpretativos Clássicos

O reenvio a *Fr. von Savigny*, por meio do emprego das suas regras clássicas de interpretação formuladas em 1840, significa que o processo intelectual de interpretação constitucional (não só) tem de passar por cada um dos estágios que descreve, sem que se possa afirmar que o critério da decisão deve ser encontrado, necessariamente, dentro desses estágios, ou em outros termos, que o trabalho jurídico não é nem mais nem menos do que isso. É justo por esse tratamento dispensado a essas regras que decorrem, essencialmente, as insuficiências objetivas dos pontos de vista sobre a concretização, principalmente, por consequência do dogma pandectista da vontade, no século XIX ter recebido, unicamente, o interesse histórico, que não oferece nenhum progresso suficiente que sirva à sua compreensão, porém, pelo contrário, apenas serve a considerar a concretização como a elucidação de uma *vontade* subjetiva (*mens legislatoris*) ou objetiva (*mens legis*), da norma ela mesma, ou em outras palavras, em uma interpretação do texto de norma, no sentido de um silogismo jurídico ou de uma aplicação, que são, perfeitamente, inadaptáveis aos problemas encontrados na prática jurídica.

A insuficiência disso consiste, propriamente, em que uma concretização não pode se efetivar dentro dos limites de um texto, no sentido de não se poder ultrapassar uma concepção bettiana, pela qual a interpretação se (também) como *genética* e *histórica* (e esta última desde *Fr. von Savigny*), porque os problemas da normatividade, da estrutura da norma e da concretização propriamente não reside no texto da norma (seu enunciado), porém, são neste introduzidos por meio do conteúdo da norma, que é determinado de forma antecipada aos acontecimentos, como em um silogismo, conforme um positivismo jurídico.

250

Ciência do Direito e Hermenêutica Jurídica

Capítulo II

A Constituição é uma lei política, que ninguém pode afirmar poder ser interpretada da mesma forma que uma outra lei, porque tem de se considerar o seu próprio *Sein* (no sentido heideggeriano). A utilização nas normas constitucionais de conceitos como, por exemplo, o de *dignidade humana*, introduz segundo uma concepção positivista uma certa insegurança jurídica; afeta, justamente, o procedimento da subsunção, assim como os acontecimentos sociais e econômicos importantes, cuja ordem jurídica deve considerar, constituem traços dos limites a este procedimento lógico-dedutivo. Porém, a *subsunção* não se revela somente impraticável em relação à eficácia da intangibilidade da dignidade humana, ou, ainda, do livre desenvolvimento da personalidade, porque os direitos fundamentais, principalmente, não podem ser interpretados falsamente como uma *ordem de valores*, que é transferida da norma mesma e é pouco exigente por ser uma *ordem de valores* historicamente ultrapassada. Por isso, o conteúdo de uma norma em geral, e em particular, de uma norma constitucional não ser concretizado, i.e., ao não se realizar pela interpretação que vai do texto da norma (enunciado) ao texto da tradição jurídica, ou texto da norma jurídica concreta, os aspectos teleológicos da interpretação continuam a ser incertos e permitindo, portanto, uma arbitrariedade por meio das apreciações subjetivas. O que não significa, de forma alguma, um direcionamento a fim de que o círculo hermenêutico se realize por uma volta prejudicial em fidelidade ao sentido e objetivo do texto, porque nem o conteúdo nem o sentido e objetivo da norma (concreta) podem ser elucidados pelas regras clássicas de interpretação. Isso é revelado na responsabilidade das decisões jurisdicionais que as contradições entre a prática decisória concreta e a fé metodológica expressam no quotidiano jurisdicional, porque a resposta às situações hermenêuticas não está em uma suposta exatidão metódica, e, particularmente no Direito Constitucional é antes, falível o grau de exatidão conceptual dos próprios textos, nem na alternância de métodos que propõe uma metodologia jurídica (sentido tradicional), na forma de uma *falta grave* sobre o fundamento sustentável de decisões concretas.

A concretização do direito e, em principal da Constituição (ou da lei), não pode, portanto, ser inteiramente controlável metodologicamente e nem se realizar com o auxílio do silogismo lógico-formal, no sentido de se efetuar como a exatidão obtida nas ciências operadas a partir de comandos jurídicos previamente elencados acabados e completos. Levar a Constituição a sério enquanto lei, significa levar a sério a sua estrutura de efetivação enquanto concretização, em relação à qual a falha surge

251

quando os juristas (teóricos e práticos) não buscam as condições de possibilidade e os limites da própria tradição para uma concretização e um desenvolvimento da Constituição e, por consequência, do direito.

No Direito Constitucional, na verdade, mostra-se ser insustentável a realização da interpretação por meio das regras clássicas, porque o resultado buscado por essas regras não passa de um resultado metafórico, que se situam, em geral, em um sentido *melhor* que o *outro* (*E. Betti*), já que, em suma, todos os resultados conseguidos dessa forma, sob o ponto de vista da transparência (*M. Heidegger*) apenas mostra um esclarecimento da *ratio legis*, o que não pode ser mais admitido senão dentro de seus limites estreitos. Particularmente, do fato da estreita relação que conserva o Direito Constitucional com as evoluções político-históricas e rupturas políticas fundamentais, as quais delimitam os argumentos da interpretação histórica, isso se revela ser de um emprego pouco fácil no âmbito do Direito Público, porque a fecundidade da *ratio legis* varia de acordo com a especificidade da regra a ser concretizada.

Nesse sentido, os cânones interpretativos compartilham com a ordem jurídica um *destino* ignorado pelo positivismo, que entende por *sistema* um domínio preexistente, fechado e sem lacunas, porque podem ser retificadas abstratamente a partir de uma dedução silogística. Porém, os auxiliares metodológicos tradicionais permanecem incompletos e inacabados, onde diante do caso concreto a resolver nem a norma jurídica aparece como completa e predeterminada. Limitar o entendimento da Constituição a uma só configuração linguística (*interpretação gramatical)*, ou a uma sistemática verbal, significa, pois, cercear o acesso aos conteúdos objetivos das normas constitucionais (não só porque a forma legislativa, expressão direcionada ao âmbito constitucional, também visa, indistintamente, a diversos tipos de estruturas normativas).

Com base nisso, pode-se corroborar a limitação usual sobre a questão dos métodos e dos métodos de trabalho jurídicos da jurisprudência e da Ciência Jurídica, uma vez que concretizar o direito – *Constitucional* – não significa concretizar o objeto do Direito Constitucional – Constituição – por meio (só) da administração e do legislador (como ocorre na jurisprudência e na ciência), porém, que apesar de os participantes da vida jurídica exercerem, igualmente, os modos de obediência, do compromisso, da vontade ou da tentativa de modificação, devem exercer as funções extensivas e efetivas de realização do direito e da Constituição por meio do exercício de uma *racionalidade* não só funcional (procedimental, no sentido da divisão dos procedimentos como por exemplo o procedimento da técnica legislativa,

CIÊNCIA DO DIREITO E HERMENÊUTICA JURÍDICA

procedimento de auditoria, procedimentos de compromissos, como por exemplo, aprovação, direito de veto, controle administrativo ou jurisdicional e, assim por diante), porém também, substancial, no sentido de que quem exerce uma função sob o ponto de vista da política jurídica não pode proceder somente pela técnica jurídica, mas, simultaneamente, deve constituir a legitimidade do Estado Constitucional, onde tal *racionalidade* passa a ser não só uma condição do Estado de Direito, como também, do Estado de Direito Democrático e Social.

Capítulo III

Metodologia Hermenêutica Estruturante

§ 1º
A Teoria Jurídica Estruturante

1. O MODELO DINÂMICO DA TEORIA ESTRUTURANTE

Uma metodologia de trabalho é uma metodologia de funções investidas. Por isso, cabe a questão de se saber em função do que trabalha o direito. Nesse sentido, desde já se esclarece que a legislação e a administração se efetivam enquanto instâncias de concretização do direito, assim como, a jurisprudência e a Ciência do Direito, as quais têm desenvolvido tal trabalho de forma inteiramente direcionada pelos textos de normas, porque são considerados especificamente como ato das autoridades investidas em uma função pública[1]. Contudo, deve-se considerar as condições, as possibilidades e os limites concernentes segundo a atividade, as tarefas e o trabalho em questão[2]. Por exemplo, em uma sociedade guarnecida por uma ordem jurídica, que não faz diferença em torno dos órgãos legislativos, de administração e de justiça, os problemas da interpretação de textos de normas, do respeito as normas e métodos de trabalho serão eles inteira e profundamente distintos dos que ocorrem em uma ordem jurídica constitucional que se organiza e é racionalizada pelos princípios do Estado de Direito e pelo da Democracia[3]. Por isso, não se pode afirmar que o *"só"* respeito a norma no sentido da

---

1 MULLER, *Juristische Methodik*, S. 121.

2 MULLER, *Juristische Methodik*, S. 122.

3 MULLER, *Juristische Methodik*, S.122.

METODOLOGIA HERMENÊUTICA ESTRUTURANTE

CAPÍTULO III

não existência de um conflito constitucional nem no contexto jurídico constitua, de fato, concretização da norma, em particular, porque, desse modo, os interesses que fazem parte da vida jurídica e política e devem integrar as funções efetivas de concretização podem ficar ocultos e/ou só aparentemente serem manifestos, se considerados de um ponto de vista metodológico tradicional, onde o hábito consiste em ignorar[4]. As autoridades investidas de funções públicas, porém também, na Ciência Jurídica e os participantes de vida jurídica e política contribuem para a realização e o desenvolvimento do direito, mas sempre, segundo uma interdependência de múltiplos fatores, modificações e especificidades determinadas, em parte, pela ordem normativa e, em parte, por fatores extranormativos[5]. Exemplificando, se a Constituição adquire força normativa na medida em que se fizerem presentes na consciência geral não só a *Wille zur Macht* (vontade para o poder), porém também, a *Wille zur Verfassung* (vontade para a Constituição)[6], que é a vontade de respeito a Constituição, esta vontade não pode ser limitada à Ciência Jurídica e aos titulares de funções, só por terem estas funções sido constituídas e legitimadas pela Constituição e pela ordem jurídica por meio das regras de competência e de prerrogativas de decisão e sanção[7]. Em vista disso, ainda quando a atualização positiva da Constituição por meio do estabelecimento de atos e de realização do direito seja reservada aos titulares de funções em um sentido estrito (legislação, governo, administração, jurisdição) e a metodologia do direito é considerada como incentivo, limite e critério de certeza, a problemática relacionada à interpretação permanece fundamentalmente a mesma. Portanto, "(...) *Methodik, Dogmatik, Lehre, Systematisierung, Kritik und Kontrolle beeinflussen (Verfassungs) Konkretisierung durch Gesetzgebung, Verwaltung und Regierung sowie in der höchstrichterlichen Judikatur in starkem Maß und lassen deren Arbeitsweisen als zum Teil verwissenschaftlicht erscheinen"*[8]. Baseado nisso, em relação à ciência do direito, o que esta não pode perder é a capacidade de colocar ela mesma, em questão, as modalidades e os conteúdos de seu trabalho e permitir metódica, ou objetivamente, o questionamento da

---

4 MULLER, *Juristische Methodik*, S.121.

5 MULLER, *Juristische Methodik*, S. 121 und 122.

6 HESSE, *Elementos*, p. 16 e 19.

7 MULLER, *Juristische Methodik*, S. 121.

8 MULLER, *Juristische Methodik*, S. 122: "(...) metódica, dogmática, teoria, sistematização, influem na crítica e controle da concretização (constitucional) por a legislação, administração, governo como na judicatura de juízes supremos de modo intenso e parecem permitir estes modos de trabalho como científicos, em parte" (Tradução da autora).

transparência de sua argumentação e de sua exposição[9], em particular, na dimensão respectiva das estruturas das funções diversas, porque a prática jurídica, apesar de não ser obrigada a expor uma reflexão clara sobre a teoria da norma e/ou da metodologia, deve se esforçar para atender a um método que permita uma exposição racional e a verificação da correção dos critérios normativos fornecidos ao fundamento da decisão, a pertinência dos elementos factuais concernentes, que, igualmente, têm o caráter sustentável da decisão[10]. Da mesma forma, isso vale para a jurisprudência e, por causa disso, uma decisão deve se livrar de início do *Normtext* apropriado, a fim de buscar a norma jurídica concreta, que se elabora de modo complexo, na decisão, ela mesma. Isso implica que a metodologia jurídica abrange, igualmente, os elementos de concretização que não são de natureza normativa e que só podem ser introduzidos dentro das funções auxiliares, os quais, só devem ceder a outros elementos em caso de conflito[11]. Afinal, a constituição e a ordem jurídica em geral, não regulam além de parte dos casos específicos, sustentando, na maioria dos casos, sua decisão, portanto, por meio das considerações de direito racional, cuja estrutura da argumentação jurídica restabelece sobre os prejuízos que serviram de base para ser acordada uma presunção de obrigatoriedade da norma. Em razão disso, não bastam os esforços da teoria (da norma) jurídica e da metodologia (tradicional), já que se reduzem a uma mera legitimação secundária da decisão, extraída da lei ou da Constituição, em particular, porque os fatores axiológicos inevitáveis e admissíveis na decisão jurídica devem fazer parte da consciência hermenêutica enquanto estruturas, que do ponto de vista da política jurídica devem ser discutidos dentro da medida do possível. Por tal razão é que o fundamento de legitimidade do sistema constitucional assentado na racionalidade da argumentação, em termos de política jurídica e constitucional, não pode se esgotar na consideração dos interesses e da ocasião do estabelecimento das regras de direito, pelas quais, em realidade, são excluídas a transparência e controlabilidade da formação da decisão e da sua apresentação no sentido das exigências feitas por um Estado de Direito, pois, segundo uma teoria (da norma) jurídica e da metodologia, são questões aparentes. Entretanto, sob um ponto de vista estrutural como, por exemplo, em relação a formação de hipóteses normativas, na qual devem ser considerados os elementos teleológicos e axiológicos, não faz diferença nenhuma entre o procedimento legislativo e a decisão jurisdicional, porque ambas situações

---

9 MULLER, *Juristische Methodik*, S. 123.

10 MULLER, *Juristische Methodik*, S. 124.

11 MULLER, *Juristische Methodik*, S. 124.

METODOLOGIA HERMENÊUTICA ESTRUTURANTE

são determinadas pelo *direito racional*, i.e., procedem por meio de uma análise cuidadosa dos argumentos e das consequências práticas (efeitos, em termos de política jurídica) e valoração dos interesses dentro de uma objetivo de justiça. Consequentemente, a produção e o desenvolvimento do direito consistem na busca da justiça por meio da criação das normas tanto pela legislação quanto pela decisão jurisdicional (norma-decisão). Destarte, nos limites e nas condições da objetividade de uma metodologia ou de uma hermenêutica jurídica, ao legislador (constitucional) não será conferido o monopólio, porém, tão somente uma prerrogativa em relação à produção e ao desenvolvimento do direito. O processo jurídico intelectual real, portanto, é inteiramente determinado pela espécie de dados reais, que delimitam e atualizam o problema jurídico, na medida em que o texto normativo e a sua interpretação não representam mais do que um momento desse processo intelectual. Ademais, o fato de se vincular a produção do direito à sua *positividade* – o que é decorrente da ideia de codificação que pressupõe a possibilidade de se normar todos os comportamentos significativos, assim como a formação de textos de normas gerais e abstratas pressupõe a possibilidade de se antecipar o futuro por meio de regras de direito[12] –, i.e., à sua forma escrita, adotada, promulgada e publicada segundo um procedimento estabelecido por uma outra norma, não se identifica precisamente com a qualidade de norma, pois, isso não é nada mais do que uma decorrência dos imperativos do Estado de Direito e da democracia do Estado Constitucional burguês[13].

Como também, diferentemente, dos textos da filosofia, da literatura e de outros domínios das ciências dos espíritos, os textos das normas jurídicas e das normas-decisão (i.e., os princípios diretivos gerais formulados na ocasião de um caso concreto e o dispositivo da decisão concreta) são obrigatórios e possuem sanção a todos os seus destinatários[14], que a hermenêutica filosófica, justo por entender o ato de compreensão como uma aplicação concreta *(H.-G. Gadamer)*, tem encontrado dentro da particularidade da normatividade jurídica e dentro das condições do ato de compreensão jurídica não somente uma situação exemplar, porém, igualmente, um limite à sua transmissão, porque uma norma jurídica não depende para se tornar obrigatória, da compreensão, da aprovação ou do conhecimento que emana da parte de seus destinatários diretos, ou seja, da mera obediência. Ela é, antes, determinada dentro da sua normatividade

---

12 MULLER, *Juristische Methodik*, S. 127 und 128.

13 MULLER, *Juristische Methodik*, S. 128.

14 MULLER, *Juristische Methodik*, S. 126.

(*Normativität*)[15], pela possibilidade de poder ser fatualmente colocada em atividade, que se relaciona com a norma jurídica, porém, não com o seu texto, com base em que não pode ser tão somente abstraída do texto de norma decorrente de um processo legislativo, porém, tem de ser resultante de uma decisão concreta. Igualmente por essas razões, em *Fr. Muller*, encontra-se que:

> A ciência jurídica não é caracterizada justamente como ciência do espírito (em contraposição às ciências da natureza). Ela é uma ciência normativa aplicada, que geralmente e em primeira linha, tem que ver com os fenômenos reais: com a convivência dos homens nos grupos sociais, com as regulamentações concretas, pacificação e ordenação destes grupos (...) (Tradução da autora)[16].

Em vista disso, torna-se impossível o tratamento dos casos jurídicos exclusiva e definitivamente a partir do só texto de norma apropriada à espécie, pelo que, desde já, pode-se dizer que texto de norma é outra coisa que norma jurídica em oposição a um posicionamento do positivismo jurídico, que concentra a sua doutrina na explicação dos textos, e tem por objetivo a univocidade, que é representada em um *conteúdo* definitivamente dado pela norma jurídica e uma *significação* isolada e isolável da proposição gráfica[17]. Como contra-argumento a respeito desse entendimento das normas jurídicas (i.e., dos textos de normas, neste caso), pode-se apresentar com base em *Fr. Muller*, o modelo do sistema imperativo de comunicação, pelo qual a forma de designação no interior dos textos de norma tem sido apreendida sobre um plano ontológico, ou seja, a partir de uma situação imperativa de comunicação, que simplesmente descreve uma situação que deve orientar os comportamentos futuros. Entretanto, essa descrição tradicionalmente apreendida dessa forma não deve mais ser concebida como uma descrição ontológico-realista, porém, como um complexo de comunicação a fim de orientar a vida da coletividade.

Nesse sentido, esse modelo pode oferecer contributo por uma parte, ao possibilitar a formação de uma estrutura relativamente constante de sistemas de ação, de organização, de associação, de reunião, pois serve de orientação para uma participação futura entre os membros da coletividade

---

15 MULLER, *Juristische Methodik*, S. 126.

16 MULLER, *Juristische Methodik*, S. 126: *"Die Rechtswissenschaft ist als 'Geisteswissenschaft' (im Gegensatz zu den Naturwissenschaften) nicht zutreffend gekennzeichnet. Sie ist eine angewandte Normativwissenschaft, die es durchweg und in erster Linie mit realen Phänomenen zu tun hat: mit dem Zusammenleben von Menschen in sozialen Gruppen, mit der konkreten Steuerung, Befriedung und Ordnung dieser Gruppen (...)".*

17 MULLER, *Juristische Methodik*, S. 126.

Metodologia Hermenêutica Estruturante

Capítulo III

e da sociedade, porém, no que diz respeito ao desenvolvimento da metodologia jurídica, por outra parte, ele não é suficiente, porque os fundamentos de uma teoria (da norma) jurídica ultrapassam o positivismo jurídico, o que, de modo claro, está elaborado em *Normstruktur und Normativität*, a partir de uma observação do desempenho da tarefa jurídica no âmbito prático e científico.

Apesar de por esse modelo ser possível o (re)torno à questão da distinção feita pela teoria estruturante do direito entre norma (*Norm*) e texto de norma (*Normtext*), por se revelar sob o ponto de vista desses imperativos da comunicação problemática a ideia de subsunção, da aplicação lógica do texto de norma pré-dado, da *aplicação* do direito como mera explicação dos textos, possibilita, entretanto, o ressurgimento e a justificação da velha concepção de um direito dado por antecipação, porque inserto nos textos, ao servir o texto de norma como expressão do *conteúdo* do direito, ou como signo. Desse modo, sobre a base de uma teoria da significação ou da comunicação, torna-se, então, possível preservar a competência do legislador, como sendo a de realizar uma *Sinngebung* (dação de sentido) por meio dos textos de normas. Diante do monopólio do legislador para uma *Sinngebung* (dação de sentido), funda-se a prática jurídica, por consequência, sobre uma certa visão de que a comunicação deve ser estabelecida entre a autoridade legislativa e o jurista prático, que decide. O texto de norma, funciona, dessa maneira, como um *medium* de comunicação oral direta entre o legislador com aqueles que têm como encargo a *aplicação* judicial. Com base nisso, a interpretação jurídica tem sido realizada no sentido de uma interpretação *correta* ou de uma interpretação *melhor*[18] (*E. Betti*) que a outra e, dessa forma, o jurista prático restabelece o plano imediatamente originário, reconstruindo o ponto estático. Consequentemente, "(...) *liegt ein auf einheitlichen Ursprung und kontinuierliche Ableitung bedachtes Modell der Textauslegung, demzufolge der Normtext die Gedanken des Gesetzgebers einfach repräsentiert, ohne auf ihren Inhalt oder ihre Struktur im mindesten einzuwirken*"[19].

A tarefa do jurista, prático ou teórico, de modo geral, é bem mais complexa, para que seja restringida à representação (*mens legis*) e/ou à

---

18 Para isso, ver, nesta obra, o subtítulo "Antinomia geral na dialética do processo interpretativo", no Capítulo sexto, intitulado "O Processo Interpretativo e os Cânones Interpretativos".

19 MULLER, *Juristische Methodik*, S. 133: "(...) encontra-se o modelo da interpretação de textos cuidado sobre uma origem uniforme e dedução continuada, por conseguinte, este texto de norma *representa*, simplesmente, o pensamento do legislador, sem influenciar sobre o seu conteúdo ou pelo menos em sua estrutura" (Tradução da autora).

assimilação (*Nachvollzug*) das intenções do legislador (*mens legislatoris*) tais quais são colocadas sob a forma de texto. A interpretação elaborada desse modo está assentada sobre a base da ignorância do funcionamento efetivo dos textos de normas no contexto de uma ordem jurídica, porque esta não é qualquer coisa estática que possa ser pré-realizada no sentido de uma decisão antecipada da existência das situações concretas futuras, imputadas pelo texto de norma que se publica. Isso, em realidade, porque, "*Der Normtext 'enthält' nicht die Normativität und ihre Sachstruktur. Er dirigiert und begrenzt die legalen und legitimen Möglichkeiten korrekter Rechtskonkretisierung innerhalb seines Rahmens*"[20]. Ou, em outras palavras, pelo só fato de que a cada nova decisão o sentido do texto de norma não pode ser obtido do que cada signo identifica ele-mesmo[21]. Por causa disso, que "*juristischen Begriffen in Normtexten eignet nicht 'Bedeutung', Sätzen nicht 'Sinn' nach der Konzeption eines abgeschlossenen Vorgegebenen*"[22].

Em vista disso, a teoria da comunicação oferece como contributo, na verdade, a possibilidade de se realizar uma crítica a uma concepção realista da linguagem, que a final é idealista, ao passo que, por meio desta crítica que torna possível a reestruturação do trabalho jurídico em função dos textos e, nestes termos diz *Fr. Muller*: "*Die in Normtexten verwendete Sprache kann keine dinglich-ontologische Beschreibung sozialer Beziehungen in der Weise geben, daβ sie einer Klasse von Gegenständen Namen zuordnet*"[23], pois, embora a letra de uma disposição de direito escrito, o texto de norma consistir em um conjunto de signos gráficos perceptíveis ao sentido, estes signos são somente uma projeção de um estado de coisas possíveis, não consistem, porém, na força normativa interindividual do modelo da ordem enunciada por meio do texto de norma. A discussão linguística confirma igualmente isso, que a teoria estruturante do direito tem como ponto de partida, por consequência do trabalho prático jurídico, que este não pode ser limitado a desenvolver

---

20 MULLER, *Juristische Methodik*, S. 132: "o texto de norma não 'contém' a normatividade e sua estrutura de coisa. Ele dirige e limita as possibilidades legais e legítimas da concretização jurídica correta dentro do seu marco" (Tradução da autora).

21 MULLER, *Juristische Methodik*, S.134: "Conceitos jurídicos em textos de norma não apropriam 'significação', nem o 'sentido' de princípios definidos pela concepção de uns pretextos" (Tradução da autora).

22 MULLER, *Juristische Methodik*, S.132: "Conceitos jurídicos não contém 'significado' nos textos de norma, nem os princípios contém pretendido 'sentido' de uma concepção completa" (Tradução da autora).

23 MULLER, *Juristische Methodik*, S. 134: "A linguagem utilizada nos textos de norma não oferece descrição ontológico-realista das relações sociais, desse modo, ela coordena uma classe de *nomes* de objetos" (Tradução da autora).

METODOLOGIA HERMENÊUTICA ESTRUTURANTE

CAPÍTULO III

um texto como qualquer coisa de substancial[24], ao aprofundar a visão estática do estruturalismo linguístico,[25] progredindo a perspectiva de que a significação deve ser elaborada somente dentro do contexto concreto e, por esta razão, pelos planos estruturais do sistema da linguagem.

Mutatis mutandis, no plano da teoria do direito, isso quer dizer que, se, por uma parte, o texto de norma (*Normtext*), enquanto forma representativa adotada pelo legislador fornece certos dados ao alcance do juiz, o qual deve decidir, por outra parte, não é o caso do texto da norma jurídica (*Text der Rechtsnorm*), ela mesma. Destarte, de modo contrário a um pressuposto positivista da *subsunção*, que ocorre por meio dos significados fixados no texto de norma, o texto da norma jurídica não é a definição conceptual obtida por uma dedução lógico-formal. Geralmente, quando os juristas falam e escrevem sobre a *Constituição*, visam o texto da Constituição; quando falam a respeito da *lei*, visam a seu texto. Porém, a distinção entre norma jurídica e texto de norma, não pode ser permitida por mais tempo ser dissimulada por um positivismo por meio da linguagem no trabalho prático dos textos, que no âmbito de Ciência do Direito pode ser criador senão limitado por determinação das regras. Sobre a base de uma nova abordagem da teoria do direito, que resulta o fato fundamental da não identidade do texto de norma e da norma. Por uma parte, o texto, uma interpretação linguística prepara a formulação do programa da norma, ao passo que, o âmbito normativo, enquanto elemento coconstitutivo da prescrição, é, normalmente, só indicado. Por outra parte, a normatividade, que, segundo a concepção tradicional é imanente à norma não resulta do texto ele mesmo, porque o texto de norma é um enunciado linguístico, um texto composto pela linguagem como qualquer outro texto de natureza não normativa. O texto de norma não pode ser ele mesmo desde já normativo, porém, ele só prepara os graus normativos ulteriores. Nesse sentido, a *"Gesetzesbindung bezieht sich nicht auf eine der Anwendung vorgegebene Rechtsnorm, sondern stellt sich dar als methodische Erschwerung und Disziplinierung im Vorgang der Herstellung der Rechtsnorm"*[26].

---

24 MULLER, *Juristische Methodik*, S. 135.

25 MULLER, *Juristische Methodik*, S. 136.

26 MULLER, *Juristische Methodik*, S. 138: "Vinculação à lei não se ocupa com a aplicação de uma norma jurídica pré-dada, porém, se apresenta como uma dificuldade metódica e disciplinação (*Disziplinierung*) no fenômeno da produção da norma jurídica" (Tradução da autora).

2. O PROBLEMA DA LEGISLAÇÃO E A NORMATIVIDADE

Apesar de os juristas (práticos e/ou teóricos) deverem ser submissos à lei e à Constituição, eles devem introduzir por meio de um processo de concretização, o estado de coisas, que se apreende da noção da validade, porque os textos de normas resultantes da atividade legiferante não são normativos desde a promulgação e a publicação do texto, oficialmente, posto que são incapazes de fornecer uma solução obrigatória ao caso jurídico concreto. O caráter peculiar que se atribui aos complexos de regulamentação, a *normatividade,* não decorre de uma propriedade dos textos, pois alguns dos pontos de partida para o trabalho jurídico como o texto mesmo e os dados extralinguísticos, de natureza sociopolítica, de um funcionamento efetivo, de uma atualidade efetiva da ordem constitucional, não são normativos. Somente os resultados obtidos por esses pontos de partida são normativos, ao inverso, de forma alguma se encontram fixados no texto de norma mesmo no sentido de uma garantia de validade posta no texto de norma. A *validade* do texto de norma não consiste na obrigatoriedade feita aos destinatários do texto de norma de conformarem suas condutas conforme o texto de norma, mesmo porque a submissão do juiz à lei e à Constituição não significa o emprego por ele da integralidade dos textos de normas (constitucionais) apropriados ao caso de espécie e de os trabalhar corretamente do ponto de vista metódico.

Consequentemente, o *direito vigente* (*geltendes Recht*) não pode ser constituído por um conjunto de textos de normas, reunidos na forma de códigos legislativos. Especialmente, porque o texto de norma não é a lei, mas uma prefiguração da lei As normas resultam, antes, do processo de resolução prática do caso a título de modelos de ordem factualmente determinados que devem ser diferenciados tanto em relação as disciplinas jurídicas quanto em relação a estrutura normativa como, por exemplo, direito fundamental, cláusula pétrea, e assim por diante. Desse modo, fica claro, que a normatividade prática das prescrições jurídicas é, fundamentalmente, confundida tanto pelo teor concreto do âmbito normativo quanto pelos aspectos da decisão fornecidos pelos textos.

Pelo conceito de *normatividade,* na verdade, "(...) *steht hier nicht länger positivistisch fur die Geltung eines Rechtstextes oder eines durch den Text angeblich schon ausgedruckten Rechtsbefehls, und ebensowenig fur eine soziologistische, normative Kraft des Faktischen*"[27]. Portanto,

---

27 MULLER, *Juristische Methodik,* S. 142: "(...) não se encontra mais tempo para a validade positivista de uns textos jurídicos ou uns comandos jurídicos já expressados pelo texto, e tão pouco para uma sociologística, força normativa dos fatos".

METODOLOGIA HERMENÊUTICA ESTRUTURANTE

o *conteúdo mesmo* da prescrição jurídica não pode ser substituído pela mera explicação do texto de norma, porém, tem de ser a norma jurídica produzida totalmente pela concretização diante do caso concreto, cada vez. Nesse sentido, uma norma jurídica só pode ser, de certa forma, considerada como *normativa*, quando um caso jurídico concreto é, simultaneamente, julgado *de jure* por uma norma-decisão que possa ser imputada à norma jurídica tanto metodicamente quanto em consideração ao princípio do Estado de Direito[28]. De modo contrário a uma concepção tradicional, a normatividade não se identifica com a norma jurídica, porque não se exprime na construção da norma, porém deve ser desenvolvida. Por isso, a normatividade é essa capacidade atribuída às normas jurídicas de poderem ser feitas normas-decisão. Consequentemente, ela integra o processo estruturante da norma jurídica e da norma-decisão, que conduz a noção de estrutura da norma, pois se realiza por meio dos dados reais, que exprimem o modo de construção da norma e a motivação do que vem a ser a *norma*. Em realidade:

> Uma norma jurídica é um modelo de ordenação de determinadas coisas de maneira estruturada. A densidade, exatidão, determinação de seus elementos, sucita: o grau de sua concretizabilidade no reduzir (nos casos limites) ou ampliar (na grande maioria dos casos) a discrepância do modelo positivista de "aplicação" "subsunção" ou de "assimilação" de uma regulamentação pronta, previamente dada, depende também da estrutura linguística dos textos de norma particular (Tradução da autora)[29].

3. O CARÁTER LINGUÍSTICO-TEXTUAL DO ESTADO

Disso se depreende, sob um ponto de vista funcional, que o direito de um Estado de Direito está necessariamente vinculado à linguagem, onde o poder constitucional se coloca em uma forma textual mediadora e controlável pelo elemento linguagem. Dessa forma, enquanto por uma parte, ela funciona como elemento de dominação, por outra parte, estabelece a condição de possibilidade para um consenso a nível social. Por isso, a estrutura textual do Estado mesmo é revestida por textos tanto

---

28 MULLER, *Juristische Methodik*, S. 142

29 MULLER, *Juristische Methodik*, S. 152: *"Eine Rechtsnorm ist ein sachbestimmtes Ordnungsmodell von strukturierter Art. Die Dichte, Genauigkeit, Bestimmbarkeit ihrer Elemente, kurz: der Grad ihrer Konkretisierbarkeit in geringerer (in Grenzfällen) oder größerer (in der großen Mehrzahl der Fälle) Abweichung vom positivischen Modell der 'Anwendunge' "Subsuntiom" oder des 'Nachvollzugs' einer fertig vorgebenen Regelung hängt auch von der sprahlichen Struktur des einzelnen Normtextes ab".*

de *disposição* quanto de *justificação*[30], organizando-se, assim, por um lado, por um conjunto de textos de disposição abstratos (a letra da lei) e textos de justificação desses textos de normas (exposição de motivos das leis, comissões etc.) enquanto por outro lado, por textos de disposição concreta como as normas-decisão elaboradas pela jurisprudência e os textos de justificação dessas decisões.

Igualmente à ordem jurídica, o direito também é meio de dominação que se produz pela linguagem, e, por causa disso, são necessários aos processos de dominação a comunicação, a possibilidade de crítica pela linguagem, a necessidade de justificação pela linguagem; em particular, a fim de que em um Estado de Direito Democrático, a forma do Estado de Direito e a política democrática possam se reunir no sentido de um Estado de Direito material, porque os textos jurídicos devem ser realizados, porém não mais no sentido de um Estado de Direito formal, onde a validade é atribuída aos textos de normas (*geltendes Recht*), porque a injunção da validade consiste na produção de normas das obrigações jurídicas[31]. Os destinatários, por consequência, têm de se direcionar pelos textos de normas, porque os juízes ao decidir, estão vinculados ao emprego dos textos de normas, em especial, pela noção de *Tatbestand* correspondente a conceitos classificatórios. Isso é possível onde a lei fixa, precisamente, o campo de aplicação em meio a conceitos genéricos, onde o efeito normativo decorre de uma combinação caracterizada por uma das metáforas abstratas da *norma* e do *fato*, sendo, assim, sustentada uma relação *abstrata*. Abstração esta feita com base em que o texto mesmo possui o caráter imediato de obrigatório. Necessariamente, porém, não mais se deve identificar esse caráter de obrigatoriedade com uma regulamentação geral e abstrata no sentido de um positivismo jurídico, que ignora o processo das coisas da vida (*Lebenssachverhalten*).

As incompreensões do positivismo jurídico podem ser sintetizadas sob a forma de duas teses principais. A primeira, diz respeito à orientação entre norma/realidade, conforme a qual o positivismo opõe a norma jurídica ao impor o texto de norma, que não pode ser realizado sem se relacionar com a realidade a que se refere. A segunda, está relacionada com a orientação de norma/espécie, onde o positivismo situa a dimensão do trabalho jurídico em uma (re)construção da espécie normativa (pré) configurada. O que, de outra forma, consiste na redução da interpretação a uma mera *Auslegungsmetapher* (metáfora da interpretação).

---

30 MULLER, *Juristische Methodik*, S. 143

31 MULLER, *Juristische Methodik*, S. 143

METODOLOGIA HERMENÊUTICA ESTRUTURANTE

CAPÍTULO III

O âmago dessas incompreensões, porém, pode ser resumido pela pressuposição implícita da não identidade da norma jurídica com o seu texto. Em vista disso, a questão, está, portanto, em se saber como o texto de norma e a realidade social são estruturalmente vinculadas, já que não pode ser limitada por estas noções de *Tatbestand* e conceitos. Por tal razão, para a discussão sobre essa questão o ponto de partida é dado pelo plano do texto e não por conceitos isolados. Sobre esse plano, pode-se distinguir pelo texto de lei, o valor da enunciação própria do texto de norma e o seu caráter de referência, de tal forma, que uma integração dos elementos de fato evita que seja realizada uma integração dos elementos fatuais por meio de deduções conceptuais da Ciência Jurídica. Baseado nisso, o operador do direito que segue uma concepção tradicional extrai o programa da norma a partir do tratamento do conjunto de dados linguísticos do texto de norma. Dessa forma tem sido o *Rechtsbefehl* (mandamento jurídico), pelos juristas, segundo uma concepção tradicional.

Todavia, uma metodologia que entende conduzir além do positivismo jurídico deve fornecer a prática concreta das regras relativas à tarefa de concretização das normas em sentido amplo, sem fazer economia nem dos dados reais nem da dimensão criadora do trabalho jurídico prático. Ela não pode apreender o trabalho jurídico como a tarefa da realização normativa do direito sob a forma de uma (re)construção e/ou assimilação de qualquer coisa (pré)executável. A noção de que a norma jurídica é algo dado prévia e definitivamente, pelo recurso a ideia de *univocidade* da norma ignora a existência de uma *Vorverständnis* (pré-compreensão) científica, em especial, a diferença entre a norma jurídica e o texto de norma e a relação principal que a concretização jurídica conserva com o caso de espécie. Como analisa *Fr. Muller*

> A "norma pura" é sem normatividade concreta, sem conteúdo objetivo e determinação da coisa. Ela é só texto de norma, no sentido que, aqui, conceito de norma não se desenvolve de uma vez, porém só um texto, o que deve-se é considerar, que ele como forma de linguagem de uma norma é constituído ou será constituído (Tradução da autora)[32].

Com base nisso, a norma *vale*, *comanda* não mais que idealmente e, por tal razão, o problema hermenêutico não é a busca de uma semelhança do *ideal* e da *realidade*, porque normatividade, norma e validade jurídica se

---

32 MULLER, Fr. *Normstruktur und Normativität*, S. 147: *"Die 'reine Norm' ist ohne konkrete Normativität, da ohne Sachgehalt und Sachbestimmtheit. Sie ist nur Normtext; im Sinn des hier entwickelten Normbegriffs allerdings nicht einmal das, sondern nur ein Text, dem anzusehen ist, daβ er als sprachliche Gestalt einer Norm gemeint ist oder gemeint war".*

dá sobre um modo de ser aí (*Daseinart*), que, em realidade, só existe por anterior inclusão da estrutura das coisas reais em uma forma normativa.[33] Por isso, em geral, uma metodologia deve partir de uma teoria (da norma) jurídica que prescinde do posicionamento de um positivismo jurídico, conforme o qual normatividade, norma e validade jurídica são decorrentes do texto de norma mesmo[34].

Para uma teoria (da norma) jurídica entendida como atividade jurídica a sua tarefa consiste em conduzir o fenômeno de decisões reais estrutural e funcionalmente, pois o procedimento efetivo da jurisprudência deve estar relacionado não só com uma solução formal de questões jurídicas concretas no direito (constitucional), porém também, com uma solução material que inclua a realidade no fenômeno das decisões jurídicas. Em face disso, o processo prático da elaboração de normas jurídicas pelo caso concreto a regrar deve ser estruturado. Isso significa dizer que diante de qualquer caso-limite raro poder ser este apreendido sob a forma de *aplicação*, de *conclusão lógica* ou de *subsunção*. Por se tratar de um processo hermenêutico estruturante, que o trabalho hermenêutico jurídico não pode ser concebido como uma exclusiva transposição dos sinais legislativos à realidade social. A norma jurídica, nesse sentido, não se realiza como uma definição quase ontológica, porém, como um processo de elaboração que se estrutura em relação ao caso concreto a regrar, cada vez. Todavia, é uma (pré)estrutura geral que deve ser desenvolvida para que as decisões jurídicas não permaneçam sendo só forma lógica. Nesse sentido, a teoria (da norma) jurídica estruturante de *Fr. Muller* serve de contributo para a introdução dos dados reais no processo decisório de maneira que não seja nem arbitrária nem puramente pragmática.

§ 2º
Elementos da Concretização

1. EXCURSUS

O modelo da estrutura estática da norma jurídica não pode mais ser proposto segundo um positivismo jurídico e, por tal razão, propõe-se um giro hermenêutico jurídico para um modelo de desenvolvimento dinâmico da concretização, pelo qual se oferece orientação para o trabalho

---

33 MULLER, Fr. *Normstruktur und Normativität.*, S. 147.

34 MULLER, Fr. *Normstruktur und Normativität.*, S. 148.

266

METODOLOGIA HERMENÊUTICA
ESTRUTURANTE

jurídico com base em dois grupos de elementos: o programa da norma e o âmbito de norma.

2. PROGRAMA DA NORMA (*NORMPROGRAMM*)

O programa da norma designa a soma dos dados linguísticos normativamente pertinentes extraídos do texto de norma, a cada vez. Embora o ponto de partida para sua elaboração seja o texto de norma, porque tanto a norma jurídica quanto a norma-decisão têm como ponto de partida os elementos de concretização primariamente linguísticos, não quer dizer que a sua formulação reste limitada a uma correlação com o *comando jurídico*, porém, precisamente, o programa da norma é um elemento co-constitutivo do processo estruturante da norma, especialmente, porque o *âmbito de espécie*, decorrente de uma parte dos fatos do *âmbito fatual*, os quais compõem o âmbito normativo, só é coconstitutiva da norma-decisão por uma mediação com o programa da norma. Por isso, em princípio, uma norma jurídica não é *desde já* aplicável como o quer um positivismo com base na clareza do texto de norma.

3. ÂMBITO NORMATIVO (*NORMBEREICH*)

A ideia geral visada pela noção de âmbito normativo deve ser apreendida pela compreensão da *coisa* e do *texto*, que são estritamente vinculados no sentido em que a faticidade, i.e., os dados reais normativamente pertinentes, a cada vez, autorizam a significação do texto. Ele se configura pela coordenação dos elementos fatuais estruturantes que são extraídos da realidade social com a perspectiva seletiva e valorativa do programa da norma, dos elementos que são, em geral, ao menos, parcialmente formados pelo direito e significa a estrutura fundamental do âmbito fatual da norma jurídica, i.e., não só a soma, mas a coesão dos fatos que o operador do direito pode, com base no programa da norma justificar razoavelmente a compatibilidade com esse programa, os quais são essenciais para a solução do caso de espécie e, fundado nisso, que o programa da norma e o âmbito da norma são, igualmente, conormativos.

Sob uma óptica metodológica, justo pelos elementos fatuais não integrarem o âmbito normativo sem passar por essa perspectiva seletiva, que se realiza somente sob uma forma orientada segundo o texto e suscetível de generalização, isso pode significar uma metodologia que estabelece regras. Entretanto, isso não quer dizer que o âmbito normativo se identifique com os elementos fatuais das circunstâncias da espécie, mas, que é um elemento constitutivo da estrutura da prescrição jurídica ela mesma. Nesse sentido, a análise do âmbito normativo é parte integrante da concretização da norma jurídica. Não obstante isso, não pode fundamentalmente modificar a concretização, mas, torná-la mais completa, mais precisa do ponto de vista metódico e, ao menos mais controlável, porque os argumentos fatuais extraídos do domínio concreto não podem servir ao trabalho jurídico no sentido em que a prescrição jurídica deve produzir seus efeitos e sua aplicação simultaneamente tal qual o positivismo realiza a interpretação em função dos dados linguísticos.

O *âmbito normativo* designa, na verdade, um conceito de trabalho efetuado a partir desses elementos que não deve ser considerado de forma meramente auxiliar, de função secundária, pelo contrário, ele mesmo afirma seu caráter indispensável em face da normatividade do direito (direito fundamental) a ser concretizado. Por este procedimento, segundo o qual os elementos de fato não devem mais ser analisados somente como aspectos extraídos do âmbito fatual ou do âmbito de espécie, porém, como colocação em jogo de elementos do âmbito normativo, rompe-se totalmente com a prática e a doutrina tradicional dos métodos. O próprio conteúdo e o alcance das disposições constitucionais dependem do seu âmbito normativo, pois podem ter sua significação modificada em razão das intervenções no interior deste campo, já que as estruturas do âmbito normativo são as partes integrantes da situação experimentada com a qual se relaciona o direito (direito fundamental). Por isso, os aspectos fatuais do âmbito normativo não podem ser materialmente retirados nem do texto de norma, por uma interpretação histórica e/ou genética, ou ainda, sistemática, nem de uma *interpretação melhor* da norma. Pela concretização não se pode mais recorrer à interpretação do texto. Nesse sentido, quanto mais uma norma é vinculada as realidades objetivas, i.e, tanto mais o âmbito normativo contém elementos não produzidos pelo direito, quanto mais sua concretização necessitará dos resultados da análise do âmbito normativo. Destarte, a concretização das normas jurídicas pode se efetivar pela determinação do programa da norma com o auxílio de todos os elementos reconhecidos metodologicamente, porém, junto com os dados reais determinantes da decisão colocados racionalmente em relação com os elementos da interpretação dos textos de normas. Particularmente em Direito Constitucional os âmbitos normativos são necessários e fecundos para a concretização. Todavia, depende diretamente da formação dos juristas que a concretização das normas (constitucionais) jurídicas se desenvolva de maneira competente ou como um diletantismo.

268

Capítulo IV

A Produtividade Hermenêutico-Normativa na Teoria Estruturante do Direito

§ 1º
A Concretização na Teoria Estruturante do Direito

1. OS TEXTOS NORMATIVOS E A CONCRETIZAÇÃO JURÍDICO-NORMATIVA

O termo *concretização* sobre novas bases designa uma variante da sua obscura representação pelo modelo da subsunção e do silogismo jurídico que não distingue entre a norma jurídica e o texto de norma, pois conforme o positivismo a concretização é concebida como um processo puramente cognitivo que se realiza dentro da conexão da significação (a norma jurídica) objetivamente dada pelo texto e por sua explicação técnico instrumental diante do caso concreto[1]. *Concretização*, de acordo com uma teoria estruturante do direito, ao inverso de uma subsunção, não designa além de um esquema de *descoberta* do direito, quer dizer, *concretização* não designa invalidamente a redução de uma norma geral dada sobre a dimensão do caso de espécie, porém, a produção de uma norma jurídica geral no marco da solução de um caso determinado. Nesse sentido, pela teoria estruturante do direito, *concretizar uma norma jurídica*,

---

1 MULLER, Fr. *Juristische Methodik*, S. 168-172

de forma alguma quer dizer que a norma jurídica existe previamente à superveniência do caso concreto e à sua solução.

Na verdade, não se pode demonstrar previamente que a existência de uma norma jurídica conterá os conteúdos dos comandos, os enunciados substanciais de qualquer natureza e que poderão ser distribuídos aos casos particulares, especialmente, porque os conceitos jurídicos interiorizados nos textos de normas não possuem *significação* nem estabelecem o *sentido* como concepção de um dado prévio e definido. No interior da sua formulação linguística, o texto de norma somente orienta e limita as possibilidades legais. O texto de norma consiste tão somente no ponto de partida para a concretização hermenêutico-jurisdiconal das normas jurídicas, já que *concretização*, em realidade, é a própria elaboração de uma norma jurídica geral que não existe ainda, antes do caso concreto e nem é a simples *assimilação* (*Nachvollzug*) da intenção do legislador ou de operações intelectuais objetivamente preexistentes. A norma jurídica, portanto, não constitui o ponto de partida para uma concretização hermenêutica, como é argumentado pelo positivismo. Baseado nisso, ademais, a concepção sobre o desenvolvimento da Ciência Jurídica mesmo não significa mais uma justificação no sentido da legitimação de uma *(ex)plicação* do texto de normas, que retalha, por assim dizer, *"a"* norma jurídica sobre dimensões em versão miniatura ao serem decididos os casos concretos individuais depois de *concretizar* do universal ao particular, ou do geral ao individual[2]. Isso não significa mais do que um processo de concretização aparente, pois, segundo a natureza das coisas (*Natur der Sache*) os casos-limites são inevitáveis e, mesmo em relação a prescrições jurídicas sobre a formação do julgamento, deve-se ser consciente da não identidade da norma e do texto de norma (*Normtext*), assim como da relativa autonomia do âmbito normativo mesmo desenvolvido pelo direito, ainda que numericamente delimitado.

Embora o ponto de partida para solução do caso concreto seja o texto de norma e uma norma-decisão esteja vinculada à norma jurídica, a normatividade não pode se desencadear senão no processo de resolução do caso concreto, ou seja, pela natureza das coisas, pois *"Die 'Natur der Sache' ist die 'Natur' von Lebenssachverhalten"*[3], ou em outras palavras, senão por um processo efetivamente estruturado e que possa ser, por consequência, cientificamente estruturado. *Concretização*, significa, justamente, este

---

2 MULLER, Fr. *Juristische Methodik*, S. 168-172

3 MULLER, Fr. *Normstruktur und Normativität*, S. 119: "A 'natureza das coisas' é a natureza das 'circunstâncias da vida'" (Tradução da autora).

processo considerado sob o aspecto da técnica do trabalho de resolução do caso de espécie orientado pelos textos de normas e vinculado às normas jurídicas.

2. O PROCESSO DE CONCREÇÃO DA NORMA JURÍDICA

Em vista disso, e com base nas razões seguintes, *concretização da norma* significa que: em primeiro lugar, o texto de norma não se identifica com a norma; em segundo lugar, o texto de norma constitui o ponto de partida do processo de concretização iniciado tanto por parte do direito em vigor quanto por parte dos fatos, pelas circunstâncias das coisas a solucionar, em terceiro lugar, o texto de norma desenvolvido durante o processo de solução do caso é mais *concreto* que o texto de norma, pois é mais estreitamente vinculado, sob o ponto de vista tipológico, ao caso concreto, em quarto lugar, o texto de norma jurídica é mais geral em relação ao da norma-decisão, que é mais concreto que a norma jurídica é, por conseguinte, mais concreto que o texto de norma. Por essas razões, o termo *concretização* é precisamente apropriado para designar o processo de concretização da norma de modo contrário a uma consideração pseudo-ontológica da doutrina positivista, para a qual a norma jurídica é um dado prévio.

§ 2º

Norma Jurídica: uma Produtividade Hermenêutica do Processo de Concretização

A norma jurídica não se torna mais concreta pelo silogismo jurídico, nem pela subsunção, nem por uma construção conceptual obtida por critérios lógicos dentro de um marco puramente cognitivo (abstrato), sem uma relação com as coisas, ou com o ser-no-mundo (*M. Heidegger*). Contrariamente, a norma jurídica deve ser produzida de forma total no curso de todo processo de concretização e representar o resultado do trabalho jurídico de uma fase intermediária entre a norma-decisão, que ainda mais concreta, regula imediatamente o caso concreto. Aos adeptos da corrente positivista isso pode parecer uma ilusão, ou um erro sistemático e objetivo, consistente no deslocamento da questão do *normativo* para o *concreto*. Porém, de modo contrário ao que possa ser pensado por esses, um processo de concretização não se realiza de modo *livre*, arbitrário, (a)jurídico. Na verdade, todos os graus do âmbito de espécie, com exceção das circunstâncias das coisas (âmbito fatual do âmbito normativo), são preparados com base na produção de dados normativos. Resumidamente: o texto de norma relacionado com dados linguísticos conduz à elaboração do programa normativo; o texto de norma relacionado com os dados reais conduz à delimitação do âmbito da norma orientado pelos adotados pelo programa da norma. Consequentemente, o programa da norma e o âmbito da norma fornecem o conjunto da norma jurídica (normativa), que uma vez realizada em função do caso individual, produz a norma-decisão. As circunstâncias de coisas, embora não sejam dados normativos, elas devem ser enformadas juridicamente, pois os fatores não normativos, são destinados à produção de instâncias normativas segundo um limite metodicamente regulamentado que possa ser racionalmente exposto e reproduzido. Em suma, os elementos normativos da atividade jurídica são, por consectário, somente os seus resultados, em particular, porque pela teoria estruturante do direito uma questão de direito não se resolve por instruções metodológicas aplicáveis aos textos de norma. Por esta teoria o sujeito do processo de concretização não é jamais a norma jurídica. Não se trata de uma relação na qual é o Estado que decide, justifica, comunica e o operador jurídico apenas se empenha em executar concretamente o que já lhe foi dado, pelo legislador, em uma norma-decisão. Também não se trata de uma oposição artificial do dever-ser e do ser que é completada, na teoria do direito, pela ação do jurista, por esta lógica e pelo ato de política jurídica dentro do espaço do *permitido*. Dessa forma, "*a*" norma é simplesmente (re)colocada pela norma-decisão. Pela teoria estruturante do direito, pelo contrário, são os juristas que desenvolvem o direito, embora tenham como fio condutor os textos de normas e os limites que eles impõem dentro de um Estado de Direito.

Na verdade, o jurista é um dos sujeitos do processo de concretização, que tem por função não só o desvelar da norma jurídica, porém, por consequência, o desenvolvimento da Ciência Jurídica mesma, pois "*Normkonkretisierung bedeutet: Konstruktion einer Rechtsnorm*(...)"[4] de forma que esta possa ser racionalmente e metodicamente cumprida e ser imputada à certos textos precisos do direito em vigor. Dessa forma, nem um texto de norma nem uma norma jurídica anteriormente formulada e que esteja elaborada por este texto pode por si só atualizar um problema

---

4 MULLER, Fr. *Juristische Methodik*, S. 175: "Concretização de norma significa: construção de uma norma jurídica (...)" (Tradução da autora).

jurídico. Ademais, o texto de norma e as circunstâncias as coisas concretas a serem regradas não são detalhes que devem ser relacionados entre si. Ambos oferecem elementos indispensáveis à decisão jurídica. Porém, como a realização de uma decisão jurídica se faz por um juiz, estão relacionadas decisão jurídica e realização da decisão jurídica com a sua compreensão, ou seja, com a própria historicidade da existência do indivíduo investido nesta função. Precisamente, aqui, portanto, a *Vor-Struktur* (pré-estrutura) ou a *Vorverständnis* (pré-compreensão) aparece não só como estrutura do *In-der-Welt-Sein* (ser-no-mundo), que vincula o ser compreendido à coisa que deve ser compreendida, porém também, como condição de possibilidade, no âmbito jurídico, do desenvolvimento da Ciência Jurídica e da concretização das normas jurídicas, já que isso depende do *Vorhabe* (ter-prévio), do *Vorgriff* (pré-conceito) e do *Vorurteil* (prejuízo) do jurista em relação ao mundo. Não obstante essa pré-estrutura ter como fio condutor a linguagem, isso não significa, porém, um retorno a um subjetivismo, porque a linguagem não pode ser concebida como um desenho prévio do mundo como produto da subjetividade, nem como o desenho de uma consciência individual, nem de um espírito típico, já que o intérprete antes de ter uma consciência hermenêutica tem de ter uma consciência histórica, que implica no ser consciente não só de que essa (pré-estrutura) se elabora pela tradição que tem esseb fio condutor, porém, em ter de se livrar dos "pre" em sentido negativo. Baseado nisso, as "pré" compreensões linguísticas (os textos de normas relacionados com as circunstâncias das coisas/ou coisas mesmas) devem ser consideradas em sua função produtiva, como condição e pressuposto dos atos de compreensão em geral e, particularmente, no trabalho jurídico, o que fica evidente por meio da relação entre os elementos cognitivos e os elementos não cognitivos no curso do processo de concretização, onde a natureza das coisas ganha um sentido positivo e um conteúdo pela linguagem das coisas. Somente desta forma a tensão existente entre essas duas expressões, *coisas mesmas* e *linguagem das coisas* é resolvida e, em razão disto, de que a linguagem das coisas é a linguagem tal como as coisas vêm na linguagem, que as coisas mesmas (*M. Heidegger*), a natureza das coisas (*Natur der Sache*, por *Fr. Muller)* são codeterminantes da norma jurídica e da concretização destas.

Consequentemente, dessa forma, o conceito tradicional do círculo hermenêutico ultrapassa a relação entre sujeito/objeto do intérprete com o texto. Isso não significa de forma alguma a vinculação a uma crítica da ideologia que se desenvolve sobre o terreno da prática iniciado por si mesma, em nome da racionalidade e da justificação da decisão jurídica a ser produzida. O caráter de controlabilidade e de dialogicidade dentro de uma ordem constitucional não significa isto, uma objetividade baseada em um conceito ideal, porém, uma racionalidade, dialogicidade do trabalho jurídico, diante da exigência de justiça concreta tomada como o caráter fatualmente determinado das prescrições jurídicas e pela incorporação dos elementos fatuais da normatividade no processo de concretização, porque é a tradição que abre e delimita nosso horizonte histórico e não o acontecer opaco da história que se realiza "em si".

Vorverständnis (pré-compreensão), aqui, portanto, não pode se tornar uma pré-compreensão jurídica sem se retornar a uma pré-compreensão no sentido da hermenêutica filosófica, porque faz parte da natureza das coisas da vida. Como a compreensão do jurista tem, na verdade, a pré-estrutura da tradição a que faz parte, tem de se aproveitar essa "pré" estrutura no âmbito jurídico de forma que os fatos e as normas permitam uma circunscrição clara e diferenciada no sentido de que o processo de concretização seja estruturado, controlável e discutível. A exigência de uma racionalidade e de uma exatidão possível nas decisões jurídicas decorre justo da impossibilidade de uma racionalidade integral, baseada em uma objetividade consistente no reencontro total do texto de norma e do caso de espécie sem *pressupostos*, viabilizada pelo método. Pela exigência de uma racionalidade *ótima*, das decisões jurídicas e, por consequência, da concretização das normas jurídicas de um Estado de Direito democrático não se visa a um perfeccionismo utópico, porém, simplesmente, que no processo de concretização estejam presentes de tal forma o esforço da mediação das circunstâncias das coisas, do texto de norma, do programa normativo e do âmbito normativo por intermédio e nos limites de uma metodologia jurídica (no sentido de *Fr. Müller*), quer dizer, conforme os momentos constitutivos do processo de concretização particulares.

REFLEXÃO HERMENÊUTICA

Se se continuar compreendendo o ser como o modo de dar-se do *ens* (*E. Betti/ N. Hartamnn*), ou seja, segundo uma noção estabelecida pela teoria tradicional do conhecimento, pela qual o conhecimento é a conversão do ente em objeto ou a objetivação do ente pelo sujeito, continuar-se-à a buscar o *como* pelo qual será possível uma melhor apreensão do ente pelo sujeito que lhe é transcendente, o próprio problema hermenêutico, por consequência, continuará sendo resumido ao "como" está dado o *esse*, isto é, permanecer-se-á a procura do método mais adequado para a obtenção de uma verdade absoluta. Com essa compreensão o próprio ser é compreendido como algo *técnico* e/ou *metódico*. Nesse sentido, na situação hermenêutica o homem mesmo é quem resulta um ente, um objeto que o método dispõe e obriga a uma determinada ação. Ou, dito de outra forma, é o método que faz valer (o ser) ao homem, e, igualmente, faz valer o ser ao ser aí (*M. Heidegger*).

Por causa disso, é que o homem e o ser podem representar uma (*com*) *posição (Gestell)* na qual homem e ser se pertencem de forma estranha, diferente, inautêntica, assim como, homem e mundo podem representar, da mesma forma, uma *(com)posição (Gestell)*, na qual um mundo dado se justapõe ao homem de modo inautêntico. É justamente essa noção sobre o esse do *ens*, que permite se falar tanto em matéria de teoria do conhecimento quanto em matéria de interpretação na fórmula sujeito/ objeto, por uma parte, na medida em que o *objectum* só pode ser algo, materialmente para alguém, frente a quem está relacionado. Porém, por outra parte, como o fenômeno do conhecimento não se esgota no ser objeto para uma consciência, é que a objetivação resulta no próprio conhecimento, enquanto o sujeito é que se altera pela objetividade, isto é, nele é que surge uma representação, um conceito, um saber. Como toda alteração e todo desenvolvimento, segundo *E. Betti*, tem lugar meramente na consciência,

275

o ente objetivado no decorrer do processo de conhecimento permanece intacto. Conhecido, portanto, é só o ente em si. O tornar-se fenômeno, ao inverso, que é o conhecimento, embora do ângulo do objeto.

No âmbito hermenêutico, pois, isso vem a significar que o ponto de partida para a interpretação é dado (ainda hoje) pela posição na qual o espírito intérprete, o sujeito vivente e operante, assume a respeito das objetivações. Nesse sentido, é que ao se continuar tendo como ponto de partida no âmbito hermenêutico a fórmula *ente enquanto ente*, de onde parte *E. Betti*, e os juristas-intérpretes atuais continuam a empregar, ao se referirem ao sentido da norma (*mens legis*) ou ao sentido que queria o legislador ao tempo da elaboração da norma (*mens legislatoris*) se fala em um desdobramento do espírito-intérprete até a mais imediata proximidade e tangibilidade devido a aparente distância do ente (lei, norma), ou da exigência de esforço por parte do intérprete para atingir por meio de uma perene revisão, verificação e confirmação/justificação de um juízo (prescrição normativa) preexistente, a genuína objetividade.

A hermenêutica jurídica é muito mais do que uma técnica fundada sobre uma prática científica do processo sintético (de *decisão*) por assimilação ou por contemplação (*E. Betti*)orientado pelo (re)encontro em uma concatenação (*W. Dilthey*) ou pelo esforço hermenêutico da reconstrução do dito pelo "tu" (*Fr. Schleiermacher*). A hermenêutica jurídica vai além de uma antinomia entre objetividade e subjetividade. Para tanto, do desenvolvimento monográfico neste trabalho sobre *W. Dilthey, Fr. Schleiermacher, M. Heidegger, E. Betti, Tr. Viehweg, H.-G. Gadamer, K. Hesse* e *Fr. Muller* e, em particular, da tensão dos contrários estabelecida pelo pensamento de *E. Betti* e de *H.-G.Gadamer*, já que seu aparecimento permite que brilhe toda *contra-diccção* (*Heráclito*) no âmbito da hermenêutica jurídica, pode-se enunciar as seguintes conclusões:

I – Do surgimento da terminologia *hermenêutica*, do grego = interpretação, em caráter complementar à *techne*, no sentido de uma disciplina auxiliar, de um cânon de regras com a finalidade de facilitar a exegese dos *textos* tanto filosóficos, bíblicos quanto jurídicos, *hermenêutica* e *interpretação* e *aplicação* permanecem com sentidos distintos. A expressão *hermenêutica*, por exemplo, ainda hoje é empregada pelos juristas-intérpretes, como signo para designar as regras de interpretação (*ars interpretandi*), assim como era empregada na Idade Média e pós-romântica e se pode verificar no conteúdo de obras como as de *E. Betti, Carlos Maximiliano, Limongi França, Celso Bastos* e, assim por diante.

REFLEXÃO HERMENÊUTICA

II – Não obstante, é do afastamento da interpretação universalmente válida (*Flacius*), no âmbito da hermenêutica bíblica, que surgiu uma nova consciência metodológica resumida em uma relação entre sujeito/objeto, pela qual a questão central passa a ser de caráter normativo tanto na hermenêutica teológica quanto na hermenêutica humanística da Idade Moderna, a fim de buscar a *correta interpretação* dos textos.

III – Na hermenêutica romântica, embora *Fr. Schleiermacher* tente superar uma dupla deficiência apresentada tanto na atividade do teólogo quanto na do filólogo humanista, determinando a hermenêutica pela unidade de um procedimento, que não se distingue em razão do modo pelo qual as ideias são transmitidas, se por escrito ou oralmente, parte da possibilidade de um mal-entendido, que pelo seguimento de um procedimento o significado do texto pode se tornar compreensível pelo sujeito, já que para ele não existe uma compreensão imediata. Na verdade, segundo *Fr. Schleiermacher* a compreensão se realiza pela reconstrução de uma produção em igualdade com o original. Por isso, para *Fr. Schleiermacher* é necessário que o intérprete realize um esforço hermenêutico de reconstrução que se dá no vai e vem entre o todo e as partes do (círculo hermenêutico). Assim, desvincula de certa forma, a compreensão e a interpretação do caráter normativo dos monumentos escritos, ao não fazer distinção da interpretação de textos escritos ou não, porém, reafirma a necessidade de uma *interpretação correta*, ao entender que a interpretação significa *compreender ao autor melhor do que ele mesmo se compreendeu*, remanescendo vinculado o seu pensamento ao aspecto relacional sujeito/objeto. Além disso, o não inteligir corretamente, isto é, a possibilidade do mal-entendido, no qual funda a universalidade de sua hermenêutica, pode ser traduzida para o mundo jurídico, como a possibilidade da experiência do outro, do tu, do texto: é dizer, pode ser experimentada como a estranheza causada pelo dissenso em relação ao discurso produzido pelo "tu", que pode ser o legislador, o juiz, ou o intérprete. À medida que, segundo *Fr. Schleiermacher* a compreensão e a interpretação têm esse significado, o esforço hermenêutico de reconstrução sempre deverá ser realizado no sentido de se buscar uma congenialidade em relação à produção original e, dessa forma, no âmbito jurídico, em especial na lide *sub judice*, as pessoas nunca serão sujeitos, mas objetos no sentido de que sempre serão o indivíduo, o indiciado, o autor, o réu, o impetrante, o impetrado, requerente, e o requerido, para os quais o texto (normativo) será interpretado e, ulteriormente, aplicado após um esforço de abstração e (con)genialidade desmundanizada, já que o entendimento correto dependerá tão somente da percepção do intérprete sobre o conteúdo e os pressupostos determinados pelo texto, permanecendo o indiciado, o autor, o réu, o impetrado, o requerente, o requerido e, assim por diante, fora da interpretação. O texto, pois, permite ser contemplado, porque independe, em realidade, do conteúdo e a hermenêutica continua a ser, portanto, uma *Kuntslehre* (teoria artificiosa), no sentido de uma arte discursiva do entender como ação recíproca entre subjetividade e objetividade.

IV – Esta ação/relação entre subjetividade e objetividade é mantida por *W. Dilthey* na medida em que a subordinação da hermenêutica à psicologia lhe conduz a buscar a fonte de toda objetivação fora do campo próprio da interpretação, que é o texto. Na verdade, para ele a ciência da hermenêutica diz respeito à arte da interpretação de monumentos escritos, já que uma obra é sempre o resultado/expressão verdadeira da vida interior do gênio. *W. Dilthey* retoma o caráter normativo dos textos ao considerar as objetivações históricas como aquisições que podem ser decifradas com o auxílio das técnicas hermenêuticas. Dessa forma, o nexo histórico do mundo dos entes pode ser recriado/assimilado (*nachbilden*) e, por consequência, conserva a relação entre subjetividade e objetividade. Em outras palavras: ao considerar as objetivações dessa forma, não conseguiu fazer jus à sua caracterização da relação intérprete-texto como uma relação sujeito/sujeito pretendida ao empregar as noções de *Erlebnis* (vivência), nexo, estrutura. O dualismo que *W. Dilthey* entende existir entre a lógica e a vida, portanto, não foi superado.

V – Também por outra razão não consegue superar a relação sujeito/objeto: a sua crítica da razão histórica que pode ser resumida na fórmula *ser conscientemente condicionado* significa que o homem deve ser consciente da possibilidade de objetivações da vida interior e sua interior assimilação e reconstrução. Entretanto, desse modo não fica resolvido o problema epistemológico da história. Aliás, dessa forma, este problema remanesce ocultado, porque embora não exista um sujeito geral que viva e conheça o nexo histórico geral no sentido de que tenha feito todas as experiências e vivências históricas, e *W. Dilthey* desloca este problema para a experiência vital individual, a consciência humana não é um intelecto infinito para tudo o que seja simultâneo e igualmente presente. A consciência histórica não é um constante apagar-se até a posse de si mesmo. Na verdade, dessa forma, não se tem a possibilidade de consciência histórica, nem de consciência hermenêutica, porque a vivência, neste caso, se dá dentro de uma consciência isolada isenta de qualquer referência à tradição,

REFLEXÃO HERMENÊUTICA

à *Zugehörigkeit* (pertinência) do intérprete à tradição (*H.-G. Gadamer*). Isto implica em se colocar como pressuposto do *mundo exterior* um sujeito desmundanizado, aonde o modo de ser-no-mundo-consciente-da-realidade significa o deslocamento da compreensão do ser para algo simplesmente dado que passa a existir no mundo da consciência. *W. Dilthey*, em realidade, não consegue superar o cartesianismo, pelo qual as *cogitationes* são simplesmente dadas e, junto, um *ego* como *res cogitans* desmundanizada. Ele apenas realiza uma transposição do ideal de objetividade das ciências da natureza para as ciências do espírito, sem êxito, porque, afinal em seu entendimento considera que ambas ciências são distintas (e de fato o são).

VI – Somente *M. Heidegger* consegue uma transposição da relação sujeito/objeto, sucedendo-se um progresso para além da problemática da subjetividade e, por consequência, consegue submeter a estrutura da hermenêutica tradicional a uma revisão, ao se perguntar pelo sentido do ser e demonstrar por meio da constituição ontológico-existencial que a disposição do *In-der-Welt-sein* (ser-no-mundo) não pode ser reduzida ao mundo da uniformidade do que é simplesmente dado, pois no interior desta subsistem encobertas determinações a serem desveladas. Contrariamente a *W. Dilthey*, para *M. Heidegger*, ser consciente da realidade é um modo próprio de ser-*In-der-Welt-sein* (ser-no-mundo).

VII – Se, *Dasein* é ser existencialmente e se compreender a partir de possibilidades, se ser para possibilidades é se compreender pela repercussão destas possibilidades como um *Seinkönnen* (poder-ser) do *Dasein* em abertura, se a elaboração da compreensão se deve a estas possibilidades próprias, a compreensão é um modo de ser do *Dasein*; e se a formação da compreensão se chama interpretação, então, a interpretação também é um modo de *Dasein*. Consequentemente, por uma parte, a interpretação seja na área da história, da filosofia, do direito, ou em outra área, não pode ser resumida na decifração/decodificação do que está indicado nos textos, nem a uma análise da posição do sujeito e do objeto em sua (com)posição, porque o *Als* (como) originário da interpretação é o *Als* hermenêutico-existencial, que se contrapõe ao *Als* apofântico do enunciado. Por outra parte, sendo a compreensão um modo do *Dasein* e a interpretação como uma elaboração desta também, não pode a interpretação, no mundo jurídico, ser privilégio dos juristas-teóricos nem práticos, mas também a coletividade interpreta, o cidadão, o destinatário da norma jurídica.

VIII – Em realidade, a distinção objetivo/subjetivo, que no âmbito jurídico, é inútil, pelo fato de ambos os critérios se reportarem a uma *vontade* que existirá (dada), pretendidamente, *dentro* da *mens legis* (texto normativo), ou *dentro* da *mens legislatoris* um *conteúdo* que, diante do caso individual, deverá ser simplesmente reproduzido (pós-assimilação) por meio de técnicas de interpretação – o que só é possível em um processo de decisão, conforme a estrutura do sistema político constitucional liberal-burguês, no qual devem ser legitimadas em consideração dos textos de normas do direito em vigor para não serem consideradas *ilegais* e, portanto, inadmissíveis – só pode ser superada pela interpretação de *Etwas als Etwas* (algo como algo), por esta abarcar o conhecimento universalmente, no sentido de que "é" um modo de ser do *Dasein* como *In-der-Welt-sein* (ser-no-mundo). O "é" e sua interpretação podem ser expressados em linguística própria ou em verbalização oportuna, porque também ser expressado é uma possibilidade existencial do *Dasein*, porém, isto é algo *a posteriori*, no contexto da analítica existencial, assim como o texto (normativo) e a própria norma só surgem *a posteriori*, e esta, de forma total, a cada vez. É dessa forma que a coexistência no mundo de sujeito/objeto obsta a possibilidade da estrita separação destes entre si a expensas do objetivismo e impede seja negada a base do conhecimento como um modo do *Dasein*.

IX – O círculo hermenêutico, neste sentido, deixa o marco de uma relação formal entre a unidade e o todo e seu reflexo subjetivo/ objetivo para a solução do caso concreto, pelo qual o espírito-intérprete devia se colocar no lugar do outro, do espírito objetivado e pensar a subjetividade da *mens auctoris/mens legislatoris* ou a objetividade da *mens legis* (*Fr. Schleiermacher/E. Betti*), para expressar a estrutura da *Vor-Struktur* (pré-estrutura) existencial do *Dasein*. O círculo hermenêutico, consequentemente, não é nem subjetivo nem objetivo, porém, descreve a compreensão de mundo como o jogo interno do movimento da tradição e do movimento do intérprete em relação a esta e/ou a coisa mesma, no sentido de uma concreção da consciência histórica, por tratar de desvelar os prejuízos (sentido negativo) e antecipações do intérprete que podem prejudicar a interpretação, enquanto elaboração da própria compreensão de mundo.

X – É neste sentido que a consciência não permite a liberação de uma mera contraposição entre o passado e o presente, mas permite uma conservação da tradição mesma pela compreensão, que se realiza na fusão de horizontes e sempre atualiza o sentido do texto, em geral, possibilitando um *continuum* ao determinar o sentido do texto constitucional e/ou de lei.

REFLEXÃO HERMENÊUTICA

XI – Compreender um texto, portanto, não quer dizer que o jurista-intérprete tenha de compreender a ação do pensamento originário do legislador, porém, que mesmo o jurista-intérprete tem que compreender a ação histórica que o interpela: a tradição. Especialmente, porque a pertinência à tradição não é só uma condição da compreensão para a hermenêutica filosófica, mas para a hermenêutica jurídica. Em face disso, o texto só pode ser compreendido pela interrogação hermenêutica, que é a interrogação a respeito do próprio texto da tradição na qual o jurista-intérprete já está. Somente assim, um texto ao ser atualizado na compreensão, acaba por ser um acontecer autêntico, que representa uma possibilidade histórica, diferentemente de uma redução dos acontecimentos a atuação histórica do legislador, que nem sempre coincide com o acontecer hermenêutico e/ou histórico. A verdade desta forma não pertence nem ao "eu" nem ao "tu".

XII – Os monumentos escritos, neste sentido, mesmo os textos normativos, significam somente uma possibilidade de interpretação, não que a prática da interpretação se encontra em uma afirmação teorética, na medida que a comunhão existencial do ser como *In-der-Welt-sein* (ser-no-mundo), isto é, a articulação da compreensão enquanto a existencialidade e a compreensão são originários existenciais fundamentais que constituem o ser do *Da* e o *Dasein* projeta seu ser para possibilidades constitutivas da compreensão, precisam ser mantidos. Até mesmo porque, se fosse o contrário, não se poderia falar no direito em costumes, em normas costumeiras, que não são escritas.

XIII – Acontece que, o discurso, embora seja um originário na constituição existencial da abertura do *Dasein*, assim como a existencialidade e a compreensão, ele é a articulação da totalidade significativa da compreensão do *In-der-Welt-sein* (ser-no-mundo) e, na medida que também constitui a abertura do *In-der-Welt-sein* (ser-no-mundo), o decisivo não é exprimir o discurso em palavras (texto), no sentido de a ideia estar em uma *expressão*, *enunciado*, *discurso*, porque não se trata de linguagem no sentido de que conceitualiza *objetos*, porém, de linguagem mesma no sentido de morada do ser e, neste sentido, é insuficiente para expressar a coisa mesma. Só dessa forma, porém, é que pode conduzir à coisa mesma. Por tal razão que a linguagem legislativa é insuficiente e não se pode querer decidir um caso individual com base na unicidade linguística do texto normativo, buscando-se uma *exatidão* metódica ao se realizar interpretação tal qual uma obediência pensante, por estar baseada na ontologia do simplesmente dado pelo texto linguístico.

XIV – É justo pela consciência da história efectual, ao permitir o exame dos próprios prejuízos e o controle da *Vorverständnis* (pré-compreensão), que se pode superar um objetivismo ingênuo pelo qual a teoria positivista tem falseado o saber e a fundamentação das ciências (e, nisto está incluído a Ciência Jurídica), principalmente, porque esta sabe que se é constituído muito mais dos prejuízos do que dos juízos e já sempre se está na tradição que é definida por uma história efectual, que não precisa de reconhecimento e pode se impor, inclusive, perante a fé metodológica, que nega a historicidade ao requerer do intérprete uma obediência pensante. Ser jurista-intérprete consciente da história efectual é ser consciente de que o homem histórico compreende sempre dentro de certos limites, isto é, dos limites da sua historicidade e da sua tradição, não dos limites metódicos. Neste sentido é que os limites da concretização das normas constitucionais são iguais aos limites da interpretação, colocados pela *Vor-Struktur* (pré-estrutura) da tradição. Aliás, a heterogênese de significados que se encontra no âmbito jurídico se deve não a uma correção jurídica faltante, mas à falibilidade das regras de interpretação por não abarcarem a estrutura interna das normas jurídicas (constitucionais).

XV – O aspecto interno da experiência, que é a própria estrutura da consciência histórica efectual tem sido subtraído justo pela fé metodológica, porque pelo método (caminho) a experiência é possível de ser reproduzida, tornando-se a experiência válida proporcionalmente à sua confirmação, o que é próprio do dogmatismo, por meio de uma repetição obstinada. Todavia, como não se pode fazer a mesma experiência duas vezes e, desta forma, o intérprete atual não tem condição de possibilidade para se transferir ao espírito objetivado em outra época para (re) construir um *Sofort-nicht-mehr* (agora-não mais) como um abismo ou um intervalo entre o tempo passado e o presente a ser superado. Até porque, a distância no tempo não se trata de um obstáculo a ser superado ou de um limite intransponível pela certeza metódica, porém de uma condição de possibilidade e de produtividade hermenêutica, porque só se conserva o que continua sendo determinado pela interpretação.

XVI –Na hermenêutica jurídica, assim como na hermenêutica filosófica, a questão do método também deve se situar em *Etwas als Etwas* (algo como algo) do *In-der-Welt-sein* (ser-no-mundo) e não no *Als apofântico*, embora a interpretação jurídica tenha sido mantida com base na ontologia do simplesmente dado, em razão da tradução do *lógos*, que, em geral, continuou sendo como *Als apofântico* (enunciado simplesmente), que tem por base a análise lógica da linguagem, não no sentido aristotélico,

REFLEXÃO HERMENÊUTICA

pelo qual o lógos é o modo de ser do *Dasein*, que pode ser descobridor ou encobridor. Neste sentido, o lógos pode ser empregado não só como discurso, mas também, como fenômeno que se mostra como tal e pode ser interpelado como algo que se tornou visível em sua relação com outra coisa. Na hermenêutica jurídica a compreensão não pode mais se dar pelos juristas-intérpretes, em geral, quer no âmbito da atividade legislativa, quer judicial, quer nas faculdades de Direito, quer pelos doutrinadores com base no *Als apofântico*, mas com base no *Als hermenêutico*, que requer uma análise hermenêutica-fenomenológica.

XVII – Entretanto, é na tarefa do Poder Judiciário, particularmente, que se pode exigir o desvelar/descobrir e o realizar em decisões representações de valores, que são imanentes à ordem jurídica constitucional mas que não, ou apenas incompletamente, chegam à expressão nos textos das leis escritas em um ato de reconhecimento valorizador, por uma análise fenomenológica, porque as soluções aos casos concretos não podem continuar a ser fundadas em *cogitationes* simplesmente dadas, nas quais também um *ego* como *res cogitans* desmundanizada é simplesmente dado. Afinal, a atividade judicante não se configura apenas no contemplar/reconhecer e no expressar de decisões do legislador, uma vez que a lei escrita (*Als apofântico*) não decide com justiça a situação hermenêutica jurídica problemática. Desta forma, tão somente é apartada a formação da unidade social, base para a formação de uma unidade política assim como da própria ordem jurídica, que de modo algum é pressuposta, não está dada. De modo contrário, constitui uma tarefa, pois, a formação de uma unidade política e de uma ordem jurídica é, antes de tudo, um processo histórico concreto, que necessita da participação consciente da coletividade.

XVIII – Por uma hermenêutica fenomenológica, não se tem como buscar uma verdade absoluta pela objetividade metódica tal qual é concebida a tarefa hermenêutica por um positivismo acrítico e inconsequente nem uma verdade constituída pelo arbítrio do jurista-intérprete, justamente, por ser a compreensão uma possibilidade ontológica do *Dasein* e, por ser assim que *"se dá"* mundo e que a verdade *"se dá"*, enquanto e na medida em que o *Dasein* é. *Dasein* é sempre o *Dasein* que já se referiu ao mundo e, de tal modo, ao *Dasein* em seus movimentos de compreensão e interpretação é possível abrir *significados* que fundam a possibilidade da palavra e da linguagem.

XIX – A significância do mundo, porém, só é possível pela compreensão horizontal na medida em que o *Dasein* se temporaliza e, com isso, deixa vir ao encontro atualizador dos entes. Neste sentido é que a ordem jurídica necessária, é uma ordem jurídica determinada, e não uma ordem discricional, que garante o resultado da colaboração formadora e o cumprimento das tarefas estatais e exclui o abuso das faculdades de poder confiados ou respeitados, não é só uma questão de normalização mas, sobretudo, da historicidade da ordem jurídica, que se atualiza pela temporalização e tem significância pelo retorno da transcendência do mundo de uma cultura (brasileira), por uma fusão de horizontes, dos juristas-intérpretes com a sua tradição jurídica (brasileira).

XX – Consequentemente, é na própria tradição que se encontram os critérios de *exatidão* do resultado da interpretação, pois são as experiências históricas que demonstram o que não é *exato* e não deve ser considerado direito. Este, na verdade, só se desenvolve e se realiza, se fundado em uma ordem vivida, formativa e configuradora da realidade histórica, sendo capaz de cumprir sua função na vida da coletividade, assim como no desempenho da tarefa hermenêutica realizadora das normas jurídicas (constitucionais) não é possível se passar por cima das condições da *situação* hermenêutica, na qual já sempre se está inserto.

XXI – Como a estrutura da constituição ontológica fundamental do *Dasein* está fundada na temporalidade, que é desdobrada como historicidade do *Dasein* e o *Dasein* é historicidade, que a atividade hermenêutico-jurisdicional (não só) não pode ser destacada das condições peculiares de uma tradição histórica (*H.-G. Gadamer*), em especial, na medida em que os limites da concretização das normas (constitucionais) são iguais aos limites da interpretação, que são os próprios prejuízos transmitidos junto com o texto da tradição, já que não existe nenhum objeto em si mesmo, nem qualquer *factum brutum* sem antecipações.

XXII – A interpretação, portanto, está baseada na pré-estrutura da tradição ou da pré-compreensão. Ela é o próprio "Als" que constitui a estrutura da explicitação do compreendido.

XXIII – Por causa disso a compreensão e a interpretação, enquanto elaboração daquela, não podem ser o resultado de um processo de entendimento e de um controle interpretativo. À hermenêutica pertence o desvelamento das condições sob as quais se compreende, que não pertencem à uma categoria metódica, pela qual nem o compreendido pode ser colocado por si na aplicação porque a consciência do intérprete, dentro do limite metódico, tem um posicionamento de mera obediência cega. Neste sentido, os seus prejuízos não estão à sua disposição por ter tido a condição de possibilidade para isso subtraída. O que importa é ter consciência das próprias antecipações e nelas permanecer aberto à

284

Reflexão Hermenêutica

possibilidade de uma confrontação da coisa mesma (*Sache selbst*) com a pré-visão (*Vorsicht*), o ter-prévio (*Vorhabe*)e o pré-conceito (*Vorgriff*).

XXIV – A interpretação, em realidade, se realiza pela estrutura circular da compreensão, que consiste justo no movimento que vai da pré-estrutura para a coisa mesma. Isso não significa outra coisa, que a própria tarefa de concreção da consciência histórica, que trata de desvelar os próprios prejuízos em sentido negativo, para que a compreensão seja realizada por uma consciência hermenêutica histórica capaz de perceber o historicamente distinto e, para que a aplicação do método não seja limitada ao alcance da certeza da antecipação.

XXV – Por tal razão, que a norma jurídica deve ser produzida de *forma total* nos limites da situação hermenêutica dados pela própria tradição, a cada vez. O que vale não só para a aplicação quotidiana da Constituição, porém também, para a legislação, o governo e a administração.

XXVI – A interpretação conforme a Constituição, em vista disso, constitui o modo de realização de uma coesão completa das regulamentações correspondentes e do sentido da ordem jurídica, que requer justo a possibilidade para uma compreensão sobre a posição do trabalho dos juristas, que é produzida pela hermenêutica filosófica. Por meio deste princípio as normas constitucionais não são consideradas só *normas de exame*, no sentido de examinarem a constitucionalidade de leis, mas *normas materiais*, por servirem à determinação do conteúdo de leis ordinárias e da própria formação da unidade da ordem jurídica.

XXVII – A virtude aristotélica da racionalidade, a *phronesis*, é a própria virtude hermenêutica fundamental que precisa ser resgatada no âmbito da hermenêutica jurídica, porque, por esta, as decisões são orientadas pelo *ethos* – já que a *phronesis* depende deste – ao reclamarem um ideal de racionalidade que é decisivo para a *praxis* humana antes mesmo de qualquer explicação teórica. Neste sentido, a questão do problema hermenêutico comum tanto a hermenêutica filosófica quanto a hermenêutica jurídica depende não do nível de desenvolvimento de uma metodologia, mas, antes do nível de desenvolvimento do *ethos* privado e do político, pois sem um tal *ethos*, um resultado jurídico positivo pode ser *consertado* corretamente, até se chegar a um resultado pretendidamente satisfatório, isto é, até ser justificado retoricamente como um resultado *praticável* ou *razoável*. Não obstante, o *ethos* como critério na hermenêutica só se realiza mediante uma coincidência sobre o *ethos* da tradição, que impulsiona a conscientização do elemento comum vinculativo, pela participação comum na verdade, em particular, porque o objeto da interpretação não se resume ao texto *interpretandum*.

XXVIII – Assim, é que a atividade da interpretação não pode ser realizada pela pura contemplação e/ou pelo só enquadramento das valorações imanentes à ordem jurídica no *ethos* social do tempo pelo órgão da consciência social do tempo presente. Por uma interpretação meramente contemplativa/intransitiva e/ou reprodutiva o intérprete passa longe da tarefa mediadora que deve ser desempenhada entre o "eu" e o "tu" e, por tal razão também não aplica. Desta forma o jurista-intérprete não assume o interesse pela busca da verdade, que só pode ser alcançada a partir da coisa mesma e interrompe o *continuum* da tradição para se tornar um átomo apartado do todo.

XXIX – Compreensão é aplicação, na medida em que o sentido do texto mesmo não importa na realização única da literalidade do enunciado, porque o próprio Estado tem uma estrutura textual. Compreensão é aplicação, ao passo em que a norma não é considerada como um dado prévio, composto por artigos, alíneas, parágrafos, incisos e a hermenêutica não se reduz a uma justificação no sentido de legitimação de uma explicação do texto da norma, que se retalha sobre dimensões em versão miniatura ao serem decididos os casos concretos individuais depois de se *concretizar* do universal ao particular, ou do geral ao individual, mas como o *Als* a ser produzido de forma total, a cada vez em relação à situação hermenêutica/situação fática.

XXX – Enquanto a compreensão, a interpretação e a exploração hermenêutica permanecerem limitadas ao âmbito dos enunciados linguísticos, por meio de um processo dedutivo de justificação que se completa na norma-decisão, estar-se-á possibilitando a legitimação da rejeição da responsabilidade política em função de decisões cada vez mais inautênticas em relação à coletividade e à sociedade e das consequências efetivas destas decisões na realidade social. Mesmo o avanço significativo da tópica em relação ao emprego de vias argumentativas, no Direito Constitucional, o seu emprego é, em grande parte, inadequado, exatamente por possibilitar a continuidade de uma justificação metódica das decisões e, além disso, possibilitar praticamente o exercício de uma política legislativa no direito constitucional, se é este mesmo que legitima e limita a ordem jurídica da coletividade.

XXXI – Por tal razão, é que levar a Constituição e/ou a lei a sério, significa buscar a estrutura de efetivação destas enquanto concretização a partir de um modelo dinâmico de estruturação da própria norma, onde o exercício de uma *racionalidade* não é só funcional, porém também, substancial no sentido de que quem exerce uma função jurídica não pode

REFLEXÃO HERMENÊUTICA

proceder somente pela técnica, mas deve proceder também um *ethos*, como condição de possibilidade para um Estado de Direito Constitucional material justo por a validade do direito não decorrer do texto mesmo. Nesse sentido, os aspectos desenvolvidos sobre uma hermenêutica concretizadora, em particular, sobre o princípio da interpretação conforme a Constituição, a estrutura da norma e a normatividade, pelo âmbito hermenêutico-jurisdicional (não só), constituem, em termos de uma proposta hermenêutica para a hermenêutica jurídica, conciliados com conceitos centrais extraídos da hermenêutica filosófica, que têm sido deixados gradualmente para trás por correntes metodológicas, uma tentativa de impedir que se permaneça no abismo existente entre direito e realidade assentados por um positivismo jurídico e que pode ser traduzido na fórmula "dever-ser".

XXXII – Não obstante, é justo no conceito de normatividade, que só é possível por uma *Vor-Struktur* (pré-estrutura) ou *Vorverständnis* (pré-compreensão), porque é pelo próprio *"Als"* resultante desta pré-estrutura, aplicado ao mundo jurídico, que se tem a inserção de vida e *práxis* no âmbito jurídico, assim como se tem compreensão como aplicação (*H.-G. Gadamer*) na esfera da hermenêutica filosófica. Entretanto, esse universo hermenêutico só é possível pelo fio condutor hermenêutico que é a linguagem. Uma hermenêutica concretizadora para ser alcançada, porém, dependerá diretamente da formação dos juristas para que não se torne um diletantismo.

288

Referências Bibliográficas

ARISTÓTELES. Tópicos. *Os pensadores.* São Paulo: Abril Cultural, 1978. Tradução da versão inglesa de W. A. Pickard por Leonel Vallandro e Gerd Bornheim. v. 1

—————. Dos Argumentos Sofísticos. *Os pensadores.* São Paulo: Abril Cultural, 1978. Tradução da versão inglesa de W. A. Pickard por Leonel Vallandro e Gerd Bornheim. v. 1

BETTI, Emílio. *Teoria Generalle della Interpretazione.* Milano: Dott. A Giuffrè, 1990, v. I e II.

—————. *Interpretazione della Legge e degli Atti Giuridici (Teoria Generale e dogmatica),* Milano: Dott. A Giuffrè, 1949.

BÖCKENFORD, Ernst-Wolfgang. Die Methoden der Verfassungsinterpretation. Bestandaufnahme und Kritik. In: *Neue Juristische Wochenschrift.* Bielefeld: Heft 46, S. 2089 ff. 29. Jahrgang

CANARIS, Claus-Wilhelm. *Pensamento Sistemático e Conceito de Sistema na Ciência do Direito.* Lisboa: Fundação Calouste Gulbenkian, 1989. Traduzido de *Systemdenken und Systembegriff in der Jurisprudenz.* Berlin: Duncker und Humblot, 2. Aufl., 1983 por A. Menezes Cordeiro.

CHRISTENSEN, Ralph. *Strukturiende Rechtslehre. Ergänzbares Lexikon des Rechts.* N. Achterberg. LdR 27 von 14. Juli 1987

CROCE, Benedetto. *A história: pensamento e ação.* Rio de Janeiro: Zahar, 1962. Traducido de La Storia come Pensiero e come Azione. Bari: Gius. Laterza i Figli, 1954. Traducción de Darcy Damasceno.

DROYSEN, Johann Gustav. *Historia. Lecciones sobre la Enciclopedia y metodologia de la historia.* Barcelona: Alfa, 1983. Traducido del original alemán: *Historick. Vorlesungen uber Enzyklopädie und Methodologie der Geschichte.* Munich: R. Oldenboug Verlag, 1977. Traducción de Ernesto Garzón Valdés y Rafael Gutiérrez Girardot.

FEYERABEND, Paul. *Contra o Método*. [*sine loco*], Relógio D'Água, 1993. Tradução de *Against Method* por Miguel Serras Pereira.

GADAMER, Hans-Georg. *Gesammelte Werke. Wahrheit und Methode. Grundzuge einer philosophischen Hermeneutik*. 1. Aufl., Bd. 1, Tubingen: J. C. B. Mohr (Paul Siebeck), 1990.

—————— . *Gesammelte Werke. Wahrheit und Methode. Ergänzungen Register*. 1. Aufl., Bd. 2, Tubingen: J. C. B. Mohr (Paul Siebeck), 1990.

—————— . *Gesammelte Werke. Neuere Philosophie; Hegel, Husserl, Heidegger*. 1. Aufl., Bd. 3, Tubingen: J. C. B. Mohr (Paul Siebeck), 1990.

—————— . *Gesammelte Werke. Neuere Philosophie; Probleme, Gestalten*. 1. Aufl., Bd. 4, Tubingen: J. C. B. Mohr (Paul Siebeck), 1990.

—————— . *Gesammelte Werke. Griechische Philosophie*. 1. Aufl., Bd. 5, Tubingen: J. C. B. Mohr (Paul Siebeck), 1990.

—————— . *Gesammelte Werke. Griechische Philosophie*. 1. Aufl., Bd. 6, Tubingen: J. C. B. Mohr (Paul Siebeck), 1990.

—————— . *Gesammelte Werke. Griechische Philosophie*. 1. Aufl., Bd. 7, Tubingen: J. C. B. Mohr (Paul Siebeck), 1990.

—————— . *Gesammelte Werke. Asthetik und Poetik; Kunst Als Aussage*. 1. Aufl., Bd. 8, Tubingen: J. C. B. Mohr (Paul Siebeck), 1990.

—————— . *Gesammelte Werke. Asthetik und Poetik; Hermeneutik im Vollzug*. 1. Aufl., Bd. 9, Tubingen: J. C. B. Mohr (Paul Siebeck), 1990.

—————— . *Gesammelte Werke. Hermeneutik im Ruckblick*. 1. Aufl., Bd. 10, Tubingen: J. C. B. Mohr (Paul Siebeck), 1990.

GRONDIN, Jean. *Einfuhrung in die philosophische Hermeneutik*. Darmstadt: Wiss. Buchges, 1991.

HARTMANN, Nicolai. *Ontologia. Fundamentos*. México: Fondo de Cultura Económica, 1954. Tradução de *Zur Grundlegung der Ontologie*, Berlin: Walter de Gruyter, 1954. Traducción de José Graos.

HEIDEGGER, Martin. *Sein und Zeit*. 17 Aufl. Tubingen: Max Niemeyer Verlag, 1993.

—————— . *Identidad y diferencia. Identität und Diferenz*, Barcelona: Anthropos, 1990, Tradução bilingue por Helena Cortés y Arturo Leyte.

HESSE, Konrad. *Elementos de Direito Constitucional de República Federal da Alemanha*. Porto Alegre: Sérgio Antonio Fabris, 1998. Tradução do título original *Grundzuge des Verfassungsrechts der Bundesrepublik Deutschland*. 20, neubearbeitete Auflage, C. F. Muller Verlag, Huthig GmbH, Heidelberg, 1995. Tradução de L. A. Heck.

REFERÊNCIAS BIBLIOGRÁFICAS

KRINGS, Hermann. Methode. In: *Staatslexikon*, Band 3, Verlag Herder, Freiburg, Basel, Wien, 7. Aufl., 1987. Traduzido por L.A.Heck.

LARENZ, Karl. *Metodologia de la Ciencia del Derecho.* Barcelona: Ariel, 1994. Traducido del *Methondelehre der Rechtswissenschaft.* Springer: Verlag, Berlin: Heidelberg, Viertebb, ergänzte Auflage 1979. Traducción de Marcelino Rodriguez Molinero.

MULLER, Friedrich. *Normstruktur und Normativität. Zum Verhältnis von Recht und Wirklichkeit in der juristichen Hermeneutik, entwickelt an Fragen der Verfassungsinterpretation.* Berlin: Duncker und Humblot.

————. *Juristiche Methodik.* Berlin: Duncker und Humblot, 1993

PERELMAN, Chaim. *La nouvelle rhétorique. Traité de l'argumentation.* Tome primer et second. Paris: Boulevard Saint-Germain, 1958.

SAVIGNY, Fr. Karl von. *Juristiche Methodenlehre.* Stuttgart: K. F. Koehler, 1951

SCHAPP, Jan. *Problemas fundamentais da metodologia jurídica.* Porto Alegre: Sérgio Antonio Fabris, 1985. Tradução de: *Hauptprobleme der juristischen Methodenlehre.* Tubingen: J. C. B. Mohr, 1983. Traduzido por: Prof. Dr. Ernildo Stein.

STEIN, Ernildo. *A questão do método na filosofia. Um estudo do modelo heideggeriano.* São Paulo: Duas Cidades, 1973.

VIEHWEG, Theodor. *Topica y Jurisprudencia.* Tradução de Díez Picazo Pence de Léon. Madrid: Taurus, 1964. Traducción de: *Topik und Jurisprudenz.*

ANOTAÇÕES

ANOTAÇÕES

Rua Alexandre Moura, 51
24210-200 – Gragoatá – Niterói – RJ
Telefax: (21) 2621-7007

www.impetus.com.br

Esta obra foi impressa em papel offset 75 grs./m²